한 권으로 끝내는 개정판
전자상거래관리사
2급 필기

한 권으로 끝내는
전자상거래관리사 _{개정판}
2급 필기

개정판 2쇄 발행 2020년 9월 15일

지은이 이민정
펴낸이 김기록
펴낸곳 AppBooks(앱북스)

출판등록번호 제2010-24
주소 서울 금천구 가산동 371-28 우림라이온스밸리 A-1401
대표전화 02-6903-9519
팩스 02-2026-5315
홈페이지 www.appbooks.net
이메일 help@appbooks.net

ISBN 979-11-85618-24-1

가격 18,800원

한 권으로 끝내는
전자상거래관리사
2급 필기

개정판

앱북스

INFORMATION
전자상거래관리사 국가기술자격시험 소개

❶ 종목소개 정보통신의 급속한 발달은 기존의 비즈니스 형태와는 차별화된 새로운 패러다임의 전환을 요구하고 있습니다. 〈전자상거래관리사〉 자격시험은 앞으로 가장 각광받을 것으로 전망되는 전자상거래 분야 최고의 관리자를 양성하기 위해 인터넷 비즈니스와 관련된 경영, 기술, 마케팅 능력을 평가하는 국가기술 전문자격 시험입니다.

❷ 응시자격

등급	응시자격
1급	·해당 종목의 2급 자격취득 후 해당실무에 2년 이상 종사한 자 ·해당 실무에 3년 이상 종사한 자
2급	제한없음

❸ 시험과목

등급	시험방법	시험과목	출제형태
1급	필기시험	전자상거래 기획(인터넷 마케팅) 전자상거래 기획 전자상거래 운영 및 관리 전자상거래 시스템 운영 및 관리 전자상거래 법규	객관식 100문항
	실기시험	전자상거래 실무	필답형
2급	필기시험	전자상거래 기획(인터넷 마케팅) 전자상거래 운영 및 관리 전자상거래 시스템 운영 및 관리 전자상거래 기획 전자상거래 관련 법규	객관식 80문항
	실기시험	전자상거래 구축 기술	작업형

※ 출제기준 적용시기 : 2018.01.01 ~ 2020.12.31

❹ 시험시간 & 합격기준

등급	시험방법	시험시간	합격기준
1급	필기시험	100분	매과목 100점 만점에 과목당 40점 이상, 평균 60점 이상
	실기시험	100분	100점 만점에 60점 이상
2급	필기시험	80분	매과목 100점 만점에 과목당 40점 이상, 평균 60점 이상
	실기시험	80분	100점 만점에 60점 이상

※ 자세한 시험소개 및 일정은 대한상공회의소 자격평가사업단 홈페이지 참고
(http://license.korcham.net)

전자상거래관리사 필기&실기 학습 자료실

'전자상거래관리사&운용사에 도전하는 사람들'이란 네이버 카페는 국내 유일 전자상거래운용사와 전자상거래관리사 자격시험 전문 자료 사이트로, 시험 관련 소식과 이벤트, 기출문제 및 풀이, 시험 대비 다양한 문제들을 만나볼 수 있습니다.

네이버 전도사 카페 URL
URL – http://cafe.naver.com/**eclicense**

※ 카페 내의 다양한 자료는 카페 회원가입 후 바로 사용 가능 합니다.

CONTENTS

목차

PART

1

핵심이론

CONTENTS

목차

**전자상거래
관리사 2급**

필기

PART 1

핵심이론

CHAPTER

1

전자상거래 기획
(인터넷 마케팅)

1 | 고객관계관리 전략

① CRM 전략의 개념

(1) CRM(Customer Relation Management)의 정의

- 가트너 그룹(Gartner Group)은 '신규고객 획득, 기존고객 유지 및 고객 수익성 증대 등을 위하여 지속적인 커뮤니케이션을 통해 고객행동을 이해하고 영향력을 주기 위한 광범위한 접근으로써 고객에 대해 학습하고, 학습된 내용을 바탕으로 고객에 대응하는 반복적 과정'이라고 정의한다.

- 삼성경제연구소는 '고객과 관련된 자료를 분석하여 고객특성에 기초한 마케팅 활동을 계획, 지원, 평가하는 관리 체계'라고 정의하고 있다.

- 필립코틀러(Philip Kotler)는 '충성도를 극대화하기 위해서 고객에 대한 정보와 고객의 모든 접점을 관리하는 프로세스'라고 정의하고 있다.

- CRM은 고객이 남기는 다양한 유형의 데이터를 통해 고객에 대해 이해하고, 이를 기반으로 고객의 니즈를 파악한다. 이를 통해 고객이 원하는 서비스를 적시에 제공하고, 고객 가치 증대 및 고객 평생가치를 극대화함으로써 고객관계를 지속적으로 유지 및 강화하는 일련의 프로세스라고 볼 수 있다.

- 고객의 수익성에 따라 고객을 세분화시키고 각기 차별화된 경영 활동을 수립하여 전개한다.

- CRM은 고객에 대한 정보를 저장하고, 이를 활용하여 고객과의 관계를 구축하고 강화시켜 나가 평생고객이 되게 함으로써 고객의 생애가치(Customer Lifetime Value)를 극대화하고자 하는 경영방식이다.

(2) CRM의 등장 배경

- 나날이 심화되는 시장경쟁에서 경쟁상품이나 대체상품들이 급속하게 출현하게 되고, 시장의 수요에 비해 공급이 과잉됨에 따라 수요자 중심의 구매자가 시장에서 중요하게 되었다.
- 과거의 제품공급이 부족하던 시기는 제품중심기업이었지만, 최근의 제품공급이 과잉되면서 고객중심기업으로 변하게 되었다.
- 고객중심기업이 주도하는 성숙된 시장에서는 고객에 대한 정보를 바탕으로 고객들의 선호와 욕구에 맞는 제품 및 서비스를 제공한다.

▶ 제품중심기업과 고객중심기업의 비교

제품중심기업	고객중심기업
표준화된 제품을 저렴하고 좋은 품질로 만들어서 신속하게 고객에게 판매	고객이 원하는 제품을 고객이 원하는 시간에 고객이 원하는 가격과 품질로 제공
대중 마케팅(Mass Marketing)	일대일 마케팅(One-to-One Marketing)
일괄 마케팅(Batch Marketing)	실시간 마케팅(Real Time Marketing)
푸쉬 마케팅(Push Marketing)	풀 마케팅(Pull Marketing)
단방향 커뮤니케이션	양방향 커뮤니케이션
프로세스 중심	정보 중심
마케팅 활동 중심의 전략	고객과의 관계강화, 고객가치 증대

- IT(Information Technology)의 급격한 발전으로 컴퓨터의 하드웨어와 소프트웨어의 성능이 향상되고 있다. 이는 대량의 고객 데이터를 데이터베이스에 저장하고, 고객 데이터를 과학적인 분석 기법으로 처리하여 고객 및 시장에 관한 정보와 지식을 활용 및 도출하여 개인 맞춤 데이터를 제공한다.
- 최근까지 인터넷은 컴퓨터를 연결하여 사람간의 커뮤니케이션에 주로 활용되었으나, 사물인터넷(Internet of Thing, IoT)시대에는 인터넷이 다양한 종류의 디바이스들을 서로 연결하여 커뮤니케이션을 하고, 이를 통해 생성된 대량의 데이터들을 서로 공유하는 환경이다. 대량의 데이터 분석을 통해 고객에게 적합한 정보를 제공함에 따라 고객으로부터 만족을 유도할 수 있으며 기업의 매출증대 효과를 기대할 수 있다.

> ▷ 사물인터넷(IoT)의 생태계
>
> - 인터넷을 기반으로 모든 사물을 연결하여 사람의 개입 없이 사람과 사물, 사물과 사물간의 정보를 처리하고 센싱하는 지능형 기술을 말한다.
> - 사물인터넷의 생태계는 부품부터 최종고객에게 제공되는 제품(서비스)에 이르기까지 하드웨어가 서비스와 연결된 복잡한 가치사슬 구조를 가지고 있으며, 다양한 사물을 제공하는 참여기업간의 이해관계도 복잡하다.

■ 사물인터넷의 참여자
① 센서/칩 생산업체
② 모듈 제조업체
③ 단말기 제조업체
④ 플랫폼 및 솔루션 업체
⑤ 통신 업체
⑥ 서비스 업체

(3) CRM의 기대효과

- CRM을 기업에 도입함으로써 신규고객 발굴과 기존고객 유지를 통해 매출증대를 기대할 수 있고, 신규고객 확보 비용과 기존고객에 대한 관리 비용을 줄일 수 있다.
- CRM은 기존고객에 관련된 데이터 분석을 통해 목표 고객군을 찾아 신규고객을 찾는 마케팅 방식을 가능하게 하고, 만족도가 높은 기존고객들이 구전으로 홍보하여 신규고객 확보를 가능하게 한다.
- 고객 데이터를 분석하여 우량 고객이 될 만한 성향을 지닌 잠재고객을 찾아내는 경우 매스마케팅에 비해 효율적으로 고객확보가 가능하다.

(4) CRM 성공을 위한 요인

- 고객의 상세정보가 수집되어야 하고, 수집된 데이터는 고객중심에서 통합되어야 한다. 이 데이터 기반으로 고객을 정의하고, 고객그룹별 관리 방침이 수립되어야 한다.
- 고객 데이터의 분석모형 개발 및 모형의 유효성 검증 체제가 갖추어져야 한다.
- 고객분석 결과를 활용할 수 있도록 제반 업무절차가 정립되고 시행되어야 한다.
- 고객분석 결과를 마케팅에 활용하기 위하여 보유 상품 및 서비스의 분류기준이 수립되고, 이를 고객 분류기준에 대응시킬 수 있어야 한다.
- 거래에서 발생한 고객 데이터 및 외부에서 입수되는 고객 데이터를 정렬하고, 적시에 활용할 수 있도록 데이터의 전송시스템을 구축한다.
- 시장점유율보다는 고객점유율에 중점을 둔다.
- 고객획득보다는 고객유지에 중점을 둔다. 매스마케팅(Mass Marketing)을 통해 검증되지 않은 고객을 고비용을 들여 획득하기보다는 검증된 소수의 우수한 고객이 기업에게는 훨씬 도움이 될 수 있다.
- 고객과의 쌍방향 커뮤니케이션에 집중하고, 장기적인 이윤에 중점을 둔다.
- 고객생애가치(LTV: Lifetime Value)[1]가 큰 산업일수록 고객 1명을 잃었을 때 손실이 커진다. 고객생애가치가 큰 산업은 고객관계관리에 중점을 두어야 한다.

② CRM 모델 개요

(1) 고객의 분류

- 기업의 모든 이해관계자들을 기업의 내부에서 실질적인 업무를 수행하고 있는 직원을 의미하는 **내부 고객**과 일반적으로 기업의 상품을 구매하는 소비자인 **외부 고객**으로 구분한다.
  - 기업의 내부 고객인 직원은 기업이 제공하는 가치를 고객에 전달하는 메신저의 역할과 기업의 목표를 실행하는 실행 주체로서 기업의 관계 구축의 대상이자 마케팅 대상이 되기도 한다.
  - 고객접점에서 근무하는 직원들의 기업에 대한 만족과 로열티는 고객을 응대하는 태도에 직접적으로 영향을 미친다. 즉 내부 고객의 만족도는 외부 고객의 만족도에 영향을 미친다.
  - 최근의 다양한 산업의 경우는 직원들이 곧 소비자가 될 수 있다. 예를 들어 다양한 고객 커뮤니티에 속한 직원들의 관점과 의견이 커뮤니티를 이용하는 타 고객들에게 전파될 수 있다.
- 관계진화 과정에서의 고객분류

▷ **고객유지 시간에 따른 고객가치와 고객분류**

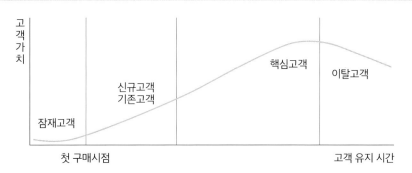

▶ **고객관계 진화 과정에 따른 고객 분류**

잠재고객 (Potential Customer)	기업의 제품이나 서비스를 구매하지 않은 사람들 중에서 향후 기업의 고객이 될 수 있는 잠재력을 가지고 있는 집단이다.
신규고객 (Acquired Customer)	잠재고객이 처음으로 구매한 고객이다. 신규고객은 처음 구매 후 이탈하는 경우가 많고, 이에 고객유지율이 낮은 경우가 많다.
기존고객 (Existing Customer)	2회 이상의 반복구매를 한 고객으로, 다소 안정화 단계에 속하는 그룹으로 볼 수 있다. 이들은 구매한 제품의 기업에 대한 신뢰가 높아짐에 따라, 1인당 구매금액도 높아지게 된다.
핵심고객 (Core Customer)	기존고객들이 기업의 제품이나 서비스에 대해 지속적으로 만족한다면, 해당 제품이나 서비스를 반복적으로 구매하게 된다. 이와 같은 고객을 핵심고객이라고 한다. 핵심고객은 기업제품에 대해 강력한 신뢰를 기반으로 결정적인 문제가 제품에서 발생하지 않는다면 지속적으로 기업제품을 구매하는 충성고객으로 간주할 수 있다.
이탈고객 (Defected Customer)	이탈고객을 정의하는 기준은 산업 유형이나 기업 형태에 달라진다. 이탈 기준에 따라 일정기간 동안 기업의 제품이나 서비스를 이용하지 않는 고객군을 의미한다.

(2) CRM의 주요 영역

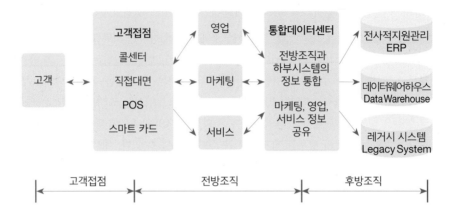

- **고객접점**: 다양한 채널을 통하여 고객과 만나서 고객들의 니즈를 수렴할 수 있는 **상호작용의 접점**으로 주문접수, 불만사항 접수 및 처리, 상담 등의 프로세스가 일어나는 곳이다.
- **전방조직**: 고객에게 제공하는 기업의 마케팅, 세일즈, 서비스 등의 기능을 구성하는 영역이다.
- **후방조직**: 기업의 원활한 기능 수행을 위해서 기업 레거시 시스템(Legacy System)[2], 전사적 자원관리(Enterprise Resource Planning, ERP) 시스템, 데이터웨어하우스(Data Warehouse) 등으로부터 데이터를 처리하고 저장하는 역할을 수행한다.

(3) CRM의 분류

- **운영적 CRM**
  - 기존의 ERP의 주요 기능 중에서 고객접촉과 관련된 기능을 강화하여 CRM과 ERP 기능을 통합한 시스템으로 주로 영업과 서비스의 실행을 지원하는 시스템이다.
  - 운영적 CRM은 다양한 고객접점에서 생성된 정보를 통합·분류하고, 고객과 직접적인 접촉이 이루어지는 상황에서 고려된다.

▶ 운영적 CRM 단계	
1단계: **CRM 응용시스템 구축**	• 마케팅 데이터베이스, 판매관리 시스템, 회계관리 시스템, 콜센터 시스템, 생산출하 시스템 등 각 업무에 따라 기업 전반에 분산되어 흩어져 있는 고객정보가 통합되어야 한다. • 통합된 고객정보, 구매정보, 그리고 상품정보 등을 효과적으로 저장하여 추후 분석적 CRM에서 활용할 유용한 정보들을 적절히 뽑아낼 수 있도록 구축되어야 한다.
2단계: **비즈니스 인텔리전스[3]** **구축**	• 축적된 고객정보들은 실시간다차원분석을 통하여 고객을 세분화하는데 고객정보가 쉽게 이용될 수 있고, 효율적으로 캠페인 관리와 연계 및 활용될 수 있도록 하는 비즈니스 인텔리전스 지원체계를 확립한다.
3단계: **마케팅 목표설정**	• 고객정보와 비즈니스 인텔리전스 시스템을 통해 고객집단을 세분화하고 마케팅의 대상이 되는 목표 고객집단을 설정하는데 이때 고객 수익성 증대가 이루어질 수 있도록 정확하게 이루어져야 한다.

4단계: 캠페인	• 고객정보와 목표 고객집단에 적절한 캠페인을 개발하고 수행한다. 캠페인 결과는 다시 고객분석을 위한 기초자료로 이용된다.
5단계: 영업 및 고객서비스	• 캠페인에서 발생된 잠재 고객들에게 영업 프로세스를 모든 채널에서 수행한다. • 고객서비스란 고객관계를 원활히 하고, 이윤증가와 고객의 충성도를 증진시키기 위해 최적의 채널을 통해 고객을 지원하고, 고객의 불만이나 질의사항에 적절하게 대응하여 구매이후의 유지보수까지 하는 것을 포함한다.

• 분석적 CRM

- CRM은 운영적 CRM에 의해 생성된 데이터웨어하우스나 데이터마트와 같은 통합된 데이터를 기반으로 다양한 데이터마이닝(Data Mining) 도구를 사용하여 자료를 추출·분석하는 모델이 필요하다. 분석적 CRM은 영업, 마케팅, 서비스 측면에서 고객정보를 활용하기 위해 고객 데이터를 추출 및 분석하는 시스템을 일컫는다.
- 분석적 CRM은 사업에 필요한 고객과 시장을 정의하고, 세분화하여 마케팅 기획에 있어서 시장 진출 기회 및 방법에 대한 아이디어를 도출하는데 중요한 정보를 제공한다.
- 분석적 CRM은 데이터웨어하우징, 데이터마이닝, OLAP(Online Analytical Processing) 등의 기술을 이용하여 고객의 행동유형과 패턴을 분석하고, 예측한 결과를 마케팅에 활용하여 신규고객을 확보하고, 기존고객의 충성도를 확보하는 것을 목표로 한다.

▶ 분석적 CRM 기술

데이터웨어하우징	• 기업내 의사결정을 지원하기 위해서 정보를 통합하여 저장한 통합된 데이터 저장공간으로 다음과 같은 특징을 갖는다. - **주제지향성**: 특정 주제에 따라 분류, 저장, 관리된 저장공간이다. 업무기능적으로는 마케팅, 영업, 생산, 재무, 인사 등과 같이 저장되기도 하고, 상품 중심으로 저장되거나, 고객, 상품, 매출, 마케팅 캠페인 등과 같이 업무 프로세스 중심으로 저장되기도 한다. - **데이터의 통합성**: 스키마라고 불리는 데이터의 구조적 정의에 의해서 데이터를 저장하여 속성의 이름, 데이터 구조 및 단위를 통일된 방식으로 저장한다. - **데이터의 시계열성**: 데이터를 저장할 때 시간 흐름에 따라 변화하는 값을 유지한다. 이전 데이터를 업데이트 하지 않고, 데이터의 유일성을 위해서 시간 관련된 요소를 키(Key) 항목으로 포함시킨다. - **데이터의 비휘발성**: 데이터 갱신은 초기 적재 이후에 발생하지 않고, 삭제되지 않아 계속 누적되는 특성이 있다.
데이터마트	• 데이터웨어하우징이 데이터 통합관리 기반으로 활용됨에 따라 개별 부서나 특정 사용자 집단에서 활용되기 어려운 한계를 극복하기 위해서 개발된 소규모의 데이터웨어하우스로 다음과 같은 특징이 있다. - 데이터웨어하우징에 비해 규모가 작아 비용과 시간을 절약할 수 있다. - 시스템 효과를 단시간에 파악할 수 있다.
ODS (Operational Data Store)	• 데이터웨어하우징과 데이터마트는 읽기만 가능한 데이터 저장소로, 신속한 정보 조회와 처리를 필요로 하는 운영적 CRM, 협업적 CRM에 활용되는데 있어서는 한계가 있다. • 실시간 정보처리 등을 위해서 필요한 데이터 저장 공간이다.
OLAP (Online Analytical Processing)	• OLTP(Online Transaction Processing)는 거래 관련 개별 데이터를 등록, 조회, 갱신, 삭제하기 위한 거래시스템이라고 할 수 있으나 OLAP는 데이터웨어하우스나 데이터마트와 같이 대규모 데이터 저장소를 기반으로 다차원적 분석을 할 수 있는 정보분석시스템이다.

	- 다차원적 정보구조를 가지고 있다. - 다차원적 데이터베이스가 구축되어 있는 경우는 전산부서 도움 없이 정보를 추출하고 분석할 수 있다. - 대화식 질의를 통한 비정형(AD HOC)쿼리를 이용하여 정보분석이 가능하다. - OLAP의 주요기능: 피보팅(Pivoting)[4], 필터링(Filtering)[5], 리포팅(Reporting)[6], 분해 (Slice & Dice)[7], 드릴링(Drilling)[8]
데이터마이닝	• 대량의 데이터로부터 패턴이나 연관성을 도출하여 의사결정에 활용하는 방법이다. - 연관성분석, 의사결정나무분석, 로지스틱 회귀분석, 군집분석 등의 다양한 방법이 있다.

- 협업적 CRM
  - 인터넷을 기반으로 한 전자상거래 사이트의 급성장과 오프라인 기업의 온라인화가 가속화되면서, 인터넷에 대응하는 신개념의 CRM 시스템이다.
  - 분석적 CRM에서 얻은 결과를 고객마케팅 활동에 직접 활용하여 고객과 기업간의 상호작용을 촉진시키는 기능이 중요해지고 있다. 데이터베이스에 저장된 분석적 CRM의 결과를 활용하여 상품의 교차판매(Cross-Selling)[9]와 상향판매(Up-Selling)[10]를 수행하거나, 고객과의 직접적인 커뮤니케이션을 통한 마케팅 활동을 수행한다.
  - 채널통합 등을 통해 고객과 기업간의 협업을 효율적으로 지속하는 방법에 초점을 둔다.
  - 협업적 CRM은 분석적 CRM과 운영적 CRM의 통합을 의미한다. e-비즈니스 환경에서 각 고객별로 차별화된 서비스를 제공하는 웹 개인화서비스 시스템은 대표적인 예이다.

(4) CRM을 위한 고객라이프사이클의 단계

- **고객획득단계**(Customer Aquisition): 고객획득단계는 처음 거래가 형성되기까지의 단계로 고객이 처음 기업의 제품 혹은 서비스를 이용하면서 기업과의 관계가 구축되는 시기다.
- **고객유지단계**(Customer Retention): 고객유지단계는 거래를 시작한 그 고객이 재구매를 하고, 반복구매를 통해 거래량과 거래 규모를 늘리면서 고객과의 관계가 유지되고, 강화되는 단계이다.
- **충성고객단계**(Customer Loyalty): 충성고객단계는 시간에 걸쳐 강화되어 온 고객과의 관계를 극대화시키면서 충성도 높은 고객을 평생고객이 되도록 만드는 단계이다.

2 | 고객세분화

1 세분화 개념

(1) 세분화 개요

- 세분화는 유사한 성향을 가진 사람들을 하나의 집단으로 묶는 과정으로 세분화의 결과는 세분 시장 상호간에는 이질성이 극대화되어야 하고, 세분시장 내에서는 동질성이 극대화되어야 한다.
- 세분화의 기준이 되는 변수는 구매행동 변수, 인구통계적 변수, 심리적 변수, 사용상황 변수, 추구편익 변수가 있다.

▶ 세분화의 기준 변수	
구매 행동 변수	사용기회, 사용경험, 사용량, 브랜드 충성도
인구통계적 변수	연령, 성별, 지역, 직업, 학력, 가족수, 소득수준
심리적 변수	사회계층, 개성, 라이프 스타일
사용상황 변수	누가, 무엇을, 언제, 어디서, 어떻게 사용하는가
추구편익 변수	기능적 효익: 제품의 속성이나 기능에서 얻는 효익 심리적 효익: 제품이미지, 자기만족, 신분의 표시 등과 같이 심리적인 측면을 나타내는 것

(2) 세분화의 조건

- 각 세분시장의 규모와 구매력과 같은 세분시장의 틀은 **구체적으로 측정 가능한 것**이어야 한다.
- 각 세분시장은 기업이 개별적인 마케팅 프로그램을 실행할 수 있을 정도로 **충분한 규모**를 지니고 있어야 한다.
- 소비자에게 접근할 기회가 없다면 세분시장으로서의 가치를 상실하게 되므로 세분시장에 **접근할 수 있는 가능성**이 있어야 한다.
- 각 세분시장은 **마케팅믹스(제품·서비스, 유통, 가격, 프로모션)에 대해 서로 차별적 반응**을 보여야 한다.

2 전략적 세분화

(1) 고객세분화를 위한 모형들

- 기업이 고객가치를 측정할 수 있는 모형은 다양하며, 동일한 측정 모형이라 할지라도 기업에서 실제로 적용하는 방법은 달라질 수 있다.

고객생애가치	• 기업은 고객의 가치를 과거, 현재, 미래의 가치를 포함한 지속적인 관계에서 비롯되는 모든 가치를 고려해야 한다. • 고객생애가치(Customer Lifetime Value, CLV)는 고객들로부터 미래의 일정 기간 동안 얻게 될 이익을 할인율을 기반으로 한 현재 가치로 환산한 재무적 가치라고 할 수 있다. • CLV를 평가하기 위해서는 공헌마진(과거 고객가치), 고객생애기간, 활동 확률, 그리고 할인율을 고려하여 산정되는 생애기간의 수익과 획득 비용을 함께 고려해야 한다.
고객순자산가치	• 기업의 모든 고객이 기업에 제공하는 재무적 기여의 총합으로 고객의 생애가치와 고객의 추천가치를 포함한 가치평가방법이다.
고객추천가치	• 고객추천가치(Customer Referral Value, CRV)는 고객들이 기업에 간접적으로 제공하는 추천행위의 가치를 측정할 수 있는 평가 모형이다. • 제품을 경험한 고객들이 지인들에게 긍정적인 소문을 구전으로 전파하고, 제품을 추천한다. 특히 충성도가 높은 고객들의 긍정적인 추천은 구매경험 없는 소비자들로 하여금 제품이나 서비스를 구매하게 하는 결과로 이어진다. • 기업의 입장에서는 특별한 마케팅 활동을 하지 않고도 충성고객의 지인 추천을 통해 새로운 신규고객을 확보하게 되는 효과를 얻을 수 있다.
고객점유율	• 고객점유율(Share of Customer)이란 한 고객이 소비하는 제품이나 서비스군 중에서 특정 기업을 통해 제공받는 제품이나 서비스의 비율을 의미한다.
고객만족	• 고객만족은 어떤 대상에 대한 기대수준과 실제 경험의 차이에 대한 주관적인 평가로 보통 설문조사를 통해서 측정한다. 　- 주의: 고객만족 정도가 기업의 성과나 고객유지, 점유율과 비례적으로 증가하지 않으며, 특히 고객만족도 증가가 조직성과와 직접적으로 연결되는 것은 아니다.
고객로열티	• 기업의 사람, 제품, 서비스에 대한 애착 혹은 애정의 감정 상태로, 특정 상품(서비스)을 지속적으로 구매하거나 이용하려는 의지를 말한다. 　- 순추천지수(NPS, Net Promoter Score): 특정 제품이나 서비스, 기업, 브랜드에 대해 고객이 타인에게 추천하는 정도를 나타나는 지수
RFM	• 고객과의 관계에 있어서 재무적인 가치뿐만 아니라, 관계 활동에 대한 질적 측면도 함께 측정하기 위한 고객가치 평가 모델이 RFM(Recency, Frequency, and Monetary)이다. 　- 최근성(Recency): 얼마나 최근에 구매했는가? 　- 빈도(Frequency): 얼마나 자주 구매했는가? 　- 구매액(Monetary): 얼마나 많이 구매를 했는가?
고객 속성 정보 파일법	• 기존고객의 구매 행태와 고객 관리에서 발생한 다양한 데이터(구매 기간, 구매 횟수, 금액, 장소, 품목, 구매 방법)를 비교 분석하고, 정보를 교차 분석하여 고객별로 등급을 부여한 뒤, 이에 따라 차별화된 서비스를 제공하여 마케팅 활동에 활용하는 고객 관리 및 분석 기법이다.

• 고객의 가치를 측정할 수 있는 계량모델을 이용한 후에 다음과 같은 고객세분화 방법을 통해 목표 고객을 정하여 마케팅에 활용한다.

표면적 데이터에 의한 방법	현재 기업이 보유하고 있는 고객 프로파일 정보(나이, 성별, 사는 지역 등), 매출액 수준에 의한 그룹, 주로 이용하는 채널 등을 기반으로 별도의 데이터 가공 없이 세분화를 수행하는 방법이다.

고객가치측정 모델에 의한 방법	다양한 고객가치측정 모델을 통해 도출된 고객가치지수(고객생애가치, 고객순자산가치, RFM 지수 등)를 기반으로 기업의 의미있는 변수들을 추가하여 세분화하는 방법이다.
고객니즈(Needs)에 의한 세분화	고객니즈를 도출하여 상품의 대량 맞춤화(Mass Customization)를 통해 효과적인 상품 기획을 목표로 한다. 고객 수요를 파악하여 상품을 기획하기 때문에 성공 가능성은 높으나 고객의 변덕스러운 취향이 존재하는 경우 고객니즈분석을 빈번하게 수행해야 할 수도 있다.

(2) 고객세분화의 전략적 활용

- 고객생애가치, 고객순가치, 추천가치, 고객점유율, RFM 등을 이용하여 고객가치를 측정한 후 세분화 기준변수를 이용하여 고객을 그룹화한다. 그리고 기업의 전략적 목적에 부합하는 마케팅이나 제품 개발을 수행한다. 이때 고객의 특성을 명확히 파악하고, 기업 내부자원의 강점과 약점을 구분하여 한정된 자원을 효과적으로 배분하고, 마케팅 전략을 설정한다.
- 세분화 기준변수와 CRM 모델을 이용하여 수익성 예측 모형, 고객 이탈 모형들을 개발하고 고객군별 마케팅 전략을 도출한다.
- 고객가치를 세분화 할 때는 단순하게 매출 기반으로 하기보다는 고객의 수익성을 기반으로 세분화해야 한다.

---

3 | 마케팅 기법

1 데이터마이닝 개념

(1) 데이터마이닝 개요

- 데이터마이닝(Data Mining)이란 '대량의 데이터 집합으로부터 유용한 정보를 추출하는 것'으로 대량의 데이터베이스로부터 과거에는 알지 못했던 숨겨져 있는 정보를 대용량의 데이터 내에 존재하는 관계, 규칙, 패턴 등을 탐색하고 찾아내어 모형화 함으로써 유용한 지식을 추출하는 일련의 과정들이다.
- 데이터마이닝은 KDD, 기계학습, 패턴인식, 통계학, 인공지능 등의 다양한 이론들과 관련이 있다.

▶ 데이터마이닝 관련 이론	
데이터베이스 지식발견 (KDD: Knowledge Discovery in Databases)	• 데이터베이스로부터 데이터 간의 연관성이나 패턴 등을 발견하는 표현은 데이터 마이닝과 가장 유사한 의미로 사용되고 있다. • KDD는 지식을 추출하는 전과정을 의미하고, 데이터마이닝은 KDD 과정 중에 한 과정인 데이터탐사를 의미한다.
패턴인식 (Pattern Recognition)	• 문자인식, 이미지인식 등과 관련된 것으로 데이터베이스로부터 유용한 패턴을 찾아내는 분야다.

통계학 (Statistics)	• 통계학은 '이론 및 방법론 분야'와 '응용 분야'로 나눌 수 있다. 　- 이론 분야는 통계학의 기초가 되는 이론들을 연구하고 통계적 방법론을 개발하는 분야로 확률론, 확률과정론, 수리통계, 점근적 추론, 선형/비선형 모형, 회귀분석, 실험계획, 통계계산, 베이지안 추론, 비모수 추론, 시계열 분석 등이 있다. 　- 응용 분야는 개발된 이론과 연구방법론을 응용한다.
인공지능 (AI: Artificial Intelligence)	• 인간의 지능으로 할 수 있는 사고, 학습, 자기계발 등을 컴퓨터가 할 수 있도록 하는 분야로 컴퓨터가 인간의 지능적인 행동을 모방할 수 있도록 구현하는 분야이다. • 인간의 학습능력, 추론능력, 지각능력, 자연언어의 이해능력 등을 컴퓨터 프로그램으로 실현한 기술에 대한 학문이다. • 인공지능 관련 용어 　- **기계학습(Machine Learning)**: 사람이 학습을 하는 방식으로 컴퓨터가 데이터들을 이용하고 학습을 하여 새로운 지식을 도출하게 하는 분야이다. 아서사무엘은 기계학습을 '컴퓨터에 명시적인 프로그램 없이 배울 수 있는 능력을 부여하는 연구 분야'라고 정의하였다. 　- **딥러닝(Deep Learning)**: 인공신경망에 기반을 둔 기계학습 기술로 사물이나 데이터를 군집화하거나 분류할 때 사용하는 기술이다. 대량의 인터넷 데이터를 분석하기 위해서 다층 구조로 설계된 깊어진 인공신경망이 필요하게 되었고, 이는 기계학습을 어렵게 하였다. 인공신경망의 한계를 극복하기 위해 개발된 딥러닝 기술은 학습을 위한 데이터들을 비지도 학습을 통해 전처리하면 신경망이 깊어져도 학습이 잘 된다는 것을 발견하였다.

(2) 데이터마이닝의 특징

- 데이터마이닝은 개발된 예측모형이 새로운 데이터에 잘 적용되는지에 중점을 두고 있다. 이탈고객 모형을 만들었을 때 새로 관찰된 고객들에 대해서 적용시켜서 이탈고객군을 예측하여 분류해 낸 결과가 잘 맞을 때 의미 있다고 할 수 있다.

- 데이터마이닝은 통계학, 인공지능, 전산학 등과 같은 공학기반으로 개발되어 왔으나 실제로는 여러 가지 기법을 사용하여 얻어진 결과들을 적용된 분야의 도메인 지식을 가지고 해석하고, 적절한 의사결정으로 연결될 수 있어야 한다. 즉 개발된 기술을 기업의 전략과 경영목표에 맞추어 활용할 수 있도록 경영, 경제, IT 분야의 전문가들이 데이터마이닝을 적절하게 활용해야 한다.

- 데이터를 잘 정의하고 수집하는 것은 데이터마이닝 활용의 가장 기초이다.

- 데이터마이닝은 대용량의 데이터를 실시간으로 다루기 위해 필요한 기술로, 수많은 양의 데이터에서 충분한 지식을 뽑아내기 위해서 꼭 필요한 기술이다.

(3) 데이터마이닝의 알고리즘[11]

- 지도학습 알고리즘(Supervised Learning Algorithms)은 분류와 예측을 위해 사용되는 알고리즘으로 지도학습을 위해서는 이용가능한 데이터가 있어야 하고, **주요 출력변수의 값**(예 구매 또는 비구매)이 알려져 있어야 한다. **분류 또는 예측 알고리즘**은 학습용 데이터(Training Data)를 이용하여 예측변수와 출력변수 간의 관계를 학습 또는 훈련을 한다.

- 자율학습 알고리즘(Unsupervised Learning Algorithms)은 예측 또는 분류를 위해 필요한 출력 변수가 없는 경우에 사용되는 알고리즘으로, 학습과정은 존재하지 않는다. 자율학습기법의 예로는 연관성규칙, 데이터 축소, 군집분석 등이 있다.
- 데이터마이닝을 효과적으로 수행하기 위해서는 체계적인 절차가 필요한데 일반적으로 많이 사용하고 있는 방법은 SAS의 SEMMA 방법론이다.

▷ 데이터마이닝 프로세스

① **표본추출(Sample)**: 추출된 모든 데이터를 사용하여 분석하는 것은 시간이 많이 소요된다. 그리고 모형의 성능평가를 위해서는 모형 제작에 사용된 데이터와 별도로 테스트를 위한 데이터를 남겨두어서 최종적인 모형의 성능평가를 수행해야 한다. 샘플을 추출하는 방법으로는 모집단에 속한 전체 N개의 데이터 중에서 K개를 뽑고자 할 때, 난수를 생성하여 임의로 추출하는 단순 임의추출방식과 모집단에 속한 데이터를 유사한 그룹으로 나누어준 다음 각 층에서 단순 임의추출이 되도록 선택하는 층화추출방법이 주로 사용된다. 표본의 종류는 다음과 같다.

▶ **표본의 종류**

학습 데이터 표본 (Training Data Set)	학습 개발을 위한 모델 학습용 표본 데이터
평가 데이터 표본 (Validation Data Set)	모델의 적합도를 평가하는 모델 평가용 표본 데이터
검증 데이터 표본 (Test Data Set)	모델의 결과를 적용하기 위하여 검증하는 모델 검증용 표본 데이터

② **데이터 탐색(Explore)**: 표본을 추출한 후에 모집단에 속한 여러 데이터들을 설명해 주는 변수들을 이해하고, 분석에 사용될 수 있도록 사전 조정작업을 수행해야 한다. 데이터 탐색과정은 기초통계량 분석, 그래프를 통한 데이터 분포 등을 살펴봄으로써 이상치 및 결측치를 탐지하는 과정을 포함한다.
　- 데이터 전처리 과정: 데이터 포맷의 일관성, 데이터 필드 일치, 데이터 요약 수준 결정, 일관성 있는 데이터 인코딩, 문자데이터 처리, 결측값, 이상값 등을 처리하는 과정이다.

③ **데이터 수정(Modify)**: 탐색한 데이터들을 분석이 적합한 형태로 변환해 주는 과정을 의미한다. 데이터마이닝을 위한 데이터 변환은 데이터를 연속형, 이산형 등으로 설정하고, 변수가 가진 값의 속성이 명목척도인지 서열척도인지를 파악할 수 있도록 하는 과정이다.

▶ **변수의 형태**

구분		설명
수치형 척도	연속형	관측값이 연속적인 값을 갖는 자료 (판매량, 비용, 고객소득, 생산량)
	이산형	관측값이 비연속적인 값을 갖는 자료 (구매횟수, 방문자 수)
범주형 척도	서열척도	순서에 의미가 있는 범주를 갖는 자료 (제품선호도, 만족도)
	명목척도	순서에 의미가 없는 범주를 갖는 자료 (불량유무, 성별, 선호 품목)

④ **데이터 모형화**(Model): 해결하고자 하는 경영 문제의 특성에 맞는 적절한 기법(연관성규칙발견, 사례기반추론, 군집분석, 판별분석, 의사결정나무, 회귀분석, 인공신경망 등)을 통해서 모델을 개발하는 과정이다.

⑤ **모델 평가**(Assess): 데이터 모형화 단계에서 만들어 낸 여러 종류의 모형을 평가용 데이터 집합을 이용하여 평가하고, 모형들을 비교한다. 모델 평가시에는 신뢰성, 타당성, 정확성, 유용성 등이 고려되어야 한다.

(4) 데이터마이닝의 예측기법

- **연관규칙분석**: 대규모의 데이터 항목 중에서 연관성과 상관관계를 찾는 기법이다. 상품 또는 서비스 간의 관계를 살펴보고 유용한 규칙을 찾아내고자 할 때 사용하는 방법론으로 장바구니분석은 연관규칙분석의 대표적인 예이다. 장바구니분석은 구매 데이터들 중 서로 다른 품목들 사이의 연관관계를 발견함으로써 구매 패턴을 분석하여 마케팅전략 수립에 필요한 정보를 제공하는 데 목적이 있다.

> ▷ 전자상거래에서 연관규칙분석 활용 분야
>
> - 소비자가 구매한 상품들 간의 연관 패턴을 도출하여, 특정 상품과 함께 구매할 가능성이 높은 상품을 추천하거나, 번들 상품을 만들어 판매를 촉진한다.
> - 특정 상품과 함께 구매할 가능성이 높은 상품을 함께 배치한다.
> - 인터넷이나 모바일 화면상에 화면 설계시 효율적으로 화면 이동이 가능한 설계 방향을 제시한다.

- **군집분석**: 집단 또는 범주에 대한 사전 정보가 없는 데이터 관측값을 사용하여 몇 개의 유사한 집단으로 그룹화하여 집단의 성격을 정의하기 위한 기법이다. 군집화를 하기 위해서 사용되는 변수는 전체 속성을 파악하기 위한 기준이 되는데, 인구통계학적 변수(성별, 거주지, 나이, 소득수준, 교육수준, 직업 등), 생활패턴 변수(성격, 방문 빈도, 가치관, 이동수단 등), 구매패턴 변수(구매주기, 거래비용, 구매상품 등) 등 군집분석을 위한 변수로 활용될 수 있다. 군집화 과정을 통해 유사한 데이터 속성을 가진 개체들과 차별적 데이터 속성을 가진 군집으로 구성된다.

> ▷ 전자상거래에서 군집분석의 활용 분야
>
> - 이용고객의 등급화, 프랜차이즈 업체의 등급화 등과 같이 유사한 성향을 가진 그룹군을 찾는 데 활용할 수 있다.

- **의사결정나무**: 변수를 분류하는 기준이 나뭇가지와 같은 형태로 표현되어 의사결정나무라고 하며, 의사결정규칙을 나무 구조와 같이 분류하여 수행하는 분석방법이다. 의사결정나무 분석을 위한 기법으로 CHAID, CART, C4.5 등의 알고리즘이 있다. 의사결정나무 분석이 수행되는 원리에는 분리기준을 정할 때 순수도가 중요한 역할을 한다. 의사결정나무의 경우 분석결과가 실용적이고 가독성이 높아서 실제 마케팅 전략 수립시 활용되기 좋다.

■ 블랙 고객이나 VIP 분류 기준과 같이 다양한 분리 기준을 찾기 위한 분야에 적합하다.

• **인공신경망**: 인간이 의사결정을 할 때 사용하는 신경계가 작동하는 방식을 컴퓨터에서 구현하기 위하여 개발된 방법으로 인간 두뇌 구조와 유사한 지도학습방법을 수행한다. 지식과 경험에 의존하여 일반화 시키는 사고를 하는 인간과는 달리 컴퓨터는 알고리즘에 의해 빠른 계산과 탐색 프로세스를 거쳐 최적의 해를 찾아준다. 그래서 컴퓨터와 인간과의 차이를 줄이고, 컴퓨터에서도 인간이 사고하는 것과 같은 효과를 내기 위해서 개발된 방법론이다. 신경망의 구조는 입력층(Input Layer), 은닉층(Hidden Layer), 출력층(Output Layer)으로 구성되고, 각 층은 여러 노드로 구성되어 있다.

▷ 전자상거래에서 인공신경망의 활용

■ 종속변수의 변화에 영향을 주는 독립변수들을 도출하고, 이 독립변수로 구성된 설명 모형을 개발할 수 있다.
■ 신용평가시 파산 위험 정도를 분석할 수 있다.
■ 알파고에서 사용된 주요 알고리즘이다.

• **사례기반추론**(Case-Based Reasoning, CBR): 과거 경험했던 저장된 사례들 중에서 유사도 검색을 통해 문제 상황과 가장 근접된 사례를 제시하는 방법이다.
　– 사례기반추론 프로세스
　　① 검색과정: 문제 발생시 유사한 사례를 찾는 유사도를 측정하는 과정
　　② 재사용과정: 유사한 사례를 그대로 적용하거나 문제에 적합하도록 수정하여 해결안을 제시하는 과정
　　③ 검증과정: 제시된 해결안의 타당성을 검증하는 과정
　　④ 유지과정: 문제를 해결한 사례를 '사례 데이터베이스'에 저장하는 과정
　– 사례기반추론의 장점
　　① 상대적으로 쉬운 지식추출 과정을 사용함: 현재 존재하는 전문가 시스템의 지식추출 과정은 불필요하지만, 수치형 변수와 범주형 변수 등을 이용한 사례속성 정의 및 중요도 산정을 위한 사례모델링(Case Structure)과 유사도 검색을 위한 유사도 모델링 과정은 필요하다.
　　② 지속적인 경험과 지식의 업데이트가 용이함: '사례 데이터베이스'에 유효한 사례를 추가하거나 필요 없는 사례를 제거한다.
　　③ 검증된 지식의 재사용을 촉진한다.
　– 사례기반추론의 단점
　　① 방대한 Case Library를 유지해야 함에 따라 검색지연이 문제가 될 수 있다.
　　② 도출된 해가 광범위하여 주어진 증상에 대해 정확하고 신뢰성 있는 해결방안 제시에 어려움이 있다.

▷ 전자상거래에서 사례기반추론 활용

■ 은행대출 심사시 유사사례기반으로 새로운 사례에 적용한다.
■ 맞춤형 운동처방시 유사사례기반으로 새로운 사례에 적용한다.

(5) 데이터마이닝의 모형 평가

- 데이터마이닝을 통해 도출된 모형을 최종적으로 선정하기 위해서는 모델을 검증하는 단계가 필요하다. 이때 정분류율, 오분류율, 민감도, 특이도와 같은 지표를 이용하여 모형을 개선한다.

② 최신 마케팅 기법

(1) 마케팅 플랫폼과 캠페인 관리 프로세스

- 웹사이트는 고객과의 관계를 형성하기 위한 마케팅 플랫폼으로 고객들에게 교육 및 정보를 제공하고, 고객의 경험을 형성하여, 브랜드 정체성과 고객기대를 수립하는 장소이다.

▶ 웹사이트의 기능	
교육 및 정보 제공	• 제품에 대한 정보, 사용 방법, 향후 AS 등의 지원에 대한 정보를 제공하는 기능
고객경험 형성	• 고객들이 제품을 검색, 정보의 이해, 구매/소비/판매/지원을 포함하는 제품 및 서비스를 제공하는 기업에 대해서 경험하는 기능 • 고객경험은 기존의 고객만족보다 더 광범위한 개념으로 고객의 인지적, 정서적, 사회적 관계를 고려함
브랜드 정체성과 고객 기대 수립	• 웹사이트 홈페이지를 통해 제품의 차별성(품질, 가격, 지원과 신뢰성 측면 등)을 확인하고, 고객이 제품을 구매하는 상황을 기대하도록 만드는 기능

- 마케팅을 제대로 하기 위한 캠페인 프로세스는 기존 데이터를 분석한 마케팅 추진방향을 설정한 후, 기획, 실행, 평가 및 학습으로 이루어져야 하고 학습 후에 다시 추진방향 설정으로 순환되는 특성을 가지고 있다.

▷ 캠페인 프로세스

- **데이터 분석 및 방향 설정**: 캠페인의 요구사항을 분석하고, 이를 통해 전략의 방향성(목표 고객, 목표 제품, 목표 채널, 목표 시기)을 수립하고, 마케팅을 위한 타겟을 선정하는 과정이다.
- **캠페인 기획**: 앞에서 수립된 목표를 달성하기 위한 운영방침을 수립하는 과정으로 커뮤니케이션을 원활하게 하기 위한 방안을 모색하고, 예산을 수립하고, 평가지표를 개발하는 과정을 포함한다.
- **캠페인 실행**: 캠페인을 운영하기 위한 기획안을 마련하고, 캠페인을 실행하는데 사전에 예상하지 못했던 상황들이 발생할 수 있기 때문에 실험적 접근방식으로 시작한다. 문제가 없는 경우 실행 스케줄링을 수립하여 실행 및 모니터링을 하는 과정이다.
- **평가 및 학습**: 캠페인을 실행하고 모니터링을 한 이후 결과에 대해서 평가를 하고, 향후 마케팅을 위한 개선 방안을 도출하고, 추후 마케팅 전략을 수립할 때 인사이트를 제공하는 과정이다.

(2) CRM에 집중한 마케팅 활동

- 고객 지향적인 마케팅 개념이 도입되면서 새로운 형태의 마케팅 패러다임들이 도입되었다. 관계지향적 마케팅, 쌍방향 마케팅, 1:1 마케팅, 데이터베이스 마케팅, 바이러스 마케팅, 허용마케팅 등이 있다.

▶ CRM 관점의 마케팅 활동

관계지향적 마케팅 (Relation Marketing)	• 기업은 고객과의 관계를 신규고객 창출보다는 기존고객의 유지에 중점을 두는 마케팅 활동이다. 고객과의 장기적 관계 형성 및 강화에 두고 고객생애가치의 측정에 근거하여 다양한 프로그램을 진행한다. - 만족한 고객이 다른 소비자에게 전파하는 구전효과가 도움이 된다. - 제품 판매가 마케팅의 끝이 아니라 시작으로 판매 이후의 고객 서비스 및 관계 유지를 강조한다. - 인터넷은 개별 고객과의 대화 및 대응이 가능하게 하여 관계지향적 마케팅을 더 용이하게 한다.
쌍방향 마케팅 (Interactive Marketing)	• 기업이 고객과 신뢰 기반의 관계를 만들고 고객의 욕구를 파악한 제품을 생산하여, 고객의 공통 가치를 점진적으로 탐색하는 과정을 쌍방향 마케팅이라고 한다. - 전통적인 TV는 일방적으로 정보를 제공해 주는 매체였지만, 최근의 인터넷과 스마트 기기들은 정보제공자와 수신자 간의 커뮤니케이션을 가능하게 한다.
1:1 마케팅	• 인터넷은 기업과 개인이 1:1로 만나는 것을 가능하게 한다. 이를 통해 고객에게 개별적으로 차별적인 마케팅을 제공할 수 있다. • 기업이 개별적인 서비스를 제공함에 따라 개인은 더 자주 서비스를 이용하게 되고, 고객 데이터는 축적되고, 이를 통해 기업은 고객에 대해 더 잘 이해하게 됨으로써 개개인에게 보다 높은 수준의 개별화된 서비스를 제공할 수 있다.
데이터베이스 마케팅	• 기업이 고객과의 활동을 통해 확보되는 정보들을 데이터베이스에 저장해 두고 이를 활용함으로써 고객과의 장기적인 관계 구축 및 정교한 마케팅 활동을 가능하게 한다. • 고객 데이터에 근거한 개인화된 서비스를 제공하여 1:1 마케팅으로 연결될 수 있으며, 이를 통해 고객만족을 도모하여 장기적 관계 강화를 가능하게 하는 관계지향적 마케팅과도 연결이 된다.
직접 마케팅 (Direct Marketing)	• 직접 마케팅은 기존고객 목록과 정보를 방문판매, 신문지 삽입광고 등과 같이 행하는 다양한 판촉활동이다. • 인터넷을 이용한 직접마케팅은 E-메일 등을 이용하여 제품과 서비스에 대한 고객반응을 직접적으로 유도하는 것을 목적으로 한다.
허용 마케팅 (Permission Marketing)	• 인터넷은 누구나 접근할 수 있다는 보편성의 장점이 접근을 원하지 않는 사람에게는 단점이 될 수 있다. • 기업은 사전에 고객의 양해를 구하고, 이와 같은 인터넷 마케팅을 실시해야 한다.
텔레마케팅 (Telemarketing)	• 제품이 생산자로부터 소비자에게 전달되기 위해 사용되는 광고, 선전, 조사 활동 등의 모든 기업 활동에 통신미디어를 효과적으로 활용하여 수행하는 마케팅 활동이다. • 대금 회수, 계약 갱신, 배달 통지, 고객 서비스, 판매 및 판매촉진 등에서 널리 활용되고 있다. • 인바운드 텔레마케팅(Inbound Telemarketing)의 특징 - 고객 혹은 잠재고객으로부터 전화를 수신하는 고객 주도형 마케팅 방식이다. - 대중매체 광고를 통해 고객의 반응을 얻기 위해 사용된다. - 카탈로그 통신판매에 사용된다. - 문의상담, 주문 처리, 고객 불만사항 접수 등에 활용된다.

	• 아웃바운드 텔레마케팅(Outbound Telemarketing)의 특징 - 기업이 고객에게 전화를 거는 기업 주도형의 적극적인 마케팅 방식이다. - 제품홍보, 시장조사 등에 활용된다.
바이럴 마케팅 (Viral Marketing)	• 컴퓨터 바이러스처럼 확산된다고 해서 '바이럴 마케팅' 혹은 '바이러스(Virus) 마케팅'이라고 부른다. • 상품이나 광고를 본 소비자들이 블로그나 E-메일, 메신저, SNS 등을 통해 서로 전달하면서 인터넷상에서 화제가 확산되도록 하는 마케팅 방식이다. • 바이럴 마케팅의 특징 - 기업이 직접 홍보를 하지 않고 소비자의 블로그, E-메일, 메신저 등의 활동을 통해 구전방식으로 전해지는 광고라는 점에서 기존 광고와 차별성이 있다. - 키워드 광고나 배너 광고와 달리 다른 블로그로의 스크랩 기능을 통해 효과가 확산되기 때문에 저비용으로 높은 광고 효과를 누릴 수 있다. - 넓은 의미에서 입소문 마케팅과 유사하지만 입소문 마케팅은 상품의 이용평가 등의 내용들이 많고, 바이럴 마케팅은 재미있거나 독특한 콘텐츠가 기업 브랜드와 결합해 인터넷을 통해 유포된다는 점에서 차이가 있다.
고객 맞춤형 마케팅	• 최근의 '고객 맞춤형 마케팅'은 데이터베이스 마케팅, 일대일 마케팅, 관계 마케팅에서 진화하여, 가치소비 트렌드와 결합되어 다양한 형태로 등장한 고객과의 일련의 지속적인 상호작용을 주요 내용으로 하는 고객관계경영 마케팅 방식이다. • 고객 데이터베이스가 필요하고, 데이터베이스를 통해서 고객의 구매패턴이나 취향 등을 분석하고 고객 개개인의 행동을 예측해 다양한 마케팅 채널과 연계한다.
빅데이터[12] 기반 고객맞춤형 마케팅	• 최근 기업들은 빅데이터(Big Data)를 이용하여 다변화된 현대 사회를 정확하게 예측하고자 한다. 빅데이터 분석은 소비자 니즈 발견, 소비자 맞춤형 비즈니스를 위한 고객세분화, 자동알고리즘을 통한 의사결정 지원 등을 가능하게 하고, 이를 기반으로 기업의 수익 개선, 비용절감, 이탈율 감소 등 기업의 가치를 창출하게 하는 것을 목표로 한다.
소셜리포터 마케팅	• 특정 미디어에 국한되지 않고 트위터, 페이스북, 블로그를 통합적으로 활용해 파급 효과를 높이는 한층 업그레이드 된 소셜 마케팅 기법이다. 소비자가 블로그와 페이스북을 통해 브랜드 소식과 신제품 관련 콘텐츠를 생산하고, 트위터를 통해 생생하게 전파하는 활동을 벌이게 된다. 특히 자신의 소셜 미디어를 활용해 일반 소비자 대상 마케팅 활동을 직접 전개하는 등 능동적인 리포터 활동을 수행하는 것을 목표로 한다.
다이렉트 마케팅	• 다이렉트 마케팅은 소비자와의 직접적인 긴밀한 광고 매체 접촉을 이용하여 소비자와 직거래를 실현하는 마케팅 경로를 의미한다.
인다이렉트 마케팅	• 상품 유통에 있어서 메이커가 소비자의 사이에 판매업자를 개입시켜 '메이커 → 판매업자 → 소비자'라는 전형적인 마케팅 경로를 채택할 때 이것을 인다이렉트 마케팅이라 한다.
인더스트리얼 마케팅	• 생산재에 관한 마케팅을 말한다. 그 대상은 기업체로서 소비재인 경우와 같이 고객의 감정을 자극하여 구매 의욕을 일으키기보다 경제성, 합리성을 갖춘 신제품을 개발하여 고객의 이성에 호소함으로써 판매를 유도한다.
마이크로 마케팅	• 소비자의 인구통계적 속성과 라이프스타일에 관한 정보를 활용, 소비자의 욕구를 최대한 충족시키는 마케팅 전략으로, 이를 위해 시장을 가장 작은 상권 단위로 나눈 다음 시장별로 소비자 특성에 관한 데이터를 수집해 마케팅 계획을 세운다.

(3) 고객이 참여하는 마케팅 활동

- 최근 쌍방향 커뮤니케이션이 활발해짐에 따라 소비자가 직접 참여하는 소비자 마케팅 활동이 증가하고 있다. 대표적으로 참여형 소비자 마케팅, 프로슈머 마케팅, 컨덕트 마케팅, 코즈 마케팅이 있다.

▶ 고객 참여형 마케팅 활동	
참여형 소비자 마케팅	• 소비자들이 기업이 생산한 제품을 일방적으로 소비만 하는 것이 아니라 적극적인 소비자로 참여하며 고객만족도를 증대시킬 수 있는 마케팅 전략이다.
프로슈머 마케팅 (Prosumer Marketing)	• 프로슈머(Prosumer)는 대표적인 참여형 소비자로 '생산자(Producer) + 소비자(Consumer)'나 '전문가(Professional) + 소비자(Consumer)'의 결합어라고 볼 수 있다. • 최근 소비자를 높은 가치를 창출하는 생산자로 생산과정에 소비자의 참여를 이끌어내고 만족도를 제고시키는 전략으로 프로슈머 마케팅을 시행한다. - 제품 기획 단계에서 상품화까지 소비자를 참여시켜 다양한 아이디어를 반영하는 추세이며, 이를 통해 보다 성공적인 제품 개발을 추진하고 있다.
컨덕트 마케팅 (Conduct Marketing)	• '소비자(Consumer) + 제품 마케팅(Product Marketing)'의 결합어로 제품이 출시된 후에 소비자 스스로가 마케터가 되어 직접 체험한 제품의 장점을 직접 홍보하는 마케팅 기법이다. - '프로슈머 마케팅'은 제품 개발 단계에서 소비자에게 시제품을 직접 사용하게 한 후 의견을 받아 신제품에 반영하는 출시 전 마케팅이다. - '컨덕트 마케팅'은 제품 출시 후의 소비자 활동에 집중하는 마케팅이다.
코즈 마케팅 (Cause Marketing)	• 기업이 소비자를 통해 경제적 가치와 공익적 가치를 동시에 추구하기 위해 시행하는 마케팅으로 사회적인 이슈를 이익 추구에 활용하는 마케팅 기법이다. - 최근 소셜슈머[13]나 그린슈머[14]와 같이 사회가치형 소비자들이 늘어나고, 윤리적 소비에 대한 관심이 높아져 기업들은 긍정적인 이미지 제고를 통한 브랜드 가치 증대를 위해 적극적으로 코즈 마케팅을 활용하고 있다. - 세계적으로 기업의 사회적 책임(Cooperate Social Responsibility, CSR)이 중요해지면서 나타난 움직임으로, 일방적인 기부나 봉사가 아닌 기업만의 이익과 사회가 추구하는 공익을 동시에 만족시키고자 하는 활동이다. - 사회적인 문제들을 해결하려는 기업의 노력이 기업의 선한 이미지로 이어지고, 이것이 소비자들의 제품 구매에 영향을 미치게 되는 것이다. - 보통 소비자의 구매가 기업의 기부활동으로 연결되는 구조로 공유가치창출(Creating Shared Value, CSV)을 위한 하나의 마케팅적 방법론으로 주목받고 있다.

❸ 로그 분석

(1) 웹분석의 개요

- 웹사이트상에서 발생하는 현상을 분석하기 위해서 데이터를 수집하고 리포팅하는 도구로, 웹분석을 위한 데이터를 생성하는 것이다.

▶ 웹분석을 위한 데이터 수집방법 분류	
웹서버 로그 파일	• 널리 사용되는 기본적 데이터 수집방법으로 웹서버가 생성하는 로그파일을 파싱(Parsing)[15]하여 데이터를 수집하는 방식이다. • 별도의 로그데이터를 수집하여, 원격지의 분석서버로 전송하는 모듈을 이용하여 ASP(Application Service Provider) 형태로의 서비스도 가능하다. • 페이지 태깅(Page Tagging) 방식이 등장하면서 ASP 서비스는 대부분 사라졌다.
패킷 스니핑 (Packet Sniffing) 방식	• 네트워크의 패킷을 잡아내는 패킷 스니퍼(Packet Sniffer)를 이용하여 데이터를 수집하는 방식이다. • 대량의 웹사이트 페이지에서 발생하는 트래픽이 대규모로 발생하는 경우, 로그파일 생성이나, 페이지 태깅이 어려운데 이 경우에 주로 선택된다. • 보안위협요소, 침입탐지 등의 이슈와 연계한 분석들이 가능하다. • 네트워크단에서의 분석을 할 수 있기 때문에 다운로드 중 취소되는 비율과 취소되는 시점, 서버의 시간대별 방문자의 반송률, 느린 페이지 로딩시간 파악 등과 같이 기존 로그파일 분석을 통해 불가능했던 상황들을 모니터링 할 수 있다. • 대용량의 트래픽을 갖는 웹사이트의 경우 네트워크 패킷을 캡처하고 이를 측정하기 위해서는 상당히 높은 사양의 시스템 장비가 필요하다.
페이지 태깅 (Page Tagging) 방식	• 웹페이지에 데이터를 수집하는 객체를 삽입(Tagging)하여 데이터를 수집하는 방식으로 JavaScript나 Flash 객체 등을 이용한다. • 웹사이트를 구성하는 서버, 제공자, 네트워크 구성 등과 구애받지 않고 데이터를 수집하여 통합(Merge)분석이 가능하다. • 대규모 웹페이지의 대량 트랜잭션으로 인해 로그파일 생성량이 많아서, 일반 웹로그 분석으로 어렵다. 이때 특정 페이지들을 중심으로 분석하고자 할 때 이용된다. • Web Beacon 또는 Web Bug라고 불리는 작은 투명 이미지를 이용한다. • 웹페이지에 스크립트를 삽입하여 분석에 필요한 데이터를 수집하는 Script Embedding 방식을 이용한다.
하이브리드(Hybrid) 방식	• 웹서버 로그 방식, 패킷 스니핑, 페이지 태깅과 같은 방법을 함께 이용하는 방식이다. 예 로그파일 분석(데이터 전송량, 다운로드 분석) + 태깅 분석(방문자의 세션수)
패널(Panel)에 의한 방식	• 인구통계학적으로 특정 그룹으로 분류된 패널들에 대해서 어떤 웹페이지를 브라우징하고 있는지에 대한 정보를 전송할 수 있는 플러그 인(Plug-In) 또는 툴바(Toolbar) 등을 설치하고, 데이터 수집서버에서 취합한 후 리포트를 생성하는 방식이다.

(2) 로그 분석의 개요

- 웹로그 분석은 사이트 방문자가 사이트 내에서 행하는 행동을 통해 파일로 남겨진 자료를 분석하는 것으로 사이트 내의 방문자 수, 유입경로, 이용 패턴 등 다양한 정보를 추출해 분석하는 것을 의미한다.

- 회원 정보(이름, 성별, 연령, 주소, 전화번호, E-메일, 생일, 기념일, 취미, 특기, 구매 패턴)를 데이터 베이스에 저장하고, 이와 같은 데이터를 이용하여 데이터마이닝, 통계기법 등을 이용하여 고객의 패턴을 분석하여 마케팅 전략을 수립하는 것이 로그 분석의 목적이다.
- 웹로그 분석 과정은 웹로그 분석의 목적을 정하고 목적에 맞는 데이터를 수집하고, 그 수집된 데이터 분석 결과를 바탕으로 실행한다. 목표를 달성할 때까지 목적, 수집, 분석, 행동 단계를 반복한다.

▶ 웹로그 분석 과정

목적	무엇을 위해 웹로그를 분석할 것인지 목적을 정한다. 📌 회원 가입 페이지의 가입률 20%를 목표로 한다.
수집	목적을 달성하기 위한 데이터를 수집을 한다. *데이터 수집시 필요 요소: 프로그래밍 코드, 데이터 저장을 위한 데이터베이스 📌 가입페이지 화면 접속자 수, 가입완료 페이지 접속자 수 등
분석	웹로그 수집 데이터가 쌓이면, 목적에 맞는 데이터 분석을 시행한다. *데이터 분석시 필요 요소: 웹로그 데이터베이스에서 자료를 추출하기 위한 프로그램(SQL 코드), 추출된 자료를 분석하기 위한 분석툴(엑셀, R, 파이썬, SPSS 등의 통계 프로그램) 📌 가입완료 페이지 접속자 수/가입페이지 접속자 수
행동	분석이 완료되면 목적 단계에서 설정한 행동을 수행한다. 📌 가입률이 20% 이하인 경우는 이를 개선할 수 있도록 최초 접속 페이지의 문제점을 파악하고, 개선한다.

▷ 구글 애널리틱스

■ 데이터베이스, 데이터베이스의 데이터 추출을 위한 프로그램(SQL 코드), 통계툴 등이 없어도, 자동으로 데이터를 수집하고 저장하고, 분석, 검색 및 보고서를 작성하는 기능을 제공하는 도구이다.

■ 구글 애널리틱스는 웹분석을 통해 최적의 행동을 결정하는 것에 사용하는데 주요 사용 주체는 마케터, 기획자, 디자이너, CEO에게 모두 필요한 툴이다.
  ① 마케터: 구글 애널리틱스 결과를 이용하여 어떤 상품을 판매할지, 누구에게 판매할지, 어느 채널에 판매할지에 대해서 확인한다.
  ② 기획자: 홈페이지 사용자들의 사용 패턴을 확인하여, 홈페이지 개선 방향을 파악한다.
  ③ 디자이너: 홈페이지의 각 요소들을 사용자들이 의도에 맞도록 사용하는지, 디자인의 효과 등을 분석한다.
  ④ CEO: DAU(Daily Active User, 일별 사용자), MAU(Monthly Active User, 월별 사용자) 지표를 확인한다.

■ 구글 애널리틱스의 주요 기능
  ① 자동으로 데이터를 수집하고 저장한다.
  ② 데이터 확인을 위한 보고서와 검색기능을 제공한다.
  ③ 보고서로 웹페이지 사용 정보를 확인한다.
  ④ 중요 분석 정보의 확인 및 공지를 자동화한다.

- 로그 분석을 통해 온라인 마케팅의 효과를 측정하여 마케팅 비용을 절감할 수 있다.
- 방문자 행동 분석을 통한 웹사이트를 개선하고, 콘텐츠·페이지를 분석함으로써 서비스를 개선할 수 있으며, 매출 분석과 로그 분석을 연계하여 제품 개선 및 마케팅 전략을 수립하기 위한 방안을 도출할 수 있다.
- 최근에는 고객 정보와 웹로그를 이용하여 의사결정나무분석이나 연관규칙분석과 같은 데이터 마이닝을 적용하여 고객의 구매 패턴을 찾아내는 분석을 행하고 있다.
  - 입력 데이터를 이용하여 구매 패턴에 의한 고객 세분화를 일차적으로 실시한 후, 동일 패턴을 보이는 고객군에 대해 구매 상품에 대한 연관규칙분석을 실시한다.
  - 특정 고객 집단별로 달리할 수 있는 구매 상품의 연관관계를 추출하여 고객별 구매 패턴에 의한 제품 추천이라는 개인화된 서비스를 제공한다.
  - 최종적으로 고객 충성도의 향상과 마케팅 비용 절감 효과를 기대할 수 있다.
- 웹로그 파일 로그 정보에 따라 엑세스 로그, 에러 로그, 리퍼러 로그, 에이전트 로그로 나눌 수 있다.

▶ 웹로그 파일 유형	
액세스 로그 (Access Log)	누가, 언제, 어느 사이트를 방문하고, 클릭했는지 등에 대한 자료를 제공한다.
에러 로그 (Error Log)	웹사이트가 제대로 동작하지 않는 에러에 대한 자료를 제공한다.
리퍼러 로그 (Referrer Log)	웹사이트를 경유한 정보나 웹사이트 방문 키워드의 정보를 제공한다.
에이전트 로그 (Agent Log)	브라우저의 이름, 버전, OS, 해상도 등의 정보를 제공한다.

(3) 쇼핑몰 로그 분석 항목

▶ 쇼핑몰 로그 분석 항목	
트래픽(Traffic) 분석	방문자 수, 페이지 뷰, 순방문자 수, 로딩 속도
유입경로 분석	경로 분석, 유입 키워드 분석, 중복방문, 이동경로, 이탈페이지
방문자 분석	성별, 연령별, 접속지역
이용 패턴	시간대별, 요일별, 계절별
콘텐츠 분석	체류시간(전체, 페이지별), 방문일 수, 일인당 페이지 뷰, 방문 깊이 분석, 전환페이지, 인기 카테고리, 검색어
구매 분석	총방문자, 구매자, 신규방문율/재방문율, 신규고객/재구매고객, 회원구매/비회원구매, 상품별 구매 분석, 구매전환 분석

(4) 로그 분석 이후의 작업

- 로그 분석 이후에는 도출된 문제점을 개선하거나 보다 나은 홍보계획을 위해 키워드 재설정, 마케팅 전략 수정, 판매목표 전략 수정, 2차 광고 홍보 계획, 재무 계획 등의 재설정을 할 필요가 있다.
- 온라인 광고 및 쇼핑몰 관련 이벤트에 대한 로그 분석을 통해 진행 목적에 따른 마케팅 효과를 측정해야 한다. 마케팅 효율성 검사를 위한 지표들은 다음과 같다.

▶ 디스플레이 광고 효율성 지표	
노출(Impression, IMP)	광고가 제공된 횟수
클릭률 (Click Through Ratio, CTR)	광고 노출 대비 클릭된 비율
조회율 (View Through Ratio, VTR)	30일 안에 웹사이트에 방문했지만 광고를 즉시 클릭하지 않은 비율
히트(Hit)	사용자가 웹사이트에 접속할 때 접속자가 클릭하는 파일들의 숫자
페이지 뷰(Page View, PV)	페이지가 보여진 횟수
체류시간 (Duration Time, DT)	웹사이트에 방문한 평균 시간
순방문자수	일정 기간 동안의 방문자 숫자
충성도	사용자당 방문빈도, 일정 기간 동안 재방문한 고객 비율
도달률(Reach)	잠재적 구매자인 웹사이트 방문자의 비율, 사이트에서 구입을 한 전체 구매자의 비율
최근 방문일	최근 웹사이트를 방문한 날짜 혹은 구매자가 취한 마지막 활동 이후의 경과 시간
취득률	제품 페이지를 등록한 방문자들의 비율
전환율 (Conversion Rate, CVR)	고객이 될 방문자들의 비율, 사이트 내 콘텐츠/상품에 대한 구매 전환 등의 관심도 분석을 제공하는 지표
화면 대비 구매율	전체 제품에서 구매된 상품의 비율
ROAS (Return on Ad Spend)	광고비 대비 매출액
광고침투율 (Advertising Penetration)	광고에 노출된 대상자들 중에서 광고 메시지를 인지하는 사람들의 비율
장바구니 비율	전체 제품에서 장바구니 담기 버튼을 누른 비율
구매전환율	장바구니 담기 클릭 한 것 중 실제 주문된 비율
포기율	장바구니 구매를 했으나 완벽하게 구매하지 않고 웹사이트를 떠난 쇼핑객의 비율
유지율	계속적으로 구매를 하는 고객의 비율
이탈률	구매 이후 돌아오지 않는 고객의 비율

(출처: 김범수 외 <2015>, 전자상거래, 시그마프레스)

총도달률	시간당 광고를 청취한 고객의 조회 빈도수
칭찬(추천) 비율	게시물당 선호하는 수
대화비율	게시물당 의견 수의 비율
확산율	게시물당 공유한 수
감정비율	전체 의견에 긍정적인 의견의 비율
체류시간	사이트에 머문 평균 시간

기본 비율	메시지에 노출되거나 확인한 E-메일 수령자의 비율
배달 비율	E-메일을 받은 수신자의 비율
클릭률	이벤트를 통해 클릭한 수령자의 비율
바운스백 비율	E-메일이 전해지지 않은 비율
삭제비율	주소 삭제 버튼을 누른 수령자의 비율
전환율	E-메일을 받은 사람들 중에 실제 구매한 수령자의 비율

- 로그 분석의 범주
  - **일반분석**: 로그데이터를 기반으로 웹사이트 현황(트래픽 분석, 페이지 분석, 방문경로 분석, 방문자 분석 등)을 분석 하는 것에 활용
  - **통제분석**: 메뉴 및 디렉토리 데이터 연동에 따른 마케팅, 캠페인, 콘텐츠, 상품 관련한 전환율 분석에 활용

1 | 기업 전략과 마케팅 전략

1 인터넷 신상품 개발의 이해

(1) 인터넷 신상품의 출시 유형

- 현재까지 볼 수 없었던 전혀 새로운 제품을 출시하는 **불연속적 혁신 유형**이다. 인터넷, 전화, MP3가 결합된 스마트폰이 세상에 처음 나온 것들도 **불연속적 혁신**이라고 볼 수 있다.

- 지금까지 취급하지 않고 있던 전혀 다른 카테고리 제품을 도입하는 경우에 다른 기업이 이미 이 제품을 출시한 상태라면 혁신적인 제품은 아니며, 해당 기업에 **새로운 제품라인**을 도입한 것으로 볼 수 있다.

- 기존 제품에 새로운 기능, 크기, 형태 등을 추가하여 발매하는 것은 **기존 제품 라인 추가** 형태로 볼 수 있다.

- 새롭게 개선된 상품이 기존 제품을 대체할 수 있다.

- 기존 상품에 대해 다른 시장을 표적화하거나 새로운 사용방법을 촉진하는 **재포지셔닝 제품 유형**이 있다.

- 저가로 기존 브랜드에 대한 경쟁력을 확보하기 위한 상품을 개발하는 전략으로 **저가 지향 제품**이 있다.

(2) 인터넷 신제품 개발 요인

- 신제품의 성공과 실패 요인

실패 요인	성공 요인
• 시장조사 미시행, 미비, 간과, 무시 • 작은 시장규모, 시장수요 파악 실패 • 미흡한 제품설계 • 광고와 가격 등에 있어서 포지셔닝 전략 실패 • 과도한 개발비용 • 경쟁자의 적극적 대응 • 쉽게 모방가능한 제품	• 고객의 욕구 충족 및 높은 가치 실현 • 혁신적인 제품 • 기술적 경쟁우위 • 시장성장 가능성에 대한 분석 • 강력한 경쟁우위 • 기업 역량에 부합 • 시장의 약한 경쟁 • 최고경영층의 적극적 지원

• 신제품 개발전략의 유형

선제전략 (Proactive Strategy)	• 신제품을 경쟁자 보다 먼저 개발 - 고객의 현재 욕구를 분석하고 이를 충족시키는 제품개발 • 고객의 잠재적인 욕구, 미래의 욕구를 예측하여 개발하는 R&D에 기초하는 전략

대응전략
(Reactive Strategy)
	• 경쟁사의 신제품 출시(개발)에 대응하여 모방하거나 더 나은 제품을 개발하는 전략
	  - 모방전략: 유사제품을 빠르게 개발
	  - 보다 나은 두 번째 전략(Second but Better Strategy): 보다 나은 두 번째 제품을
	    개발하는 것
	  - 방어전략: 경쟁사 신제품으로부터 자신의 매출을 지키기 위한 방어(견제)전략

(3) 신제품의 개발 과정

• 인터넷 신제품 개발 과정은 ① 콘셉트 개발, ② 콘셉트 구체화, ③ 개발, ④ 양산, ⑤ 출시 순서
  이다.

  ① **콘셉트 개발**: 시장 기회의 발견을 통해 신상품 기획 필요성을 인식하고 고객의 욕구를 분석하여 개발할
    제품을 구상한다.

  ② **콘셉트 구체화**: 환경 분석, 고객 니즈 조사를 통해 도출된 신상품 아이디어들을 선별하고, 콘셉트안을
    개발로 이어갈 수 있도록 구체화 하는 단계로 상품화 기획서를 최종적으로 작성하여야 한다.

▷ **신제품 아이디어 개발**

■ 신제품 아이디어의 원천

  • 기업내부

  • 고객

  • 경쟁사와 타기업

  • 유통업자, 납품업자

  • 환경변화

■ 아이디어 창출기법

  • 브레인스토밍: 창의적인 아이디어를 생산하기 위한 학습 도구이자 회의 기법으로 집단 창의적 발상
    기법이라 할 수 있다. 집단에 소속된 인원들이 자발적으로 자연스럽게 제시된 아이디어 목록을 통해서
    특정한 문제에 대한 해답을 찾고자 노력하여 가능한 많은 아이디어를 도출하는 방법이다.

  • 형태적 분석법: 제품의 속성을 분류하고, 이 속성에 있어서 적정 수준을 결정하고, 이를 조합시켜서 여러
    대안의 신제품안을 개발하고, 최적의 대안을 추출하는 방법이다.

  • 강제적 결합법: 두가지 이상의 기존 제품을 결합시켜서 하나의 제품을 만드는 방식이다.

  • 속성 열거법: 제품의 기존 속성을 열거하고, 이들 중 새로운 제품에 필요한 일부 기능을 변경하고 재결합
    하여 신제품을 개발한다.

---

  ③ **개발**: 상품 기획부터 전달된 상품화 기획서를 기초로 개발한다.

  ④ **양산**: 개발이 완료된 제품에 대해 본격적인 시장 출하를 위해 대량 생산한다.

  ⑤ **출시**: 양산된 제품을 시장에 판매한다.

• 마케팅 조사는 고객으로부터 얻는 응답들 중 아이디어를 확보하는데 중요한 역할을 한다. 마
  케팅 조사를 통해 고객의 필요와 욕구를 파악하고, 제품화 가능성을 평가받을 수 있다.

> ▷ 첨단 기술 개발에 있어서 캐즘(Chasm)[16]과 기술수용 주기 모델

- 제프리 A.무어 박사가 제안한 캐즘 이론은 첨단 제품의 초기 수용자와 그 이후 주류 시장의 수요자들은 서로 다른 시점에, 서로 다른 이유로 제품을 구매한다는 것이다.
- 선각수용자가(얼리어답터)가 이끄는 초기 시장에는 혁신성이 중요하고, 실용성을 중요하게 생각하는 다수 수용자가 시장으로 들어오는 주류시장 사이에 첨단기술을 개발하는 기업은 그 사이에 급격한 매출감소나 정체(캐즘)를 겪을 수 있다.

> ▷ 캐즘이론의 기술수용 주기 모델(TALC)의 주요 단계

- 혁신수용자(Innovators)
  - 새로운 기술이 나왔을 때 무조건 받아들이는 계층(2.5%)
  - 신기술에 문제가 있거나 불편하더라도 사용할 때 아무런 불평도 제기하지 않는 것이 특징

- 선각수용자(Early Adopters)
  - 이들은 신기술의 진가를 알아차리고 그것이 가져다 줄 경제적 이익과 전략적 가치를 높이 사는 계층(13.5%)
  - 새로운 혁신제품을 홍보하고, 제품의 개선을 요구
  - 신제품을 빨리 사고 싶어하는 계층

- 전기 다수 수용자(Early Majority)
  - 실용적 구매 계층으로서 기본적으로 첨단 기술에 관심을 가지고 있지만 모험을 하고자 하지 않으며, 신기술이 성숙될 때까지 기다리는 계층(34%, 약 1/3)
  - 일단 시장에서 수용하게 되면 시장 전파의 가속화

- 후기 다수 수용자(Late Majority)
  - 보수 수용자로 첨단 기술에 대한 부정적인 시각을 가지고 있으며, 신기술이 업계의 표준으로 인정받지 못한다면 이를 도입하려 하지 않는 계층(34%, 약 1/3)
  - 가격에 매우 민감하고, 많은 요구사항 제시

- 지각 수용자(Laggards)
  - 회의론자로 신기술을 활용하지만 기술의 존재나 이용 방법 등을 알지 못하는 계층(16%)
  - 잠재고객이라기 보다는 비평가로, 첨단기술을 목표로 하는 기업에게는 목표 고객층이 아님

(4) 신제품의 브랜드 구축

- 브랜드란 개인판매자 또는 판매자 그룹의 상품과 서비스를 구분하고 경쟁기업의 상품과 서비스를 차별화하기 위해 만들어진 이름, 용어, 부호, 심볼, 디자인 또는 이들의 결합이다(미국마케팅학회).
- 인터넷 환경에서의 브랜드는 인터넷을 사용하는 경험을 통해 가치를 전달하고 이를 타사이트와 차별화시키는 모든 요소의 총집합 및 그 결과를 의미한다.
- 브랜드 자산은 어떤 제품이나 서비스가 브랜드를 가짐으로써 발생하는 시장점유율 증대, 수익성 확대 등의 마케팅 효과를 의미한다.

브랜드 충성도	• 브랜드 자산의 핵심 구성 요소로 소비자가 특정 브랜드에 대해 지니는 충성 정도를 의미한다. - 기업은 브랜드 충성도를 통해 마케팅 비용의 감소와 함께 새로운 고객을 확보할 수 있고 경쟁 제품에 대응할 수 있는 능력을 갖추게 된다.
브랜드 인지도	• 구매자가 어떤 제품군에 속한 특정 브랜드를 알아보게 하는 재인(Recognition) 또는 회상(Recall)할 수 있는 능력을 의미한다. - 브랜드 인지도는 해당 브랜드와 관련된 연상 이미지를 구축하여 그 브랜드에 대한 친밀감을 형성시키고, 이를 제품의 품질과 신뢰성으로 연계시켜 소비자에게 구매를 고려하도록 한다.
지각된 품질	• 제품이나 서비스에 대해 소비자가 가지고 있는 전반적인 품질이나 우수성에 대한 주관적인 지각을 의미한다. - 지각된 품질은 자사 제품이 차별화되고, 소비자들이 제품을 구매하는 이유이다.
브랜드 연상	• 특정 브랜드와 연계되어 떠올리게 되는 것으로 해당 브랜드와 제품군 그리고 주변 단서 등을 연결하여 장기 기억 속에 보존시킨다.
상표권, 특허권	• 상표권, 특허권 등 브랜드와 관련된 고유 자산들은 소비자와 기업에게 독창적인 가치를 창출시킨다.

• 브랜드 자산이 소비자에게 제공하는 가치
  - 제품과 브랜드에 관한 많은 정보를 해석, 처리, 저장하는 것에 도움을 준다.
  - 과거의 사용 경험이나 브랜드에 대한 친숙함을 통해 구매 의사 결정에 확신을 심어준다.
  - 제품에 관한 지각된 품질이나 브랜드 연상은 제품 사용 만족도를 높여준다.

• 브랜드 자산이 기업에게 제공하는 가치
  - 마케팅 활동의 효율과 효과를 높여준다. 브랜드에 친숙하고 지각된 품질에 반응하는 소비자는 신제품의 구매의도나 품질 등에 우호적 태도를 보이게 된다.
  - 소비자는 자신이 선호하는 브랜드의 가격에 덜 민감하기 때문에 높은 마진을 책정할 수 있게 된다.
  - 소비자에게 긍정적이고 친숙한 브랜드는 브랜드 확장 및 라이센싱을 통해 기업다각화를 용이하게 해 준다.
  - 이미지가 좋은 브랜드를 가진 제품은 중간상에게 최적 제품진열, 공간제공 등의 협조를 하게 만든다.
  - 브랜드 명성 등은 소비자에게 제품평가에 대한 긍정적인 영향력을 제공한다.
  - 강력한 브랜드 자산은 경쟁자에게 진입장벽으로 작용하여 경쟁우위를 확보할 수 있는 수단을 제공한다.

• **브랜드 전략 실행 5단계**
  ① 브랜드 네이밍: 브랜드의 이름을 짓기
  ② 브랜드 아이덴티티: 브랜드의 콘셉트와 개념을 정립
  ③ 브랜드 포지셔닝: 콘셉트와 개념을 고객의 마음 속에 차별화된 것으로 자리잡게 만들기
  ④ 브랜드 로열티: 고객의 지속적인 애정과 충성도를 이끌어 내기
  ⑤ 브랜드 확장: 궁극적으로는 그 브랜드 이름에 파워가 생겨, 소비자의 마음 속에 굳혀진 브랜드 이미지가 다른 제품으로까지 확장되는 현상

(5) 신제품 마케팅 전략

- Ansoff의 시장 기회 매트릭스는 '기존제품과 신제품군' vs '기존시장과 신시장'에 따라 전략수립 방안을 제시하는 도구이다.

구분		제품 카테고리	
		기존제품군	신제품군
공략시장	기존시장	시장침투전략	상품개발전략
	신시장	시장개발전략	다각화전략

- **시장침투전략**: 기존 시장에서 기존 제품으로 시장점유율을 확장하고자 하는 전략
  - 기존고객들에게 더 많은 제품을 사도록 유도하는 전략
  - 경쟁사 고객들에게 해당 기업의 제품을 사도록 유도하는 전략
  - 위의 고객이 아닌 고객들에게 제품 구매를 유도하는 전략
- **시장개발전략**: 기존 제품으로 시장을 새롭게 개발하고자 하는 전략
  - 잠재소비자 집단을 발굴하여 기존 제품으로 이들의 욕구를 충족시킬 수 있는 방법을 모색
- **상품개발전략**: 기존 시장에 있어서 잠재적인 새로운 상품을 개발하고자 하는 전략
  - 기존 시장의 소비자들에게 잠재적으로 관심있는 신제품을 개발하여 제공하도록 하는 전략
  - 제품에 기능을 새롭게 부가하거나, 디자인 변경 등의 방식도 가능함
- **다각화전략**: 새로운 시장을 발굴하고 이 시장별로 새로운 상품들을 동시에 개발하여 진출하는 전략
  - 집중적 다각화: 기존 제품과 시너지가 있을 수 있는 제품
  - 수평적 다각화: 기존 제품과 기술적으로는 관계가 없지만, 기존고객들이 함께 소비할 수 있는 신제품
  - 복합적 다각화: 기존의 제품, 기술, 시장과 관련이 없는 신사업

❷ 목표시장 및 소비자 행동 이해

(1) 인터넷 소비자 행동

- 소비자 행동은 '소비자가 제품의 구매 및 사용과 관련하여 수행하는 의사결정 및 그 실행 행동'을 의미한다.
- 소비자 행동을 분석함으로써 ① 시장 기회의 분석, ② 시장 세분화 및 표적시장 선정, ③ 마케팅믹스(4P)를 결정 하는데 보다 나은 선택을 할 수 있다.

(2) 인터넷 소비자의 특성

- 정보화 경향이 강하다.
- 공동체 지향적이다.
- 새로움을 추구한다.
- 시간이 부족하고, 주의 결핍현상을 야기하기도 한다.
- 소비자가 주도하는 역시장이 형성된다.
- 생산에 참여하는 프로슈머가 등장한다.
- 자신만의 특성과 기준에 의해 행동하게 되는 개별적인 형태의 구매를 한다.
- 인터넷 환경하에서 과거보다 준거적 파워, 정보적 파워, 전문적 파워가 더 중요해 지고 있다.

  *준거집단(Reference Group): 개인의 행동에 직접적 또는 간접적으로 영향을 미치는 사람들로 개인이 어떻게 생각하고 행동하는가에 대한 기준이나 가치를 제공하는 집단

(3) 온라인 기업의 목표시장 선정

목표시장 개념

- 세분시장들 중에서 기업이 목표로 정한 매력적인 시장에서 마케팅 활동을 집중함으로써 고객에게 만족할 만한 제품(서비스)을 제공하고, 이에 기업이 만족할 만한 수준의 성과를 제공할 수 있는 시장을 의미한다.

목표시장을 선정할 때 고려해야 할 점

- 세분시장의 규모와 성장성: 표적시장을 선정할 때 고려할 점은 현재 시장의 재무가치 뿐만 아니라 미래시장의 재무가치를 예측하여야 한다.
- 세분시장의 구조적 매력도: 세분시장의 구조적 매력성을 분석함으로써 세분시장의 시장가치에 대해 예측해야 한다. 이와 같은 구조적 매력도를 측정하는 방법으로는 마이클포터의 '5 Forces Model'이 있다.
- 기업의 목표와 자원: 세분시장이 재무 가치뿐만 아니라 구조적으로도 매력적이라고 할지라도 기업의 목표와 자원이 일치하지 않는다면 목표시장으로 의미가 없다. 세분시장별로 요구되는 다양한 기술과 자원을 기업이 지원할 수 있어야 바람직한 목표시장이 될 수 있다.

③ 인터넷 포지셔닝 전략의 이해

(1) 포지셔닝의 개요

- 포지셔닝이란 제품의 중요한 속성이 타 경쟁 제품과 비교하여 소비자들의 인식 속에 위치하는 것을 의미하며, 해당기업 제품이 경쟁 제품과는 다른 차별적인 특징과 이점을 가졌다는 것을 소비자에게 인지시켜야 한다.
  - 제품 속성: 제품의 차별적인 속성이나 특징을 부각하는 전략

- 제품 편익 : 어떤 편익의 가장 우수함을 부각시키는 전략
- 경쟁 제품: 경쟁 제품과의 비교를 통해 자사 제품이 소비자들에게 줄 수 있는 혜택을 강조하는 전략
- 사용자: 자사의 제품이 특정 고객층에 적절함을 강조하는 전략
- 사용상황: 제품이 사용되는 상황을 강조하면서 자사의 제품이 떠오르도록 하는 전략

(2) 포지셔닝 맵(Positioning Map)

- 시장 내의 경쟁하고 있는 모든 제품들에 대한 소비자들의 생각을 하나의 도표로 나타낸 지도(Map)로, 지각도라고도 불린다. 제품의 주요 속성들(예 유사성, 선호도, 가격 등)을 차원(Dimension)으로 두고, 구성된 공간 내에 경쟁상표들의 상대적 위치와 소비자들이 원하는 이상적 제품을 시각적으로 표시해 주는 기법이다.

---

1 | **사이트 운영**

---

1 **고객분석의 이해**

(1) 고객분석

- 성공적인 인터넷 마케팅 전략을 작성하기 위한 첫 출발은 '고객 지향'이다.
- 웹사이트를 방문하는 고객은 다른 유형의 고객으로 직원, 웹사이트의 협력업체들이 있다. 성공적인 웹사이트를 만들기 위해서는 각 유형의 고객 니즈를 파악하여 만족시킬 수 있어야 한다.
- 기업의 수익에 영향을 미칠 수 있는 고객들을 목표로 하는 것이 중요하다.

(2) 온라인 소비자의 관심

- 온라인 소비자의 행동을 이해하기 위해서는 사람들이 전자상거래 사이트를 이용하는 이유에 대해서 파악해야 한다.

▶ 전자상거래를 이용하는 이유

이유	응답률 (%)
24시간 쇼핑의 편리성 때문에	35.1
편리한 가격 비교 때문에	33.1
무료배송을 제공하기 때문에	31.5
쇼핑몰이나 상점들처럼 붐비지 않기 때문에	30.8
온라인으로 구매하는 것이 더 편리하기 때문에	29.2
상점보다 상품을 찾는 것이 쉽기 때문에	17.5
온라인에는 다양한 상품이 있기 때문에	17.4
세금이 붙지 않기 때문에	14.9
선물 받는 사람에게 바로 배송하기 위해	13.8
제품을 비교하는 것이 쉽기 때문에	11.4

(출처: eMarketer, Inc., 2011)

(3) 온라인 구매결정

- 온라인상에서 소비자들이 제품이나 서비스를 결정하는데 있어서 영향을 주는 요인들은 가격, 무료배송, 판매자의 신뢰성, 온라인쿠폰, 환불정책, 고객충성도/보상프로그램 등이 있다.
- 소비자의 온라인 구매결정을 이해하기 위해서는 소비자가 구매를 결정하는 절차에서 구매결정에 영향을 미치는 마케팅 방식에 대한 고민이 필요하다. 과거의 소비자 구매패턴과 비교하면 상품이나 서비스에 있어서 포털사이트, 가격비교사이트, 리뷰사이트, 쇼핑몰 사이트 등을 이용하여 상품의 기능, 성능, 가격 등을 자발적으로 검색, 탐색, 검토하는 단계에서 큰 변화가 있다.

의사결정 프로세스	① 필요성 인지 (문제인식)	② 정보 검색	③ 대안 평가	④ 실제 구매결정	⑤ 이전구매행동 충성도
온라인 마케팅 방식	- 타겟 광고 - 삽입광고 - 소셜네트워크	- 검색엔진 - 온라인 　카탈로그 - 사이트 방문 - 타겟 E-메일 - 소셜네트워크	- 검색엔진 - 온라인 　카탈로그 - 사이트 방문 - 제품후기 - 이용자평가 - 소셜네트워크	- 온라인판촉행사 - 추첨행사 - 할인 - 타겟 E-메일 - 반짝 세일	- 소비자 　커뮤니티 - 소식지 - 고객 E-메일 - 온라인 　업데이트 - 소셜네트워크

- 클릭스트림 행동은 소비자들이 인터넷에서 보내는 시간 동안 방문 웹사이트를 기록한 것으로 트랜잭션 로그와 관계가 있다. 이를 분석하여 향후 구매를 예상하고 추천하게 한다.
- 온라인 쇼핑을 망설이는 요인으로는 '온라인 판매자의 사기행각, 개인정보 유출, 스팸메일과 팝업광고를 과도하게 보내는 것'과 같은 신뢰요인과 '배송비, 반품 및 제품을 직접 볼 수 없는 것'과 같은 번거로운 요인이 있다.

② 사이트의 운영

(1) 매출 상승을 위한 사이트 운영

▶ 매출 상승을 위한 사이트 운영	
초기의 쇼핑몰 방문 고객 구매율 높이기	• 회원가입 유도 시 다양한 구매 혜택 제공 　- 고객에 맞는 혜택 추천: 생활 패턴에 맞는 문자/메일 송부함 　- 고객과의 관계 강화: 중대형 쇼핑몰이 하기 어려운 소규모 고객에게 특별한 경험을 　　제공함으로써 단골 고객으로 대우함 　- 전략적인 구매율을 증가시킬 수 있는 노하우 확보하기 　- 고객의 망설임을 줄임 　- 고객 유지 전략 수행 　- 인터넷 구매가 어려운 고객을 도움 　- 브랜드 마케팅 시행
매출 상승을 위한 객단가[17] 높이기 전략	• 추천 상품을 이용해 매출을 올림 (유사 아이템 추천, 코디 추천) • 옵션을 이용해 판매단가를 올림 (추가 옵션을 두면서 보다 좋은 제품 안내 및 추천) • 저렴한 제품을 함께 판매함 (무료배송 정책 등)

게시판을 활용한 마케팅	• Q&A 게시판: 고객 질문에 대한 답변(빠른 답변 시간은 웹사이트의 신뢰를 높임) • FQA(Frequently Asked Questions): 교환, 배송 등 자주 묻는 질문과 답변을 미리 등록함 • 사용후기: 고객이 구매할 때 다른 고객 후기에서 정보를 얻음으로써 구매결정을 하게 만드는 역할을 함 • 이벤트 게시판: 이벤트를 통해 고객의 쇼핑몰에 대한 관심을 높이고 제품 구매를 유도함 • 공지사항 게시판: 쇼핑몰 운영 중 고객에게 공지할 내용을 알리는 게시판으로 연휴 배송안내, 적립금 사용 기준, 반품 접수 방법 등의 주요 내용을 알림 * 최신 글의 중요성: 쇼핑몰 초기 방문 고객이 적을 경우 최근에 작성된 글이 적은 경우는 쇼핑몰이 제대로 관리 되지 않은 인상을 줄 수 있음. 최신 글이 유지되도록 노력해야 함
구매를 유도할 수 있는 게시판 답변 전략	• 상품 문의에 구체적으로 답변 • 적절한 수의 상품을 추천 • 제품 구매시 받을 수 있는 혜택을 함께 나열
이용 후기 게시판을 이용한 리뷰 마케팅	• 타 고객의 후기가 제작진(판매자)의 후기보다 고객에게 높은 신뢰와 공감을 주기 때문에 이용후기를 운영하는 것은 중요함 • 이용후기를 기입하는 것은 자발적으로 작성하는 경우가 적기 때문에 후기 작성시 적립금 등의 인센티브가 중요함 • 제품체험단 활용: 입소문을 위해서 제품을 먼저 무료로 사용한 후 후기를 자세히 적어야 하는 제품 체험단을 뽑는 방식임. 제품 사용후 후기를 쇼핑몰 게시판뿐만 아니라 고객이 이용하는 블로그, 카페, SNS 등에도 전파하도록 유도해야 함

③ 커뮤니티 운영

(1) 커뮤니티 개요

- 커뮤니티는 가상의 공동체로 성공적인 커뮤니티를 위해서는 온라인과 오프라인에 존재하는 실제 사람들에 대해 관심을 가져야 하고, 커뮤니티에 대한 자발적 참여를 유도하여 온라인과 오프라인을 효과적으로 연결시키는 것이 중요하다.

(2) 성공적인 커뮤니티의 요소

- 커뮤니티 가입이나 운영에 대한 가이드가 제공되어야 한다.
- 커뮤니티 구성원들이 관심을 갖는 콘텐츠가 제공되어야 한다.
- 커뮤니티 회원들의 참여를 위해 동기유발이 가능한 멤버십 프로그램, 커뮤니티 활동 시 혜택, 회원가입시 혜택 등이 필요하다.
- 우수활동을 하는 회원들에게 혜택을 제공한다.
- 불량회원들은 제재하여 회원들의 만족도를 제고한다.
- 웹사이트의 기본적인 기능이 제대로 동작할 수 있는 커뮤니티를 지원해야 한다.
- 필요시 오프라인과의 연계프로그램을 지원한다.
- 우수 커뮤니티에 대한 시상제도를 활성화 한다.

① 인터넷 광고 전략 실행

(1) 인터넷 마케팅의 개요

- 인터넷 마케팅은 인터넷의 특성을 이용하여 개인이나 조직이 상호간 목적을 충족시키기 위해 마케팅 활동을 전개하는 것이다.
- 인터넷 마케팅의 장단점은 다음과 같다.

▶ 인터넷 마케팅의 장단점

장점	단점
• 공간적, 시간적 제약이 없다. • 고객과의 1 : 1 혹은 1 : N 접촉이 가능하다. • 고객과 항시 접촉할 수 있으며, 실시간 접촉이 가능하다. • 고객에 대한 정보 수집이 용이하고, 정보 양에 제한이 없다. • 적은 비용으로 마케팅이 가능하여, 중소기업 등의 규모가 작은 기업도 마케팅 수단으로 활용 가능하다.	• 신뢰성이 결여된 정보로 불이익을 겪을 수 있다. • 개인의 프라이버시를 침해받을 수 있으며, 개인 정보 유출 등 보안상의 문제가 발생할 수 있다.

- 인터넷 마케팅과 전통적 마케팅을 비교하면 다음과 같다.

▶ 전통적 마케팅과 인터넷 마케팅 비교

구분	전통적 마케팅	인터넷 마케팅
마케팅 목표	시장점유율	고객점유율
마케팅 전략	매스 마케팅	일대일 마케팅
커뮤니케이션	일방향	쌍방향
마케팅 비용	고비용	저비용
마케팅 효과 측정	어려움	쉬움

(2) 인터넷 마케팅의 변화 과정

▷ 인터넷 마케팅 변화 과정

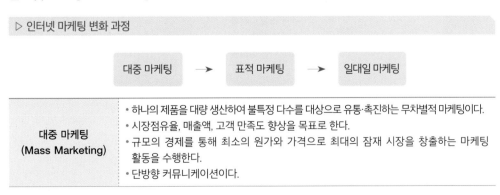

대중 마케팅 (Mass Marketing)	• 하나의 제품을 대량 생산하여 불특정 다수를 대상으로 유통·촉진하는 무차별적 마케팅이다. • 시장점유율, 매출액, 고객 만족도 향상을 목표로 한다. • 규모의 경제를 통해 최소의 원가와 가격으로 최대의 잠재 시장을 창출하는 마케팅 활동을 수행한다. • 단방향 커뮤니케이션이다.

표적 마케팅 (Target Marketing)	• 전체 시장을 몇 개의 세분화된 시장으로 구분한 후, 특정 세부 시장을 표적 시장으로 선정하여 그 시장에 차별적이고 적합한 마케팅 활동을 집중적으로 수행한다. • 시장점유율, 매출액, 고객만족도 향상을 목표로 한다. • 고객의 세부적인 욕구를 파악하여 해당 욕구를 충족시켜 주는 데 초점을 맞춘다. • 단방향 커뮤니케이션이다.
일대일 마케팅 (One-to-One Marketing)	• 기업과 고객 간의 지속적인 관계에 중점을 두고 수행하는 형태의 마케팅으로 관계 마케팅이라고도 한다. • 고객 개개인마다 데이터베이스를 구축하여 고객의 요구와 기호에 부합하는 서비스를 전개하는 마케팅이다. • 고객점유율 향상을 목표로 한다. • 개인의 취향에 맞는 상품이나 정보, 서비스를 적절하게 제공하여 고객과의 신뢰를 쌓고 구매 잠재력이 큰 고객을 집중 공략함으로써 효과적인 마케팅을 실시할 수 있다. • 쌍방향 커뮤니케이션이다.
인터넷 마케팅 (Internet Marketing)	• 인터넷이라는 가상공간을 활용하는 마케팅 활동이다. • 인터넷을 통해 상품정보를 제공하고, 고객정보를 수집하며 구매를 유도하는 모든 활동이다.

(3) 인터넷 마케팅 전략 수립 계획

SWOT분석

• SWOT분석은 인터넷 마케팅 전략을 수립하기 위해서 기업 외부 환경의 기회와 위협, 그리고 기업 내부의 강점과 약점을 분석하는 기법으로 널리 사용되는 방법이다.

• SWOT 분석 항목은 Strength(강점), Weakness(약점), Opportunity(기회), Threat(위협)이다.

▶ SWOT분석 항목

		내부 환경분석	
		강점(Strength)	약점(Weakness)
외부 환경 분석	기회 (Opportunity)	• 높은 기술 경쟁력 • 뛰어난 자금 능력 • 높은 시장 인지도 • 원가 우위 • 제품 혁신 능력 • 탁월한 경영 능력	• 낮은 기술 경쟁력 • 열악한 자금 능력 • 낮은 시장 인지도 • 수익성 악화 • 연구 개발 부진 • 전략 집행 경험 부족
	위협 (Treat)	• 신시장, 세분화된 시장 • 제품 계열 추가 • 관련 제품 다각화 • 수직적 통합 • 빠른 시장 성장률	• 잠재적인 경쟁자 참여 • 대체 상품의 판매 증가 • 시장 성장률 둔화 • 고객의 기호 변화 • 고객, 공급업자의 협상력 증대

		내부역량분석	
		강점(Strength)	약점(Weakness)
외부 역량분석	기회 (Opportunity)	SO 전략 강점을 가지고 기회를 살리는 전략 - 시장을 선점하거나 다각화 전략을 추구함	WO 전략 약점을 극복함으로써 기회를 활용하는 전략 도출 - 핵심역량강화나 전략적 제휴를 추구함
	위협 (Treat)	ST 전략 위협을 회피하기 위해 강점을 사용하는 전략 도출 - 시장침투하거나 제품계열 확충하는 전략	WT 전략 약점을 보완하면서 위협을 회피하거나 약점을 최소화 할 수 있는 전략 - 집중화 혹은 철수

산업구조분석

- 5 Forces Model은 1979년 미국 하버드대 경영대학 교수 마이클 포터(Michael Porter)가 발표한 산업구조분석 기법이다.
- 다섯 가지 경쟁요인(5 Forces Model)을 기반으로 주로 기업이 자사의 수익에 위협이 되는 요인을 분석하여 그 위협으로부터 기업 자신을 방어하거나 경쟁 요인들을 자사에 유리한 상태로 변화시킬 수 있는 경영전략을 수립한다.
- 특정 산업분야에 신규로 진출하려는 기업이 해당 산업의 외부 경쟁자를 분석함으로써 외부 경영환경을 파악하기 위해 활용되기도 한다.
- 다섯 가지 경쟁요인
  ① 기존 기업 간의 경쟁 정도: 동종 산업 내 기존 기업들과의 경쟁 여부
  ② 신규 기업의 진입 위협: 동종 산업에 진입하는 새로운 기업들의 유무와 신규기업의 진입장벽을 높여 제지 할 수 있는지에 대한 여부
  ③ 대체재의 위협: 상품 또는 서비스를 대체할 수 있는 다른 상품 또는 서비스 영역이 있는지의 여부
  ④ 구매자의 협상력: 구매자의 니즈가 까다롭거나 수요가 적어 권한이 강한지에 대한 여부
  ⑤ 공급자의 협상력: 원료나 부품, 중간재를 공급하는 공급업체 수가 적어 이들의 협상력이 높은지에 대한 여부

STP 전략

- 세분화된 소비자의 욕구를 만족시키기 위해 목표시장을 선택, 포지셔닝을 하는 마케팅 방법이다.
- STP는 Segmentation(시장 세분화), Targeting(표적시장 선정), Positioning(포지셔닝)의 과정을 통해 전략을 수립한다.

시장 세분화 (Segmentation)	• 고객의 욕구에 따라 이질적인 시장을 동질적인 독립된 시장으로 나누는 과정이다. • 해당기업의 제품을 이용할 가능성이 높은 소비자를 확인하여 구매행동이나 특성이 비슷한 집단으로 구분하는 과정이다. • 시장세분화의 장단점 {table1} • 시장 세분화 기준 - 인구통계적 변수: 성별, 연령, 결혼여부, 교육수준, 지역, 소득수준, 학력, 가족수, 자녀여부 등 - 지리적 변수: 거주지역, 도시규모, 인구밀도, 기후, 지형적 특성 등 - 심리적 기준: 관심, 가치, 성격, 의견, 태도, 생활방식, 선호체계 등 - 행동적 기준: 구매목적, 추구효익, 사용경험, 충성도 등

시장세분화의 장단점

장점	단점
- 시장을 정확하게 파악할 수 있음 - 고객니즈에 정확히 대응하여 고객충성도를 높임 - 시장 고객의 욕구와 특성에 맞는 마케팅 전략들을 수립할 수 있음	- 시장조사 비용이 증가할 수 있음 - 제품 생산 원가가 상승할 수 있음

표적시장 선정 (Targeting)

• 세분화를 통하여 경쟁우위를 획득할 수 있는 표적 시장을 찾는 과정이다.
• 세분시장 요인, 경쟁 요인, 해당기업과의 적합성 등을 충분히 고려하여 선정한다.
• 세분시장의 평가는 세분시장의 '규모와 성장성', '구조적 매력도', '기업의 목표와 자원' 등을 종합적으로 고려해야 한다.
• 표적시장의 공략 방법
 - 비차별적 마케팅: 세분화 과정을 거치지 않고, 전체 시장을 대상으로 무차별적인 마케팅을 전개하는 방식
 - 차별적 마케팅: 고객을 세분화하여 세분화된 그룹마다 차별화된 마케팅을 전개하는 방식
 - 집중적 마케팅: 세분화된 그룹들 중 집중적으로 마케팅 해야 하는 그룹을 선택하여 마케팅을 전개하는 방식

포지셔닝 (Positioning)

• 소비자들의 인식에서 기업의 제품을 차별적으로 인식하는 방식이다.
• 포지셔닝 전략의 유형
 - 속성/유익에 의한 포지셔닝: 자사의 제품이 경쟁제품과 비교했을 때 차별적 속성과 특징을 가져 다른 유익을 제공한다고 고객에게 인식시키는 전략
 - 사용상황에 의한 포지셔닝: 적절한 사용상황 묘사 또는 제시
 - 제품사용자에 의한 포지셔닝: 제품이 특정한 고객들에게 적절하다고 포지셔닝 하는 방법
 - 경쟁에 의한 포지셔닝: 고객의 지각 속에 자리 잡고 있는 경쟁제품과 명시적 혹은 묵시적으로 비교함으로써 자사제품의 상대적 혜택을 강조하는 방법
 - 니치 시장에 대한 포지셔닝: 기존 제품이 충족시키지 못하는 시장의 기회를 이용하는 방법
 - 제품군에 의한 포지셔닝: 특정 제품군에 대한 고객의 우호적 태도를 이용하여 자사의 제품을 그 제품군과 동일한 것으로 포지셔닝 하는 전략

6C 전략

• 인터넷 마케팅의 6C 전략은 커뮤니티(Community), 커뮤니케이션(Communication), 콘텐츠(Contents), 상거래(Commerce), 협력(Connection), 고객맞춤(Customization) 등을 이용하여 마케팅 전략을 수립하는 것을 의미한다.

▶ 인터넷 마케팅의 6 C 전략	
Contents (콘텐츠)	• 콘텐츠는 웹사이트를 통해 소비자에게 전달하고자 하는 내용이며, 뉴스, 교육, 오락, 증권 등의 정보를 포함 • 콘텐츠는 웹사이트 목적에 부합하는 종류를 결정하는 것이 중요함 • 콘텐츠 종류, 콘텐츠 개발, 콘텐츠 조달방법, 고객구매욕구 관리방안을 고려해야 함
Commerce (상거래)	• 전자상거래에서는 상품판매, 정보 및 서비스 이용료, 광고수입, 각종 거래수수료 등의 수입이 수익구조임 • 전자상거래 비즈니스 모델, 제품 및 서비스, 참여 주체를 고려해야 함
Connection (협력)	• 기업간의 협력모델로써, 기업간 윈윈 혹은 기업-소비자-기업 간의 협력을 통해 이익을 공유함 • 협력 필요 분야, 협력업체 및 내용, 협력을 통한 장단점을 고려해야 함
Customizing (고객맞춤)	• 개인의 고객을 충성도 높은 단골고객으로 만들기 위해 고객의 특성을 파악하여 일대일 마케팅을 함 • 고객정보 확보 방안, 고객 세분화 기준, 고객별 차별화 서비스를 고려해야 함
Communication (커뮤니케이션)	• 정보통신기술이 발달하게 됨에 따라 고객과의 커뮤니케이션 채널 및 효율성이 증대되었음(E-메일, 게시판, 메신저 등) • 커뮤니케이션 도구, 기법, 내용을 고려해야 함
Community (커뮤니티)	• 물리적 공간에서 커뮤니티, 소셜미디어 등의 공동사회를 의미 • 기업은 커뮤니티 형성 및 활성화에 적극 지원함으로써 저렴한 비용으로 시장을 확대하거나 새로운 시장을 창출 • 커뮤니티 개발 필요 분야, 커뮤니티 형성 유인방안, 커뮤니티 유지관리 방안을 고려해야 함

4P 전략

• 마케팅을 효과적으로 수행할 수 있는 구성 요소는 제품(Product), 가격(Price), 유통(Place), 촉진(Promotion)이 있다.

• 마케팅 믹스전략은 어떤 제품을 대상으로 가격과 유통 채널을 어떻게 개발하여 촉진시킬 것인가에 대한 의사결정을 의미한다.

▶ 인터넷 마케팅의 4P 전략	
제품 (Product)	• 판매할 제품이나 서비스를 계획하고, 개발을 할 때 제품의 디자인, 브랜드, 이미지, A/S 등을 포함하는 전략 • 제품에는 상품, 서비스, 아이디어, 장소, 사람, 정보, 엔터테인먼트 등 교환의 가치가 있음 • 고객의 개별성에 초점을 맞추어 개별 고객이 선호하는 제품을 차별적으로 제공해야 함
가격 (Price)	• 기업의 수익을 직접적으로 결정하는 요소로, 가격전략은 경영목표, 원가, 수요, 경쟁환경, 소비자 등에 따라서 달라질 수 있고, 비용, 할인, 가격 유연성, 수요, 경쟁사제품 가격, 중개수수료 등을 고려해서 결정해야 함

가격
(Price)
	• 인터넷 환경에서는 소비자들이 최저가 가격 상품을 쉽게 찾을 수 있으므로, 유연한 가격을 설정하고, 다양한 결제 방법을 제공해야 함
	  - 역가격화: 가격 결정권한이 기업에 있던 전통적인 마케팅과는 달리, E-마케팅의 경우 소비자가 가격을 결정하는 소비자 중심의 가격으로 경매 사이트가 대표적인 사례
	  - 무가(無價)화: '무료화 + α' 전략으로, 가격의 무료화가 가속화 되어 가격이 사라질 뿐만 아니라 보너스와 포인트를 제공하는 극단적인 형태의 가격 전략
	  - 패키지화: 하나의 프로세스에 관련된 토털 서비스를 제공하거나, 각 상품간의 연계성을 확보하여 새로운 부가가치를 제안하여 소비자에게는 상대적으로 가격 절감 혜택을 주고 기업은 높은 이윤구조를 유지하고자 하는 전략
	  - 머천다이징: 유료화된 콘텐츠를 일정 기간 경과한 후에는 무료로 전환하여 광고수입을 확보하고, 더 기간이 지난 후에는 타사에 제공함으로써 홍보효과를 기대할 수 있음

유통 (Place)	• 자사의 제품이나 서비스를 고객에게 제공할 때 어떤 유통경로를 통해 제공할 것인가를 결정하는 과정 • 기업이 특정 물품의 판매를 촉진하기 위해서 활용하는 공간의 단순한 배치를 넘어서, 고객과의 접촉을 이루어지게 하는 전체적인 유통경로 관리를 포함하는 것으로 지역, 재고, 유통/배송, 물류 등을 종합적으로 고려해야 함
촉진 (Promotion)	• 광고, 홍보, PR(Public Relation), 판매촉진, 인적판매, 직접마케팅(DM) 등을 이용하여 대중들의 원활한 의사소통을 기반으로 구매를 이끌어내는 유인 전략 • 인터넷이 다른 통신매체 수단과 결합하여 이용되면서 적은 비용으로 목표 고객 개개인에게 도달할 수 있게 되었고, 고객들도 적극적으로 자신의 니즈를 제시할 수 있게 되어 쌍방향 의사소통이 가능하게 됨 • 인터넷 마케팅에서는 소비자에게 기업이 원하는 메시지를 전달하는 커뮤니케이션이 되어야 함

(4) 인터넷 광고의 특징

- 실시간으로 공간의 제약없이 광고할 수 있다.
- 인터넷이 가능한 모든 공간에서 광고가 가능하다.
- 상대적으로 광고비용이 오프라인 매체에 비해 저렴한 편이다.
- 광고에 노출되는 대상을 식별할 수 있다.
- 고객 데이터가 확보된 경우에는 고객맞춤형 광고가 가능하다.
- 클릭스트림을 실시간으로 분석하여 고객요구를 실시간으로 대응할 수 있다.
- 고객맞춤화 등을 통해 광고 표현 내용을 수시로 바꿀 수 있는 유연성이 있다.

(5) 인터넷 광고 가격 산정 방식

Flat Fee	• 특정기간 동안 일정한 요금을 정하여 지불하는 방식이다.
CPC (Cost Per Click)	• 일종의 키워드 광고로 유저가 검색한 결과에 따라 유사한 내용의 광고배너 또는 링크를 함께 노출시킨다. • 광고비용은 배너나 링크의 노출 횟수에 상관없이 링크를 클릭했을 때만 지불한다.
CPI (Cost Per Impression)	• 키워드 1회 노출당 광고비를 지불하는 방식이다.

CPM (Cost Per Mille)	• 키워드 1,000회 노출당 광고비를 지불하는 방식이다.
CPA (Cost Per Action)	• 광고주가 원하는 행위가 일어난 경우 광고비를 지불하는 방식이다.
CPP (Cost Per Purchase)	• 광고로 인하여 발생한 판매액에 비례하여 광고비를 지불하는 방식이다.
RPM (Revenue Per Mile)	• 페이지 RPM (예상수입/페이지뷰×1000) • 1,000회의 페이지 노출 시 발생하는 수익으로 페이지 노출당 수익을 의미한다. • 사이트의 질을 평가할 때 주로 이용되며, 이 값을 통해 글이 얼마나 광고와 연관되어 작성되었는지 알 수 있다.

❷ 인터넷 PR 전략 실행

(1) 웹을 이용한 홍보 (PR : Public Relationship)

- 전통적인 매체에 비해 인터넷은 자주 업데이트 시킬 수 있으며, 상호작용이 가능하다.

(2) PR의 유형

- **브로셔웨어**(Brochureware): 소비자들에게 제품 혹은 서비스에 관한 정보를 상호작용 없이 제공하는 사이트를 말한다. 초기의 브로셔웨어는 적은 비용으로 사이트를 구축하여 PR을 수행할 수 있도록 하였으며, 소비자를 대상으로 뉴스공지, 기업 정보들을 제공하였다.

- **커뮤니티**(Community): 특정한 주제에 대하여 자발적으로 모임이나 동호회를 만들어 활동하는 공동체로, 특별한 관심을 갖고 있는 고객들에게 홍보할 수 있는 PR수단이 될 수 있다.

- **온라인 이벤트**: 사용자의 관심을 유발하여 그들의 웹사이트 방문을 유도하도록 하는 방식이다. 온라인 채팅, 무료이벤트, 콘서트 실황 중계 등의 다양한 이벤트를 실시한다.

- **온라인 고객서비스**: 실시간 채팅, 자동화된 E-메일, E-메일 응대 등과 같은 커뮤니케이션 채널을 이용하여 소비자들과의 활발한 쌍방향 커뮤니케이션을 하고, 이는 고객과 보다 밀착된 관계를 유지하게 한다.

- **뉴스 공지**: 뉴스 공지는 언론매체에 자사와 관련되어 기사화 될 만한 자료를 제공해 주고, 이를 마케팅에 활용하는 것이다. 뉴스 공지는 광고나 다른 촉진 수단에 비해 소비자들의 신뢰가 높기 때문에 PR의 효과가 크다고 할 수 있다.

- **다양한 링크 활용**: 웹페이지들의 하이퍼링크 기술의 발달과 더불어 많은 이용자들은 한 페이지에서 다른 페이지로 이동할 수 있는데, 이와 같은 링크를 목표 고객이 많이 방문하는 사이트에 제공하면 자연스러운 방문을 이끌어 낼 수 있다.

③ 인터넷 촉진 전략 실행

(1) 웹을 이용한 판매촉진

- 판매촉진은 기업이 중간상과의 거래를 성사시키고 최종 소비자의 구매를 이끌어내기 위해, 그리고 판매원의 적극적인 제품 판매를 독려하기 위해 사용되는 인센티브를 의미한다.
- 오프라인에 비해 온라인은 이용자가 많고, 쌍방향의 의사소통이 가능하다. 데이터베이스에 저장된 이용자의 로그 및 정보는 제품 출시나 시장조사 자료의 확보에 용이하게 이용될 수 있다. 이를 이용하여 1:1 마케팅 프로모션이 가능하고, 구매의 인센티브를 제공하는 판매촉진을 실행할 수 있다.

(2) 판매촉진 활동 유형

- **샘플링**: 기업이 소비자의 이용 구매를 장려하기 위해 특정 사이즈 제품을 제공하는 방법이다. 고객의 욕구에 적합한 샘플을 제공함으로써 구매를 촉진시킬 수 있다.
- **쿠폰**: 소비자가 특정 제품을 할인된 가격에 구매할 수 있도록 보상 수단을 제공하는 촉진 수단이다. 쿠폰은 현재 고객을 포함하여 잠재적인 고객을 이용자로 유입하는데 목적이 있다. 인터넷상의 쿠폰은 생산비가 저렴하고, 노출빈도가 높다는 점에서 오프라인의 쿠폰보다 큰 장점이 있다. 또한 쿠폰을 발급하는 과정에서 추가적으로 얻을 수 있는 고객 정보를 기반으로 고객정보도 축적할 수 있다는 점에서 데이터베이스 마케팅 효과를 얻을 수 있다.
- **콘테스트와 추첨**: 콘테스트는 소비자의 지식을 요구하는 문제를 출제한 후, 문제를 맞힌 사람에게 일정 보상을 해 주는 것이며, 이와 달리 복권은 지식과는 관계없이 운에 의해 당첨자를 결정하는 방식이다. 콘테스트나 퀴즈를 이용하여 인센티브를 제공함에 따라 소비자의 충성도를 구축한다.
- **제휴 프로그램**: 기업이 자신의 웹사이트로 고객을 보내기 위해 다른 웹사이트에 수수료를 지불한 마케팅 형태로, 제휴 웹사이트 방문자는 광고를 클릭하면 광고주의 웹사이트로 이동하게 되고, 그 대가로 광고주는 클릭될 때마다 고객이 광고주의 사이트에 보내지는 비율로 조회 및 추천에 대한 수수료를 지불한다.
- **가격할인**: 가격을 일시적으로 일정 비율만큼 할인해 주는 것이다.
- **경품**: 제품을 구매할 때 무료 혹은 낮은 비용으로 다른 상품을 제공한다.

④ 인터넷 광고의 현황과 종류

(1) 인터넷 광고의 현황

- 전통적인 광고 매체인 TV, 라디오, 신문, 잡지는 그 비중이 줄어드는 반면, 인터넷의 광고시장은 지속적으로 증가하고 있다. 특히 모바일 광고는 모바일 디바이스 사용이 보편화됨에 따라 성장률이 지속적으로 증가하고 있다.

• 소비자들은 시간과 장소의 제약 없이 자신이 선호하는 미디어 콘텐츠를 이용할 수 있게 되었다. 개인화, 인터넷 기술 발달, 모바일 디바이스의 확대 등은 동영상 광고시장의 규모를 더욱 증가시킬 것이다.

(2) 인터넷 광고의 종류

▶ 인터넷 광고 유형 분류

분류		유형 설명
광고 형태	텍스트 광고	웹페이지 내 문자형태로 제시되는 광고
	노출형 광고	웹페이지 내 일정한 크기의 네모 형태 그래픽으로 제시되는 광고
	검색 광고	입력된 등록 검색어에 연동하여 사전에 등록된 광고문구 및 광고 대상사이트의 인터넷 주소가 노출되는 광고
	전면 광고 및 떠있는 광고	웹페이지와 별도로 위 또는 아래에 새로운 창이 뜨면서 제시되는 광고
	웹사이트 및 콘텐츠 연결 광고	웹사이트 내에 콘텐츠 또는 이와 연결되어진 형태로 제시되는 광고
	모바일 및 무선인터넷 광고	휴대폰 무선인터넷 기능을 이용해서 제공되는 광고
광고 지불 방식	기간제 지불형	일정기간 동안 고정금액을 지불하는 형태의 광고
	단순노출기반 지불형	노출수에 비례한 광고비 지불 형태의 광고
	성과기반 지불형	클릭/방문/가입/구매 등 특정 행동에 비례하여 광고비가 지불되는 형태의 광고
	혼합형	앞의 세 가지 유형을 두 가지 이상 혼합한 형태의 광고

(출처: 이준호, 인터넷 광고의 현황과 주요 이슈<2008>, 정보통신정책)

5 인터넷 광고 활용

(1) 검색엔진 마케팅

• 최근 인터넷상에서 빠른 성장률을 보여주고 있는 광고로 검색 도구를 이용하여 단순한 검색만 하는 것이 아니라, 적극적으로 특정 웹사이트로의 방문을 유도하여 상품이나 서비스를 구매하게 하는 인터넷 마케팅 전략이다.

• 각종 유명 검색 엔진에 등록하거나 검색 결과의 상위 랭킹, 그리고 사용자가 인식하지 못하더라도 광고 효과는 올릴 수 있는 모든 노력들을 통틀어 검색엔진 마케팅(SEM: Search Engine Marketing)이라고 한다. 검색엔진 광고는 크게 오가닉 검색, 오버추어 광고(스폰서 링크), 키워드 광고 형태가 있다.

오가닉 검색 (Organic Search)	편파적이지 않고, 검색엔진을 제공하는 기관의 의도가 없는 검색을 수행하고, 배너 광고로부터 수익을 얻는 형태의 검색엔진이다.
오버추어 광고 (스폰서 링크)	검색창에 검색 키워드를 치면 해당 업체의 리스트가 상단에 스폰서 링크로 나타나고, 링크를 한 번 클릭할 때마다 광고비를 지불하는 방식의 광고를 말한다. 오버추어 광고는 국내 주요 포털사이트에 스폰서 링크라는 형태로 이루어진다.
키워드 광고	검색 사이트에서 검색어를 입력하면 검색 결과가 나오는 화면에 관련 기업의 광고가 페이지에 노출되도록 하는 광고 기법이다. 불특정 다수를 상대로 하는 배너 광고와 다르게 검색어 기반으로 광고가 노출된다. 특정 검색어 기반으로 광고가 노출됨에 따라 기존의 배너 광고에 비해 클릭률이 높다.

- 기업들은 효과적인 검색엔진 인식을 위해서 운영하고 있는 웹사이트 관리가 필요하다. 우수한 웹페이지들은 검색엔진 결과 리스트에서 더 높은 순위로 나타나고, 검색엔진 결과 페이지의 최상단에 나타나는데 이를 **검색엔진 최적화**(Search Engine Optimization, SEO) **과정**이라고 한다.
- 검색엔진은 효율적인 정보제공을 통해 사람들에게 많은 혜택을 주기도 하지만 다음과 같은 문제점을 야기할 수 있다.
  ① 링크 농장은 검색시 다른 특정 페이지로 링크를 시켜 주어 검색엔진 내 그들의 랭킹을 올려준다.
  ② 콘텐츠 농장은 검색엔진이나 유저들의 마음을 얻기 위해 많은 용량의 전문 콘텐츠를 만들어 제공한다. 콘텐츠는 원본이 아니지만 정당한 콘텐츠 사이트에 의해서 요약되거나 카피되어 편집되어 있다.
  ③ 클릭사기는 전문 클릭업체를 고용하거나, 자동화하는 프로그램을 이용하여 클릭수를 높여 검색엔진 결과를 상위랭크에 두게 한다.
- 검색엔진에 반영되는 웹사이트의 품질 지수는 인터넷 광고를 보다 신뢰성 있게 보장한다. 품질지수에 관련된 요인들은 노출순위, 클릭당 비용, 필터링 등이 있다.
  - **노출 순위**: 노출 순위는 입찰가와 광고 품질에 의해 결정이 된다. 광고 품질이 높으면 같은 비용으로 검색 결과에서 더 높은 순위를 선점할 수 있다.
  - **CPC(클릭당비용)**: 광고 품질이 높으면 더 저렴한 가격으로 광고를 집행할 수 있다. 반면 가격을 아무리 높게 책정해도 클릭이 일어나지 않으면 높은 순위를 유지할 수 없다.
  - **필터링**: 양질의 검색 결과를 제공하기 위해 광고 품질이 현저하게 낮을 경우 검색 결과 페이지에 노출되지 않는다.

(2) E-메일 마케팅

- HTML 기반의 E-메일을 통해 홈페이지와 같은 양식의 E-메일 매거진 양식으로 다양한 콘텐츠를 제공한다. 모바일 사용자는 데스크톱 사용자보다 훨씬 E-메일 사용률이 높은 것으로 알려져 있으며, 최근 모바일 사용자가 늘어남에 따라 E-메일 마케팅은 더욱 확산되고 있다.
- 최근 E-메일은 발신자가 명확하지 않은 쓰레기 메일을 의미하는 스팸, 사용자의 받은 편지함에서 많은 스팸을 제거해야 하는 소프트웨어 툴, 구매력이 낮은 E-메일 목록의 요소들로 인해 신뢰도가 저하되어 이를 개선하기 위한 방안들이 필요하다.

• E-메일은 '옵트인(Opt-in)'과 '옵트아웃(Opt-out)' 방식이 있는데 불특정 다수인에게 무작위로 보내지는 스팸메일을 규제하는 방식으로 E-메일을 비롯해 전화나 팩스를 이용한 광고성 정보 전송 등에서도 적용된다. '옵트인(Opt-in)'이란 수신자의 사전 동의를 얻어야 메일을 발송할 수 있도록 하는 방식을 말한다. 반대로 수신자가 발송자에게 수신거부 의사를 밝혀야만 메일 발송이 안 되는 방식을 '옵트아웃(Opt-out)'이라고 부른다.

▶ E-메일 방식 장단점 비교

	옵트인(Opt-in)	옵트아웃(Opt-out)
장점	수신자 입장에서 원하지 않는 메일을 사전에 차단할 수 있음	수신자가 다양한 정보를 접할 수 있는 1차적 기회가 많아짐
단점	정보를 접할 수 있는 기회가 상대적으로 감소함	스팸메일 수신의 단점이 있음
메시지 예시	본 메일은 발신 전용이며 2020/01/01 기준, 회원님의 수신동의 여부 확인 결과 회원님께서 수신동의를 하셨기에 발송되었습니다. 메일 수신을 원치 않으시면 [수신거부]를 클릭하십시오. 본 메일은 발신 전용이며 2016/12/07 기준, 회원님의 수신동의 여부 확인결과 회원님께서 수신동의를 하셨기에 발송되었습니다. 메일 수신을 원치 않으시면 [수신거부]를 클릭하십시오.	NAVER 이용약관, 개인정보 수집 및 이용, 위치정보 이용약관(선택), 프로모션 안내 메일 수신(선택)에 모두 동의합니다. 네이버 이용약관 동의(필수) 제 1 조 (목적) 이 약관은 네이버 주식회사 ("회사" 또는 "네이버")가 제공하는 네이버 및 네이버 관련 제반 서비스의 이용과 관련하여 회사와 회원간의 권리, 의무 및 책임사항, 기타 필요한 사항을 규정함을 목적으로 합니다. 개인정보 수집 및 이용에 대한 안내(필수) 정보통신망법 규정에 따라 네이버에 회원가입 신청하시는 분께 수집하는 개인정보의 항목, 개인정보의 수집 및 이용목적, 개인정보의 보유 및 이용기간을 안내 드리오니 자세히 읽은 후 동의하여 주시기 바랍니다.

(3) 리드생성 마케팅

• 리드생성 마케팅은 접촉 이후의 다양한 채널(판매전화, E-메일, 인스턴트 메시지 등)을 이용한 연락을 통해 향후 고객으로 변환할 수 있는 기업에 리드를 생성하고자 한다.

• 일반 소비자들이 웹사이트를 자발적으로 찾아오게 하는, 인바운드 마케팅이라고 불리는 리드생성 마케팅은 기업이 E-메일 캠페인을 시작하거나 웹사이트를 구축하는 데 도움이 될 수 있다.

(4) 소셜미디어 마케팅

• 소셜미디어 마케팅은 기업의 브랜드를 구축하고 판매수익을 구동하기 위해서 온라인 소셜 네트워크와 커뮤니티의 사용을 포함한 광고이다. 소셜 애플리케이션, 소셜 게임, 블로그, 포럼[18], 페이스북, 트위터, 텀블러[19], 링크드인[20] 등의 다양한 종류가 있다.

▶ 소셜미디어 마케팅의 특징

소셜 사인온 (Social Sign-on)	• 페이스북과 같은 네트워크 페이지를 통해 다양한 웹사이트에 등록할 수 있다.
협업 쇼핑 (Collaborative Shopping)	• 일상적인 이야기 대신 제품이나 서비스에 대해 이야기를 주고 받으면서 고객들의 쇼핑 경험을 나눌 수 있는 환경이다.

네트워크 알림 (Network Notification)	• 고객들이 사용하고, 방문한 서비스들에 대해서 평가를 나눌 수 있는 환경이다. • 최근 페이스북의 '좋아요' 버튼이나 각 페이지에 대한 팔로잉들이 여기에 해당한다.
소셜 검색과 추천 (Social Search, Recommendation)	• 제품이나 서비스 구매를 위해 조언이 필요한 추천할 수 있는 환경을 의미한다. • 추천 정보는 고객이 제품 검색 엔진에서 물건을 찾는 것을 도와주는 동안 소셜 검색은 과거의 소비자들이 평가한 정보를 기반으로 물건에 대한 품질평가를 도와준다.

- 정보 기술의 확산 속도가 빨라짐에 따라 소셜미디어의 가치는 더욱 증대되고 있다.
- **소셜미디어**는 메시지를 쉽고 빠르게 전달할 수 있으며, 콘텐츠 제작 및 마케팅이 상대적으로 저렴한 비용으로 가능하며, 시간과 장소에 구애받지 않는 인터넷 환경 속에서는 언제 어디서든지 정보전달이 가능하다. 관심과 친분을 바탕으로 신뢰를 줄 수 있고, 새로운 고객들을 확보하는 것이 용이하다.
- **블로그 마케팅**은 블로그[21]를 활용한 마케팅 방식으로 많은 사람들이 방문하는 블로그의 블로거는 긍정적인 입소문을 낼 수 있고, 일반적인 광고를 통한 파급효과보다 크다.
- **게임광고**는 모바일 게임이나 온라인 게임의 사용자가 많은 경우에 광고를 시행한다면 더 큰 홍보 효과를 기대할 수 있다.
- **바이러스 마케팅**은 홍보 대상에 대한 메시지를 친구, 가족, 동료들에게 보낼 수 있는 소셜 마케팅의 형태이다.

(5) 모바일 마케팅

- 모바일의 대표적인 특성은 이동성(Mobility), 위치확인(Location), 개인화(Personalization), 적시성(Timeliness)이다.
- 모바일 마케팅은 스마트폰과 태블릿 컴퓨터와 같은 모바일기기를 통해서 제품이나 서비스에 대한 정보가 소비자들에게 전달된다.
- 최근 모바일 기반의 마케팅은 동영상 광고, 리치미디어, 검색엔진, 게임, 앱스토어 등을 이용하여 빠르게 성장하고 있다.
- 모바일 장치의 앱(App)은 애플리케이션 혹은 응용소프트웨어의 줄임말로 모바일 시대가 시작되면서 존재하게 된 새로운 마케팅 플랫폼이다. 앱은 사용자에게 인터넷 브라우저보다 더 빠른 자료 접근을 제공하게 한다.
- 앱의 수익원
  - 다운로드당 지불
  - 앱 구매
  - 구독
  - 광고
- 모바일을 이용한 웹은 모바일 웹 1.0에서 모바일 웹 2.0으로 진화를 하고 있다. 모바일 웹 2.0은 쉬운 웹 환경을 이용한 참여, 공개, 공유의 확산이 주요 개념이다.

	모바일 웹 1.0	모바일 웹 2.0
네트워크	저속	고속(WiBro, HSDPA)
브라우징 기술	WAP프로토콜 기반의 WAP 브라우징	TCP/IP 기반의 풀 브라우징
콘텐츠	HTML, WML 중심	XML, XHTML 중심
사업, 기술모델	폐쇄적, 독자적	개방형, 표준
서비스	하이퍼링크	REST, SOAP, WSDL 기반의 모바일웹서비스
요금	종량제 (고비용)	정액제 (저비용)
API 연동	하나의 서비스와 일부 API	개방형 API와 매시업 서비스[22]

(6) 멀티채널 마케팅

- 인터넷의 빠른 성장 때문에 최근 소비자들은 다양한 멀티미디어들을 대량으로 이용하고 있다. 따라서 마케터들은 이들의 강점을 가지고 브랜드 메시지를 강하게 전달할 수 있는 멀티채널 마케팅 프로그램을 개발하고 있다. 특히 온라인 마케팅은 효율성을 달성하기 위해 오프라인 채널을 이용한 마케팅과의 협조가 필요하다.

- O2O(Online to Offline) 마케팅은 최근 주목받기 시작한 마케팅 방법으로 온라인과 오프라인을 연결한 마케팅이다. 특정 지역에 들어서면 관련 지역에서 사용할 수 있는 쿠폰 등을 실시간으로 보내주는 서비스 등이 여기에 해당한다.

- **일대일 마케팅**(개인화)에서는 개인의 요구를 정확하게 파악하여 적절한 시간 및 장소에 개인을 타겟으로 하여 마케팅 메시지를 전달한다.

- **맞춤화 마케팅**은 마케팅 메시지 사용자의 선호에 따라서 제품을 바꾸는 것이다.

- **롱테일 마케팅**은 인기있고, 매출이 많은 제품이 아니라 낮은 수요의 제품들도 검색엔진이나 추천엔진 등을 통해 수익을 얻을 수 있다는 점에서 착안한 마케팅 기법이다. '**80%를 차지하는 사소한 다수가 20%를 차지하는 핵심적 소수보다 뛰어난 가치를 창출한다**'는 아이디어로 파레토 법칙과는 다소 상반되는 법칙이다.

(7) 디스플레이 광고 마케팅

- 배너 광고는 컴퓨터 스크린의 일부에 직사각형 형태의 홍보 메시지를 보여주고, 이 메시지를 클릭함에 따라 광고주의 웹사이트로 안내한다. **사용자가 동일한 배너 광고에 자주 노출되면서 배너 광고의 반응률이 현저하게 떨어지는 현상을 배너 번 아웃**(Burn Out)**이라고 한다.**

▶ 배너 광고의 노출 방식

고정 방식	특정 페이지에 고정되어 있는 방식
이동 방식	회사별로 같은 페이지 내에 광고를 순환적으로 노출하는 방식

키워드 방식	키워드 검색에 따라 다른 배너가 나타나는 방식
순환 방식	같은 웹사이트에 속한 다른 페이지들 간에 배너 광고를 돌아가면서 노출하는 방식

▶ 배너 광고의 과금 방식

결과기준형	CPL(Cost Per Lead)[23], CPS(Cost Per Sales)와[24] 같이 결과 기반으로 판매금액의 일정부분을 수수료로 제공하는 과금방식
고정방식 (Flat Rate)	한 달, 일주일, 하루 등의 단위로 고정된 금액을 제공하는 과금방식
노출 기준형	CPM 등과 같이 노출에 대한 비용을 지불하는 방식
클릭 기준형	CTR(Click Through Rate)과 같이 배너를 클릭하는 횟수로 과금하는 방식

- **리치미디어 광고**는 인터넷 광고용어로 기존의 단순한 형태의 배너 광고보다 풍부한(Rich) 정보를 담을 수 있는 매체(Media)라는 뜻을 지닌다. 플래시, HTML5, 자바, 자바스크립트를 이용한 멀티미디어 형태의 광고로 텔레비전 방송광고처럼 비디오, 오디오, 사진, 애니메이션 등을 포괄한다. 바로 사용자와 상호작용을 할 수 있는 애플릿(Applet[25])이나 사용자가 배너 광고 위에 마우스를 올려놓으면 변하는 광고와 같이 다양한 방식으로 표현되며, 리치미디어 광고의 뷰어가 배너 광고보다 직접적으로 클릭하거나, 광고주의 웹사이트를 방문할 가능성이 많은 것으로 알려져 있다.
- **삽입 광고**(Interstitial Ad)는 프로그램 중간에 나오는 TV 상업용 광고와 비슷한 웹사이트의 광고로 이용자가 다음 웹페이지를 다운로드하는 동안 나온다. 전면 광고로 사이트 이동시 화면 전체에 광고를 띄워 TV광고 같은 형태로 구현한다.
- **광고 네트워크**는 온라인 광고주들이 광고를 구매하기를 원하면 광고와 마케팅 기회를 판매하는 것이다. 기업들이 스스로 배너 광고와 수많은 웹사이트에 마케팅 메시지를 등록하기 어렵기 때문에 광고 네트워크라고 불리는 전문 마케팅 회사가 온라인 노출하기를 원하는 회사들에게 광고나 마케팅 기회를 판매한다. 마케터들은 청중을 사고, 퍼블리셔는 청중의 마음을 사거나 청중의 정보를 수집하는 방법으로 청중을 팔고, 광고 네트워크는 시장을 효과적으로 움직이게 하는 중개인이다.
- **위젯 광고**는 사용자가 바탕화면 상에서 자주 사용하는 기능만을 모아 놓은 도구 모음이다. 예를 들어 스마트폰의 메모, 일정관리, 공지사항 등 다양한 기능을 바탕화면 한 쪽에 모아 곧바로 볼 수 있도록 한 서비스 도구 모음이다. 위젯을 설치했을 때 장점은 인터넷에 접속하지 않고도 필요한 정보를 바로 확인할 수 있으며, 기업이 다양한 툴을 기본적으로 제공하면서 기업을 홍보하는 프로그램으로 개발하기도 한다.

(8) 이외의 최신 마케팅 기법

- **콘텐츠 광고**(Contents Advertising): 웹사이트나 배너 광고 내에 광고 콘텐츠를 삽입하여 운영하는 광고 형식으로 배너 광고를 집행하는 웹사이트 내에 하이퍼링크로 광고 메시지를 함께 삽

입하는 형태가 주로 사용된다.

- **공동 브랜드 콘텐츠형 광고(Co-branded Contents)**: 기존의 협찬 광고와 비슷한 개념으로 특정 사이트에 스폰서를 제공하여 회사의 로고 등을 명시함으로써 브랜드 인지도 및 신뢰도 제고를 목적으로 하는 광고이다. 스폰서쉽(Sonsorhip), 콘텐츠내 광고(Product Placement), 기사식 광고(Advertorial) 등이 있다.

  ****브랜디드 콘텐츠**: 다양한 문화적 요소와 브랜드 광고 콘텐츠의 결합으로, 콘텐츠 안에 브랜드 메시지를 녹여서 소비자의 공감과 흥미를 유발시키고 자발적으로 공유하도록 하는 것을 목표로 한다.

- **푸쉬 애드(Push Ad)**: Push Technology를 이용하여 PC나 모바일기기가 운영되지 않는 시간에 영상, 소리, 메시지를 전송하는 광고이다. 기업 입장에서 푸시 앱 광고는 앱을 사용하기 때문에 비용이 들지 않으며, 푸시 앱 광고는 고객의 구매 패턴이나 구매와 관련된 정보를 수집·분석할 수 있고, 실시간으로 고객의 반응을 고려한 맞춤 광고를 할 수 있다. 양방향 소통 형태로 동영상, 이미지 등을 활용한 다양한 형태의 광고를 노출시킬 수 있다.

- **콘텐츠 통합(Content Integration)**: 웹기사 형태의 광고로 스토리 라인이나 문구가 삽입된 광고를 말한다.

- **틈새 광고(Crack Advertising)**: 웹사이트의 콘텐츠 페이지 사이에 끼워져서 노출되는 형태이다. 콘텐츠를 클릭한 후 원하는 페이지로 이동하는 사이에 광고 메시지를 보여주는 형태인 Splash Screens[26]와 페이지 중간에 광고 메시지는 고정되어 있지 않고 움직이거나 게임을 하게 하여 클릭을 유도하는 형식인 삽입광고(Interstitial Ad)가 있다.

- **스폰서십**: 특정 회사의 로고나 기업로고, 브랜드의 광고를 웹사이트 콘텐츠 내용상에 삽입하여 콘텐츠 일부인 것처럼 보이며 광고를 하는 형태를 말한다.

- **PPL(Product Placement)**: 드라마나 영화의 소품 등을 이용하여 기업 제품을 협찬하면서 노출시키는 것과 유사한 방식이다. 최근에는 게임, 애니메이션 등 콘텐츠 내에 기업의 광고상품을 배열하는 광고 형태를 말한다.

- **랜딩페이지 최적화**: LPO(Landing Page Optimization)는 랜딩페이지 최적화라고 한다. 키워드 검색이나 배너 광고를 클릭하면서 유입된 인터넷 이용자가 개인별로 다르게 보이는 마케팅 페이지를 랜딩 페이지라고 한다. 개인별로 다르게 처음 페이지를 제시함으로써 광고효과를 높이는 것을 목표로 한다.

1 전자상거래 사업전략 수립

1 디지털 경제의 이해

(1) 디지털 경제

- IT 기술이 발달함에 따라 생산이 중요시 되던 산업경제 사회에서 정보와 지식이 주요 경제적 자원인 디지털 경제시대로 전이되고 있다.
- 디지털 통신 네트워크, 컴퓨터, 소프트웨어, 기타 정보 기술에 기반한 경제시대를 의미하며, 디지털 네트워킹과 통신 인프라는 사람과 조직이 상호 교류 및 통신을 통해 정보를 찾기 위한 글로벌 플랫폼을 제공하고 있다.
- 디지털 경제시대에는 정보가 물리적인 형태 혹은 아날로그 형태[27]에서 디지털 형태[28]로 저장이 된다.
- 디지털의 장점으로는 아날로그보다 먼 거리로 전송할 수 있고, 복사하거나 반복 사용하여도 소진되지 않으며, 암호화 기술로 인한 통신비밀 보장이 있다.

(2) 디지털 경제 패러다임 변화 매커니즘

- 인터넷이 만들어내는 쌍방 커뮤니케이션이 가능한 공간에서 소비자는 필요한 상품이나 서비스의 가격과 품질에 대한 정보를 신속하게 검색하고 비교할 수 있다.
- 소비자는 공급자보다 시장의 주도권을 가진다. 구입 전에 정보 검색들을 통해 쌍방 커뮤니케이션이 가능하고, 정보가 소비가치를 가지며, 서비스의 맞춤화가 이루어진다.

▷ 디지털 경제 패러다임을 설명하는 주요 법칙

- **메트칼프의 법칙(1995)**: 네트워크 가치는 가입자 수에 비례해 증가하며 어느 시점부터 그 가치가 비약적으로 높아진다는 법칙
- **고든 무어의 법칙(1965)**: 고든 무어가 경험적인 관찰을 기반으로 파악한 반도체 집적회로의 성능이 18개월마다 2배로 증가한다는 법칙
- **황의 법칙(2002)**: 메모리 반도체의 집적도가 1년에 두 배씩 늘어난다는 법칙
- **길더의 법칙**: 광섬유의 대역폭은 12개월마다 3배 증가한다는 법칙
- **코어스의 법칙**: 거래비용 감소에 따라 기업내 조직의 복잡성 및 기업의 수는 감소한다는 법칙

- 정보관련 기업들의 가치가 커짐에 따라 눈에 보이지 않는 자산인 무형자산 가치의 중요성이 높아지고 있다.
- 전통산업사회의 대량생산시대를 지배했던 수확체감원리는 어떤 사업이 일정 규모를 초과하면 수익성이 급격히 저하한다는 원리를 말하는 반면, 지식 주도형 산업에 적용되는 수확체증원리는 사업규모가 배가 될수록 생산이 더욱 효율적으로 이루어져 산출량은 두 배 이상이 된다는 규모의 경제를 말한다. 디지털 경제시대에는 수확체증의 원리가 적용되는 것으로 소프트웨어를 개발할 때는 많은 비용이 투자되지만, 한 번 개발된 이후에는 복사비용만 추가되어 생산할수록 그 수익은 커지게 된다.
- 스마트 시대는 IoT(사물인터넷), 빅데이터 등의 등장으로 지능화, 융복합화 등에 의한 기술이 빠르게 변화하고 있다. 이 시기에는 다양한 채널들과 앱들이 운영될 수 있는 통합/쌍방향 플랫폼이 주목받기 시작하며, 기술과 양이 중요하던 시대에서 감성과 질이 주목받는 시대로 변하고 있다.

(3) 디지털 경제 특징

- **경제적 측면**
  - 정보와 지식은 제품거래에 있어 거래비용과 탐색비용을 감소시킴에 따라 새로운 부가가치를 창출하고, 생산성을 증가시키고 있다.
  - 디지털 경제 시대는 수확체감 보다는 수확체증 법칙이 지배한다.
- **사회적 측면**
  - 정보통신기술, 인터넷, 웹의 기술적 발전으로 인해 개인과 조직들이 밀접하게 연결되어 있으며, 국가의 경계나 지리적인 거리는 전통산업시대에 비해 중요하지 않게 되었다.
  - 거리나 시간에 상관없이 자유롭게 정보에 접근 · 처리 · 전송 · 저장하는 것이 가능해졌으며, 전자시장을 통하여 다양한 기업들과 협업이 가능해졌다.
- **문화적 측면**
  - 인터넷과 다양한 디바이스 등을 통해 필요한 정보를 확보하거나, 책이나 영화를 보고, 음악을 듣는 활동을 장소와 시간에 구애받지 않고 가능하게 되었다.
  - 유비쿼터스 컴퓨팅과 사물인터넷(IoT)으로 인해 홈네트워킹, 원격제어 등으로 인간의 삶을 편안

하게 해주는 방향으로 진화하고 있다.

- 지식정보화 분야에 근무하는 지식노동자의 숫자가 육체적인 노동자들의 숫자보다 많아지고 있다.

- **비즈니스 측면**
  - 소프트웨어, 영화, 음악, 애니메이션, DVD와 같은 디지털 제품은 무형이며, 이들은 카피와 배송 자체보다는 개발하는 비용이 높은 구조를 가진다.
  - 디지털 제품은 전세계의 소비자들에게 추가 비용 없이 제품 판매가 가능하다.

(4) 디지털 경제 전후 세대의 특징

- 디지털 원주민 세대는 0~35세로 1980년 이후 출생자를 일컫는다. 미래의 소비자로 스마트폰과 태블릿, 웨어러블 등과 더불어 성장하는 세대이다.
- 디지털 이민자 세대는 35~99세로 1980년 이전 출생자를 일컫는다. 오늘날의 대표적인 소비자이며 라디오, TV를 보면서 성장했으나 성인이 된 후 스마트폰, 태블릿 등을 사용하는 세대이다.

세대명		시대	특성
디지털 원주민 세대	Z 세대	1995년 이후	쌍방향 소통을 매우 선호 소셜네트워크, 네트워크 게임산업과 함께 성장 글로벌 감성과 사회적 연대 새로운 기술의 조기수용자
	Y 세대, 밀레니엄 세대	1980년과 2000년 사이 출생	문자메시지, 채팅, 비디오 게임에 능숙 개성이 강하고 개방적인 멀티플레이어
디지털 이민자 세대	X 세대	1965년과 1980년 사이 출생	PC, 이메일, 휴대전화와 함께 성장 멀티플레이어로 제품 지향적
	베이비부머 세대	1965년 이전 출생	TV, 라디오를 사용함 일이 인생의 가장 중요한 목표

(출처: 온라인쇼핑의 종말 요약, 바이난트 용건 저, 지식노마드 출판사)

❷ 인터넷

(1) 인터넷 개요

- 인터넷은 TCP/IP 프로토콜을 기반으로 전 세계의 수많은 컴퓨터가 서로 연결되어 정보를 주고받는 광범위한 컴퓨터 통신망이다.
- 인터넷은 기업, 교육기관, 정부기관, 개인 등 대량의 네트워크와 컴퓨터가 다양한 목적을 가지고 상호연결된 것을 의미한다. 인터넷을 통해 E-메일, 애플리케이션, 뉴스, 쇼핑, 리서치, 메신저, 음악, 영상, 게임 등의 서비스를 이용하고 있다.
- 1961년부터 1974년까지 1세대로 인터넷에 대한 개념이 생기고, 하드웨어와 소프트웨어가 현실화되는 인터넷의 기초가 정립되었다. 이때 인터넷의 목적은 다른 대학 간의 대형 메이프레

임 컴퓨터를 연결하는 것이었다.

- 인터넷의 두 번째 세대는 제도화 단계로 1975년부터 1990년도 중반까지 인터넷에 기반한 대규모 기관간에 연계를 주로 하는 단계이다.

- 인터넷의 세 번째 세대는 1990년대 중반 이후 인터넷 비즈니스가 본격적으로 시작된 시기이다.

(2) 인터넷의 특징

- 인터넷에 접속한 컴퓨터들은 기종에 관계없이 표준화된 규약에 따라 상호 접속이 가능하며, 물리적인 거리나 국가에 상관없이 표준규약을 따르는 경우는 장소에 관계없이 누구와도 정보 교환이 가능하다.

- 인터넷과 그 기능 구성은 다수의 기관, 개인, 조직에서 사용하는 것으로 단일조직에서 통제할 수 없다.

- 인터넷상의 어떤 컴퓨터나 네트워크에서 이상이 발생하더라도 전체 네트워크에는 영향을 최소화하도록 구성되어 있고, 인터넷상의 모든 호스트 컴퓨터는 고유한 IP를 가진다.

- 최근 정보통신기술의 발전으로 대용량 데이터를 쉽고 빠르게 교환할 수 있다.

- 인터넷을 접속하는 방법으로는 전화선, 전용선, 인터넷 고속망을 이용하는 방법이 있다.

▶ 인터넷 고속망 종류

IDSL(ISDN Digital Subscriber Line, 디지털 가입자 회선)	• 128Kbps의 속도를 지원한다.
HDSL(High-Data Rate DSL, 고속 디지털 가입자 회선)	• T1, E1 급의 다운로드와 업로드 서비스를 제공하며, 별도의 중계 장치가 없다.
ADSL(Asymmetric DSL, 비대칭 디지털 가입자 회선)	• 데이터를 전송하면서 음성을 동시에 전송할 수 있으며, 이용자가 증가할수록 전송 속도가 떨어지고, 다운로드 속도와 업로드 속도가 다른 비대칭 구조를 가진다. 특히, 인터넷, VOD, 홈쇼핑이 비대칭 서비스에 적합하다.
VDSL(Very High Bit Rate DSL, 초고속 디지털 가입자 회선)	• 실시간 비디오 또는 고화질의 동영상 전송을 위해 제안된 초고속 유선통신 규격이다. • 10Mbps 이상의 빠른 전송 속도를 가지는 장점이 있는 반면, 전송 거리가 짧다는 단점이 있다.

▶ 이동통신 기술 종류

1세대 아날로그 FDMA	• 세계 최초의 1세대 아날로그 이동통신방식은 AMPS 방식으로 음성 위주의 서비스만을 제공 • 1983년 미국 시카고에서 최초로 서비스를 개통하였으며, 한국은 1984년에 도입하여 이동통신 서비스를 시작
2세대 디지털 CDMA	• CDMA 방식은 확산된 주파수대역을 사용자가 공유하는 방식으로 직접 확산에 사용되는 부호시퀀스로 사용자를 구분하는 방식 - 주파수와 시간을 같이 사용하면서 코드로 사용자를 구별하는 기술을 사용

3세대 W-CDMA, CDMA2000	• W-CDMA는 기존의 2세대보다 넓은 대역폭(5MHz)과 기지국간 비동기 방식을 채택한 것이고, CDMA2000은 2세대와 같은 대역폭인 1.25MHz를 사용
3.5/4세대 무선전송기술	• HSPA, Wibro, LTE, LTE-A 기술 등을 이용하여, 하나의 단말기를 통해 위성망 · 무선랜 · 인터넷 등을 모두 사용할 수 있는 서비스 방식 - 이동전화 하나로 음성 · 화상 · 멀티미디어 · 인터넷 · 음성메일 · 인스턴트메시지 등의 모든 서비스를 해결
5세대 무선전송기술(5G 기술)	• 'IMT-2020'이라고도 불리는 5G 기술은 초고속(기존 4G 대비 20배 빠름), 초저지연(통신 지연이 10배 짧음), 초연결(연결 기기가 10배 많음)의 특징을 가짐 • ITU(International Telecommunication Union)가 정의한 5G는 최대 다운로드 속도가 20Gbps, 최저 다운로드 속도가 100Mbps인 이동통신 기술 • 5G는 휴대폰의 영역을 넘어 모든 전자 기기를 연결하는 기술 - 가상현실(VR), 사물인터넷(IoT), 인공지능(AI), 빅데이터 등과 연계해 스마트 팩토리, 원격의료, 무인배달, 클라우드 · 스트리밍 게임 등에 활용 가능

(3) WWW의 개요

- 웹(Web)은 인터넷의 가장 대표적인 서비스로 World Wide Web의 약어이다. 웹은 대량의 웹 페이지에 접속을 제공하며, 웹페이지는 브라우저를 통해 탐색할 수 있다.
- 웹은 문서를 다른 사람에게 연결시키고 소리, 영상, 애니메이션 파일과 같은 매체에 페이지를 연결하는 임베디드 링크를 지닌 페이지의 서식을 결정하는 하이퍼텍스트 기술 기반의 HTTP(Hypertext Transfer Protocol) 프로토콜을 사용한다.
- 사용자 인터페이스(User Interface)에 제한을 받지 않고 웹페이지 서버에서는 정보를 제공하여 주고, 클라이언트에서는 웹브라우저에 의해 정보를 검색하고 제공 받는다.
- 클라이언트/서버 기술은 대용량의 정보가 웹서버에 저장되고, 사용자 개개인의 클라이언트 컴퓨터에 공유되도록 하는 역할을 한다.

(4) 주요 인터넷 서비스

- **E-메일**은 문자, 이미지, 소리, 영상 등을 컴퓨터 간에 전달하기 위한 프로토콜의 묶음이다. E-메일 중에 요청하지도 않았는데 발송된 불필요한 메일을 스팸메일, 정크메일 혹은 벌크메일이라고도 한다.
- **인스턴트 메시지**는 온라인을 통해 실시간으로 메시지를 전달하는 방식으로 수신자는 즉각적으로 송신자에게 응답을 할 수 있다.
- **검색엔진**은 키워드에 적합한 웹페이지를 식별하고 사용자에 의해 입력되는 쿼리를 요청하고 가장 적합한 화면 목록들을 제공한다.
- **온라인 포럼**은 메시지 보드, 게시판, 토론 보드, 토론 그룹, 보드 등으로 불리기도 하는데, 인터넷 사용자가 서로 소통하게 하는 애플리케이션이다. 이 포럼은 실시간 소통일 필요는 없으며, 토론의 장을 제공하고 서로간 질의 답변 등을 할 수 있는 온라인 공간이다.
- **스트리밍 미디어**는 실시간 웹비디오, 음악, 오디오, 그리고 대용량의 파일을 파일 되감기 기능을 포함한 방식으로 이용자에게 실시간으로 보낼 수 있도록 한다.

- **쿠키**는 사용자에 대한 정보를 저장하기 위해 웹사이트가 사용하는 도구로, 방문객이 웹사이트를 방문하면 사이트는 작은 텍스트 파일인 쿠키를 사용자의 컴퓨터에 전송하여 저장한다. 이를 통해 다음에 방문시 더 빠르게 접속할 수 있다.

- **FTP**(File Transfer Protocol, **파일 전송 프로토콜**)는 인터넷을 통하여 컴퓨터간에 파일을 송수신할 수 있도록 지원하는 서비스를 의미한다. FTP 클라이언트 프로그램을 이용하여 파일을 다운로드 받거나 업로드 할 수 있으며, 업로드 된 파일은 FTP 서버에 저장된다. 계정없이 접속하는 익명 FTP와 ID 및 암호로 접속하는 일반적인 FTP 서버가 있다.

- **Gopher**는 'WWW'이 탄생하기 전에 가장 많이 이용되는 정보 검색 도구로 문자 정보를 검색할 수 있다.

- **IRC**(Internet Relay Chatting)는 다른 사용자들과 컴퓨터로 대화를 할 수 있는 기능이다.

- **WAISE**(Wide Area Information Service)는 데이터베이스와 파일목록 가운데 원하는 정보를 키워드로 알려주면 찾아주는 정보 검색 도구이다.

- **Usenet**(User Network)은 주제별로 동호인들이 모여 토론 그룹을 형성하여 대화를 나누는 인터넷상의 전자 게시판을 의미한다.

(5) 웹 2.0

- 웹 2.0 애플리케이션과 서비스는 소셜네트워크 안의 개개인에게 커뮤니케이션을 지원한다. 온라인 소셜네트워크는 많은 소비자를 가지고, 새로운 광고 플랫폼과 전자상거래의 기초가 되었다. 온라인 소셜네트워크는 네트워크상의 친구, 동료, 모든 직업을 가진 사람들과의 의사소통을 돕는 서비스이다.

- **블로그**(Blog)는 웹과 로그의 줄임말로 작성자에 의해 연대순으로 콘텐츠를 배열하는 개인적인 웹페이지를 말한다. 다른 블로그들의 링크 수집으로 나타나는 블로그 롤이라는 기능과 참조한 포스트의 원래 출처를 가르쳐 주는 트랙백 기능이 있으며, 블로그 활동을 블로깅이라고 한다. 블로그 페이지는 HTML 지식이 없더라도 웹페이지에 자신의 포스트를 게재하고 지인들과 콘텐츠를 공유할 수 있다.

- **팟캐스팅**은 오디오 파일로 저장되어 웹에 게재되어 있는 라디오쇼, 영화 음성, 개인 음성의 프리젠테이션이다. 사용자는 웹에서 파일을 다운로드하고 사용자는 플레이어나 컴퓨터를 이용하여 파일을 재생한다.

- **위키**는 사용자가 웹에서 콘텐츠를 쉽게 추가하고 편집할 수 있도록 도와주는 웹애플리케이션으로 다양한 사람들이 협업으로 지식을 생성할 수 있다. 가장 대표적인 위키는 위키피디아이다.

- **RSS**(Really Simple Syndication)는 XML 형식으로 사용자가 문자, 기사, 블로그, 팟캐스트 오디오 파일 등의 디지털 콘텐츠를 가져오도록 하는 프로그램으로 이러한 콘텐츠는 자동으로 보내진다. 사용자는 자신의 컴퓨터에 설치하는 RSS 수집 소프트웨어 애플리케이션을 통해 사용자가 가져오고 싶어하는 정보를 웹사이트와 블로그로부터 가져올 수 있다.

- **스마트 개인비서**는 지식검색의 역할을 한다. 애플 스마트폰의 대표적인 스마트 비서인 Siri는 자연언어를 사용하고, 회화, 상황 인지 기술을 구현한다.

③ 전자상거래 개요

(1) 전자상거래의 정의

- 전자상거래는 인터넷, 웹과 모바일 앱을 비즈니스에 활용하는 것을 의미하는데, 문자, 소리, 시각 이미지를 포함한 디지털화된 정보의 전송 및 처리를 이용하여 이루어지는 모든 형태의 상업거래를 의미한다.
- 전자상거래 기본법에서는 '재화나 용역을 거래함에 있어서 그 전부 또는 일부가 전자문서에 의하여 처리되는 거래'로 정의하고 있다.
- 인터넷 네트워크상에서 소비자와 기업이 상품과 서비스를 사고파는 행위를 말하며, 물리적인 상품과 디지털 상품의 판매와 구매를 가능하게 해 주며 다양한 서비스를 제공하는 것이다.
- 전자상거래는 인터넷이 보급되기 전에 전자자금이체(EFT), 전자문서교환(EDI), 광속상거래(CALS) 등의 형태로 존재하다가, 네트워킹과 컴퓨터 기술이 빠르게 성장하게 됨에 따라 인터넷 기반으로 하는 전자상거래 시대가 도래하게 되었다. ERP, SCM, CRM의 비즈니스 영역으로 전자상거래는 확장되고 있다.

(2) 전자상거래의 현황

- 전자상거래 거래액은 지속적으로 성장하고 있으며, 모바일 쇼핑의 경우에 있어서는 2016년 인터넷 쇼핑의 거래액보다 높아지며 전자상거래 거래액 전체 규모의 성장을 견인하고 있다.

▶ 주요 판매매체별 전자상거래 거래액		2013	2014	2015	2016	(백만원, %) 2017
판매매체별		2013	2014	2015	2016	2017
합계		38,497,861	45,302,487	54,055,617	65,617,046	79,954,478
인터넷쇼핑	거래액	31,938,228	30,432,684	29,198,635	30,072,455	31,045,758
	%	83.0%	67.2%	54.0%	45.8%	38.8%
모바일쇼핑	거래액	6,559,633	14,869,803	24,856,980	35,544,592	48,908,721
	%	17.0%	32.8%	46.0%	54.2%	61.2%

(출처: 통계청, http://kostat.go.kr)

- 온라인 해외 직접 판매액은 계속 증가하고 있으며, 2017년 기준으로 중국의 비중이 78.3%로 가장 높다.
  - 미국 판매액은 소폭 증가하고 있으나 전체 규모 대비 비중은 줄어들고 있음
  - 중국은 지속적으로 판매액 규모가 증가하고 있으나 비중 측면은 2017년 이후 보합세
  - 일본 판매액의 규모는 지속적으로 소폭 증가하고 있으나 전체 규모대비 비중은 줄고 있음

▶ 주요 국가별 온라인 해외 직접 판매액					(백만원, %)
		판매액			
		2014	2015	2016	2017
전체규모		679,128	1,259,874	2,293,380	2,951,012
미국	판매액	96,363	132,638	154,721	181,240
	%	14.2%	10.5%	6.7%	6.1%
중국	판매액	318,752	861,730	1,791,297	2,311,625
	%	46.9%	68.4%	78.1%	78.3%
일본	판매액	90,187	85,917	121,341	138,174
	%	13.3%	6.8%	5.3%	4.7%

• 2015년 온라인 해외 직접 구매액(수입액) 역시 판매액과 같이 지속적으로 증가하였다.
  – 미국 해외 직접 구매액 규모 보합세이나, 전체 규모 대비 비중은 감소
  – 중국 해외 직접 구매액은 지속적으로 증가하고 있으며 2015년 이후 비중도 증가 추세
  – 일본 해외 직접 구매액은 구매액과 전체 대비 비중이 지속적으로 증가 추세

▶ 주요 국가별 온라인 해외 직접 구매액					(백만원, %)
		구매액			
		2014	2015	2016	2017
전체규모		1,647,132	1,701,384	1,907,882	2,243,583
미국	구매액	1,197,932	1,228,362	1,222,462	1,286,903
	%	72.7%	72.2%	64.1%	57.4%
중국	구매액	225,781	120,075	174,162	258,061
	%	13.7%	7.1%	9.1%	11.5%
일본	구매액	46,144	72,792	104,196	167,884
	%	2.8%	4.3%	5.5%	7.5%

• 전자상거래를 이용하는 온라인 소비자의 유형은 간편추구형, 서퍼, 흥정형, 관계추구형, 틀에 박힌형, 스포츠추구형이 있다.

▶ 온라인 소비자 유형

간편추구형 (Simplifier)	• 온라인 거래의 50% 이상을 차지 • 온라인 웹사이트 접근의 용이성, 거래시 이동 과정의 편리성 및 제품 정보의 손쉬운 접근, 신뢰적인 소비자 서비스를 중시함 • 웹사이트의 메시지에 매우 긍정적으로 반응하는 성향이 강함 • 충동구매를 유도하는 허락받지 않은 전자 매체들이 제시하는 콘텐츠에 매우 부정적 반응을 보임

서퍼 (Surfers)	• 전체 이용자의 8%에 불과하나, 온라인 총 사용 시간량의 32%를 차지함 • 평균적인 이용자보다 4배 이상의 페이지뷰를 기록 • 쇼핑, 정보, 오락, 검색 등 다양한 목적으로 장시간 인터넷을 이용 • 새로운 온라인 경험을 추구하며, 사이트간의 이동이 빠름 • 서퍼들은 우수한 브랜드와 디자인, 볼거리 등을 제공하고, 지속적인 업데이트, 다양한 제품과 서비스들을 선호함
흥정형 (Bargainers)	• 활동적인 전체 온라인 이용자의 8%에 불과하며, 평균 이용자들 보다 적은 시간을 이용 • 흥정형은 주로 물건을 싸게 구입하는데 관심이 높음 • 흥정형의 64%는 온라인에서 주로 책, CD, 소프트웨어 등을 구매(표준 제품군)
관계추구형 (Connectors)	• 관계추구형 소비자의 약 40%는 이용한지 채 2년이 되지 않았음 • 제품을 구매한 경험이 있는 사람은 42%에 불과함 • 초보자가 많이 속하는 형태이며, 채팅서비스나 무료 전자축하카드 전송 서비스를 제공하는 웹사이트를 주로 이용함 • 마케터는 관계추구형 집단을 간편추구형과 같은 유형으로 발전시킬 수 있는 전략이 필요함
틀에박힌형 (Routiners)	• 전체 온라인 이용 시간의 약 80%를 10개 정도의 선호하는 사이트에서 이루어짐 • 주로 뉴스와 금융정보를 위해 인터넷을 사용 • 무료 콘텐츠를 이용하는 소비자를 수익성 비즈니스 모델 그룹으로 전환하기 위한 전략이 필요함
스포츠선호형 (Sportsters)	• '틀에박힌형'처럼 행동하지만, 스포츠와 오락 사이트에 끌림 • 콘텐츠를 오락의 일부분으로 간주하며, 새롭고, 인상적이고, 상호작용적인 웹사이트를 선호함 • 무료 콘텐츠를 이용하는 소비자를 수익성 비즈니스 모델 그룹으로 전환하기 위한 전략이 필요함

• 전자상거래는 EFT, EDI, CALS, EC 범위로 확장되고 있다.

▶ 전자상거래 범위

EFT (Electronic Funds Transfer, 전자자금이체)	• 지급인과 수취인 사이에 자금을 지급할 목적으로 금융회사 또는 전자 금융 업자에 개설된 계좌에서 다른 계좌로 전자적 장치에 의하여 자금을 이체하는 것을 말한다.
EDI (Electronic Data Interchange, 전자문서교환)	• 조직 간에 표준양식을 사용하여 컴퓨터 간에 문서를 교환하는 것이다.
CALS (Commerce At Light Speed, 광속상거래)	• 제품의 설계, 개발, 생산에서 유통, 폐기에 이르기까지의 모든 과정과 관련된 자료를 교환 및 공유함으로써 생산성을 향상시키는 것이다.
EC (Electronic Commerce, 전자상거래)	• 인터넷과 웹을 기반으로 표준, 비표준 서식을 교환하고 공유할 수 있는 포괄적인 전자상거래 개념이다.

• 전자상거래를 전통적인 사업수행방식을 개선하고 진화 하는데 적용함으로써 전사적자원관리
(ERP), 공급망관리(SCM), 고객관계관리(CRM)와 같은 비즈니스 프로세스 기술이 개발되었다.

▶ 전자상거래 비즈니스 프로세스 기술

ERP (Enterprise Resource Planning)	• 기업 내의 생산, 물류, 재무, 회계, 영업 및 구매, 재고 등 경영활동의 전 부문에 걸쳐있는 경영자원을 최적화된 방법으로 통합하는 통합정보 시스템이다. • 기업 경영에 필요한 모든 자원과 정보를 서로 공유하고 새로운 정보 생성을 통해 빠른 의사결정을 도와주는 전사적관리시스템이다.

SCM (Supply Chain Management)	• 공급망 참여 업체가 상호 협력하여 제품의 최초 생산단계부터 최종 소비자에게 판매될 때까지 모든 과정을 연결하여 관리하는 시스템이다. 이를 통해 정보의 공유와 업무 프로세스의 유통 과정 전체의 효율성을 극대화 하는 경영 활동이다.
CRM (Customer Relationship Management)	• 기업이 현재의 고객과 잠재고객에 대한 정보와 자료를 수집하고, 고객 데이터의 세분화를 통해 신규고객 획득, 충성고객 유지, 잠재고객 유입 등을 통해서 효과적인 마케팅을 실시하는 경영 기법이다.

• 최근 전자상거래의 적용 기술이 다양해지고 응용 범위도 확대됨에 따라서 모바일 기기를 이용한 모바일 비즈니스(M-business), 스마트 비즈니스 등으로 확대 발전되고 있다.

▶ 전자상거래 발전 과정

초기 ~
2000년
	• EDI, E-메일 등 전자 메세징 기술이 출현하고 확산됨
	• 전자상거래의 많은 중요한 개념들이 개발되었음
	  - 탈중계화: 생산자와 소비자 간의 중간거래자였던 도매상이 시장에서 사라짐
	  - 마찰 없는 상거래: 정보가 균등하게 분배되고, 거래비용이 감소함에 따라 가격은 동적으로 실제 물가를 반영하여 중간 거래자가 줄어들게 되면 불공평한 경쟁이 사라지게 될 것이라는 전자상거래의 비전
	  - 네트워크 효과: 모든 참여자가 다른 사람들이 같은 툴과 제품을 사용하고 있다는 사실로부터 가치를 얻는 곳에서 발생하는 효과
	• 인터넷상에서 단순한 제품인 소매품을 판매하였음
	• 2000년도 닷컴 붕괴로 주식시장 가치가 폭락함
	• 낮은 복잡성의 소매품이 주요 상품이 됨

2001년 ~ 2006년	• 전자상거래의 장기적인 장밋빛 전망에 회의를 품고 재평가하고 각성하는 시기 • 기술에 의해 발전한 전자상거래 시장에서 비즈니스 니즈가 이끄는 전자상거래 시장으로 바뀜 • 기존의 소매품만 아니라 여행 및 금융서비스와 같은 복잡한 서비스를 다루게 되었음 • 웹사이트의 E-메일, 디스플레이, 검색엔진 홍보 등을 이용하여 전자상거래는 성장하게 됨 • 높은 복잡성 소매품 및 서비스가 주요 상품이 됨
2007년 이후	• 아이폰의 출현과 함께 오늘날까지 지속되는 전자상거래는 모바일 기기가 광범위하게 사용되고, 온라인 소셜네트워크의 빠른 성장, 지역상품과 서비스를 포함하는 전자상거래의 확장에 의해 성장함 • 스마트폰 이용의 증가와 다양한 유형의 서비스 증가로 SNS 이용자 수가 증가하고 있음 • 4세대 모바일 기술(4G)로 인해 모바일 상거래 시장에서 게임, 영화, 드라마, 뮤직비디오 등을 포함하는 동영상 콘텐츠, 전자책 등의 디지털 콘텐츠가 주목받고 있음 • O2O(Online to Offline)[29]와 같은 전자상거래 트렌드가 등장함 • 빅데이터와 IoT에 의해 새로운 온라인 트렌드가 등장함 • 모바일 상거래에서 ICT와 금융이 융합된 서비스인 핀테크 트렌드가 확산됨 • 이 시기는 소매품, 서비스, 콘텐츠를 포함한 더욱 다양한 제품이 상품이 됨

• 빅데이터와 IoT를 이용한 전자상거래의 이점
  - 데이터 분석을 통해 고객에 대한 분석을 효과적 · 효율적으로 할 수 있다.
  - 맞춤형 서비스를 고도화 할 수 있다.
  - 새로운 고객니즈를 발견할 수 있다.
  - 전자상거래 시장이 다변화될 수 있다.

(3) 전자상거래의 장점과 단점

전자상거래의 장점

- 전자상거래는 인터넷의 급속한 발달로 인해 누구나 쉽게 이용할 수 있게 되었고, 장소와 시간에 관계없이 사용이 가능하다.
- 전통적인 상거래에 비해 유통 과정을 혁신적으로 줄이고, 업무 효율성을 증가시킴으로써 소비자에게 저렴한 가격에 물건을 제공할 수 있게 되었다.
- 고객의 수요와 욕구를 신속하게 파악함으로써 기업의 경쟁력을 증진시킬 수 있다.

▶ 전자상거래 도입의 장점

소비자 측면	공급자 측면
• 상품 구매시 시간과 공간의 제약을 받지 않는다. • 상품에 대한 가격 정보뿐만 아니라 타인이 작성한 상품에 대한 정보들을 쉽게 확보할 수 있다. • 다양한 기업 정보를 비교해 봄으로써 소비자는 보다 합리적인 가격으로 상품을 구매할 수 있다.	• 가상공간을 이용하여 거래가 이루어지기 때문에 전시 공간에 따른 비용을 절감할 수 있으며, 시간 및 공간의 제약이 크지 않아서 상대적으로 원가를 낮출 수 있다. • 영업시간의 제약 없이 24시간 거래가 가능하다. • 자동화 시스템을 통해 시간과 비용을 줄일 수 있으며, 유통단계를 생략함으로써 가격경쟁력을 확보할 수 있다. • 고객과의 대화를 통해 고객 정보를 획득 및 고객 구매 행태의 자동분석이 가능해 진다.

전자상거래의 단점

▶ 전자상거래 도입의 단점

소비자 측면	공급자 측면
• 정보 소스의 신뢰도에 따라 정보탐색에는 한계가 존재할 수 있다. • 거래 및 결제 시 개인정보의 유출 위험이 있다. • 전자상거래 사기의 위험이 있다. • 온라인상의 물건과 실제 구매한 물건 혹은 서비스가 차이가 있을 수 있다.	• 다른 산업에 비해 진입장벽이 낮아 치열한 경쟁이 있다. • 상품 규격, 표준화, 물류 및 배달 시스템 등의 의존성이 다른 사업에 비해 크기 때문에 효율적 시스템 구축이 요구된다. • 최근 해킹 등으로 인해 보안/결제 시스템 구축에 따른 추가 비용이 발생할 수 있다.

(4) 전통적 상거래와 전자상거래의 비교

▶ 전통적 상거래 방식과 전자상거래 방식 비교

구분	전통적 상거래 방식	전자상거래 방식
유통 채널	'기업 → 도매상 → 소매상 → 소비자'와 같은 긴 유통채널이 연결되는 과정으로, 장시간이 소요되고 고비용 발생	'기업 → 소비자'와 같이 짧은 유통채널은 빠른 대응과 저비용 소요
거래 지역	제품(서비스)이 제공되는 접근가능한 지역	인터넷이 되는 모든 장소
거래 시간	제한된 영업시간	24시간

판매 방법	전시에 의한 오프라인 공간에서 판매	통신망에 의한 가상공간에서 판매
창업 자본	토지, 건물 등의 구입에 거액의 자금 필요	서버, 홈페이지 구축 등 최소의 비용 소요
고객 수요 파악 및 대응	영업사원이 직접 해야 함으로 고객의 니즈포착이 어렵고 대응이 지연	고객의 욕구를 신속히 포착가능하며, 즉시 대응이 가능
마케팅 활동	일방적인 마케팅, 대중 마케팅	쌍방향 마케팅, 1:1 마케팅

④ 전자상거래 사업의 유형과 특성

(1) 경제거래 주체에 따른 유형

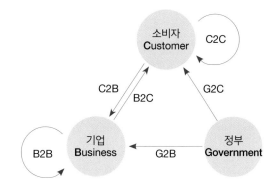

B2B(Business to Business, 기업과 기업)

- 원료 공급자와 수요자인 기업 간의 거래 및 기업과 금융기관 간의 자금 결제 등을 포함한 다양한 전자상거래를 말한다.
- B2B 모델의 예로는 E-유통업자(E-distributor), 전자조달(E-Procurement), 가상 시장(Virtual Marketplace) 등이 있다.
  - **E-유통업자**: 개별적인 기업들에게 제품과 서비스를 공급하는 회사로, 특정 부품이나 제품을 찾기 위해 다른 전자시장을 찾기보다는 원스탑 쇼핑이 가능하게 서비스를 제공한다.
  - **전자조달**: 디지털 전자시장 생성과 접근을 판매하는 기업으로 인터넷을 이용해 입찰공고와 협상을 통해 제품이나 서비스를 구매하는 모델이다.
  - **가상시장**: E-마켓플레이스라고도 불리기도 하는데, 인터넷상에서 다수의 공급자와 수요자들이 대면하고 거래에 관련된 활동을 수행하는 인터넷 기반의 가상 시장을 의미한다. 수직적 마켓플레이스는 특정 기업이 자신들의 산업에 관련이 있는 제품과 서비스를 공급하고, 수평적 마켓플레이스는 다른 산업에 속한 기업들에게 특정한 유형의 제품과 서비스를 공급한다.
- 장점
  - 구매 시간, 구매 비용, 판매 및 마케팅 비용, 재고 등의 감소
  - 투명한 거래 및 정확한 서류 처리
  - 새로운 시장과 사업 기회의 창출이 용이

B2C(Business to Customer, 기업과 소비자)

- 기업이 인터넷 쇼핑몰 등을 통해 최종 소비자에게 전자적으로 상품과 서비스를 판매하는 유형을 말한다.
- 주로 가전제품, 의류, 생활용품 등이 거래되고 있으나, 최근에는 음악, 동영상, 게임 등으로 거래물품 영역이 확대되고 있다.
- 국내에서 분쟁이 가장 많이 발생하는 유형이다.
- B2C 모델의 예로는 E-소매점, 커뮤니티 제공자, 콘텐츠 제공자, 포털, 거래 중개자, 시장개설자 등이 해당된다.
  - **E-소매점**: 온라인 소매점으로 가상상점, 카탈로그 상점 등 고객들이 자신의 공간에 방문하지 않아도 언제든지 구매할 수 있는 소매상점의 온라인 버전(수익모델: 제품판매)
  - **커뮤니티 제공자**: 특별한 흥미, 취미, 공통의 경험을 갖고 있는 개인들이 온라인에서 만나 소통할 수 있는 사이트(수익모델: 광고, 구독료, 제휴 소개 수수료)
  - **콘텐츠 제공자**: 신문, 스포츠 사이트, 고객들에게 최신의 뉴스와 본인의 관심사 정보들을 제공하는 사이트(수익모델: 광고, 구독료, 제휴 소개 수수료)
  - **포털**: 검색서비스, 콘텐츠 탐색, 소셜네트워크 서비스, 채팅, 음악 다운로드 등의 종합적 정보를 검색하고 제공하는 사이트(수익모델: 광고, 구독료, 제휴 소개 수수료)
  - **거래중개자**: 온라인 판매 거래를 처리하는 사업자이며, 거래를 빠르고 저렴하게 도움으로써 고객에게 편의성을 제공하는 사이트(수익모델: 거래수수료)
  - **시장개설자**: 인터넷 기술을 이용하여 판매자와 구매자가 함께 만날 수 있는 시장을 제공하는 사이트로 대표적으로 아마존, 이베이 등이 있음(수익모델: 거래수수료)

G2B(Government to Business, 정부와 기업)

- 우리나라의 조달청과 같은 정부기관과 기업 간의 상거래를 의미하며, 공공 물자 조달 등을 인터넷을 통해서 거래하는 형태이다.
- 조달청에서는 조달물자의 입찰 및 계약 정보를 나라장터(www.g2b.go.kr)와 같은 사이트를 통해 공시하고 있으며, 전자입찰 시스템, 국세청에서 운영하는 세금 납부 시스템이 전자상거래에 해당된다.

G2C(Government to Customer, 정부와 소비자)

- 정부와 국민 사이에서 일어날 수 있는 다양한 전자상거래를 말한다.
- 국민은 국가 행정기관 방문을 하지 않고 온라인상에 개설된 사이트를 접속하여 용건을 처리한다.
- 필요한 민원을 안내받고, 신청하고, 발급·열람할 수 있는 민원24(www.minwon.go.kr) 사이트와 국세청에서 운영하는 세금 납부 시스템 등이 여기에 해당한다.

C2B(Customer to Business, 소비자와 기업)

- C2B는 소비자 파워를 가진 소비자가 거래의 주체가 되어서 기업에게 판매조건을 제시하는 전자상거래를 말한다.
- 예를 들어 동호회나 포털 사이트를 통해 필요한 물건을 공동구매하는 형태로 진행된다. 즉 파

워 있는 소비자가 기업에게 가격이나 수량, 부대 서비스 등에 관한 조건을 제시하고 조건을 충족하는 경우 거래가 이루어진다.

C2C(Customer to Customer, 소비자와 소비자)

- 경매와 같이 서버를 통해 상품, 서비스, 정보 등을 가상공간에서 소비자와 소비자 사이에서 일어날 수 있는 다양한 전자상거래를 말한다.
- C2C에 참여하는 개인은 소비자이기도 하면서 공급자이다.

> ### ▷ 경매(옥션)
>
> - 옥션은 제품이나 서비스를 구매하거나 팔고자 하는 참여자들 간의 경쟁을 통해 가격이 변화하는 다이내믹 가격책정[30] 시장이다.
>
>   ▶ **C2C, B2C 거래유형**
>   - C2C 옥션: 옥션 공간이 시장을 생성하는 중개자 역할을 하고 소비자가 가격과 거래를 찾아 낼 수 있는 공간을 제공한다.
>   - B2C 옥션: 옥션 공간이 다양한 다이내믹 가격책정 모델을 사용하여 자체제품을 팔거나 제어한다.
>
>   ▶ **옥션의 경제적 혜택**
>   - 유동성: 판매자는 적절한 구매자를 찾을 수 있고, 구매자는 적절한 판매자를 찾을 수 있다.
>   - 가격: 구매자와 판매자는 수요와 공급에 의해서 가격을 결정할 수 있다.
>   - 가격의 투명성: 인터넷 옥션은 투명하게 가격을 공개한다.
>   - 시장 효율성: 옥션은 가격을 낮추고, 상인의 수익을 낮출 수는 있지만 소비자의 이익을 증대시킨다.
>   - 낮은 거래비용: 온라인 옥션은 제품을 사고파는 비용을 낮출 수 있다.
>   - 소비자 통합: 온라인 옥션시장은 많은 소비자들이 모여 있어, 옥션의 판매자는 규모의 혜택을 기대할 수 있다.
>   - 네트워크 효과: 규모가 큰 옥션 사이트일수록 유동성, 저렴한 거래비용, 높은 효율성, 투명한 가격 등의 장점을 더 기대할 수 있다.
>
>   ▶ **옥션의 위험**
>   - 지연된 소비 비용: 거래가 성사되지 않을 때에도 인터넷 옥션을 계속해서 사용해야 한다.
>   - 모니터링 비용: 옥션 참여자는 입찰을 모니터하는 시간이 필요하다.
>   - 설비 비용: 온라인 옥션에 참여하기 위해서는 컴퓨터 설비를 갖추어야 하고, 인터넷 접속료, 운영시스템에 대한 학습이 필요하다.
>   - 신뢰도 위험: 인터넷 사기에 대해서 항상 대비해야 한다.
>   - 이행 비용: 실물로 이동되는 물건인 경우 이행비용(포장, 운성 보험 등)이 보증되어야 한다.
>
>   ▶ 옥션을 선택할 때 고려해야 하는 요인: 제품형태, 제품수명주기, 채널관리이슈, 옥션형태, 초기가격, 입찰가 증가분, 옥션기간, 제품수, 가격책정원칙, 정보공유

B2B2C(Business to Business to Customer, 기업과 기업과 소비자)

- 기업과 기업과의 거래, 기업과 소비자와의 거래를 결합시킨 형태의 전자상거래이다.
- 기업들을 모집하여 소비자와 만나게 해 주고, 소비자에게는 각종 서비스를 제공해 주고 비용을 받는 형태이다.

- B2B2C는 마케팅 비용 대비 수익률이 낮은 B2C에 비해 수익률이 높으며, 자금투자 회수기간이 긴 B2B에 비하여 훨씬 빠른 기간내 수익률을 올릴 수 있다.
- 다른 기업에게 기술관련 소프트웨어 노하우를 제공하고 그 대가로 라이센스나 개발수수료 · 유지보수비 · 서비스 비용을 받는다.

B2B2E(Business to Business to Employee, 기업과 기업과 종업원)

- 기업간 거래와 기업과 종업원간 거래를 결합한 형태의 전자상거래이다.
- 종업원들이 필요한 제품들을 생산하는 기업들을 모아서 수수료를 받고 입점 시킨 뒤 종업원들을 대상으로 필요한 제품이나 서비스를 제공하는 형태이다.

(2) 전자상거래 유형

T-커머스

- TV를 통해서 은행과 주식의 금융업무, 오락, 쇼핑교육 등 일상의 많은 문제를 해결 할 수 있는 IPTV, 스마트 TV가 있다.
- TV를 시청하다가 원하는 제품을 리모컨을 사용해 구매할 수 있는 서비스다. 셋톱박스에 연결된 단말기로 카드를 결제해 바로 구매가 가능하도록 한 전자상거래 시장의 한 형태로 홈쇼핑과 인터넷 쇼핑의 중간적 성격이라 할 수 있다. 홈쇼핑이 미리 정해진 상품을 방송하고, 그 상품정보를 일방적으로 전달하고 판매하는 것에 반해 T-커머스는 소비자가 관심 있는 상품을 찾아서 쇼핑할 수 있다는 점에서 차이가 있다.

인터넷 쇼핑몰

- 인터넷 쇼핑몰은 오프라인 공간인 물리적 점포에서 이루어지던 제품판매를 가상의 공간으로 옮겨놓은 형태로, 인터넷몰, 가상몰, 사이버몰과 같은 명칭들로 불리고 있다.
- 인터넷 쇼핑몰은 오프라인 쇼핑몰에 비해 재고 등에 대한 부담이 적고, 적은 인력으로 운영이 가능하다. 또 저렴한 비용으로 창업이 가능하며 매장에 사람이 없어도 쇼핑몰을 운영할 수 있는 장점이 있다.

인터넷 쇼핑몰의 분류		인터넷 쇼핑몰의 판매 유형	
		간접 판매	직접 판매
쇼핑몰의 제품 유형	다종	종합중개형	종합직판형
	단일	전문중개형	전문직판형

- **직접판매형**: 품질 보증과 배달의 책임이 인터넷 쇼핑몰과 직접 연관이 있는 형태
- **간접판매형**: 제조업자 – 유통업자 – 판매자 – 소비자 사이에서 상호 중개하는 역할
- **단일유형**: 꽃, 책, CD, 소프트웨어와 같은 단일 업종의 제품 또는 통일된 이미지로 그룹화 할 수 있는 경우
- **다중유형**: 판매되는 제품 업종이 둘 이상, 하나의 이미지로 통일화시킬 수 없는 유형

- 최근 온라인 쇼핑몰은 오프라인 쇼핑몰에 비해 진입장벽이 낮고, 기존의 매장이 있는 경우에 채널 확장이 용이하고, 본업과 병행해서 수익을 낼 수 있기 때문에 쇼핑몰 창업은 지속적으로 증가하고 있다.

- 온라인 쇼핑몰에 적합한 판매아이템을 선정할 때 고려할 요인
  - 자신의 강점을 살릴 수 있는 아이템 선정
  - 이전 직업, 즉 전직 경험에 맞는 쇼핑몰 추천
  - 쇼핑몰 창업자가 관심이 있는 제품
  - 재구매시기
  - 안정적인 공급업체, 반품 가능성
  - 가격 경쟁, 유통기한, 허가절차 등
  - 아이템의 시장성 분석

- 온라인 쇼핑몰 운영 전략
  - **상품정보 관리**: 품질 좋은 상품 공급을 위해 공급 및 배송업체 관리, 변화되는 상품정보를 쉽게 업데이트 할 수 있는 시스템기능과 지속적인 상품정보의 입력 및 수정
  - **주문 및 판매 관리**: 상품 주문 내역의 분석과 판매 및 재고 분석을 통해 미래를 예측하여 판매활동을 계획할 수 있도록 함
  - **결제 및 배송 관리**: 신용카드 인증 서비스 등 결제업무 운영관리와 배송추적 등 배송서비스 관련 운영
  - **회원관리**: 회원정보 관리와 CRM과 연계한 고객관리를 시행
  - **마케팅**: 홈페이지가 알려질 수 있도록 광고를 시행

모바일 상거래

- M-커머스로 불리기도 하는데 스마트폰이나 휴대 단말기를 이용하여 지불처리가 가능한 모바일 전자상거래를 의미한다. 모바일 상거래의 가장 장점은 이동성, 휴대성이다.

- 모바일 환경은 웹 2.0 환경에서 쉬운 웹환경을 통해 참여와 공개, 공유의 확산을 목표로 개발된 모바일로 실시간 정보의 공유, 유통을 가능하게 한다.

- Wibro(Wireless Broadband Internet)와 HSDPA(High Speed Downlink Pack Access)를 이용한 초고속 무선망을 활용한다.

- 기존 HTML(HyperText Markup Language)과 WML(Wireless Markup Language) 중심이 아닌 XML(eXtensible Markup Language)과 XHTML(eTensible Hypertext Markup Language) 기반의 콘텐츠 처리와 웹표준을 따른다.

- Ajax(Asynchronous JavaScript And XML)과 같은 기술을 UI(User Interface)와 HCI(Human Computer Interface)에 적용하여 사용자에게 더 쉬운 환경을 제공한다.

- 오픈 API를 비롯한 개방형 서비스와 개방형 비즈니스의 확산을 표방한다.

- 애플의 iOS나 구글사의 안드로이드와 같은 모바일 플랫폼을 이용한 모바일 상거래는 쇼핑, 주식거래, 조달, 모바일 뱅킹, 요금청구, E-cash, 티켓예매, 게임, 광고 등에서 적극적으로 활용된다.
  - 모바일 플랫폼은 스마트폰 및 태블릿 PC 운영 체제기반으로 개발자 툴과 앱을 배포하고, 결제시스템을 포함하고 있다. 개발 툴과 앱의 배포 채널도 플랫폼 사업자에 의해 운영된다는 점이 기존 PC 환경과의 가장 큰 차이점이다.

소셜커머스

- 소셜커머스는 소셜상거래라고도 불리는데, 소셜네트워크와 온라인 소셜네트워크를 통해 형성된 전자상거래이다. 온라인상에서 재화와 서비스를 사고파는 행위에 있어서 소셜미디어 및 온라인 미디어를 연계하여 소비자 인맥을 활용하는 형태의 E-커머스로 정의할 수 있다.
- 소셜커머스의 목적은 판매자와 소비자 사이의 지속적인 상호작용을 이루면서 소비자가 판매자의 일부 역할을 대신하며 구매자는 할인혜택을, 판매자는 대량판매와 홍보효과를 동시에 누릴 수 있다.

▶ 커머스 2.0과 소셜커머스 패러다임의 비교

	커머스 2.0	소셜커머스
핵심 개념	커머스 플랫폼의 개방과 공유	커머스 플랫폼과 SNS결합
변화동인	Mash-up[31], Open API[32]	SNS, Mobile, AR[33], LBS[34]
합리성의 기준	집단지성(Collective Intelligence)	Social Web, 통합된 온/오프라인
화폐	금전(Web 2.0)	금전, 입소문 기반의 추천
주체	사업자	소비자

(출처: 한국정보화진흥원, 2010)

- 소셜커머스가 서비스 되는 형태는 6가지로 분류될 수 있다. 국내에서는 반값할인, 공동구매와 같은 방식이 주로 이루어지고 있다.

▶ 소셜커머스의 유형

플래쉬 세일 (Flash Sale)	• 온라인상에서 제한된 시간 동안 혹은 프라이빗 쇼핑의 형태로 회원가입을 한 이용자에게만 상품을 판매하는 방식이다. • 패션디자이너 브랜드 및 스포츠 장비, 자동차, 여행상품에 이르기까지 최대 70% 할인율을 제공한다. • 충성도 높은 회원 간 입소문을 통해 회원의 혜택이 커지는 방식(Drive member-get member referrals)을 취하고 있다.
그룹 바이 (Group-Buy)	• 제한된 시간 동안 정해진 인원이 모여 그룹이 형성되면 특정 상품을 할인된 쿠폰으로 판매하는 방식이다. • 지역 거점을 중심으로 판매상품을 구성하고 있다는 것이다. 예를 들어 지역사업자의 판매상품을 온라인에서 대행해서 판매해주는 형식을 취하면서 지역사업자에게는 상품의 할인폭 및 대행수수료를 마케팅 비용으로 인식하게 만들었고, 소비자는 50%나 파격적인 할인된 가격으로 상품 구입이 가능하게 하였다.
소셜 쇼핑 (Social Shopping)	• 이용자들이 온라인상에서 찾아낸 좋은 판매 사이트, 혹은 상품을 서로 공유하게 하는 형태로, 사이트에서 공유된 콘텐츠는 블로그, 트위터, 페이스북으로 실시간 공유할 수 있다.
소셜 쇼핑 앱스 (Social Shopping Apps)	• 상거래의 범위를 온라인에서 오프라인까지 확장시켰다. • 특정 앱을 다운받은 일반 소비자가 오프라인상의 상점을 방문할 때마다 포인트가 쌓이고, 온라인 상점에서의 거래, 가입 등의 활동으로 포인트를 추가적으로 적립할 수 있다. • 수집된 소비자들의 단골상점 정보라든지 이용패턴, 취향 등의 정보를 이용해 사업자들은 맞춤화된 마케팅을 할 수 있다. • 최근에는 LBS 기반 쇼핑앱이 크게 주목받고 있다.

퍼체이스 쉐어링 (Purchase-Sharing)	• 소비자가 자신의 상품구매 정보를 공유하게 함으로써 사업자에게는 마케팅의 수단을 제공하고, 구매 소비자에게는 금전적 보상을 해주는 방식을 취한다. • 마케팅 프로세스는 사업자가 구매한 소비자에게 포인트를 지급함으로써 단골고객 유치를 가능하게 하고, 더 나아가 포인트를 얻은 소비자가 친구나 가족들에게 입소문을 내는 마케팅 효과를 기대하는 방식이다.
퍼스널 쇼퍼 (Personal Shopper)	• 소셜네트워크를 통해 다른 사람의 객관적인 조언을 얻을 수 있는 유형이다. 이용자가 많아지고 그에 따라 참여하는 사업자도 많아지게 되면, 참여한 이용자에게 포인트를 제공하고, 사업자는 구전효과를 얻고, 사이트 운영자는 광고수입을 얻는 비즈니스 모델을 기대하는 방식이다.

(출처: 소셜커머스&온라인 쇼핑몰 성공전략 컨퍼런스, 2011)

(3) 거래대상에 따른 유형

▶ 거래대상에 따른 전자상거래 특성

물리적 상품(Physical Goods) 거래	디지털 상품(Digital Goods) 거래
• 직접 만질 수 있는 물리적인 상품을 다룬다. • 경험재(Experience Good)로서의 특징을 가지고 있다. • 변형 및 재생산이 어렵다. • 배송에 소요되는 비용이 크다. • 초기 생산에 드는 고정 비용은 낮지만, 반복 생산에 드는 한계 비용이 높다. • 유통과정이 복잡하지만, 불법복제의 가능성이 낮다.	• 실체가 없는 디지털 상품을 다룬다. • 탐색재(Search Good)로서의 특징을 가지고 있다. • 변형 및 재생산이 용이하다. • 배송에 소요되는 비용이 매우 작다. • 초기 생산에 드는 고정 비용이 높지만, 반복 생산에 드는 한계 비용이 매우 낮다. • 유통과정이 단순하지만, 불법복제의 가능성이 높다.

5 전자상거래 사업의 구성 요소

(1) 전자상거래 사업 구성

• 전자상거래를 이루는 주요 구성 요소는 자원적 요소, 기술적 요소, 사업적 요소, 사회적 요소가 있다.

▶ 전자상거래 주요 구성 요소

자원적 요소	• 인적 자원: 온라인 고객, 전문인력, 커뮤니티 • 물적 자원: 유형·무형의 상품, 커머스 시스템, 디지털 콘텐츠, 전자결제시스템, 물류시스템
기술적 요소	• 정보화 기반시설(인프라): 컴퓨터와 통신망을 통해 전자적으로 연결될 수 있는 기반시설 (인터넷망, PC통신망, 일반전화망, 케이블TV망, 무선통신망, 사설LAN, Intranet, Extranet) 등을 포함한 기술 • 전자상거래를 위한 기능적 기술 ① 필수적 기술: EDI, 전자우편, 통합메시징(UMS) 등 ② 일반적 기술: 전자자금이체, 디렉토리 서비스, 전자 카탈로그 등 ③ 선택적 기술: 파일전송, 전자게시판, 보안방화벽 시스템 등

사업적 요소	• 제조업: 전자, 자동차, 철강, 전기/기계, 제약, 중공겁 건설 • 금융분야: 전자화폐, 인터넷뱅킹, 인터넷 증권, 핀테크, 인터넷 보험, 증권 • 물류/유통분야: 수송, 보관, 포장, 하역, 물류 정보 시스템, GPS
사회적 요소	• 법적 이슈: 지적재산권, 개인사생활 침해, 소비자 보호법 등 • 정책적 이슈

6 최근 전자상거래 관련 주요 키워드

(1) 온라이프(Onlife)

- 온라인과 일상적인 삶의 차이가 점점 줄어들어 마침내 두 영역의 구분이 사라지는 삶을 온라이프라 정의하고 있다. 온라이프의 패러다임은 다음과 같다.
  - 일상생활에서 온라인과 오프라인의 경계선이 무너져 하나로 통합되고 있다.
  - 일상생활에서 진짜 현실, 가상현실, 증강현실이 모호해 지고 있으며, 이를 구분해 내기 어려워지고 있다.
  - 자연적인 것과 인공적인 것들도 구분하기 어려워지고 있다.
  - 시간과 공간의 구분도 어려워 질 수 있다. 홀로그램 기술 등을 이용하여 현재 있는 기술이 아니라 다른 장소에 있는 곳에 우리가 존재하도록 할 수도 있다.

(2) 공유 경제(Sharing Economy)

- 공유 경제는 소유의 개념이 아닌 서로 대여해 주고 차용해 쓰는 개념으로 인식하여 경제활동을 하는 것을 가리키는 표현이다. 현재는 '물건이나 공간, 서비스를 빌리고 나눠 쓰는 인터넷과 스마트폰 기반의 사회적 경제 모델'이라는 뜻으로 많이 쓰인다.
- 온라인 시장과 플랫폼, 네트워크는 공유 경제의 핵심 비즈니스 모델이다.
- 호주 노동당의 6가지 공유 경제의 조건은 다음과 같다.
  - 공유하려는 주된 자산은 본인의 소유여야 한다.
  - 새로운 서비스는 좋은 급료와 노동 환경을 제공해야 한다.
  - 모든 이들은 공정한 세금을 지불해야 한다.
  - 공공의 안전을 위해 적절한 보호조치가 필요하다.
  - 모두에게 접근권이 열려있어야 한다.
  - 규칙에 따라 운영되어야 한다.

전통적 경제	공유 경제
구매	공유
소비자	프로슈머
인터넷	사물인터넷
대출	크라우딩 펀딩

소유, 일정한 작업	이용, 유연한 작업
사용 즉시 폐기	재사용
웹사이트	P2P 플랫폼

(3) 플랫폼 경제

- 플랫폼 경제(Platform Economy)란 디지털 네트워크와 기술을 기반으로 상품 및 서비스의 공급자와 수요자가 거래하는 경제활동을 말한다.
- 향후 플랫폼 경제의 확대로 사회, 정치, 경제 전반에 있어 기술적 확장과 상호호환성 확보에 대한 필요성은 증가하고 있다.

전통적 경제	플랫폼 경제
광고	메타검색엔진[35]
독점	구매자 독점
스토어	옴니채널
Shop/Internet shop	플랫폼

(4) 레드오션과 블루오션

- **레드오션**(Red Ocean): 현재 존재하는 모든 산업영역으로 이미 시장에서 잘 알려진 공간이다. 치열한 경쟁을 통하여 생존하고, 경쟁자를 이기기 위한 경쟁의 논리가 지배하는 시장이다.
- **블루 오션**(Blue Ocean): 고객가치 창출을 목표로 하여 미개척된 새로운 시장공간을 의미한다. 새로운 수요창출을 통하여 기업의 고수익을 보장하는 매력적인 시장공간이다. 가치 혁신을 통하여 차별화와 저비용을 동시에 추구한다.

(출처: 바이난트 용건 저, 온라인쇼핑의 종말, 지식노마드)

웹사이트 콘셉트 도출

1 | 웹사이트 콘셉트의 도출

① 웹사이트 콘셉트 설정

(1) 사이트 콘셉트 요소

- 웹사이트를 통하여 사용자들에게 전달하고자 하는 내용을 말하는 것이 콘셉트다.
- 콘셉트는 복잡한 내용을 명쾌한 결론으로 간단하게 말하는 것으로도 정의할 수 있다.
- 웹사이트의 목표 고객이 어떤 사람들인지, 어떤 콘텐츠를 어떠한 구조로 제공해야 할지에 대해서 결정해야 한다.
- 콘셉트를 전달하기 위해 지원하는 요소는 비즈니스적 요소, 콘텐츠 및 디자인 요소, 시스템적 요소가 필요하다.
  - 비즈니스적 요소: 웹사이트의 목적과 목표
  - 콘텐츠 및 디자인적 요소: 사이트의 구조와 전략, 콘텐츠의 종류, 내비게이션 방식, 그래픽 디자인 이미지
  - 시스템적 요소: 웹사이트 내에 수행되어야 하는 비즈니스를 보장하기 위한 정보 시스템에 대한 요구사항

(2) 사이트 전략 및 목표 수립

- 효과적인 전자상거래 사이트를 구축하기 위해서는 기업의 목표달성에 영향을 미치는 기업의 내부와 외부의 모든 요소를 분석하는 기업 환경 분석이 필요하다.
- 웹사이트의 목표를 명확하게 하고, 누구에게 어떤 서비스를 제공해야 할 것인가에 대한 정의가 필요하다.
- 기업은 외부환경과 내부환경 요인을 분석하는 대표적인 툴인 SWOT 분석을 주로 사용한다.

(3) 마케팅 및 보호 전략

- 전자상거래 사이트는 제품의 가격, 품질, 신뢰 관점으로 고려해야 하며, 사전에 고객에게 제공해야 할 마일리지, 할인/이벤트 계획에 대해서 초기에 고려해야 한다.

(4) 사이트 운영 전략

- 운영단계에서는 운영에 대한 내부규정, 고객지원제도, 개인정보보호정책, 불량회원 처리규정, 반납 및 환불 정책, 배송서비스, 입점 관리 기준 등에 대해서 사전에 고려되어야 한다.

> ▷ 웹사이트 개발하기 전에 사전에 고려해야 할 것
>
> - 비전은 무엇이며 어떻게 달성할 것인가?
> - 개발하고자 하는 웹사이트의 내부/외부 환경요인에 대해서 파악하였는가?
> - 사업모델과 수익모델은 무엇인가?
> - 타겟 고객은 누구이며 어디에 있는가?
> - 시장의 특성은 무엇인가?
> - 콘텐츠는 어디로부터 오는가?
> - 개발일정표, 세부예산표를 사전에 작성하였는가?

❷ 성공적인 웹사이트 콘셉트를 구축하기 위한 조건

(1) 기획개발 관점

- 현재 관점도 중요하지만 미래에 예상되는 시장 규모 및 IT 기술을 고려하여 웹사이트를 개발해야 한다.
- 웹사이트의 주요 기능과 주요 콘셉트를 명확하게 하고, 이 콘셉트에 부합하는 메뉴구조, 이벤트 등의 배치, 각종 마케팅 활동에 필요한 데이터베이스 설계가 중요하다.
- 전자상거래 사이트는 비즈니스, 가격, 프로모션, 고객서비스 전략, 유통 전략들이 어우러져 구현되어야 한다.
- 웹사이트 구현에 사용될 기술에 대한 충분한 이해가 필요하다.
- 웹사이트 개발에 필요한 '기획 → 구현 → 테스트 단계' 등의 전체 과정상에서 프로젝트 구성원들 간에 활발한 커뮤니케이션이 중요하다.

(2) 디자인 관점

- 쉬운 내비게이션: 메뉴 구조나 메뉴명을 통해서 이동할 페이지 내용을 쉽게 예측할 수 있도록 설계하여야 한다.
- 매력성: 웹사이트 방문자에게 매력적인 가치를 제공하여 재방문율을 높일 수 있어야 한다.
- 유용성: 방문자가 웹사이트를 방문하는 목적을 지원할 수 있어야 한다.
- 전문성: 웹사이트의 전문성은 웹사이트 차별화의 핵심요소이다.
- 상호작용성: 웹사이트에서 방문자가 문의를 하거나, 방문자의 클릭 행태를 통한 이용패턴을 파악한 후 웹사이트는 신속하게 답변을 하거나, 이용패턴에 따른 추천 정보를 제공하는 것들이 상호작용성에 해당한다.

• 역동성: 시사성이 있는 콘텐츠의 즉시적 갱신이나 계절별 디자인의 시각적 요소에 대한 업데이트에 해당된다.

(3) 프로모션 관점

• 성공적인 웹사이트를 구축한 후에는 웹사이트를 활성화하기 위해서 지속적인 프로모션을 하면서 고객충성도를 높일 수 있어야 한다.
• 항시적으로 풍부하고 양질의 콘텐츠를 확보하고 신속하게 업데이트 해야 하며, 신규서비스를 지속적으로 개발하고, 능동적이고 빠른 고객지원서비스, 시스템 및 서비스 안정성 유지 등이 웹사이트를 성공적으로 운영하는 핵심요소이다.

▷ 모바일 웹사이트

■ 모바일과의 연동서비스를 위한 사이트 설계시 고려할 사항

1. 기존 웹사이트 및 서비스 대상을 도출하고 모바일로 전환하는 작업이 필요하다.
2. 서비스 제공 목적의 타당성, 범용성, 업무/기술의 적시성, 타서비스와의 연계성을 검토하여 신규서비스를 도출한다.
3. 모바일 서비스는 보편적인 접근성 제고를 위하여 모바일 웹방식으로 제공하도록 노력해야 한다. 모바일 웹방식은 안정성 및 단말기 고유기능의 활용에 제약이 있기 때문에 서비스에 따라서 앱방식으로 개발하는 것이 적합할 수 있다.

■ 모바일 친화적인 웹사이트 구축 방법

• 바로 반응하는 웹사이트	• 한 손으로 조작이 가능하도록 설계
• 디자인을 단순하게 설계	• 요약적인 문구를 활용
• 심볼(아이콘) 활용하기	• 모바일에 최적화된 이미지로 사이트 구현
• 지나친 JAVA를 사용하지 않기	• 다양한 기기, 운영시스템, 플랫폼에서 테스트

---

2 | 웹사이트 콘셉트의 도출 과정

① 웹사이트 콘셉트 도출 과정

(1) 웹사이트 콘셉트 도출 과정

Understanding(환경분석) → Benchmarking(전략적 벤치마킹) → Conceptualizing(콘셉트 도출) → Materializing(사이트 구성 요소별 콘셉트 적용) → Activating(활성화)

• Understanding(환경분석)
– 경쟁자 및 외부 환경에 대한 분석과 해당 기업 제품에 대한 내부 환경 분석, 고객의 니즈에 대한 분석을 시행한 후 웹사이트 설계에서 필요한 주요 이슈를 도출한다.

- Benchmarking(전략적 벤치마킹)
  - 주요 이슈들에 대해서 경쟁자들의 웹사이트들 중 좋은 성과를 거두고 있는 사이트를 선정하여 벤치마킹을 하고 문제점이나 기회요인을 도출한다.
- Conceptualizing(콘셉트 도출)
  - 환경분석과 벤치마킹에서 얻어진 결론들을 기반으로 경쟁사이트와 분명히 차별화되는 웹사이트 목표, 즉 콘셉트를 도출해야 한다.
  - 환경분석과 벤치마킹을 통한 콘셉트 도출 프로세스는 '목표 설정 → 대상 파악 → 현재 자신과의 비교를 통해 가능성 파악 → 최종 웹사이트 구축'이다.
- Materializing(사이트 구성 요소별 콘셉트 적용)
  - 웹사이트상의 콘셉트를 구체화 시키는데 브랜드, 특성, 경험 모델, 시각화 관점으로 수행한다.
- Activating(활성화)
  - 실제 회원을 유입하고, 관리하는 방법이나 상품을 관리하고 홍보하는 방법을 고민하는 단계이다.

3 | 비즈니스 모델의 이해

1 비즈니스 모델의 개요

(1) 비즈니스 모델의 정의

- 비즈니스 모델은 사업 계획을 세울 때 핵심적으로 고려해야 하는 것으로 경쟁적 시장에서 수익을 창출해 낼 수 있도록 계획된 활동, 즉 비즈니스 프로세스 집합을 의미한다.
- 비즈니스 모델에는 고객, 유통채널, 제품, 서비스 및 정보의 흐름에 대한 청사진과 다양한 비즈니스 주체들에 대한 잠재적 효익 정의, 비즈니스 모델의 주체별로 대가와 수익 창출 방법에 대한 내용이 담겨 있어야 한다(폴 티머스 박사, 1998)[36].
- 비즈니스 모델이란 기업이 수익을 내며 생존해 나가기 위한 목적으로 사업을 수행하는 방식을 의미한다(라파 박사, 2006)[37].
- 아이디어 및 기술과 경제적 성과를 연결하는 프레임 워크가 비즈니스 모델이다(헨리 체스브로).
- 비즈니스 모델이란 어떻게 조직이 가치를 창출하고, 전달하고, 획득하는지를 논리적으로 정리한 것이다(알렉산더 오스왈드 & 이브스 피그뉴어).

> ▷ 사업계획서와 비즈니스 모델의 비교
>
> ■ 사업계획서는 사업을 수행하기 위해 '어떤 비즈니스의 목적, 그것을 달성한다고 믿는 근거, 그리고 이를 위한 구체적인 계획'이 포함된 상세한 공식문서로 재무적 예측자료가 많이 담겨 있다.
>   - 목적, 근거, 계획, 마케팅, 재무, 상품 등의 내용이 포함되어야 함

■ 비즈니스 모델은 사업의 목적, 근거, 구체적인 계획은 다루지 않고, 상세한 문서보다는 도식화된 표, 그림으로 구성된 수익 창출을 위한 구체적인 방법 위주로 작성한다.

(출처: 위키피디아)

(2) 비즈니스 모델의 구성 요소

• 새로운 비즈니스 모델을 개발하기 위해서는 다음 8가지 구성 요소를 효과적으로 반영하여야 한다.

▶ 비즈니스 모델의 8가지 구성 요소	
가치제안	• 기업의 제품이나 서비스가 고객의 요구를 어떻게 충족시키는지를 규명하는 것을 의미한다. • 고객관점에서 성공적인 전자상거래 가치 제안은 제공되는 상품의 개인화와 고객화 정도, 상품 및 가격의 탐색비용 절감여부, 제품 전달 관리를 통한 거래의 간편함 등이 해당된다.
수익모델	• 기업이 매출과 수익을 어떻게 창출하는지, 투하된 자본에 대하여 보다 우월한 자본이익률을 창출해 낼 수 있는지를 기술하는 것으로 광고, 구독, 거래, 판매, 제휴 등의 모델이 있다.
시장기회	• 기업의 의도된 시장공간과 경쟁적 시장에서 기업에게 주어지는 재무적 기회의 잠재적 크기를 의미한다.
경쟁환경	• 동일한 시장에서 유사한 제품을 판매하고 있는 타기업과 경쟁하고 있는 환경을 의미한다. • 산업구조를 이해하기 위해 마이클 포터의 5 Force Model의 각 주체인 '기존 기업간의 경쟁 정도, 신규 기업의 진입 위협, 대체재의 위협, 구매자의 협상력, 공급자의 협상력'에 대해서 분석함으로써 경쟁환경에 대해서 파악할 수 있다.
경쟁우위	• 기업들은 자신의 경쟁자들보다 더 낮은 가격으로 제품을 시장에 내다 팔거나 더 우월한 제품을 생산할 수 있을 때 경쟁우위를 달성할 수 있다. • 선도자(First Mover)우위[38]와 같이 시장에 먼저 진입함으로써 신규고객을 확보하고, 이를 충성고객으로 유지하고, 높은 진입장벽을 확보하여 경쟁기업이 모방하기 어려운 경우에 강력한 경쟁우위를 가질 수 있다. • 선도자들 중에서 보완적 자원[39]의 부족으로 인하여 초기에 선점한 경쟁우위를 후발진입자들에게 빼앗길 수 있다. • 기존 기업이 유사 시장에서 더 높은 우위를 확보하기 위해서 해당 기업의 시장내 경쟁우위를 활용할 때 기업들이 경쟁적 자산을 레버리지[40]할 수 있다.
시장전략	• 새로운 시장에 진입하여 신규고객을 유입하는 방안에 대해서 구체적으로 기술한 계획서이다.
조직개발	• 기업이 성장하기 위해서 필요한 일들을 어떻게 조직화할 것인지에 대한 조직개발계획이 필요하다.
경영팀	• 비즈니스 모델을 실행에 옮기는 책임을 맡아야 한다. • 비즈니스 계획 실행에 있어서 비즈니스모델에 필요한 시장 특유의 지식과 경험을 제공하게 되며, 외부 투자자들의 신뢰를 유도하는데 도움을 줄 수 있다.

(3) 신경제의 비즈니스 모델 핵심 요소

• 비즈니스 모델을 구성하는 주요 4가지

| 가치명제 —— 제품/서비스 —— 자원시스템 —— 수익모델 |

▶ 신경제의 비즈니스 모델 핵심 요소

가치명제	• 비즈니스 전략의 구성 요소 중 하나로, 전략은 차별화된 고객가치 명제에 기초해야 하며 고객을 만족시킬 때 지속가능한 가치명제 창출이 가능하다. • 가치명제는 ① 타겟 고객계층, ② 고객에게 주는 가치(효익), ③ 동종산업의 경쟁사들 보다 차별적 우위를 제공할 수 있는 근거를 포함해야 한다.
제품/서비스	• 가치명제가 구성되면 그 이후에는 제품/서비스 및 정보에 대한 결정이 필요하다. 이때 판매 대상범위, 소비자의사결정 프로세스 예측 이후 판매대상 목록을 고객의사결정 프로세스와 매핑을 하게 된다. 　- 판매대상 범위: 사이트상에서 판매될 제품 및 서비스 유형의 수를 뜻한다. 충분한 자금 확보된 중견기업/대기업 경우는 광범위한 범위의 제품을 다루는 사이트, 영세규모의 온라인 업체들은 경영자가 잘 아는 특정 분야 제품만을 전문으로 하는 사이트를 주로 한다. 　- 소비자의사결정 프로세스의 예측: 소비자의사결정 프로세스는 구매 이전(니즈 문제 인식, 아이디어 검색, 대안평가 등), 구매(소비자가 구매 결정을 내리고, 구매프로세스를 진행), 구매 이후(만족도 평가하고, 충성도에 따른 고객 분류)와 같이 3단계를 거치게 된다. 　- 제품 및 서비스의 매핑: 온라인으로 판매할 제품 및 서비스를 소비자의사결정 프로세스에 매핑하여 고객들이 직접 소비 구매를 체험하고, 지속적으로 재방문 하도록 소비자를 독려해야 한다.
자원시스템	• 회사가 가치명제나 가치군의 효과를 제공하기 위해 내부자원을 관리하는 시스템을 구축할 필요가 있다. 　- 자원시스템의 구축(가치군의 주요효과 결정 → 각 효과와 관련되는 역량을 결정 → 각 역량에 대한 자원을 연동 → 각 역량에 대해 기업이 제공하는 것을 결정 → 역량 제공에 필요한 협력사 결정) 　- 자원시스템의 질 평가 기준 　　① 시스템의 독특성: 기업이 제공하는 효과, 역량, 활동이 경쟁사와 비교해 차별화 되는 정도 　　② 역량과 효익과의 관련성: 역량들이 고객의 기대효익 제공에 기여하는 정도 　　③ 역량들 간의 관련성: 역량들과 활동이 서로 보완적, 지원적인 관계이어야 하며, 관계는 견고해야 함 　　④ 자원들 간의 관련성: 특정 자원들의 상호 강화적, 상호보완적, 다른 효익들과의 조화로운 관계 정도
수익모델	• 기업이 온라인 비즈니스를 통해 수입을 발생시키고, 이윤을 내며, 또 투자자본에 대해 높은 수익을 낼 수 있는 방법으로 재무모델이라고 불린다. 　- 광고, 구독, 거래, 판매, 제휴 등의 모델

- **광고수익모델**: 광고 게재에 따른 광고주로부터의 수수료로 트래픽이 많은 사이트에서 배너 등의 광고를 게재하거나 사이트 후원업체 지정을 통해 수입을 발생시킬 수 있다.
- **구독수익모델**: 신문, 뉴스, 차별적 정보서비스와 같은 온라인 콘텐츠를 구매한 고객으로부터 구독료를 받는 모델을 의미한다.
- **거래수수료수익모델**: 이베이 등과 같은 경매사이트는 물건을 판매하는 Seller와 물건을 구매하고자 하는 Buyer를 제공해 주고 온라인 판매가 성사된 경우 Seller에게 수수료를 받는 형태의 모델이다.
- **판매수익모델**: 알리바바, 아마존, 인터파크, 11번가와 같이 웹사이트에 온라인 카탈로그를 구축하여 소비자로부터 제품이나 서비스를 온라인 사이트에서 판매함으로써 수익을 올리는 방법이다.
- **제휴수익모델**: 방문자가 많은 사이트의 경우 방문자들에게 타 사이트 방문을 유인하고 구매하게 함으로써 그 대가로 소개 수수료를 받는 모델이다.

(4) E-비즈니스 모델의 분류 틀

▷ 인터넷 비즈니스의 비즈니스 모델 분류체계

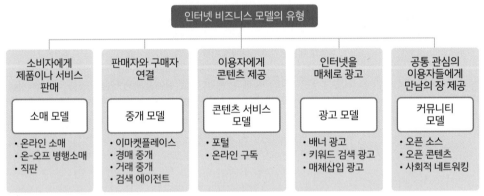

(출처 : 홍일유, 디지털시대의 이비즈니스와 이커머스, 법문사)

- 소매모델은 최종적으로 물건/서비스를 판매하는 온라인 사이트들이 해당된다.
  - **온라인 소매(E-tailer)**: 전적으로 온라인상에 존재하는 소매상점으로 온라인 쇼핑몰만 보유하고 있는 기업이 여기에 해당한다.
  - **온–오프 병행소매**: 전통적인 오프라인 매장과 물류망을 가지고 있는 소매상이 온라인 판매시스템을 구축하여 온라인 오프라인을 병행하는 온–오프라인 기업이 여기에 해당한다.
    * Brick and Mortar Business: 전통적인 기업의 경영방식으로 오프라인에서 이루어지는 건물이나 매장 기반으로 소매영업을 하는 사업 방식
    * Click and Mortar Business: 온오프를 동시에 병행하는 비즈니스로 오프라인에 기반을 두고 있는 기업이 오프라인과 온라인의 장점을 이용하여 시너지 효과를 추구하는 사업 모델
  - **직판 모델**: 제조업체가 생산한 제품을 중간 유통과정 없이 직접 웹을 통해 판매함으로써 빠른 제품 제공과 비용을 절감하는 비즈니스 모델이다. 직판모델의 핵심은 제품이 공장에서 소비자로 전달되는 과정에서 중간매체 기능을 제거하는데 있다.
- 중개모델은 비즈니스 거래에서 '기업과 기업', '기업과 소비자', '소비자와 소비자'와 같이 구매자와 판매자를 서로 연결해 주는 역할을 수행하는 것을 일컫는다.

- **이마켓플레이스(E-marketplace)**: 판매자와 구매자를 서로 연결해 주는 중개자 역할을 하는 웹사이트로 B2B, B2C 마켓플레이스를 포함한다. 이때 시장조사, 가격협상, 제품 발송의 거래프로세스와 관련한 서비스를 제공한다.
- **경매중계**: 판매자를 위한 경매를 진행하고, 거래가 완료된 후 거래가격에 비례하는 수수료를 받는 형태이다(**예** 이베이, 옥션 등).

> ▷ 온라인 경매 방식

- 영국 경매: 시작가가 낮게 설정되어 점차 단계적으로 입찰가가 높아지는 모델로 대부분의 온라인 경매들이 이용하는 방식
- 독일 경매: 한 경매에서 다수의 동일 물품을 제시하는 모델로 최고가 입찰자가 물품을 낙찰 받는 방식
- 역경매: 물품가격 인하를 위하여 구매자와 판매자의 역할이 바뀌는 방식으로, 구매입찰 경매를 통해서 물건 판매자들의 역제안으로 물건을 파는 방식

- **거래중개**: 판매자가 물건을 제공하고 거래자가 결제를 할 때 필요한 서비스로 지불서비스와 정보 서비스를 포함한다(**예** 페이팔, 에스크로우 등).
- **검색 에이전트**: 구매자의 요청에 따라 서비스의 가격과 재고량 등을 자동으로 찾아낼 수 있는 소프트웨어를 가지고 있는 서비스이다(**예** 네이버쇼핑, 다음쇼핑 등).
- 콘텐츠 서비스 모델은 이용자들이 관심있는 콘텐츠를 사이트에 구축하고 이를 이용하여 사이트에 방문을 유도하는 모델로 네이버, 다음 등이 여기에 해당한다.
  - **포털**: 뉴스, 엔터테인먼트 정보 등의 콘텐츠를 구축하고, 검색엔진을 이용하여 다양한 서비스를 제공하고, 광고 판매를 이용하여 수입을 창출한다.
  - **온라인구독**: 전자신문, 멜론 등과 같이 연(월)회비나 구독료를 지불한 고객에게 고급 콘텐츠 서비스를 제공하는 서비스이다.
- 광고 모델은 최근 인터넷 산업에서 가장 중요한 서비스로 많은 기업들이 해당 기업의 서비스나 제품을 일반 고객에게 알리기 위해서 사용하는 방식이다.
  - 배너 광고, 키워드 광고, 배체삽입 광고 등
- 커뮤니티 모델은 사용자의 충성도에 기초하는 것으로 사용자가 많은 시간과 노력을 투자하여 관련 제품이나 서비스를 판매하거나 문맥광고, 고급 서비스 판매를 통해 수익을 창출할 수 있다.
  - **오픈 소스**: 프로그램 소스 코드를 개방적으로 오픈하여, 관련된 광고, 시스템 통합지원, 사용설명서 등을 판매하여 수익을 창출하는 방식이다.
  - **오픈 콘텐츠**: 위키피디아 등과 같이 온라인 플랫폼 상에서 자발적으로 콘텐츠를 협력하여 개발하는 공개 방식이다.
  - **소셜 네트워킹**: 사용자들이 온라인 공간에서 공통의 관심사에 대해서 서로 의견을 교환할 수 있는 사이트로 페이스북, 트위터 등이 여기에 해당한다.
- E-비즈니스 모델의 핵심 요소는 차별화된 콘텐츠, 지속적인 수익 창출, 고객 관점, 스피드로 기회 선점, 특허 보유 등이 있다.
  - **비즈니스 모델의 특허 인정 조건**: 사업성 모델(아이디어, 수익 원천 유형, 인프라 구조) + 프로세스 모델(데이터 처리 과정) + 데이터 모델(영업 업무를 다루는 데이터의 집합 및 속성 정보)

전자상거래 운영 및 관리

전자상거래 프로세스

---

1 | 전자상거래 프로세스

1 구매프로세스

(1) 소비자의 전자상거래 구매의사결정 단계

- 전자상거래의 구매의사결정 단계는 '필요성 인지 → 정보검색 → 대안평가 → 실제 구매 결정 → 이전 구매행동 충성도'와 같은 단계로 이루어지며 오프라인의 일반적인 구매의사결정 과정과 유사하지만 더 신속하다.

- **필요성 인지 단계**
  - 인터넷을 통해 제품이나 서비스를 구매하고자 하는 욕구가 생성되는 단계
  - 소비자는 자신의 욕구 수준과 현재 수준과의 차이를 극복하고자 결정을 하는 단계
  - 소비자가 자발적으로 인지할 수도 있고, 광고 등을 통해서 인지될 수 있음

- **정보 검색 단계**
  - 검색엔진이나 디렉토리 서비스[41]를 이용해 원하는 제품이나 서비스가 제공되는 웹사이트를 검색하는 단계
  - 소비자를 대신해 원하는 제품이나 정보를 검색해 주는 비교 쇼핑 지원 도구들이 여기에 해당함

- **대안 평가**
  - 검색된 정보들을 바탕으로 관심있는 웹사이트들을 선정하고 비교하며, 대체안을 평가하며 선호하는 구매대상을 선정하는 단계

- **실제 구매 결정**
  - 각각의 대체안에 의한 평가를 수행한 후 최종적으로 제품을 선정하여 구매하는 단계로 지불 방법,

배달 장소 및 방법이 결정되는 단계

- **이전 구매행동 충성도**
  - 최종 소비자는 구매한 상품을 받고, 소비한 후 해당 상품에 대해 평가하며, 온라인 쇼핑몰에 대한 웹사이트 평가를 수행하는 단계
  - 구매한 제품을 사용한 후 필요시 환불하거나 보수를 받는 단계
  - 향후 소비자의 구매 과정에 상당한 영향을 미침

▷ **대안평가 방식**

■ 보완적 방식
- 어떤 평가 기준(속성)의 약점을 다른 평가기준(속성)의 강점에 의해 보완하여 전반적으로 평가하는 방식
- 소비자들이 고관여되어 있을 때, 소비자의 교육수준이 높은 경우에 주로 사용하며, 영업자 입장에서 소비자가 중요하게 생각하는 속성과 그 평가를 확인할 수 있어서, 제품 개선/포지셔닝전략/신제품 개발 전략 등의 마케팅 정보를 얻을 수 있음

■ 비보완적 방식
- 한 평가기준에서의 약점이 다른 평가 기준에서의 강점에 의해 보완되지 않는 평가 방식
- 소비자들이 저관여 상태에서 유용하게 사용할 수 있으며, 소비자들이 의사결정을 쉽고 빠르게 할 수 있으나, 합리적 판단을 선택할 가능성이 다소 높다는 것이 단점
- 비보완적 평가 방식
  ① **분리식(비접속 규칙):** 중요한 한 두가지 속성에서 최소한의 수용기준을 정하고, 그 기준을 만족시키는 대안을 선택하는 방식
  ② **결합식(접속 규칙):** 최소한의 수용기준을 모든 속성에 대해서 정하고, 상표별로 모든 속성 수준이 최소한 수용기준을 충족하는지를 확인하여 선택하는 방식으로, 마케터는 제품이 가진 모든 속성이 소비자들의 최소한 수용기준을 만족시킬 수 있도록 해야 함
  ③ **순차적 제거식:** 특정 평가기준에 대해서 최소한의 수용기준을 설정하고, 이 기준을 만족시키지 못하는 상표를 순차적으로 제거하면서 마지막 남는 상표를 선택하는 방식으로 마케터는 소비자들이 가장 중요하게 생각하는 속성들부터 순차적으로 신경쓰는 것이 바람직함
  ④ **사전편집식:** 가장 중요하게 생각하는 속성을 최상으로 평가하여 제품을 선택하는 방식으로, 2개가 동시에 선택되는 경우, 다음 중요하게 생각하는 속성에서 최상으로 평가되는 제품을 고르는 방식

---

(2) 전자상거래시 기업 구매 프로세스

- 기업이 원자재, 반제품, 제품을 구입하고 대가를 지불하는 활동이다.
- 기업구매자의 특징은 다음과 같다.
  - 일반소비자에 비해 구매자의 숫자는 적으나 구매단위가 대량임
  - 구매시 전문가적으로 분석하여 구매함
  - 구매영향력은 높고, 협상의 형태는 복잡함

• 기업의 전자구매시스템

전자 입찰	• 전자입찰 방식은 입찰에 대한 정보를 웹사이트에 투명하게 오픈하여 공정한 경쟁 입찰을 가능하게 한다. • 전자입찰 방식을 통해 다양한 거래선 확보가 가능하고, 구매원가가 절감된다.
E-마켓플레이스를 통한 구매	• E-마켓플레이스는 인터넷을 이용하여 공급자와 소비자 사이를 연결해주는 중개자의 역할을 한다. • 공급자 기업에서 판매하는 것이 아니라 공급자와 소비자를 연결시켜주는 것이 중요하며 B2B에서 주로 이용된다. • E-마켓플레이스와 기업간의 E-구매시스템을 통해 쉽고 편리하게 정보를 수집할 수 있어 비용절감 효과를 기대할 수 있다.
전자구매 (E-Procurement) 시스템	• 전자구매(E-Procurement)시스템은 주문, 선적, 주문 조회, 구매기록 관리 등의 업무를 기업의 웹사이트를 이용하여 진행하는 전자상거래 시스템이다. • 전자카탈로그를 이용하여 공급자들에게 전자구매를 실시한다. • 구매 관련 정보를 관리하기 쉽고 시간과 비용 절감의 효과가 있으나, 전자카탈로그 관리와 시스템 구축에 비용 부담이 될 수 있다.
SCM (Supply Chain Management)	• 원자재 공급자로부터 운송, 저장, 판매까지의 전과정을 통합하여 공급망관리를 하는 경영정보 시스템을 일컫는다.
효율적 고객 관리 (Efficient Customer Response)	• 고객에 대한 신속한 응답으로 고객만족에 초점을 두고 있다. • 공급사슬의 효율을 극대화하기 위해 고객의 취향이나 니즈에 빠르게 대응할 수 있도록 새로운 모델 제품의 제조 단계에서부터 도매, 소매까지의 전과정을 효율적으로 관리할 수 있는 기법이다.
신속대응시스템 (Quick Response)	• 바코드, QR코드, 전자문서교환, 데이터베이스 등의 정보기술을 이용하여 생산에서 구매까지의 전체 과정을 단축시키고, 소비자의 욕구 및 수요에 적합한 제품을 공급함으로써 제품 공급 사슬의 효율성을 제고하는 시스템이다. *QR(Quick Response) 코드: 2차원 매트릭스 형태로 이루어진 바코드로 1994년 덴소 웨이브에서 개발하였으며, 이 기관에서 특허권을 행사하지 않기 때문에 QR코드의 사용료는 무료다. • 신속 대응 시스템은 공급자가 소비자에게 정확한 상품을, 정확한 장소에, 정확한 시기에, 정확한 양을, 적정한 가격으로 제공하는 것이 목적이다.
경매(Auction), 입찰	• 인터넷을 이용하여 가격 협상의 기능을 제공하는 전자경매는 기업의 구매 방식인 전자입찰 방식과 유사한 '多 vs 多'의 전자상거래 방식이다. • 경매 시장이 시작되고 종료될 때까지 계속 모니터링 해야 하며, 방대한 경매정보로 인해서 경매에 직접 참여해야 하는 에이전트 프로그램에 대한 연구가 필요하다.
공동 구매 (Group Purchase)	• 많은 소비자들이 함께 공동으로 구매를 하는 경우는 개인이 구매하는 경우보다 구매자 협상력이 높다. 공동의 소비자들이 구매가격에 대한 협상 능력을 가지게 되는 구매방식이다. • 공동구매를 통해 할인 혜택을 받을 수 있으며 이는 기업의 구매와 유사한 방식이라 할 수 있다.

(3) 전자상거래 구매지원 방법

• 검색에 의한 구매

▶ 검색에 의한 구매 방법

전자카탈로그	• 전자카탈로그는 종이로 만들어진 카탈로그처럼 인터넷 브라우저에 제품들이 전시되고 제품에 대한 정보들이 함께 제공되는 전자상거래시스템을 말한다. • 전자카탈로그에서 소비자는 직접보지는 못하지만 검색을 통해 유사한 제품들을 비교하면서 원하는 제품을 찾을 수 있다.
디렉토리 서비스	• 구매자가 특정 제품 정보에 쉽게 접근할 수 있도록 디렉토리 체계를 확보한 웹사이트이다. • 웹페이지의 제품을 대분류, 중분류, 소분류 등의 분류기준에 맞추어 나누었다. 이를 찾기 쉽도록 검색엔진을 제공하거나 인덱스 정보를 제공한다.
검색엔진	• 상품들을 검색할 수 있는 검색엔진은 일반 데이터베이스를 이용하거나 인덱스 파일을 이용하여 할 수 있다. 　- 지능형 에이전트(Intelligent Agent): 지능형 에이전트는 지능을 가진 대리인이라는 뜻이며, 사용자의 니즈에 맞도록 대량의 데이터 중에서 가공한 자료를 제공하며, 필요한 정보를 빠르게 제공하는 역할을 한다. 　*지능형 에이전트의 특성: 자율성(Autonomy), 대화능력(Communication Ability), 협동성(Capacity for Cooperation), 판단력(Capacity for Reasoning), 적응력(Adaptive Behavior), 신뢰성(Trustworthiness) 　*지능형 에이전트의 유형 　① Shopping Agent: 고객이 쇼핑할 때 지능형 쇼핑 서비스를 제공하는 에이전트다. 과거 고객의 구매정보들을 이용하여 학습을 하고, 이를 통해 고객의 성향을 분석하여 고객에게 가장 알맞은 최적의 상품을 예측하고, 추천하는 역할이다. 　② Marketing Agent: 고객의 구매 패턴을 분석해 유사한 성향을 가진 고객들을 그룹화하고, 그룹별로 맞춤형 서비스를 제공하는 역할을 한다. 　*최근 지능형 에이전트의 한 유형으로 **챗봇(ChatBot)**이 등장하였다. 메신저 기반 환경에서 사용자들의 질문이나 요구사항에 대하여 자동으로 응답하는 에이전트 서비스로 사람과 문자대화를 통해 질문에 알맞은 답이나 관련 정보를 제공하는 시스템이다.

▷ 소프트웨어 에이전트

■ 전자상거래 발전이 가속화 되면서, 인간을 대신해서 업무를 수행하는 소프트웨어 에이전트의 역할은 커지고 있다. 소프트웨어 에이전트는 사람과 같은 지능을 가지고 있어야 하므로 인공지능 분야의 하나로 다음 유형의 에이전트들이 있다.

• 지능형 에이전트(Intelligence Agent): 학습·추론·계획능력과 같은 지능적 특성을 보유함

• 사용자 인터페이스 에이전트(User Interface Agent): 컴퓨터 시스템을 사용하기 편리하도록 지원함

• 보조 에이전트(Assistant Agent): 단순히 사용자 작업을 돕는 기능을 수행함

• 다중 에이전트(Multi Agent): 분산환경에서 상호 협력을 통해 작업을 수행함

• 이동 에이전트(Mobile Agent): 프로그램 자체가 네트워크를 돌아다니며 수행됨

② 판매 프로세스

(1) 판매 개요

- 판매는 소비자의 욕구와 필요를 충족시킬 수 있는 상품을 구매하도록 하는 활동으로, 판매 프로세스는 판매를 계획, 집행하고 그 결과를 관리하는 활동이다.

▶ 판매활동의 분류	
인적판매	**비인적판매**
• 전통적 상거래의 판매활동 • 소비자를 직접 대면하여 판매하는 방법	• 전자상거래의 판매활동 • 정보 시스템 기반의 소프트웨어에 의한 판매 방법

- 판매를 할 때는 소비자, 경쟁자, 제품, 판매 활동, 환경에 관한 정보가 필요하다.

(2) 온라인 판매 전략

- 개별상품에 대한 추천능력이 필요하며, 특히 재고부족이나 소비자가 원하는 특정 상품이 없는 경우, 효율적인 추천능력들이 필요하다.
- 현재의 판매동향, 대상고객과의 기호와 지불능력을 고려하는 상품을 제시하고, 구매를 유도해야 한다.
- 유행, 구매능력이 큰 브랜드일수록 CRM 기반의 추천 프로그램이 필요하다.

▶ 판매기법 종류	
교차판매 **(Cross Selling)**	• 고객에게 상품연관성에 따른 추천 방법을 통해 다양한 물건을 사도록 혹은 다양한 제품을 반복적으로 판매하는 것을 말한다. 예 아메리카노를 주문한 고객에게 세트 메뉴로 케이크나 쿠키를 함께 권유
상향판매 **(Up-Selling)**	• 고객이 희망한 가격보다 단가가 높은 상품 구입을 유도하는 판매기법으로, 상품 범주 내에서 상품 구매액을 늘리도록 업그레이드 된 상품의 구매를 유도하는 판매활동을 말한다. 예 아메리카노를 주문한 고객에게 보다 가격이 높은 커피 종류인 라떼나 아포가토 등을 권유

(3) 온라인 판매시스템

- **SFA(Sales Force Automation)시스템:** 정보 시스템을 이용하여 영업활동 데이터를 분석하고, 업무를 수행하기 위한 시스템을 재구축하여 기업의 매출을 높이고, 고객만족도를 높일 수 있는 시스템이다.
  - 고객접촉관리: 고객정보를 등록할 수 있고, 고객과의 과거 접촉을 관리하고, 향후 발생할 접촉을 입력하는 스케줄 관리기능을 포함한다.
  - 태스크 관리: 영업을 위해서 고객들에게 다양한 이벤트와 혜택을 알릴 수 있는 메시지 송신 기능을 자동화한다. 전자메일이나 문자메시지 발신을 자동화하여 효과적인 고객의 케어가 가능하다.
  - 판매 프로세스 관리: 영업, 홍보, 기술, 고객지원 등 부서 간의 커뮤니케이션이 원활하게 이루어

질 수 있도록 메일 발신을 자동화하여 효과적인 고객지원이 될 수 있도록 한다.

- 캠페인 관리: 마케팅을 위한 캠페인, 메일/문자메시지 발송 등의 캠페인 프로세스에 따른 데이터 저장 및 효과를 분석하여 관리한다.
- 예측 및 분석: 기존의 고객 데이터로 향후 매출금액을 예측할 수 있으며, 잠재고객이나 예측된 매출금액을 통해 향후 목표를 제시한다.
- 영업지원 자료의 제공: 상품정보, 고객정보, 마케팅정보, 판매영업 매뉴얼 등을 제공한다.
- 콜센터 기능: 컴퓨터 전화 통합(CTI: Computer-Telephony Integration)을 이용하여 전화로 신규 제품 홍보, 기존고객의 상담 등을 할 수 있다.
- 모바일 지원: 모바일 기기를 이용하여 데이터입력, 출력, 분석 등이 가능해야 한다.

▶ **온라인 쇼핑몰 구매 전후의 단계별 활동**

단계	활동단계	활동
구매 전	1단계-방문	로그인 된 고객이 사이트로 방문하는 것 (방문객 수, 재방문 수)
	2단계-쇼핑행동	쇼핑행동 단계에서 클릭스트림을 이용하여 방문행태를 측정함(방문 웹페이지, 방문객에게 노출된 수, 방문 사이트 형태, 페이지 체류시간, 후기 작성수 등)
구매	3단계-구매행동	인터넷 쇼핑몰 고객이 웹사이트를 방문할 때 구매로 바로 전환되는 비율(구매전환율)
구매 후	4단계-구매후 행동	구매후에 소비자가 하는 행동 (온라인 만족도 조사, 상품에 대한 반품 비율, 지인 추천 등)
	5단계-충성도 형성	고객이 구매후에도 제품에 만족하여 고객으로 유지되는 형태 (재구매, 구매주기, 재구매량, 고객생애가치 등)

③ 물류 및 재고 관리

(1) 물류 개념

- 미국의 마케팅 학회에서 '생산지점에서 소비 또는 이용지점까지 재화의 이동을 관리하는 것'이라고 정의하고 있으며, 미국의 물류관리협회는 '소비자가 원하는 제품이나 서비스를 생산하는 데 필요한 원자재나 부품의 조달 및 제품의 생산과정과 유통과정을 거쳐 최종 소비자에게 흐르는 전 과정에 대한 제품이나 서비스의 이동을 효율적으로 계획, 실시, 통제하는 것'으로 정의하고 있다.
- 재화를 공급자로부터 수요자에게 원하는 시기와 장소에 이동시켜 가치를 창조하는 활동이다.
- 유통(Distribution)은 '실물이 이동'하는 **물적유통**과 물적유통으로 인해 발생하는 '소유권 이전, 거래활동' 등의 **상적유통**을 포함하고 있다.

- **상적유통(협의의 유통)**: 상적유통은 공급자가 소비자에게 제품의 소유권을 이전하는 활동과 관련된 거래활동으로, 대금지불을 하게 되는 행위를 말한다. 유통은 '거래'라는 말로도 표현할 수 있으며, 물건을 사는 공간에서 이루어지는 소비자의 상거래 행위가 유통이 된다.
- **물적유통(물류)**: 공급자가 소비자에게 제품을 인도할 때 효율적으로 물자의 흐름을 관리하여 시간 및 공간적으로 가치를 얻는 활동을 말한다. 물류의 활동에는 운송, 보관, 하역, 포장(유통가공), 정보처리 등으로 구성되어 있다.

(2) 물류의 범위와 경로 유형

- 물류의 범위
  - **조달물류**: 조달업자로부터 생산자의 자재창고까지 수송, 배송과 입고된 자재를 보관, 재고관리 작업을 계획하고 실행/통제하는 활동이다.
  - **생산물류**: 자재창고에서 생산공정이 이루어지는 곳까지 운송/하역을 하고, 공정을 완료한 후, 제품창고까지 입고되는 물류 활동이다.
  - **판매물류**: 제품창고에서 출고 후 배송센터로 배송되는 단계의 물류 활동이다.
  - **반품물류**: 고객에게 판매된 제품이 제품 불량이나 고객변심으로 인해 반품이 발생했을 때의 물류 활동이다.
  - **폐기물류**: 제품이 파손이 되거나 노후화로 인해서 폐기처분 되어야 하는 경우 행해지는 물류 활동이다.

- 물류의 경로유형
  - 유통경로는 고객이 원하는 가치를 제공하기 위해서 이용하는 시스템으로 이 시스템을 활용하는 구성원들은 서로 협력하는 체계를 갖추는 것이 중요하다.
  - 유통경로 거래는 지속적으로 일어나는 관계형 거래경로와 지속적으로 일어나지 않는 단속형 거래경로로 구분할 수 있다.

▶ 단속형 거래와 관계형 거래의 비교

단속형 거래	관계형 거래
• 유통경로 내의 당사자들간의 거래형태로 거래 경험, 신뢰보다는 거래 규범이 중요함 • 다수의 잠재거래선이 있으며, 거래선의 차별화 정도는 낮음 • 정보의 불균형이 있으며, 잠재가치의 규모가 작음 • 개별기업의 노력에 의해 가치창출이 되며, 철수 비용은 상대적으로 낮음 • 의류, 완구 등의 산업에 적합함	• 유통경로 내의 당사자들이 연속적으로 거래하는 형태로 이들은 현재 및 미래의 경로성과에 관심을 두고 있음 • 거래규범보다는 거래 경험, 신뢰가 중요함 • 소수의 잠재거래선이 있으며, 거래선의 차별화 정도는 높음 • 규모의 경제 효과가 있으며, 잠재가치의 규모가 큼 • 공동의 노력에 의해 가치창출이 되며, 철수 비용은 상대적으로 높음 • 자동차, 컴퓨터 등의 진입장벽이 높은 산업에 적합함

(3) 물류의 목표

- 물류 경로를 단축하고 적정재고정책을 도입하여 물류비용을 절감한다.
- 중간 유통구조를 제거함으로써 효율적인 인력 활용을 도모하여 비용을 절감한다.
- 빠르고 정확한 물류/배송정책으로 고객서비스를 향상시킨다.

(4) 물류 관리의 원칙

3S1L	• Speedy(신속하게) • Safety(안전하게) • Surely(확실하게) • Low(저렴하게)
7R	• Right Commodity(좋은 제품으로) • Right Quality(좋은 품질로) • Right Price(적절한 가격으로) • Right Quantity(정량으로) • Right Time(적시에) • Right Place(적절한 장소로) • Right Impression(좋은 인상으로)

(5) 물류 시스템

물류 표준화

- 효율적인 물류관리와 화물의 원활한 유통을 위하여 포장, 운송, 하역, 보관 및 거래정보 등 물류기능 및 물류단계의 물동량 취급단위를 표준규격화하고, 사용되는 기기, 용기, 설비 등을 대상으로 규격, 재질, 강도 등을 통일시켜 호환성과 연계성을 확보하는 조직적인 활동을 의미한다.
- 팔레트화[42], 바코드, 인증마크 등을 이용하여 표준화를 지향한다.

물류 공동화(공동 배송)

- 복수의 운송사와 화주가 물류기능 대상을 공동으로 이용·운영하는 물류관리 기법이다.
- 물류활동의 물류 정보 시스템을 공유함으로써 상호 이익을 추구하는 물류관리 기법이다.
- 공동화를 위해서는 제품상의 유사성, 보관상의 유사성, 하역상의 유사성, 시스템 특성상의 유사성들이 있을 때 그 효과를 거둘 수 있다.
- 효과적인 공동배송을 위한 전제조건은 다음과 같다.
  - 일정지역 내 배송하는 다수의 화주가 존재해야 함
  - 거리가 인접하여 화물수집이 용이해야 하고, 배송지역이 일정지역 내에 분포되어야 함
  - 참여 기업의 배송조건이 유사해야 하고, 대상 화물이 공동화에 적합한 특성이 있어야 함

▶ 물류 시스템 개선 목표	
물류비용 절감	• 대량화를 통한 규모의 이익 추구 • 대량보관, 대량수송, 대량처리를 통한 단위당 물류비용의 절감 • 개별 기업 물량 처리 능력 극복 • 거래량의 기복을 서로 보완하여 평준화에 의한 효율화 제고 등
물류 서비스 수준(품질) 유지 개선	• 수배송 효율향상(차량대수 감소와 차종의 대형화가 가능) • 기계화 투자에 대한 채산성 향상과 자동화, 무인화를 촉진하는 생력화를 통해 물류작업 생산성 향상 • 다빈도 소규모 배송체계: 리드타임의 단축과 재고 압축 효과를 발휘

물류 정보 시스템

• 물류 정보 시스템: 정보주체 간 수송/배송, 포장, 하역, 보관 등의 물류활동이 유기적으로 결합된 정보 시스템

• 물류 관련 기술
  - **바코드(Bar Code)**: 상품을 표시하는 자동인식 기술이다. 폭이 다른 검은 바(Bar)와 흰 바(Space)의 조합을 이용하여 데이터를 인식하게 한다.
  - **판매시점 관리(Point of Sale, POS)**: 판매시점정보 시스템. 업체에서 판매를 할 때 판매제품의 품목, 가격, 수량 등의 정보를 자동으로 컴퓨터에 입력시키는 시스템으로 수집된 정보를 통해서 판매정보를 분석하고 활용할 수 있다.
  - **RFID(Radio Frequency Identification)**: RFID 기술이란 전파를 이용해 먼 거리에서 정보를 인식하는 기술로 주파수를 이용해 ID를 식별하며, 전자태그로 불린다.
  - **자동 위치 측정 시스템(Global Positioning System, GPS)**: GPS 위성에서 보내는 신호를 수신해 사용자의 현재 위치를 계산하는 위성항법 시스템이다.
  - **위치 기반 서비스(Location Based Service, LBS)**: 위성항법 장치(GPS)나 이동통신망을 이용하여 확보한 위치 정보를 바탕으로 사용자에게 위치기반 서비스를 제공하는 서비스 시스템이다.
  - **크로스 도킹(Cross Docking)**: 창고나 물류 센터로 입고되는 상품을 보관하는 것이 아니라, 보관없이 바로 소매 점포에 배송하는 물류 시스템이다.
  - **자동 재고 보충 프로그램(Continuous Replenishment Planning, CRP)**: 상품의 재고가 부족하지 않도록 지속적으로 충원을 가능하게 하는 시스템이다.
  - **차량 운행 관리 시스템(Automatic Vehicle Monitoring, AVM)**: 상품이 이동되고 있을 때 이동위치 추적 시스템을 이용하여 차량의 위치를 찾아내어 운행관리 센터에서 상품의 위치를 파악할 수 있는 시스템이다.

• 물류 정보 시스템 활용의 사례
  - 공급사슬관리(SCM)는 물류 정보 시스템을 이용하여 공급자로부터 소비자에게 제품이 이동될 때, 수송, 창고업무, 재고 관리에 있어서 효율적 시스템을 실행하고 통제함으로써 재고감축, 납기단축, 재고회전율 향상, 고객만족향상, 비용절감 등을 도모하여 공급사슬의 가치를 제고한다.
  - GPS와 RFID 기술을 이용하여 물류의 유비쿼터스 시스템을 구축하고, 실시간 재고 정보를 확보하여 재고가 없을 때는 재고를 채울 수 있도록 정보를 제공한다.

(6) 물류 아웃소싱

- **제1자 물류**(First Party Logistics, 1PL): 기업이 사내에 직접 물류조직을 두고 직접 물류관리를 하는 것이다.
- **제2자 물류**(Second Party Logistics, 2PL): 기업이 사내의 물류조직을 분사시켜 자회사를 두고, 이를 이용하여 물류관리를 하는 것이다.
- **제3자 물류**(Third Party Logistics, 3PL): 기업이 외부의 전문 물류업체에 물류기능 아웃소싱을 하는 형태를 의미한다.
  - 오늘날 많은 기업들은 전자상거래를 할 때는 전략적 제휴를 통한 제3자 물류시스템을 이용한다.
  - DHL, UPS, FedEx, 대한통운, 우체국 택배 등이 대표적인 제3자 물류회사이다.
  - 장점: 운영경비 절감, 물류서비스 경쟁력 확보
  - 단점: 고객불만에 대응이 어려움, 자사 기밀 유출 등
- **제4자 물류**(Fourth Party Logistics, 4PL): 물류기업이 화주기업에게 컨설팅 및 IT 서비스를 포함한 정보 시스템 제휴를 통해서 통합솔루션을 제공한다.

(7) 수요예측

- 실제 수요를 알기 전에 수요에 대한 추정치를 도출하는 과정으로 수요예측은 판매예측으로, 판매예측은 미래 매출액 추정으로 기업 전략수립에 중요한 자료를 제공한다.
  - 수요예측은 재고(계획)생산과 주문생산 양쪽에 모두 중요하지만, 특히 재고(계획)생산에 중요
  - 수요예측은 생산관리에서 특히 공정설계, 생산능력계획 및 재고에 관한 의사결정에 기초자료 제공
- 최근 소비자와 생산자간의 수요를 보다 정확히 하기 위해서 채찍효과(Bullwhip Effect)의 수요 왜곡을 해소하려는 노력으로 SCM 단위의 합리화를 모색한다.

▷ Bullwhip Effect (채찍 효과)

- 물류시스템에서의 Bullwhip Effect 현상: 소비자들이 주문을 소량 증가시켰음에도 불구하고, 소매상들은 그 주문을 다소 많은 양으로 주문하고, 도매상들은 소매상 보다 주문을 더 많이 하게 됨에 따라 제조업체는 소비자 주문량을 실제 필요량보다 훨씬 더 큰 양으로 생산한다는 것이다.
  - ① 수요왜곡: 소매상, 도매상, 생산업체와의 공급망에 있어서 주문량이 소비자가 구매하는 매장에서의 실제 수요보다 큰 규모의 변화를 유도하는 것
  - ② 변화확산: 공급망이 추가될수록 주문량의 변화가 증대하는 것

- Bullwhip Effect의 요인
  - 개별기업 관점에서의 주문
  - 불규칙적인 주문량과 판매량

- Bullwhip Effect를 줄일 수 있는 방법
  - 소량씩 자주 주문하는 방법
  - 공급망상의 목표와 인센티브 조정
  - 정보의 정확성 향상
  - 운영효율성의 증대
  - 가격전략 수립
  - 리드타임 단축

- **정성적 기법**: 신규사업을 시작할 때 데이터가 없고, 자료를 수집할 시간이 부족하고, 과거의 자료를 믿을 수 없는 경우 사용하는 기법이다.
  - 델파이법(Delphi Method): 전문가 그룹을 선정한 다음, 전문가들에게 의견을 도출하여 합의한 형태의 예측치를 구함
  - 시장조사법(Market Research): 설문지, 직접 인터뷰, 전화조사 등을 통해 소비자들의 의견을 조사함으로써 수요를 예측함
  - 패널동의법(Panel Consensus): 경영자, 판매원, 소비자 등으로 패널을 구성하여 자유롭게 의견을 제시하게 함으로써 예측치를 구함
  - 역사적 유추법(Historical Analogy): 신제품을 예측할 때 기존 제품의 과거 시장에서 도입기, 성장기, 성숙기와 같은 수요 패턴을 기반으로 수요를 예측함
- **정량적 기법**: 데이터 기반으로 시간이 지남에 따라 계량적인 수요예측 모형을 만들어 미래 수요를 계산할 수 있다.
  - 이동평균법: 제품의 판매량을 기준으로 일정기간별로 산출한 평균 추세를 통해 미래수요를 예측하는 방법으로 과거 판매량 자료 중 특정기간의 자료만을 사용하며, 이동 평균의 계산에 활동된 과거 자료는 동일한 가중치를 부여
  - 지수평활법: 주어진 제품의 모든 판매량 자료를 이용하며, 기간에 따라 가중치를 두어 평균을 계산하고 추세를 통해 미래수요를 예측하는 방법
  - ARIMA: 판매자료 간의 상관관계를 이용하여 상관요인과 이동평균요인으로 구분하고, 이를 통해 미래수요를 예측하는 방법이다. 여기서 상관요인이란 현재 판매량에 몇 달 전의 판매량이 영향을 미쳤는가를 파악하는 것이고, 이동평균요인이란 예측치와 실제치 간에 어떤 상관관계가 생기는가를 추정하는 것을 말함
  - 시계열 분해법: 과거 판매자료가 갖고 있는 변화를 추세변동, 주기변동, 계절변동, 불규칙변동으로 구분하여 각각을 예측한 후 이를 결합하여 미래수요를 예측하는 방법으로, 계절성이 있는 소비재의 경우에 많은 기간의 과거자료가 필요함
  - 확산모형: 제품수명주기이론을 바탕으로 제품이 확산되는 과정을 혁신효과와 모방효과로 구분하여 추정하고, 이를 통해 미래수요를 예측하는 방법으로 모형의 변형이 용이하며 시장 환경변화가 많은 경우에 적합한 모형을 쉽게 개발할 수 있음
- **인과형 모형**: 인과모형에서는 수요를 종속변수로 두고, 수요에 영향을 미치는 요인들을 독립변수로 두어 양자의 관계를 여러 가지 모형으로 파악하여 수요를 예측한다.
  - 회귀분석(Regression Analysis)
    ① 단순선형회귀분석: 가장 간단한 형태의 회귀분석방법으로 한 개의 종속 변수와 한 개의 독립변수간의 관계를 파악하려는 방법
    ② 다중선형회귀분석: 단순회귀분석에서 독립변수의 수가 증가된 형태로 한 개의 종속변수와 두 개 이상의 독립변수를 이용하게 되는 경우를 말함

(8) 최근 물류 시스템의 이슈

- **빅데이터의 활용**: 최근 빅데이터 시대에 온라인과 오프라인이 통합되는 추세로, 옴니채널(Omni-Channel) 혹은 온오프 연계형(O2O) 시스템에서 쏟아지는 소비자 정보들은 빅데이터로 통합되고 이 데이터를 통해 개별화 서비스를 제공하게 된다.
  - 옴니채널: 소비자가 온라인, 오프라인, 모바일 등 다양한 경로를 넘나들면서 동일한 상품을 검색하고 동일한 가격으로 구매할 수 있는 서비스를 의미한다.

쇼루밍	매장에서 제품을 살펴본 뒤 실제 구매는 온라인 등 다른 유통 경로로 하는 것
역쇼루밍	온라인 매장에서 제품을 살펴본 후 실제 구매는 오프라인으로 하는 것
모루밍	오프라인 매장에서 제품을 살펴본 후 모바일로 구매하는 것

- **다양한 유통채널의 갈등**: 기존의 오프라인 유통구조를 이용하여 판매를 하고 있는 기업의 경우 온라인 채널을 확장하려고 할 때 기존의 오프라인 매장의 반발을 유발시킬 수 있다. 가트너 그룹은 미국 제조업체가 온라인 판매채널을 꺼리는 이유로 유통채널의 갈등을 들고 있다.
  - 소극적 갈등 극복 방법: 오프라인 판매채널의 반발을 무마하기 위해 가격, 상품, 지역, 광고 등을 통제하는 방법이다.

▶ 유통채널간 갈등의 소극적 극복 방법	
가격 통제	인터넷 온라인 판매 가격을 통제
상품 통제	오프라인 판매상품과 온라인 판매상품을 달리하여 차별화하는 방법
지역 통제	지역별로 다른 온오프라인 판매 정책 시행
광고 통제	웹사이트 회원에게 E-메일을 이용한 신제품 광고, 온라인 회원을 대상으로만 하는 제품프로모션 이벤트 개최

- 적극적 갈등 극복 방법: 시장조사를 통해 각 채널의 역할을 분석하고, 포트폴리오를 이용하여 향후 채널 갈등 완화 전략을 수립한다.
  - ① 사전 채널에 대한 시장조사: 온라인 채널로 확장할 때 기존고객이 아닌 새로운 고객을 대상으로 하는 경우는 채널 갈등이 크지 않을 것으로 기대함
  - ② 채널 역할의 분석: 사전의 채널에 대한 시장조사 결과가 온라인으로 사업확장 가능성을 긍정적으로 평가했다면 기존의 오프라인 채널의 역할에 대해서 분석을 서비스 기능, 범위, 품질에 대해서 시행함
  - ③ 포트폴리오를 설계함: 채널의 장단점, 상품 특성, 기존의 오프라인 유통업체와의 관계, 제조업체의 백엔드시스템 등을 고려해야 함

- **드론 택배**: 무인비행체를 말하는 드론은 스마트폰의 위치 추적 시스템을 활용하여 받을 사람이 있는 곳으로 배송해주는 것으로 아마존은 드론 배송 관련 특허를 취득하고 있으며, 국내 물류 배달업체들도 이 서비스를 준비하고 있다.

(9) 재고관리

- 전자상거래 시장에서 소비자는 가격 비교 사이트를 이용하여 보다 낮은 가격의 제품을 검색할 수 있게 되었다. 이에 경쟁사의 제품들과 함께 제품의 모든 정보가 공개됨에 따라 기업들은 가격 압박을 받고 있으며, 저원가 전략이 더욱 중요해지고 있다. 원가절감을 달성하기 위해서는 빠른 배송을 통해 주문시점과 상품의 도착시점의 시간을 줄이고, 재고를 줄여 비용을 절감해야 한다.
- 재고의 부족은 판매기회의 상실로 수익의 손실을 유발하게 될 것이다. 고객이 주문했을 때 제품이 품절 상태임을 인식할 때 고객은 서비스에 불만을 가지게 된다. 따라서 판매자들은 충분한 재고를 보유하고자 하는데, 이는 재고관리 비용으로 제품의 가격 상승으로 이어진다.
- 전자상거래 환경에서는 쇼핑몰들이 선구매후 배송을 함에 따라 재고에 대한 부담은 오프라인 매장에 비해 줄어들었지만, 적정량의 재고를 유지함으로써 재고유지 비용을 최소화하고, 고객 만족도를 제고하는 것은 기업 경쟁력과 연결된다.
- 적절한 재고를 보유할 때의 장점
  - 상품의 구입 및 보관에 따른 비용을 최소화
  - 재고 보관 및 관리 인원 투입 등의 관리 비용 최소화
  - 시장 수요에 빠르게 대응하는 역할
- 재고관리 비용

재고유지비용	• 재고로 인해 발생하는 유지비용으로 창고비용, 도난보험비용, 경비원 인건비 등이 해당
주문비용	• 제품 공급업자에게 주문을 할 때 발생하는 통신비용, 주문 프로세스를 수행하는 시스템 비용 및 인건비 등이 해당
재고부족비용 (품절비용)	• 수요자의 구매요구가 있음에도 불구하고 재고가 부족하여 판매하지 못함으로써 발생되는 모든 손실을 비용화한 기회비용으로 향후 고객유치에 악영향을 미치는 부분도 포함됨

- 재고관리 시스템

ABC 분석	• 재고관리를 효율적으로 하기 위해서 재고를 A, B, C 그룹으로 나누고, 먼저 A그룹을 최중점 관리대상으로 선정하여 재고관리노력을 집중함으로써 관리효과를 높이려는 분석방법
ROP (Reorder Point)	• 재고가 일정수준으로 내려간 지점을 재주문점으로 하여 정량 발주를 하는 방법으로 주로 단가가 낮은 제품에 사용됨
MRP (Material Requirement Planning)	• 자재요구계획 기법으로 최종제품의 수요에 맞추어 종속되는 수요 품목의 소요량과 소요시기를 결정하는 방법 • 재고관리 및 생산일정 계획에 이용됨

DRP (Distribution Requirement Planning)	• MRP 기반으로 창고의 재고를 보충할 때 주문량과 주문시기를 결정하는 방법
JIT (Just in Time)	• 재고 없이 사용하는 제품관리방식을 의미함 • 발주회사의 재고유지비용을 최소화하는 방식

- 경제적 주문량(EOQ: Economic Order Quantity)은 대표적인 재고모형으로 주문비용과 재고유지비용을 고려하여 가장 경제적인 1회 주문량을 결정한다. 이때 가정은 다음과 같다.
  - 수요의 발생은 일정하고, 사전에 명확히 파악 가능함
  - 재고자산의 구입단가, 재고유지비용 및 1회 주문비용은 일정함
  - 주문시점에서 입고시점까지의 리드타임은 일정함
  - 재고 부족현상은 발생하지 않음

2 | 전자상거래 결제

1 전자결제 개요

(1) 전자지불관리 시스템

- 화폐 가치에 대한 정보를 전자장치에 저장한 뒤 지급결제가 필요할 때마다 거래하는 것으로 상대방에게 화폐가치를 이전하거나 화폐가치에 대한 정보를 변경할 수 있도록 개발된 전자적 시스템을 말한다.
- 전자지불시스템은 전자현금, 신용카드, 계좌이체, 가상계좌, 유선전화 결제, 모바일 결제, EBPP(Electronic Bill Presentment and Payment) 등이 있고, 이 시스템의 가장 중요한 요건은 안정성과 효율성이다.

(2) 전자지불의 특징

- 기존의 결제방법보다 도난의 위험 등이 없어서 편리하다.
- 인증서 등으로 안정성이 보장되어 있다.
- 실물 화폐의 경우는 불특정 다수가 사용하지만 전자지불시스템은 인가된 사용자가 사용한다.
- 개인정보가 타인에게 노출되면 안 된다.

(3) 전자지불수단의 유형

- **전자화폐**(Electronic Cash): 화폐가치를 전자기호로 저장하고 그 지급을 보장하는 시스템으로 소액 상품을 구매하는데 적합하다(**예** 비트코인, 디지털 현금, 선불카드, 직불카드 등).

- 전자화폐의 효과: 편리성 향상, 거래의 안정성 제고, 화폐의 효율성 제고
- 전자화폐의 요구 조건: 독립성, 익명성, 분할성, 양도성, 범용성

독립성	보안성이 물리적인 존재에 의존하면 안 된다.
익명성	보유자가 누구인지 파악되어서는 안 된다.
분할성	보다 작은 액수로 나눌 수 있어야 하며, 가분성이라고도 한다.
양도성	타인에게 양도가 가능해야 한다.
범용성	제한된 용도가 아니라 범용성을 지녀야 한다.

- 전자화폐 유형: 선불카드, 직불카드, 디지털 현금 등

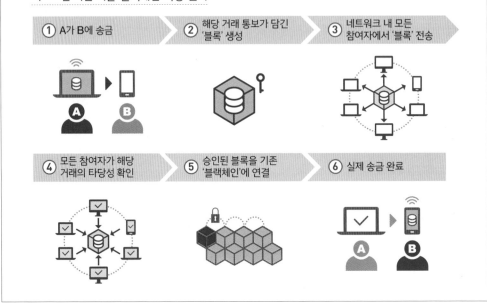

▷ 비트코인

■ 실물경제의 화폐와 달리 물리적인 형태가 없는 온라인 가상화폐이다. 온라인에서 사용되는 통화로, 통화를 발행하고 관리하는 중앙장치가 존재하는 구조이다.
■ 미국의 중앙은행은 FRB가 양적완화로 막대한 달러를 찍어냄에 따라 달러화 가치 하락으로 인해서 비트코인이 대안 화폐로 주목받기 시작했고, 최근은 유럽, 북미, 중국을 포함한 많은 국가에서 현금처럼 사용하고 있으며, 한국도 2013년 코빗이라는 거래소가 개설되어 비트코인을 교환하고 있다.
■ 사용자들은 인터넷에서 다운로드한 지갑 프로그램을 통해 인터넷뱅킹으로 계좌이체하는 방식으로 비트코인을 교환한다.
■ 비트코인은 컴퓨터를 이용한 마이닝과 구매 방식으로 얻을 수 있다.
■ 비트코인 기반 기술인 6단계를 거쳐 거래가 이루어지며, 블록체인 기술 기반으로 이루어 진다.

▶ 비트코인 기반 기술 '블랙체인' 작동 원리

① A가 B에 송금
② 해당 거래 통보가 담긴 '블록' 생성
③ 네트워크 내 모든 참여자에서 '블록' 전송
④ 모든 참여자가 해당 거래의 타당성 확인
⑤ 승인된 블록을 기존 '블랙체인'에 연결
⑥ 실제 송금 완료

- **디지털화폐:** 전자화폐보다 큰 개념으로 전자화폐의 범용성 요건이 부족하다. 대한민국의 경우 전자화폐가 되기 위해서는 범용성 요건을 갖추어야 한다. 따라서 가상화폐, 암호화폐는 디지

털화폐에 속하지만 전자화폐에 속하지 않는다.
- 가상화폐(Virtual Currency)란 어떤 환경에서는 법화인 화폐처럼 작동하지만 진정한 화폐의 속성을 가지고 있지 않은 교환수단으로, 어떠한 관할권에서도 법화의 지위를 가지지 않는다.
- 암호화폐(Cryptocurrency)는 블록체인(Blockchain) 기술[43]로 암호화되어 분산발행되고 일정한 네트워크에서 화폐로 사용할 수 있는 전자정보이다.
  * 암호화폐는 중앙은행이 발행하지 않고 블록체인 기술에 기초하여 금전적 가치가 디지털 방식으로 표시된 전자정보로서 인터넷상 P2P 방식으로 분산 저장되어 운영·관리된다.
  * 각 암호화폐의 분산형 통제는 블록체인 기술을 통하여 운용하는데, 블록체인은 분산 거래장부(Distributed Ledger)로 기능하는 공적 데이터베이스이다.
  * 암호화폐는 재화성을 함께 가지는 특수한 지급수단으로 원래 재화교환의 매체, 즉 지급수단으로 고안된 것이지만, 액면가가 없고 투자의 목적이 되어 거래소를 통하여 시장의 수급에 따라 형성되는 가격으로 거래되어 소득 또는 손실이 발생할 수 있다.

- **신용카드**(Credit Card): SET[44](Secure Electronic Transaction) 전송표준과 신용카드를 결제기반으로 하는 암호보안기술(SSL[45])이 개발됨에 따라 현재 결제수단으로 가장 널리 이용된다. 전통적 신용카드 결제 과정과 유사하지만 결제 정보가 네트워크상에서 이동하는 점이 다르다.

▶ **전자결제시스템의 종류**

IC 카드형	네트워크형

• 화폐 가치가 IC카드에 저장된다.
• 초기 설비투자 비용이 많이 든다.
• 일회 충전액수에 제한이 있다.
• 카드 분실시 환불이 불가능하다.
• 장점: 안정성, 통합성, 다기능성, 다용도성
• 대량 데이터 저장이 불가능하다.
• 온라인 거래, 오프라인 거래 모두 가능하다.
  - 개방형: 카드소지자간 화폐가치의 이전가능성이 있다. 예 몬덱스
  - 폐쇄형: 대부분의 국가에서 폐쇄형을 택하고 있다. 예 비자캐시, 프로톤
	• 거래은행과 접속되는 PC 또는 인터넷의 가상은행에 전자화폐를 예치 및 저장했다가 추후 대금결제에 사용하는 방식이다.
	• 화폐 가치가 네트워크를 통하여 즉시 상대방에게 전달되어 결제 처리된다.
	• 초기 설비투자 비용이 적게 든다.
	• 일회 충전액수에 제한이 없다.
	• 카드 분실시 환불이 가능하다.
	• 온라인 거래만 가능하다.
	  - 현금형 지불수단: E-cash
	  - 신용카드형: 삼성, 국민, 신한, 롯데 등
	  - 수표형: Check-free, E-check, NetCheque

▶ **접촉방식에 따른 카드 분류**

접촉식 카드	비접촉식 카드
• 카드를 수용하는 인터페이스 장치에 카드를 접촉함으로써 사용할 수 있다. • 전기충격, 물리적 손상의 우려가 있으나 보안성이 좋다. • 금융분야, 보안카드 등과 같이 보안성이 필요한 분야에 사용된다.	• 카드 내에 있는 코일이 인터페이스와 통신을 하는 형태의 카드이다. • 비접촉식 카드는 직접 접촉이 없어 물리적 손상 우려가 적다. • 보안성이 요구되는 분야보다는 신속한 정보처리가 필요한 분야에 활용(교통카드, 출입통제카드 등)된다.

- **전자수표**(Electronic Check): 전자상거래를 통하여 물품 구입후 대금 청구서를 수령한 물품구매자가 컴퓨터를 이용하여 자신의 은행에 지급 제시하고 전자적 추심과정을 거쳐 판매대금을 회수하는 시스템이다.
  - B2B나 규모가 큰 거래에 주로 이용됨
  - NetCheque가 대표적 사례
- **전자자금이체**(Electronic Funds Transfer): 금융기관에 계좌이체나 자동이체 지시를 컴퓨터 네트워크를 통해 전자수단으로 이동시키는 시스템이다. 요금이나 상품대금을 현금으로 지불하지 않고 신용카드, 지로, 에스크로 서비스, 홈뱅킹, 자동 입출금기(ATM) 등을 이용하는 방식이다.

▷ **에스크로 서비스**

■ 구매자와 판매자의 관계에 신뢰가 없는 경우 상거래가 원활할 수 있도록 보증을 해 주는 서비스다.
■ 에스크로가 적용되는 비용을 결제할 때 에스크로 적용 여부 및 카드 결제로의 전환 여부는 고객이 선택 가능하다.

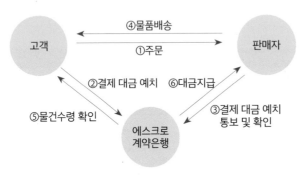

- '결제 대금 예치제' 또는 '구매안전서비스'라고 불림
- 전자상거래에서 소비자의 결제안전을 보호해 주는 장치로 쇼핑몰에서 현금 결제시 구매자가 지불한 대금을 에스크로 계약 은행에서 우선 보관하고 배송이 확인되면 이후 판매자에게 대금을 지급하는 과정을 거침
- 결제만 받고 상품을 발송하지 않는 사기성 거래로부터 안전성을 확보할 수 있음
- 구매자가 구매승인을 하지 않으면 결제 확인(거래시작)한 날을 포함하여 8일째 되는 날에 자동 입금됨

- **전자어음**: 인터넷상에서 상품이나 서비스를 구매하고 사이버 어음으로 결제를 해 주는 서비스 또는 발행인, 수취인, 금액 등의 어음정보가 전자 문서 형태로 작성된 약속된 어음이다.
- **전자상품권**: 플라스틱 카드 형태를 가진 실물 상품권으로 발행, 판매, 회수, 정산, 폐기 등 일련의 과정을 전자적인 방법으로 관리하는 상품권이다.
- **상품권 결제**: 상품권을 온라인에서 결제 대금으로 사용할 수 있도록 지원한다.
- **전자청구지불시스템**(EBPP, Electronic Bill Presentment and Payment): 세금이나 요금 청구서를 인터넷을 통해 보내고 인터넷을 통해서 대금 결제를 한다.
- **티머니**(T-money): 교통 카드 및 전자 화폐로 사용할 수 있는 스마트 카드의 한 종류이다.
- **P2P**(Peer to Peer) **결제**: 인터넷에서 전자지갑을 보유하고 있는 개인과 개인이 서로 송금할 수 있도록 하는 수단(페이팔, 구글월렛, 스퀘어, 삼성페이 등)이다.

- 삼성페이는 별도의 전용 단말기가 필요한 애플의 '애플페이'나 구글의 '구글페이'와는 달리, 전용 단말기가 없더라도 기존의 신용카드 결제 단말기만 있으면 결제가 가능하다. 이때 마그네틱 보안 전송을 사용하여, 근거리 무선 통신을 사용하지 않아도 된다.
- 1998년에 설립된 페이팔은 이베이가 모회사로, 최초의 인터넷 기반 P2P 지불 결제 회사이다. 인 터넷을 이용한 결제서비스로 페이팔 계좌끼리 신용카드로 송금, 입금, 청구할 수 있다. 페이팔의 장점으로는 거래를 하면서 신용카드번호나 계좌번호를 알리지 않아도 되는 보안의 우수성이 있으 며, 수익모델은 수수료이다.

▷ **결제에 사용하는 근거리 무선 통신의 대표적 예**

■ NFC(Near Field Communication)

10cm 이내의 가까운 거리에서 다양한 무선 데이터를 주고 받는 통신기술이다.
- 장점: 통신거리가 짧아 상대적으로 보안이 우수하고 가격이 저렴함
- 단점: 배터리 소모가 큼

■ 비콘(Beacon)

반경 50~70m 이내에 있는 사용자의 위치를 찾아 메시지 전송, 모바일 결제 등을 가능하게 해주는 스마트폰 근거리 통신 기술을 말한다.
- 장점: 저전력으로 스마트폰 배터리 소모량이 적고, 실내에서는 GPS보다 정교한 위치 파악이 가능
- 단점: 스마트폰 사용자 위치를 정확히 파악할 수 있어 개인정보 수집에 활용될 수 있으며, 원치 않는 스팸이 사용자에게 전송될 수 있음

- **모바일 결제**: 휴대폰이나 스마트폰 등을 이용하여 SMS 인증번호를 통한 결제 기능이다.
- **ARS(Automatic Response Service) 결제**: 유선전화를 이용하여 결제 대금을 청구금액에 과금하는 결제 지원 시스템이다.

② 전자결제 프로세스

(1) 전자화폐의 전자현금 처리 과정

- 전자화폐는 거래당사자간에 전자적인 현금정보가 교환되는 형태로 구매자는 금융회사로부터 자신의 계좌잔고나 신용을 기반으로 전자현금을 발급받아 대금을 지불하는 방식이다.

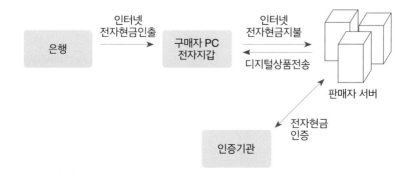

(2) 전자지불 게이트웨이

- **전자결제지불 대행사(PG: Payment Gateway) 정의:** 인터넷 쇼핑몰의 결제처리와 정산업무를 위해 믿을 수 있는 제3자가 인터넷 쇼핑몰을 대신하여 은행, 신용 카드사 등과 대행계약을 맺고 이들로부터 일정 수수료를 지급받아 인터넷 쇼핑몰들에게 지급하는 서비스이다.
- 지불대행서비스는 결제 수단의 종류에 따라 신용카드 대행 서비스, 계좌 이체 대행 서비스, 휴대폰 지급 대행 서비스 등이 있다.

▷ 전자지불대행사의 PC 서비스 흐름

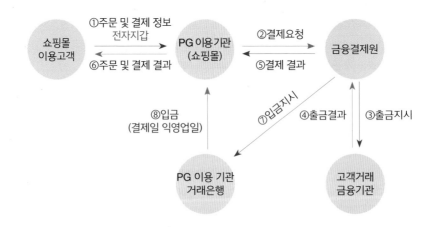

(출처: 뱅크페이)

① 주문 및 결제 정보: 소비자는 PC 서비스 이용 기관의 웹사이트를 접속하여 물품 및 서비스 대금 결제를 요청
② 결제 요청: PG 서비스 이용 기관은 소비자가 입력한 결제 정보를 암호화하여, 이용 기관의 정보와 함께 금융결제원[46] PG 서버로 결제 요청
③ 결제 정보 출금지시: 금융결제원은 소비자의 출금금융기관으로 출금지시를 송신하여 실시간으로 계좌 출금 요청
④ 출금결과: 출금금융기관은 금융결제원에 출금 처리 결과를 전송하고, 출금 후 별도 계정에 보관
⑤ 결제결과: 금융결제원은 이용 기관에 출금 처리 결과를 실시간으로 전송
⑥ 주문 및 결제 결과: 이용 기관은 고객에게 결제 처리 결과를 화면(PC, 스마트폰)으로 출력
⑦ 입금지시: 금융결제원은 출금일 익영업일에 이용 기관의 거래은행에 입금지시 송신(출금 익영업일)
⑧ 입금: 이용 기관 거래은행은 이용 기관의 입금 계좌로 결제 대금 입금(출금 익영업일)
  *이용 기관에 입금되는 결제 대금은 고객 결제 금액에서 건당 수수료 금액을 차감한 후 입금

③ 전자결제 보안 개요

(1) 전자보안의 4대 요소

- 기밀성(Confidentiality): 제 3자가 인가된 송수신자 간의 전달 내용을 알지 못하도록 안전한 의 사소통을 하는 것을 의미한다.
- 인증(Authentication): 인가된 사용자들이 정보를 송수신할 때, 신원에 대한 내용이 사실인지의 여부를 증명하고 확인한다.
- 무결성(Integrity): 정보의 송수신 도중에 악의의 목적으로 데이터가 위조되거나 변조되지 않고 전달되어야 한다.
- 부인 방지(Non-repudiation): 사용자가 자신의 행위 사실을 부인할 때 이를 방지한다.

(2) 해킹

- 초기의 해킹은 '개인의 호기심이나 지적 욕구를 해소하기 위해서 다른 컴퓨터를 탐험하는 행위' 즉 화이트 해킹을 의미했으나, 점차 '다른 컴퓨터 시스템을 파괴적인 계획을 갖고 침입하는 행위'로 부정적 의미를 갖게 되었으며, 이와 같은 부정적인 해킹을 '크래킹'이라 한다.
- 최근에는 '어떠한 의도에 상관없이 다른 컴퓨터에 침입하는 모든 행위'를 의미하며, 인터넷을 통하여 타인의 컴퓨터 시스템에 접근 권한 없이 무단으로 침입하여 불법적으로 시스템을 사용하거나, 열람 권한이 없는 자료조회 및 유출 변조 등의 행위를 하는 것을 말한다.
- 핵티비즘(Hacktivism)은 '해커(Hacker)'와 '행동주의(Activism)'의 결합어로 정부, 단체, 그리고 정치적인 목적을 위한 개인, 서비스 거부 공격, 정보도용 등의 공격하는 행위를 말한다.

(3) 인터넷 보안 위협 유형

위협 유형

- 가로막기(Interruption): 데이터의 정상적인 송수신을 가로막는 행위이다.
- 가로채기(Interception): 데이터가 전달되는 과정에서 도청하거나 정보를 유출하는 행위이다.
- 수정(Modification): 데이터를 원래 송신된 데이터와 다른 정보로 바꾸는 행위이다.
- 위조(Fabrication): 다른 송신자로부터 데이터가 송신된 것처럼 비슷하게 만드는 행위이다.

인터넷 보안 위협의 형태

악성코드	바이러스 (Virus)	자기자신을 복제하거나 다른 파일에 확산시킬 수 있는 컴퓨터 프로그램이다.
	봇 (Bot)	인터넷에 연결되어 있는 컴퓨터에 몰래 악성코드를 설치한다. 설치 된 후에는 공격자가 보내는 외부 명령에 반응한다. 봇네트(BotNet)는 인터넷에 연결되어 있으면서 피해를 입은 여러 컴퓨터들의 집합을 가리킨다.
	웜 (Worm)	네트워크를 통해 연속적으로 자신을 복제하여 시스템의 부하를 높임으로써 시스템을 다운시키는 바이러스의 일종이다.
	트로이 목마 (Trojan Horse)	정상적인 프로그램으로 위장하여 사용자 컴퓨터에 설치되어 실행된 후 지속적으로 사용자 컴퓨터에서 정보를 유출하거나 컴퓨터를 원격 제어한다.
	백도어 (Back Door, Trap Door)	공격자가 손상된 컴퓨터에 무단으로 원격 접근을 가능하게 하는 바이러스, 웜, 트로이 목마의 기능이다.
잠재적 유해 프로그램	애드웨어	사용자가 특정 사이트를 방문 시 팝업 애드를 컴퓨터에 설치하는 프로그램이다.
	브라우저 기생	사용자의 브라우저 설정을 감시하고 바꿀 수 있는 프로그램이다.
	스파이웨어	사용자의 키 누름, 전자메일과 인스턴트 메시지 복사본, 그리고 심지어는 스크린 샷(스크린 샷을 이용하여 비밀번호나 다른 비밀정보를 획득)을 취득하는 데 사용될 수 있다.
피싱 (Phishing)		피싱은 Fishing에서 유래한 단어로 'Private Data'와 'Fishing'의 합성어이다. 컴퓨팅에서 전자우편 또는 메신저를 사용해서 신뢰할 수 있는 사람 또는 기업이 보낸 메시지인 것처럼 가장함으로써, 비밀번호 및 신용카드 정보와 같이 기밀을 요하는 정보를 부정하게 얻으려는 사회공학[47]의 한 종류이다.
스니핑 (Sniffing)		'엿보기'라고도 일컫는다. 가장 많이 사용되는 해킹 수법으로 네트워크상에서 돌아다니는 정보들을 감시하는 일종의 도청프로그램으로, 전달되는 모든 패킷을 분석하여 사용자의 계정과 암호를 알아내는 해킹 형태이다.
스푸핑 (Spoofing)		'파밍'이라고도 일컫는다. 웹링크가 목적지 주소를 사칭하는 다른 주소의 웹으로 연결해 주는 것이다. 한 사이트에 들어가도록 연결되어 있는 링크가 해커에게 득이 되는 전혀 다른 사이트로 사용자를 연결시키도록 재설정 될 수 있다. 거짓 전자메일 주소나 누군가로 사칭하는 방법을 이용해서 자신의 진짜 정체를 숨기는 것이다.
랜섬웨어 (Ransomware)		사용자 PC를 인질로 삼는 보안 공격으로, 'Ransom(몸값)'과 'Software'의 합성어다. 시스템을 잠그거나 데이터를 암호화해 사용을 못하게 하여 이를 인질로 금전을 요구하는 악성 프로그램을 말한다.
DoS (Denial of Service, 서비스 거부)		여러 대의 장비를 이용하여 대량의 데이터를 특정한 서버에 집중적으로 전송함으로써 서버의 정상적인 기능을 방해하는 형태로, 해커가 웹사이트를 필요없는 핑이나 페이지 요청으로 사이트 웹서버가 제대로 동작할 수 없게 만든다.
DDos(Distributed DoS, 분산형 서비스 거부)		대량의 컴퓨터들을 이용해서 수많은 곳으로부터 목표된 네트워크를 공격한다. 서비스 거부나 분산형 서비스 거부 공격은 시스템을 영구적으로 폐쇄시킬 수 있다.

기타 보안문제들

- **내부자공격**: 기업의 내부자들은 복잡한 내부의 보안절차를 준수하지 않고 사내시스템 접근이 가능하여, 내부 정보를 유출하기도 한다.
- **불완전한 서버 및 클라이언트 소프트웨어**: 불완전한 서버나 클라이언트 소프트웨어의 운영체제와 브라우저를 포함한 응용 소프트웨어는 보안 위협의 대상이 된다.
- **소셜네트워크 보안문제**: 악성코드, 피싱, 데이터 훼손, 신분 도용과 같은 보안의 위협 등이 있다.
- **모바일 운영체제 보안문제**: 모바일 기기의 급속한 확산은 무선네트워크 보안과 관련된 새로운 위협을 증가시키고 있다.
  - 휴대전화 멀웨어(Malware): 모바일 기기를 이용한 악성코드 소프트웨어
  - 보이스 피싱: 전화를 통해 피싱하는 사기
  - 스미싱: SMS 메시지를 이용해 피싱하는 사기

(4) 인터넷 보안 기술

웹 보안 프로토콜

S-HTTP (Secure HTTP)	공개키 암호화 방식을 사용하며, 기존의 HTTP에 보안 요소를 더하여 개발한 프로토콜이다. 응용수준에서 메시지의 암호화를 통해 기밀성을 보장하는 것으로 공개키 암호화 방식인 RSA 알고리즘을 이용한다.
SSL (Secure Socket Layer)	전자상거래 시 필요한 개인 정보를 보호하기 위한 개인 정보 유지 프로토콜로 넷스케이프사가 개발한 채널기반 암호화 방식의 프로토콜이다. 애플리케이션과 TCP/IP 계층에 존재한다.
HTTPS (HyperText Transfer Protocol over Secure Socket Layer)	월드 와이드 웹 통신 프로토콜인 HTTP의 보안이 강화된 버전으로 HTTPS는 통신의 인증과 암호화를 위해 사용되며, 전자상거래에 주로 사용된다.
SEA (Security Extension Architecture)	S-HTTP, SSL의 약점을 보완하기 위해 W3C가 개발한 것으로, S-HTTP 기능을 수용하고, 구현은 W3C에서 제안한 Protocol Extension Protocol을 이용한다.
SET (Secure Electronic Transaction)	마스터 카드 회사와 비자 회사가 인터넷과 같은 공개된 네트워크상에서 신용카드와 직불카드 등의 결제를 위하여 공동으로 발표한 보안 프로토콜로, 고객과 거래업체 간에 서로의 신분을 확인할 수 있는 인증, 인터넷상에서 메시지를 안전하게 주고받을 수 있는 암호화 기법, 지불 절차에 관한 내용 등을 포함한다. 매 트랜잭션마다 새로운 형태의 암호값을 설정하기 때문에 해킹하기 어렵다.
C-SET (Chip Secure Electronic Transaction)	SET 기법에 IC카드의 표준인 EMV 기법을 접목한 것으로, SET에서 보다 높은 보안 수준을 제공한다.
EMV (Europay, Master, Visa)	Europay, Master, Visa가 94년에 개발한 범용선불전자화폐로서 IC 카드, 단말기에 대한 표준이다.
OTP (Open Trading Protocol)	전자상거래시 안전하고 효율적으로 쉽게 사용하기 위해서 개발된 표준으로 고객 지불 장치나 HW, SW 종류에 관계없이 구매할 수 있도록 한 개발 장치이다.

방화벽(Firewall)

- 외부로부터의 불법적인 침입을 막기 위하여 내부 네트워크와 외부 네트워크가 연결되는 곳에 설치된 보안 장비(서버) 또는 프로그램이다.

- 보안이 필요한 네트워크의 통로를 단일화하여 관리함으로써 외부의 불법 침입으로부터 내부 정보 자산을 보호하기 위해 사용한다.
- 방화벽이 제공하는 기능에는 접근 제어, 인증, 감사 추적, 암호화 등이 있다.
- 방화벽은 외부로부터의 해킹은 차단할 수 있지만, 내부에서 발생하는 해킹은 차단할 수 없다.

IDS(Intrusion Detection System, 침입 탐지 시스템)

- 보안을 위협하는 침입 행위가 발생할 경우 이를 탐지하는 기능을 가지고 있는 시스템이다.
- 침입 차단을 목적으로 하는 방화벽과는 달리 각종 해킹 기법을 이미 자체에 내장하고 있어 침입행동을 실시간으로 감지/제어/추적할 수 있다.

암호

- 고대 시대 이래 전쟁과 관련하여 주요 정보를 보호하고 기밀을 유지시키는 방법으로 암호는 사용되어 왔다.
- 암호 작성기술
  - 암호학: 평문을 보호하기 위하여 암호화 알고리즘을 연구하는 학문
  - 암호해독학: 평문을 해독하기 위하여 암화화 과정과 암호문을 연구하는 학문
- 암호 시스템 주요 단계

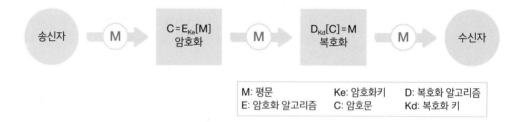

M: 평문	Ke: 암호화키	D: 복호화 알고리즘
E: 암호화 알고리즘	C: 암호문	Kd: 복호화 키

- 암호 시스템의 세가지 요건
  - 암호화키에 의한 암호화와 복호화가 효과적으로 이루어져야 한다.
  - 암호 시스템은 사용이 용이하여야 한다.
  - 암호화 알고리즘 자체보다는 암호키에 의한 보안이 이루어져야 한다.
- 암호화 기술

비밀키(대칭키) 암호화	• 송신측의 암호키와 수신측의 해독키가 같은 암호화 기법이다. • 암호화 알고리즘이 간단하기 때문에 크기가 작고, 속도가 빠르다. • DES(Data Encryption Standard) 방식이 있다. • Private or Secret Key Infrastructure
공개키(비대칭키) 암호화	• 암호화할 때 사용하는 암호키와 해독할 때 사용하는 해독키가 서로 다른 암호화 기법이다. • 암호화 과정에 사용자 A는 사용자 B의 공개키를 사용하여 평문을 암호화하고 이것을 이용자 B에 송신하며, 복호화 과정으로 사용자 B는 자신의 비밀키를 사용하여 수신된 암호문을 복호화한다. • 키의 분배가 비교적 쉬우며, 키 변화의 빈도 또한 상대적으로 적다. • 디지털 서명 기법에 적당하며, RSA방식이 있다. • Public-key Infrastructure (PKI)

| | • 디지털 서명 기법에 적당하며, RSA방식과 타원곡선 암호 시스템이 있다.
　- RSA: Ron Rivest, Adi Shamir, Le Adleman 학자 이름의 머리글자를 딴 암호 시스템이다. 인수분해 문제해결을 이용한 공개키 암호 시스템으로 1978년 미국 MIT에서 최초로 개발되었으며, 암호화 뿐만 아니라 전자서명의 용도로 사용될 수 있다.
　- 타원곡선 암호 시스템: 1985년에 정수공간이 아닌 타원곡선상에 정의된 이산대수 문제를 통해 타원곡선 암호 시스템을 제안하였는데, 타원곡선상에서 구현함에 따라 정수공간에서 구현함에 비해 수학적 복잡도가 높아 그 강도가 높다고 평가되고 있다. 더 많은 키를 줄 수 있어서 스마트카드, 휴대통신기기, PC카드 등과 같은 하드웨어가 적합하고, RSA에 비해 보다 빠른 전자서명 속도를 가질 수 있다. 그러나 RSA에 비해 안정성은 다소 낮다. |
| **해쉬 알고리즘** | • 해쉬 알고리즘은 보안 프로토콜 구축을 하는데 있어서 기초가 된다.
• 암호학적 해쉬 알고리즘은 임의의 유한 길이 입력값을 고정된 크기의 출력값(해쉬값, 혹은 메시지 다이제스트로 불림)으로 바꾸는 함수이다.
• 전자서명에서 송신자 이외에 제3자에 의한 문서 위조를 부인방지하는 서비스를 제공하기 위한 필수조건이다.
• 단방향 해쉬 알고리즘의 조건
　- 해쉬값을 이용하여 원래 입력값을 추정하는 것은 불가능하여야 한다.
　- 입력값과 해당 해쉬값이 있을 때 이 해쉬값에 해당하는 또 다른 입력값을 구하는 것은 계산상으로 불가능해야 한다.
　- 같은 해쉬값을 갖는 두 개의 다른 입력값을 발견하는 것은 계산상 불가능 하여야 한다. |

(5) 전자 인증

사용자 인증 기술

• 주체가 객체인 자원에 접근하기 위해서는 식별, 인증, 허가의 단계를 거치게 된다. 네트워크에서는 불법 접속을 시도하는 것을 차단하는 방법이 필요하고 이러한 정당한 사용자를 확인하는 과정을 사용자 인증이라 한다.

　- **식별**(Identification): 본인이 누구라는 걸 시스템에 밝히며, 접근 주체가 누구인지를 유일하게 판별하는 단계로, 책임 추적성 분석의 자료가 된다.

　- **인증**(Authentication): 시스템이 본인임을 주장하는 사용자가 그 본인이 맞다고 인정해 주는 것으로 식별된 주체가 원래 의도된 것인지를 입증하는 단계이다. 임의의 정보에 접근할 수 있는 주체의 능력이나 주체의 자격을 검증하는 단계이다.

　- **허가**(Authorization): 인증 받은 자에게 자원에 대한 접근 권한을 허용하는 것으로, 주체의 신분에 따른 허가 등급이 필요하다.

• 인증은 사용자가 전송받은 내용이 위조되거나 변조되지 않았는지를 확인하는 것이다.

| **사용자 인증** | • 메시지의 생성, 전송, 수신, 이용, 저장 등의 일련의 과정에 연관되어 있는 정보의 송신자, 수신자, 이용자, 관리자들이 제3자에게 자신의 신분을 증명하는 과정이다. |
| **메시지 인증** | • 전송된 메시지의 내용이 위조되지 않고 원래의 정보를 그대로 가지고 있다는 사실을 확인하는 과정이다. |

- 인증서(Certificate)

인증서	• 전자서명 생성 정보가 유일한 가입자에게 속한다는 사실을 확인하고 증명하는 전자적 정보이다.
공인인증서	• 공인인증 기관이 발급하는 인증서로 전자상거래시 본인의 신원을 확인하고, 문서의 위조와 변조, 거래사실 부인 방지 등을 목적으로 한다. • 공인인증서의 정보: 인증서 버전, 인증서 일련번호, 유효기간, 발급기관명, 가입자의 전자서명 검증정보, 가입자명 및 신원확인정보, 전자서명방식

▷ 통합인증체계

- **SSO(싱글사인온: Single Sign On)**는 가장 기본적인 인증 시스템으로, 모든 인증을 하나의 시스템에서 하기 위해 개발된 시스템이다. 즉 시스템이 몇 대가 되어도 하나의 시스템에서 인증에 성공하면 다른 시스템에 대한 접근 권한도 모두 얻는 것이다.
  - 사용자 : 개별 ID/Passwowrd로 로그인
  - 인증 서버 : ACL을 통한 통합인증서버
  - LDAP(Lightweight Directory Access Protocol) : 네트워크상 자원을 식별하고 사용자와 애플리케이션들이 자원에 접근할 수 있게 하는 네트워크 디렉터리 서비스
  - SSO Agent : 각 정보 시스템에 자동인증 정보(Token) 송수신 수행

- **커버로스(Kerberos)**는 인증프로토콜인 동시에 KDC(키분배센터)로 개방된 컴퓨터 네트워크 내에서 서비스 요구를 인증하기 위한 대칭키 암호기법의 티켓 기반 인증 프로토콜(DES 사용)이다.
  - 유닉스, 윈도우 운영체제에서 기본 인증기법으로 사용
  - 분산 환경을 위한 SSO의 한 예, 이종 네트워크를 위한 표준
  - 장점: 데이터 기밀성/무결성 보장, 재생공격 예방, 대칭키 사용해서 도청보호, 개방된 다른 기종간 컴퓨터에서 서비스 인증이 자유롭게 가능
  - 단점: 패스워드 사전공격에 약하고, 비밀키, 세션키가 임시로 단말기에 저장되어 해킹 위험이 있음. 타임 스탬프로 인해 시간동기화 프로토콜 필요, 비밀키 변경이 필요함

▷ 인증 접근원칙

- 알 필요성 원칙(Need to know) : 해당 업무에 대한 접근 권리만 부여하는 원칙
- 최소 권한 원칙(Least Privilege Policy) : 업무수행에 필요한 최소 권한만 부여하는 원칙
- 직무 분리 원칙(Separation of Duty) : 한 사람에게 모든 업무(권한)를 부여하지 않는 원칙

- 인증 기술은 적용하는 기반 기술을 바탕으로 4개 Type으로 구분되며, 하나의 인증방식을 이용하는 단일인증(Single Factor)방식보다 여러 개의 인증방식을 혼용하는 다중인증(Multi Factor) 체계가 더 효과적이다.

- 인증 Type 구분

인증 강도	Type	특성
약	TYPE - I: Something you know	지식 패스워드, PIN, Pass Phrase
↑ ↓	TYPE - II: Something you have	소유 스마트카드, 토큰, 신분링
	TYPE - III: Something you are	존재 홍채, 지문, 정맥
강	TYPE - IV: Something you do	행동 음성, 서명, Keystroke Dynamics

- 패스워드 인증 프로토콜(PAP: Password Authentication Protocol)은 특정 사용자가 자신만이 알고 있는 비밀 정보인 패스워드를 사용자 이름과 함께 인증서버에 제공함으로써 서버의 서비스를 제공받을 수 있는 가장 전통적인 개인 식별방법이다.
  - 패스워드 정책

    최소한 8개 문자의 조합으로 구성되고, 공유되면 안 된다. 처음 로그인 시 반드시 새로운 패스워드로 변경하도록 강제 적용하며, 각 로그인 시도에 대한 정보(시간, 사용자ID)를 포함하는 정확한 감사 기록을 유지한다. 시스템은 실패한 로그인 시도 횟수를 제한하는 임계치(Clipping Level)를 설정한다.

  - 패스워드 문제점
    * 전자적 모니터링 공격: 통신망 접속을 시도할 때 패스워드에 대한 불법적인 도청이 가능
    * 무차별공격, 사전공격: 사용자가 암기하기 쉬운 문자로 구성시 공격자가 추측하기 쉬움
    * 파일 관리의 어려움: 모든 사용자의 패스워드를 보관해야 함

  - 대응책
    * 로그인 실패 횟수의 제한과 주기적으로 패스워드 변경
    * 패스워드 재사용 제한하고 패스워드 저장시 일방향 암호화를 사용함
    * 사전 공격 혹은 무차별 공격을 탐지하기 위해 IDS 사용하고, Tool을 이용하여 취약한 패스워드를 파악

- 일회용 패스워드(OTP: One Time Password) 인증방식은 매 세션마다 서로 상이한 패스워드를 사용하므로 패스워드가 노출되어도 다음 세션에 사용될 패스워드를 예측할 수가 없어 패스워드 인증방식 중 안전성이 가장 높다.
  - 해쉬함수를 이용하는 OTP: 일방향 해쉬함수를 이용하는 고전적인 OTP 생성 방법으로, S/key 방식이라고도 한다. 동작은 초기화 단계, 패스워드 생성단계 및 인증단계로 나누어 진행된다.

- 시도응답 인증 프로토콜(CHAP: Challenge Handshake Authentication Protocol)은 자신의 신분을 다른 실체에게 증명하기 위하여 자기 자신만이 소유하고 있는 어떤 비밀 정보를 자신이 알고 있다는 사실을 간접적으로 보여주는 프로토콜로 비밀키 암호 및 공개키 암호에 기반을 두고 있다. 신분 증명을 요청하는 서버가 신분을 밝히라는 시도(Challenge)를 클라이언트에게 보내면 클라이언트는 그 비밀 정보를 이용하여 응답(Response)함으로써 서버에게 자신을 증명하는 프로토콜은 다음과 같은 방식으로 개인을 식별한다.

일방향 개인 식별 프로토콜	• 시스템 서버 또는 클라이언트 중에 어느 한 대상이 다른 대상을 식별하는 프로토콜을 일방향 개인 식별 프로토콜이라 한다. • 대칭키와 공개키를 사용하는 방식으로 구분하며, 클라이언트와 서버는 사전에 대칭키를 약속하여야 한다.
상호 개인 식별 프로토콜	• 서버가 클라이언트를 인증하듯이 클라이언트의 입장에서도 서버의 신원 확인을 원하는 상호 개인 식별 프로토콜로 클라이언트와 서버간에 1개 이상의 세션을 동시에 여는 것이 가능한 환경에서는 반사 공격(Reflection Attack)[48]에 노출될 가능성이 높다.
영 지식 증명(ZKP: Zero Knowledge Proof) 개인 식별 프로토콜	• 어떤 사실을 알고 있는 경우 사실 관한 정보는 주지 않고, 자신이 그 사실을 알고 있다는 것을 증명하는 것으로, 클라이언트와 서버간의 대화형 프로토콜로 클라이언트가 자신의 비밀 정보를 서버에게 제공하지 않고 자신의 신분을 증명하는 방식이다.
생체 인증(Bio Metric)	• 생체인식이란 개인의 독특한 생체 정보를 추출하여 정보화시키는 인증방식이다. • 장점 　- 지식기반(패스워드)과 소유기반(스마트카드) 인증의 문제점을 해결하는 방법이다. 　- 보안성은 가장 우수하며, 도용예방, 복제불가, 변경불가, 분실방지, 사후추적 관리가 가능하다. • 단점 　- 가장 비용이 많이 드는 인증방법이다. • 생체인증 시스템 설계 시 고려할 사항 　- 정확성을 향상: FRR, FAR 등 에러율을 줄인다. 　　*생체인증 오류율(정확성을 나타내는 척도) 　　▷ False Rejection Rate(Type I 에러): 정상인데 오류로 인식하는 비율(%) 　　▷ False Acceptace Rate(Type II 에러): 오류인데 정상으로 인식하는 비율(%) 　　▷ 사용자의 편리성을 위해서는 FRR을 낮추고, 보안의 엄격성을 위해서는 FAR을 낮추어야 한다. 　- 효율성을 향상: CER(Cross-Over Error Rate), EER(Equal Error Rate) 등을 유지한다. 　- 속도 및 처리량 　- 수용성(Acceptability): 프라이버시 침해, 심리적 · 신체적 편안함을 고려한다. 　- 등록시간: 수용 가능한 등록 시간

정보 시스템(Computer Aided Auditing Techniques: CAATs) 감사

• 정보처리가 전산화되면서 재무, 회계, 기타 경영자료 등 기업이나 기관의 각종 주요업무가 체계적인 정보 시스템으로 구축 운용됨에 따라 정보 시스템의 운영과 구조를 감사하는 정보 시스템 감사가 생겼다.

• 정보 시스템 감사는 컴퓨터 시스템의 효율성, 신뢰성, 안전성을 확보하기 위해 컴퓨터 시스템에서 독립한 감사인들이 국제감사기준에 근거하여 컴퓨터 시스템을 점검하고 평가하며 감사하는 것을 말한다.

• 감리업무는 사업감리와 운영감리로 구분된다.

　- 사업감리: 구축진행 중인 정보 시스템이 정해진 규정대로 구축되고 있으며, 기술적으로 개인의 기밀보호와 오류에 대한 안전성을 잘 반영하고 있는지를 감사한다.

　- 운영감리: 이미 구축되어서 운영 중인 시스템이 준거성과 정보안전성의 기준에 따라 잘 운영되는지를 파악하고 시정한다.

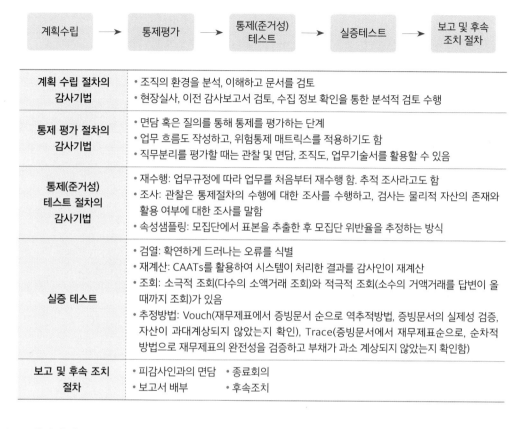

▷ 정보 시스템 감사 프로스세스

| 계획수립 → 통제평가 → 통제(준거성) 테스트 → 실증테스트 → 보고 및 후속 조치 절차 |

계획 수립 절차의 감사기법	• 조직의 환경을 분석, 이해하고 문서를 검토 • 현장실사, 이전 감사보고서 검토, 수집 정보 확인을 통한 분석적 검토 수행
통제 평가 절차의 감사기법	• 면담 혹은 질의를 통해 통제를 평가하는 단계 • 업무 흐름도 작성하고, 위험통제 매트릭스를 적용하기도 함 • 직무분리를 평가할 때는 관찰 및 면담, 조직도, 업무기술서를 활용할 수 있음
통제(준거성) 테스트 절차의 감사기법	• 재수행: 업무규정에 따라 업무를 처음부터 재수행 함. 추적 조사라고도 함 • 조사: 관찰은 통제절차의 수행에 대한 조사를 수행하고, 검사는 물리적 자산의 존재와 활용 여부에 대한 조사를 말함 • 속성샘플링: 모집단에서 표본을 추출한 후 모집단 위반율을 추정하는 방식
실증 테스트	• 검열: 확연하게 드러나는 오류를 식별 • 재계산: CAATs를 활용하여 시스템이 처리한 결과를 감사인이 재계산 • 조회: 소극적 조회(다수의 소액거래 조회)와 적극적 조회(소수의 거액거래를 답변이 올 때까지 조회)가 있음 • 추정방법: Vouch(재무제표에서 증빙문서 순으로 역추적방법, 증빙문서의 실제성 검증, 자산이 과대계상되지 않았는지 확인), Trace(증빙문서에서 재무제표순으로, 순차적 방법으로 재무제표의 완전성을 검증하고 부채가 과소 계상되지 않았는지 확인함)
보고 및 후속 조치 절차	• 피감사인과의 면담 • 종료회의 • 보고서 배부 • 후속조치

(6) 포렌식마킹

• 워터마크 기술에 구매자 정보 및 유통경로, 사용자 정보 등을 삽입하여 유포자와 배포경로를 추적할 수 있는 기술로, 디지털 데이터가 불법적으로 무단 복제되었을 경우, 데이터의 판매자로 하여금 복제된 복사본의 원 구매자를 식별할 수 있게 하는 사후 검출 기능을 제공함으로써 구매자가 디지털 데이터를 불법적으로 배포하지 못하게 보호하기 위한 기술

　＊ 워터마크(Watermark) 기술은 멀티미디어 콘텐츠에 사람이 인지할 수 없는 소유권자의 저작권 정보를 워터마크로 삽입하고, 검출기를 통해 삽입 정보를 식별하는 기술로 소유권을 주장할 수 있게 하는 기술

• 포렌식마킹 기술의 특징

- **강인성(Robustness)**: 콘텐츠를 불법으로 재분배를 하고자 하는 공격자의 조작에 삽입된 포렌식마킹 정보가 얼마나 견디는지 그 정도를 평가하는 척도

- **유일성(Uniqueness)**: 검출된 삽입 정보가 저작자/구매자를 명확하게 특징할 수 있는 정도

- **공모허용(Collusion Tolerance)**: 포렌식마킹 된 콘텐츠는 삽입되는 내용이 구매자마다 다르므로 다수의 구매자들이 자신의 콘텐츠를 비교하여 삽입 정보를 삭제하거나 다른 사용자의 정보를 삽입한 콘텐츠로 위조하여 배포할 수 있으므로 이와 같은 공격에 견고하기 위해 아무리 많은 콘텐츠가 주어지더라도 포렌식마크를 찾거나 삭제할 수 없어야 하고, 새로운 포렌식마크를 생성할 수 없어야 함

- **비대칭성(Asymmetry)**: 콘텐츠를 구매할 시점에서 포렌식마킹이 된 콘텐츠를 구매자만이 알고 판매자는 알지 못하도록 하는 조건을 비대칭성이라고 함. 포렌식마킹이 된 콘텐츠를 판매자도 접근할 수 있다면 불법 재분배자 식별에 있어서 모호함이 발생할 수 있음. 단지 구매자만이 포렌식마킹이 된 콘텐츠를 소유할 수 있어야만 재분배했을 경우에 확실한 불법의 증거가 됨
- **익명성(Anonymity)**: 인터넷을 통한 전자상거래와 연관하여 본 조건은 구매자에 대한 익명성을 보장해야 한다는 조건임. 실제로 상거래의 특징은 익명으로 상품을 구매할 수 있다는 점으로, 구매자의 프라이버시를 존중하면서 포렌식마킹 된 콘텐츠를 판매할 수 있어야 함
- **조건부 추적성(Conditional Traceability)**: 정직한 구매자는 익명으로 유지하는 한편, 불법 배포한 부정자는 반드시 추적할 수 있어야 함

2 사이트 이해

1 │ 사이트 이해

① 웹사이트 구축의 주요 요소

(1) 실용적인 웹사이트 구축

- 실용적인 웹사이트 구현을 위해서는 높은 유용성, 넓은 호환성, 높은 유인성, 데이터 유지관리의 편리성, 쌍방향 영향력이 중요하다.

유용성	• 효율적 색인 • 메타 태그 등을 이용하여 검색시 노출이 유용해야함 • 내비게이션이 편리해야 함
호환성	• 다양한 인터넷 애플리케이션, 툴을 지원할 수 있어야 함
유인성	• 가독성이 높아 사용자들을 유인할 수 있어야 함
편리성	• 데이터가 새롭고, 시기 적절하게 제공될 수 있는 콘텐츠 관리를 편리하게 할 수 있는 서비스를 제공할 수 있어야 함
쌍방향적 영향력	• 웹사이트의 주체가 일방향으로 제공하는 서비스보다는 고객을 위해 존재하고 있다는 쌍방향적 가치를 제공해야함

(2) 유저인터페이스

- 유저인터페이스란 사용자에게 컴퓨터를 편리하게 사용할 수 있는 환경을 제공하는 것으로 사용자와 웹 시스템 간에 대화를 할 수 있도록 한 설계 내용이다.
- 쌍방향적 영향력을 높이기 위해서는 성공적인 유저인터페이스가 중요하며, 다음과 같은 요소를 고려해야 한다.
  - 목적성(Objectivity): 웹사이트의 목적에 맞게 인터페이스가 구축되어야 함
  - 일관성(Consistency): 전체적인 레이아웃이나 내비게이션 등이 일관성을 유지해야 함
  - 편리성(Convenience): 웹사이트 사용자에게 편리성을 제공해야 함
  - 명료성(Clarity): 웹사이트 구조 및 정보 위치는 명확하게 제공되어야 함
  - 유연성(Flexibility): 일반적인 사용자들이 어려움 없이 사용할 수 있도록 제공되어야 함
  - 직관성(Intuitive): 사이트에 들어왔을 때 특별한 설명 없이 사용할 수 있어야 함
  - 단계성(By Step): 한 번에 많은 정보가 제공되기 보다는 단계적으로 필요한 정보를 제공하여 이용자들이 쉽게 사용할 수 있도록 해야 함

(3) 정보 구조화

- 웹사이트에서 정보를 효과적으로 제공할 필요가 있으며, 이때 필요한 것이 정보의 구조화이다. 정보 구조화는 제공하고자 하는 정보 내용의 주요 요소를 정리하고 배열하여 통일된 조직으로 만드는 과정이다.
- 정보 구조화의 장점
  - 정보 정리를 도와준다.
  - 내용 요소 간 관계성을 쉽게 이해할 수 있다.
  - 빠지거나 모순된 부분을 쉽게 발견할 수 있다.
  - 기억에 오래 남는다.
  - 정보를 체계적으로 관리할 수 있게 도와준다.
  - 정보의 흐름이나 절차를 쉽게 파악할 수 있다.
  - 다른 비슷한 구조로 쉽게 변경할 수 있다.
- 정보 구조화를 위한 4가지 단계
  ① 주어진 정보를 정확히 파악한다.
  ② 정보에 있어서 꼭 필요한 내용을 추출한다.
  ③ 추출한 필요 내용의 주요 요소를 비교하여 비슷한 성질의 것을 분류한다.
  ④ 분류된 요소들 간의 관계를 체계적으로 정리하여 정보의 의미를 표현한다.
- 정보 구조화의 대표적인 방법은 선형 구조, 계층형 구조, 테이블형 구조, 그래프형 구조 등이 있다.
  - 선형 구조는 일을 하는데 있어서 순차적으로 하는 것과 같이 정보의 내용 요소를 순차적으로 나열하여 정보의 의미를 전달하는 구조이다(에 요리 레시피).
  - 계층형 구조는 정보의 내용 요소를 수준별로 분류하여 정보의 의미를 전달하는 구조로 조직의 계층 구조나 사물을 분류하여 세부적인 구성 요소를 보여 주고 관리할 때 사용한다(에 회사 조직도).
  - 테이블형 구조는 정보의 내용 요소를 세로축과 가로축으로 기준을 분해하여 의미를 전달하는 구조이다(에 요일과 시간으로 구성된 학급 시간표).
  - 그래프형 구조는 정보 요소 간의 상호관계를 선으로 연결하여 의미를 전달하는 구조로 지하철 노선도 등이 여기에 해당한다.

> ▷ **모바일 웹사이트 구축**

- 모바일 웹을 설계하는 것은 기존 데스크탑에 비해 모바일 플랫폼의 제약사항을 고려해야 한다.
  - 하드웨어: 모바일 하드웨어는 PC에 비해 작으며, 따라서 데이터 저장, 프로세싱 성능에 대한 자원의 한계가 있다.
  - 연결성: 모바일 플랫폼은 데스크톱 웹사이트보다는 연결 속도가 느리다.
  - 디스플레이: PC에 비해 디스플레이는 훨씬 작으며, 간결함을 필요로 한다.
  - 인터페이스: 터치스크린 기술은 기존의 마우스나 키보드와 다른 상호작용 기술이 필요하며, 모바일 플랫폼에 있어서 내비게이션은 중요하다.

- 반응형 웹디자인
  - 기존 구축되어져 있는 웹사이트가 없는 경우 모바일과 PC 웹사이트를 동시에 구축할 때 고려하기 좋은 방법은 반응형 웹디자인이다.
  - 반응형 웹기술은 사용자의 화면 해상도에 따라 레이아웃을 자동으로 조절해 주는 설계도구나 기법으로 최근 PC, 다양한 사이즈의 모바일 툴에 구애받지 않고 사용할 수 있는 기술이다.
  - 반응형 웹디자인 도구는 HTML5, CSS3를 포함하고, 이 도구들의 주요 디자인 원칙은 ① 유연한 그리드 기반 레이아웃, ② 유연한 이미지와 미디어, ③ 미디어 쿼리가 있다.
- 모바일 웹 애플리케이션
  - 스마트폰이나 태블릿 컴퓨터에 설치된 모바일 웹브라우저에서 작동하도록 설치된 애플리케이션이다 (🔲 애플의 경우 내장 브라우저는 사파리임).
  - 모바일 웹 애플리케이션은 스크린 크기, 핑거 내비게이션, 그래픽적인 단순함의 측면에서 모바일 플랫폼을 위해 특별히 고안되어 있다.
  - 게임, 리치 미디어에 사용되는 복잡한 상호작용을 지원하고, 실시간으로 수행되며, 실시간 계산 및 분석이 가능하다.

② 콘텐츠 구축

(1) 콘텐츠의 개요

- 콘텐츠는 웹사이트에서 제공하는 정보의 내용이나 목록을 일컫는다. 웹사이트에서 어떤 콘텐츠를 어떻게 제공하는가를 규정하는 요소이다.
- 콘텐츠가 다양한 양질의 정보를 제공하는 것은 소비자에게 웹사이트 방문 목적을 달성하게 하고, 사이트의 긍정적인 평가와 재방문을 유도한다.
- 콘텐츠의 가치를 측정하기 위해서는 사용자 측면과 콘텐츠의 생산자 측면을 고려해야 한다.
  - 사용자의 니즈에 대해 얼마나 부합하는 지에 대한 정도
  - 생산된 콘텐츠의 품질과 독창성 정도
- 콘텐츠의 기본 구성

▶ 콘텐츠의 기본 구성	
Why	웹사이트의 목적과 콘텐츠의 목적
Whom	웹사이트를 주로 사용하는 대상
What	사이트에 포함할 제품 대상
Who	사이트를 구축하기 위해서 필요로 하는 팀, 자원들과 역할
Where	사이트가 활용될 시장의 규모 및 점유에 대한 계획
When	사이트를 오픈할 시기와 적절한 시점의 마케팅 전략
How	구체적 개발 전략 - How long: 개발 일정과 타임 스케줄　　　 - How many: 개발에 필요한 비용, 콘텐츠 고려사항

- 콘텐츠를 기획하기 위해서는 다음 사항들을 고려해야 한다.
  - 적절성: 대상에 맞는 내용과 구성, 내용 맥락이 있는 전개
  - 창의성: 새로운 아이디어
  - 흥미: 지속적인 흥미를 유발
  - 조직화: 사용자를 고려한 인터페이스 제공 여부
  - 기술: 효율적인 정보처리 능력 보유 여부

(2) 콘텐츠의 분류

- **정보중심 콘텐츠**: 비즈니스 정보, 전공 관련 정보, 컴퓨터 관련 정보, 취업 관련 정보 등으로 정보의 질과 양이 중요한 콘텐츠
- **커뮤니케이션 중심 콘텐츠**: 서로간의 커뮤니케이션이 중요한 콘텐츠(예 개인의 정보를 입력해야 관련 내용들을 확인할 수 있는 콘텐츠)
- **커뮤니티 중심 콘텐츠**: 게시판이나 채팅 등을 이용하여 정보를 교류할 수 있는 분위기를 만드는 것과 같이 사이버 공간에 일어나는 만남을 유도하는 콘텐츠
- **전자상거래 중심 콘텐츠**: 온라인을 통한 전자상거래 콘텐츠(예 쿠폰, 여행상품, 홈뱅킹, 홈트레이딩 서비스 등)

(3) 콘텐츠의 화면 구성 프로세스

구조의 선택 → 콘텐츠의 범주화 → 콘텐츠의 표현 순서 → 콘텐츠 조직도 작성

- 구조의 선택: 웹사이트의 화면 구성을 위해서 화면의 비즈니스 모델에 따라 구조를 선택하고 콘텐츠를 구성한다.
- 콘텐츠의 범주화: 개별 콘텐츠들을 큰 차원으로 범주화 시킨다.
- 콘텐츠 표현 순서: 각 페이지에 제시되는 콘텐츠 정보의 중요도와 웹사이트 구조의 조화를 통해 우선순위를 정의한다.
- 콘텐츠 조직도 작성: 각 페이지별 정보와 웹사이트의 구조를 조직 형태로 작성한다.

(4) 웹디자인 관점

- 웹디자인을 할 때 먼저 소비자에 대해 이해해야 하고, 소비자의 의견을 반영하고, 기업의 전략에 부합하는지에 대한 여부를 고려해야 한다.
- 웹디자인은 콘텐츠(Contents), 구조(Structure), 내비게이션(Navigation), 디자인 화면(Screen)을 고려하여 구성해야 한다.

· 웹디자인 측면에서 고려해야 할 점

콘텐츠	· 콘텐츠 화면의 깊이에 따라서 내용의 수준은 달라야 한다. 　- 최상위 페이지: 과도한 파일 사용을 지양하고, 복잡하거나 난잡하지 않은 디자인을 사용한다. 　　그리고 가급적 한 화면에 보이도록 구성한다. 　- 하위 페이지: 전체적으로 유사한 수준의 메뉴 깊이를 가져야 하고, 가로 스크롤은 지양해야 하며, 　　최상위 페이지로 이동할 수 있는 링크를 제공해야 한다. 복잡한 배경화면은 지양되어야 한다. · 고객과의 인터랙션을 우선적으로 고려해야 한다. 　- 고객이 웹사이트의 기능과 동작을 참여하게 하고, 향후 수행할 동작에 대해 예측하여 대비해야 　　한다. 　- 고객이 웹사이트의 정보를 잘 이해할 수 있도록 해야 하며, 화면의 계층 구조를 넓고 얇게 배치 　　하고, 가독성과 판독성을 높여야 한다. 　- 지루하지 않도록 화면을 구성해야 한다.
구조	· 사용자가 웹사이트를 이용하는 패턴이나 방법을 관찰하고 분석하여 구조를 개발한다. · 웹사이트 구조를 정의하고, 각 페이지 간의 링크 관계를 보여주는 플로우 다이어그램을 만든다. · 다이어그램의 각 페이지에 대해서 각 요소들을 나열하고 링크를 설정한다. · 계층구조가 3레벨 이상이 되면 사용자는 이용에 어려움을 느낄 수 있다. 깊은 구조보다는 넓은 　구조를 갖도록 해야 한다.
내비게이션[49]	· 고객 웹사이트의 목적을 적절하게 지원해 줄 수 있는지 살펴야 한다. · 일관성 있는 내비게이션 방식을 취해야 한다. · 현재 고객이 있는 웹페이지의 위치 정보를 제공해야 한다. · 내비게이션의 동작에 대한 체크가 필요하다. · 내비게이션의 한계를 보완하기 위해서 사이트맵[50]을 구성할 필요가 있다.
디자인 화면	· 사용자가 좋아하는 디자인을 개발하고, 디자인의 일관성을 유지하여 시각적 정체성을 가지도록 　한다. · 수평 스크롤바는 자제하고, 사용자가 페이지 내용을 결정하기 위해 스크롤링을 하지 않도록 한다. · 정보 시스템을 사용하는 사용자의 수준에 관계없이 이용하기 쉬운 사이트를 디자인해야 한다. · 복잡한 화면은 메시지 전달력이 약하며, 효과적이고 효율적인 정보전달을 목표로 해야 한다. · 새롭게 작성되거나 업데이트 된 내용이 부각되도록 한다. · 최신 기술이 중요한 것이 아니라 호환성과 대중성이 중요하다. · 웹사이트를 제공할 때 개인화 서비스 및 하이퍼 개인화를 고려해야 한다.

· **개인화(Personalization)**: 사용자 개인의 특성과 기호에 맞도록 개인별로 페이지 화면을 편집하여 볼 수 있는 기능을 말한다. 사용자가 자신의 기호, 관심, 구매 경험과 같은 정보를 웹사이트에 제공하면 웹사이트는 사용자가 제공한 자료를 기초로 사용자에게 가장 알맞은 정보를 선별하여 볼 수 있게 해 준다.

· **하이퍼 개인화(Hyper-personalization)**: 타겟 유저의 관심이나 흥미, 행동 데이터를 토대로 최적화한 정보를 제공하는 것을 말한다.

네트워크 구조	• 순서나 특정구조 없이 다수의 페이지로 나열해 놓은 형태로, 웹의 하이퍼텍스트 기능을 이용하여 보완이 필요한 글들에 링크를 제공함으로써 점진적으로 지식을 확장시켜 나갈 수 있도록 만들어진 구조이다. • 많은 페이지들이 수평적으로 얽혀 있는 형태로, 교육용 사이트에서 많이 사용된다.
계열 구조	• 리니어 구조(Linear Structure)로도 불리는데, 순차적으로 웹사이트에서 제공하는 정보를 활용할 수 있도록 만들어진 구조이다. • 웹사이트가 특정한 하나의 주제를 순차적인 논리로 전개해 나갈 때 사용할 수 있다.
계층 구조	• 최상위 페이지와 각 하위 페이지가 논리적 연결관계의 카테고리별로 점진적으로 세분화되어 있는 구조이다. • 일반적으로 정보를 체계적으로 이해하고자 할 때 계층 구조적 사고를 하므로 웹사이트의 뼈대를 구축할 때 많이 쓰인다.
관계형 데이터베이스에 기초한 구조	• 각종 정보를 관계형 데이터베이스로 모델링하여 정리한 후, 검색 기능을 이용하여 정보를 검색할 수 있게 한 구조이다. • 전체 사이트의 하부 사이트나 잘 구조화된 정보를 제공하는 사이트에서 많이 사용 된다.
그리드 구조	• 바둑판식으로 정보 공간을 분할하는 방식(두 가지 계열구조를 결합한 형태)으로, 많은 양의 정보를 데이터베이스에 보유하고 있고, 이를 체계적으로 보여주어야 할 경우에 사용된다.

(5) 콘텐츠와 기술

- 연결 기술: 콘텐츠 구성할 때 많이 쓰이는 기능은 하이퍼미디어(HyperMedia)와 링크(Link)가 있다.
  - 하이퍼미디어는 서로 관련된 대상을 연결하는 하이퍼텍스트(Hypertext)의 확장 개념이다.
  - 링킹(Linking)은 관련된 하이퍼텍스트간의 연결을 담당한다.
- 검색 기술: 대표적인 검색 기술은 브라우징(Browsing)이 있는데 하이퍼미디어의 링크 체계를 이용하여 노드[51]간을 이동하여 원하는 정보에 접근할 수 있도록 하는 기술이다. 일반적으로 노드는 데이터를 인식하고 처리하거나 다른 노드로 빠르고 정확하게 전송하는 성능을 가지도록 개발된다.

(6) 프로모션 관점

- 지속적인 프로모션
- 고객충성도 유지
- 풍부하고 고품질의 콘텐츠
- 허용 E-메일 마케팅

(7) 전자카탈로그

- 전자카탈로그는 상품이나 기업같은 정보가 전자파일의 형태로 제작되어 제공되는 홈페이지이다.

- 전자카탈로그의 특징
  - 텍스트, 그림, 사진, 동영상 모두 사용할 수 있는 전자파일로, 최근에는 HTML보다는 XML[52]을 이용하여 주로 사용되고 있다.
  - 상품에 대한 데이터 정보가 저장되어 있는 데이터베이스가 있어야 하며, 상품과 판매, 구매 및 검색기능이 구비되어 있다.
  - 전자카탈로그에서 사용되는 상품 분류 코드가 갖추어야 할 조건은 호환성, 유일성, 일관성이다.

- 전자카탈로그는 상품에 대한 내용이나 콘텐츠를 저장하고 있는 데이터베이스를 기반으로 제품 정보를 제공한다.

- 전자카탈로그에서 구축된 디렉토리는 소비자와 판매자간에 채널 역할을 하며, 응답시간이 빨라야 하고, 네트워크 변경시 결과가 빠르게 반영되어야 한다.

- 전자카탈로그의 구성 요소
  - 식별 요소: 브랜드명, 제품명, 모델명
  - 기본적 속성: 카테고리, 단위속성, 가격 정보
  - 부가적 속성: 제품설명, 광고/이벤트 정보
  - 디스플레이 요소: 사진, 동영상 등의 구매결정에 필요한 시각 정보

- 인터넷 쇼핑몰 솔루션이 갖추어야 할 기능
  - 쇼핑바구니 기능: 상품 추가, 변경, 일부 삭제, 전체 삭제 기능
  - 결제 기능: SSL, SET 등의 보안기능이 탑재된 결제 기능
  - 주문 처리: 웹사이트에서의 주문 처리 기능
  - 주문 확인: 고객이 상품주문 후에 배달주소, 주문한 상품명과 개수 등이 포함된 주문서를 고객에게 E-메일이나 문자 서비스로 전달하는 기능
  - 판촉 기능: 고객이 선택한 상품과 관련된 판촉기능
  - 게시판 기능: 고객의 질문에 대한 응답 및 의견을 작성할 수 있는 게시판

③ 백오피스 운영 및 관리

(1) 백오피스 개요

- 백오피스(Back Office)는 프론트오피스(Front Office)에 대비되는 말로 기업의 부가가치와 직접 연결되는 생산, 마케팅, 판매 등의 활동을 후방에서 도와주는 일을 하는 기능을 의미한다.
- 백오피스의 구성 과정

- 분석: 고객과 운영자의 니즈를 수집하고 분석한다.
- 기획: 백오피스 환경 구성을 위해서 외부환경을 분석하고, 업체의 내부환경을 분석하여 최대의 효율성을 도출할 수 있는 방안을 기획한다.
- 구축: 기획대로 백오피스 시스템을 구축한다.
- 실행: 구축된 백오피스를 운영하기 전에 테스트를 통해서 기능을 검증하여 향후 운영시 발생할 수 있는 피해를 사전에 방지하도록 해야 한다.
- 전자상거래에 있어서 백오피스 시스템의 주요 관리 기능
  - 고객관리: 고객 프로파일 정보의 등록, 업데이트, 삭제, 고객별 트래픽/마케팅 활동에 대한 정보를 관리
  - 콘텐츠 관리: 콘텐츠의 등록, 수정, 삭제
  - 트래픽 관리: 고객별 트래픽 발생량, 페이지별 트래픽 발생량, 사용자 위치, 평균적 머무른 시간
  - 거래처리 관리: 주문 시스템, 결제 시스템, 배송 시스템, 재고관리 시스템 등
  - 영업 관리: 마케팅 분석 관리, 광고 관리
  - 기존 시스템과의 통합
  - 타 기업 시스템과의 연동
- 백오피스 관리 운영자들이 해야 하는 일
  - 콘텐츠 내용 및 구성을 바꾸기
  - 스팸과 같은 온라인 공격에도 서비스가 중단되지 않아야 함
  - 사이트의 로딩시간이나 다운로드 시간을 짧게 유지할 것
  - 웹사이트 내비게이션의 기능을 향상시켜야 함

(2) 백오피스의 서버 종류

▶ 백오피스 서버 종류	
백오피스 서버 (Back Office Server)	• 윈도우 기반의 서버로 인트라넷 및 사업 응용프로그램을 개발하는 용도로 사용된다.
익스체인지 서버 (Exchange Server)	• 업무환경이 요구하는 공동작업의 응용프로그램을 만드는데 필요한 친숙한 도구와 메시지 전달, 공동작업에 적합한 도구, 운영 및 관리기능을 주로 지원하는 백오피스 서버이다.
프록시 서버 (Proxy Server)	• 프록시 서버에 요청된 내용들을 캐시를 이용하여 저장해 두고, 캐시 안에 있는 정보를 요구하는 요청에 대해서는 원격 서버에 접속하여 데이터를 가져올 필요가 없게 됨으로써 전송 시간을 절약할 수 있고, 불필요한 외부 연결을 하지 않아도 된다. • 외부와의 트래픽을 줄이게 됨으로써 네트워크 병목 현상을 방지하는 효과를 얻을 수 있다. • 방화벽 안쪽에 있는 서버들의 외부 연결은 프록시 서버를 통해 이루어질 수 있다.
스몰 비즈니스 서버 (Small Business Server)	• 소규모의 PC를 갖춘 기업을 고려한 제품으로 파일, 데이터베이스, 프린터, 전자메일, 팩스 서비스, 응용 프로그램, 기타 리소스를 하나의 통합 서버로 관리하여 상대방과 공유할 수 있다.
SNA 서버 (Systems Network Architecture)	• 포괄적인 게이트웨이며 메인 프레임 시스템을 보호하면서 인터넷, 인트라넷, 클라이언트-서버 기술을 전체적으로 조직에 제공하는 응용 프로그램 통합 플랫폼이다. 호스트 시스템과 클라이언트/서버 네트워크 연결 기능을 제공한다.
SQL 서버 (Structured Query Language)	• 관계형 데이터베이스 관리 시스템(RDBMS)의 데이터를 관리하기 위해 설계된 프로그래밍 언어를 사용하는 서버로, SQL 서버는 확장성 있는 비즈니스 솔루션과 데이터웨어하우징, 다양한 오피스 프로그램과 통합으로 필요한 정보들을 유용하게 제공한다.
시스템 매니지먼트 서버 (Systems Management Server)	• 여러 대의 서버를 관리하는 서버 시스템으로, 네트워크 PC를 중앙 관리하고 문제를 해결할 수 있을 뿐만 아니라 소프트웨어를 효율적으로 데스크톱에 배포한다. • 시스템 매니지먼트 서버를 사용하면 PC를 중앙에서 관리할 수 있다.

(3) 전자상거래의 서버

• **머천트 서버**는 전자상거래를 위한 프로그램으로 온라인 쇼핑몰 등의 상점을 쉽게 만들고 운영할 수 있도록 지원해주는 프로그램이다. 인터넷상에서 DB와 웹을 연동해 온라인 카탈로그를 구축하고, 이용자 회원정보 및 고객정보를 관리한다. 그리고 결제 정보를 지불처리 시스템에 보내어 결제를 수행하게 하고, 다양한 프로모션 관리 기능을 제공한다.

  -머천트 서버는 쇼핑몰을 구축할 때 편리성, 신속성, 마케팅 지원 기능의 다양성, 확장성, 유연성, 안정성, 백오피스 기능의 강력함, 비용들을 고려하여 구매해야 함

  -머천트 서버의 주요 기능

    ① 카탈로그 프로그램: 다양한 상품 정보를 제작하고, 유지 관리하도록 하고, 다양한 검색기능과 상품의 카탈로그 정보를 제공함

    ② 프로모션 관리 프로그램: 이벤트 등을 통해 가격할인, 사은품 증정, 고객의 구매실적에 따라 소비자의 구매욕구를 높이도록 운영하는 프로그램을 제공함

    ③ 고객 관리 프로그램: 회원정보 등록 및 조회, 구매실적 조회 등과 같이 고객정보를 관리하고, 고객 특

성에 맞춘 영업을 추진하며, 마케팅 전략을 세워 효율적으로 쇼핑몰을 운영 관리함

④ 장바구니 관리 프로그램: 고객이 구매한 내역을 조회하고, 구매수량을 변경하거나 삭제하는 기능과 자동으로 세금과 배송료를 계산, 수신처 주소 및 지불수단 지정 등의 기능과 연계함

⑤ 관리 및 정산 프로그램: 고객의 주문내역과 결제, 배송정보를 볼 수 있으며, 상품교환, 환불처리가 가능하고, 이와 같은 물건 구매, 배송 등과 같은 주문정보를 조회함. 이는 마케팅 보고서 작성시 활용됨

⑥ 결제처리 프로그램: 상품에 대한 주문·취소·정산내역을 집계하고, 지불서비스회사·금융기관과의 결제 정보를 생성하여 수입 및 지출 보고로 활용할 수 있도록 함

• **웹서버**는 웹클라이언트와 웹서버 사이에 통신프로토콜인 HTTP(HyperText Transmission Protocol) 프로토콜을 이용하여 하이퍼텍스트 문서의 송수신을 위해서 수행되는 하나의 실행 프로그램이다.

– 웹서버의 종류

① 아파치: Unix 서버에 주로 설치

② IIS: MS 윈도우 시스템에 설치

• **공용 게이트웨이 인터페이스(Common Gateway Interface: CGI)**는 웹서버 프로그램 기능의 주체 가 미리 준비된 정보를 클라이언트의 요구에 응답해 보내는 것으로, 웹서버상에서 사용자 프 로그램을 동작시키기 위한 조합이다. 서버 프로그램에서 다른 프로그램을 불러내고, 그 처리 결과를 클라이언트에 송신하는 방법을 실현하기 위한 서버 프로그램과 외부 프로그램과의 연 계법을 정한 것이 CGI다.

(4) 백오피스 데이터베이스의 운영 및 유지보수

• 성공적인 백오피스 운영으로 데이터베이스의 운영 및 유지보수 작업이 중요하다. 이를 위해서 는 품질관리, 모니터링, 복구 및 회복, 유지보수, 평가 프로세스가 포함된다.

– **품질관리**

▶ 데이터베이스 품질 기준

데이터 품질	서비스 품질
• 정확성(Accuracy): DB에 저장된 값과 실제 값이 일치 하는 지 여부 • 완전성(Completeness): DB에 저장된 객체들이 실 세계의 속성을 제대로 반영했는지 여부 • 현행성(Currentness): 가장 최근의 데이터로 업데이트 된 여부 • 일관성(Consistency): 둘 이상의 테이블에 저장된 데이터 가 일치하는지 여부	• 검색성(Searching): 빠르고 정확한 검색 성능 • 사용용이성(Ease of Use): 데이터베이스 접근과 산출 정보활용이 용이한지의 여부 • 사용자 지원성(Customer Support): 사용자에게 제공되는 교육훈련, 각종문서, 헬프 서비스 등의 적합성 정도

– **모니터링**: DB 성능을 감시하기 위해서 컴퓨터 장비의 입출력 채널에 설치된 센서를 통해 전달받 은 정보를 기록하여 DB의 목적과 성능 수준을 제대로 달성하는지를 감시하는 과정을 의미한다.

– **복구 및 회복**: DB 서버에 장애가 발생했을 때 이전 상태로 복원시키는 과정을 의미한다.

> **▷ 장애**

- 장애: 정해진 명세대로 시스템이 제대로 동작하지 않는 상태로, 손상받거나 훼손된 상태를 의미함

- 장애의 원인

  - 디스크 붕괴나 전원고장 등으로 인한 하드웨어적 결함

  ⇨ **스토리지 최신 기술**

    RAID: 디스크의 장애를 해결하기 위해서 저용량 저장장치 여러대를 배열로 묶어서 대용량 저장장치를
    만드는 기술로, 가격이 저렴하고 장애 발생시 복구기능이 있어 서버 컴퓨터에서 널리 사용된다.
    스토리지 시스템 자체에 장애가 발생하면 최근의 스케일아웃방식[53]을 채택한 스토리지들은 이에 대해
    스토리지 박스간에 RAID를 구성하는 방식을 제공하는데 이를 통해 다수의 디스크에 대한 동시장애나
    장비장애에도 영향 없는 영상저장과 조회가 가능하기 때문에 효율적으로 재해를 대비할 수 있다.

  - 오류가 있거나 불필요한 데이터의 입력

  - 프로그램 오류 및 컴퓨터 바이러스

  - 자연재해나 예기치 못한 사고로 인한 문제

  - 사용자의 실수로 인한 문제

- 데이터베이스 관리 시스템의 주요 기능

  ① 백업 기능: 전체 DB의 복사본을 보관하는 기능

  - 전체 백업: 데이터베이스의 모든 데이터를 백업

  - 증분 백업: 전체 백업 후 추가로 증가한 데이터만 백업

  - 차등 백업: 컴퓨터 시스템에서 전체 백업 이후의 변경 사항을 모두 백업하는 방식. 증분 백업보다
    백업 데이터량이 커진다는 단점이 있지만 복구 시 전체 백업본(Full Backup)과 차등 백업본 각각
    하나씩만을 필요로 하므로 더 빠른 시간 안에 복구가 가능함

  - 트랜잭션 백업: 마지막 트랜잭션 로그 백업 이후에 생성된 트랜잭션에 대해서만 백업

  ② 로그 저장 기능: 데이터베이스가 변경될 때마다 변경 전후의 값을 모두 저장해두는 기능

  ③ 검사시점 기능: 데이터 입력과 저장을 수행할 때 간격을 두고 처리상태를 보관하여 시스템 장애시 이를
    이용하여 복구하고, 모든 입력과 저장활동이 완료되었을 때 로그를 업데이트 하는 기능

  ④ 회복관리자 기능: 실패가 발생했을 때 DB를 이전의 정확한 상태로 다시 저장하고, 사용자 요청에
    맞도록 처리하는 기능

- **유지보수**: 데이터베이스를 구축한 후에 발생할 수 있는 DB 변경에 대응하기 위해 DB 구조적 특징을 추가, 제거, 변경하는 과정을 포함한다.
- **평가**: DB 평가는 데이터베이스 구축 전에는 매우 빈번하게 수행되지만, 구축이 종료된 후에는 주기적으로 실시하여 데이터베이스의 품질, 가치, 효과를 측정하여 판단하고, 문제를 개선하는 것을 목표로 한다.

④ 사이트 구축 절차

(1) 개발 계약 체결

- 웹사이트 개발은 기업 내부에서 직접 개발하거나, 혹은 외주 용역 개발 방식으로 진행할 수 있다.

> ▷ 외주 개발 참여 방식의 개발 체결
>
> ■ 웹사이트 개발시 개발하고자 하는 기업은 제안요청서(RFP: Request For Proposal)를 작성하여 공지하면, 외주개발에 참여하고자 하는 업체들은 제안서를 접수하고 개발업체를 선정하게 된다.
> - 제안요청서(RFP: Request For Proposal) 공지: 클라이언트(웹사이트 개발의뢰 회사)는 웹사이트의 요구사항들을 상세히 작성한다.
> - 제안서 제출: 웹사이트를 개발하고자 하는 기업들은 RFP를 참고하여 개발개요, 개발범위 및 내용, 인력/일정 계획, 개발 소요계획, 교육 훈련 등을 포함한 제안서를 작성한다.
> - 개발사 선정 및 계약서 작성: 클라이언트는 제안서들을 평가하고 검토하여 최종 개발할 업체를 선정하며 계약서의 주요내용은 계약금액, 지불조건, 개발범위 하자보수, 납기 관련 내용들을 포함하고, 제안서 대부분의 내용을 첨부한다.

- 직접 사이트를 구축할 때의 장점
  - 시장 수요에 따라 사이트를 민첩하게 대응할 수 있음
  - 회사의 니즈를 보다 구체적이고 정확하게 반영한 시스템 구축이 가능함
- 외주 용역 개발 방식의 장점
  - 역량있는 전문 업체가 웹사이트를 구축함으로써 효율적 비용, 짧은 시간으로 웹사이트 개발이 가능함

(2) 웹사이트 전략 및 콘셉트 설정

- 이 단계는 웹사이트의 전체적인 콘셉트를 잡는 단계로 기업이 추구하는 웹사이트의 목표 고객, 정보 전달 구조, 사이트 이미지 등에 대해서 고려하고, 사이트의 구조와 전략, 콘텐츠의 종류, 내비게이션 방식, 디자인 이미지에 대해서 고민하는 단계이다.
- 고객에게 주고자 하는 가치와 기업이 추구하는 목표를 명확히 하여 웹사이트가 제공하고자 하는 서비스 정의가 명확해야 한다.
- 웹사이트에 있어서 기업의 서비스를 제대로 마케팅할 수 있는 전략이 고려될 수 있도록 마일리지, 할인, 이벤트 계획들을 사전에 계획해야 한다.
- 웹사이트의 소비자를 운영하기 위해서 고객지원, 개인정보보호정책, 제품의 반납/환불 정책, 배송서비스, 업체 관리 기준 등을 운영하는 전략을 사전에 고려해야 한다.

(3) 웹사이트 기획

- 웹사이트의 콘셉트와 목표를 설정한 후에 구축하고자 하는 웹사이트의 외부환경 및 내부환경의 요구사항을 분석한다.
- 우수한 경쟁사의 웹사이트 벤치마킹을 기반으로 구축해야 할 웹사이트에 대한 새로운 아이디어를 모은다.
- 구축계획을 수립할 때는 웹정책을 반영하고, 적절한 수행기간을 설정하고, 전문가 집단의 자문을 통해 구축대상 및 범위를 구체적으로 정의해야 한다.
  - 제공자료, 사용자, 서비스 형태, DB의 활용 여부와 같은 업데이트 되어야 할 정보들을 분류하고, 유지보수 담당기관, 모니터링 필요 여부, 확장성 여부에 대해서 사전에 고려해야 한다.
- 하드웨어, 소프트웨어, 네트워크 등 확보해야 할 보유시스템의 환경분석이 필요하다.

(4) 설계단계

- 기획단계에서 정의된 사항에 따라 스토리보드를 작성하고 화면을 구성하며, 기초데이터를 수집하고 분석한다.
- 스토리보드를 작성한다. 이 때 웹사이트에 대한 가상 메뉴목록 체계(내비게이션 체계), 페이지 레이아웃, 사이트 구성 요소, 사이트맵 등을 포함한 계획서를 작성하는 것이다.
- 웹페이지의 기본 구성

▶ 웹페이지의 기본 구성	
머리말	웹페이지의 제목, 다른 페이지로의 링크, 배너 광고
본문	문장, 그림, 애니메이션, 링크, 표, 양식
꼬리말	웹페이지와 관련된 부가정보(마지막으로 업데이트된 날짜, 웹마스터 E-메일, 저작권 정보, 방문객 카운터, 배너 광고 등)

- 화면 구성은 전체적으로 일관성을 유지해야 하고, 전송속도가 빨라야 하며, 중복성을 제거하고 가독성은 높아야 한다.

(5) 사이트 구현

- 웹사이트 페이지를 디자인 할 때, 사용자의 편리성과 감성적 만족감을 채우기 위해서 메뉴의 구조와 위치, 표현방식, 메뉴바의 디자인, 배경화면의 분위기 등을 적절하게 개발해야 한다.
- 과도한 그래픽 이미지를 사용하는 것은 사이트의 전체적인 성능을 저하시키거나, 산만하게 할 수도 있다.
- ASP(Active Server Pages), PHP(Hypertext Preprocessor) 등 자바스크립트 등의 언어를 이용하여 웹페이지로 표현하고자 하는 내용을 HTML 형식으로 표현하는 역할을 구현이라고 한다.
  - **JSP(JavaServer Pages)**: Java 기반의 언어로, 우수한 보안성과 다양한 기능으로 전자정부 표준으로 사용되는 언어임. JAVA의 이식성을 그대로 이어받아 리눅스, 윈도우 뿐 아니라 대부분의 다른

플랫폼에서도 운용이 가능함

- **PHP**(Hypertext Preprocessor): 오픈 소스로 제공되는 명령형, 객체지향형 언어로 오픈 소스 소프트웨어(워드프레스, 미디어 위키 등)에 많이 구성되어 있음. 유닉스 계열 운영체제 뿐만 아니라 윈도우에서도 사용가능하며, Mysql, oracle 등 다양한 데이터베이스가 지원되기 때문에 사용자 편의성이 높음. 프로그램 설치도 쉽고 배우기 용이한 언어로 일반적으로 개발기간이 JSP에 비해 짧음. 상대적으로 구동 속도가 빠르나, JSP에 비해 안정적이지 않아 대량의 트래픽 발생시 서버 속도가 느려질 수 있음
- **ASP**(Active Server Pages): MS사에서 서비스하는 프로그래밍 언어로 윈도우에서만 사용가능함. 비주얼 베이직 스크립트와 함께 사용이 가능하며, MS에서 제공하는 다양한 컴포넌트들을 활용할 수 있음

(6) 테스트 및 디버깅

- 웹페이지가 개발이 되고나면 웹페이지 개발을 의뢰한 기업의 담당자들은 테스트를 진행한다.
  - 기능 구현 및 제대로 동작하는지 여부
  - 내비게이션 보드가 제대로 동작하는지 여부
  - 전자상거래 기능에서 정상적으로 결제 과정이 진행되는지 여부
  - 관리자 툴의 기능이 정상적으로 동작하는지 여부
  - 페이지의 오탈자 검토
- 단위 테스트, 통합 테스트, 인수 테스트를 통해 구축된 웹페이지의 올바른 동작을 확인한다.
  - 단위 테스트: 테스트 수행시 하나씩 사이트 프로그램 모듈을 검사하는 것
  - 통합 테스트: 웹사이트를 모두 검사하는 것으로 사용자가 사이트를 사용하는 환경에서 전체적으로 테스트
  - 인수 테스트: 의뢰한 기업의 담당자와 경영진이 시스템의 사업 목표가 설계된 대로 실제로 작동하는지 확인
- 검수 목록을 작성하여 웹페이지 테스트 결과를 작성하고, 이를 기반으로 디버깅(Debugging)[54] 단계를 거친다.

(7) 검수 및 개발완료 보고

- 디버깅을 거치고 검수가 완료된 사이트는 일반인들이 사용하게 된다. 이때 웹사이트 개발에 대한 문서 작업을 진행하여 웹사이트 유지보수를 할 때 기술문서의 역할을 할 수 있도록 해야 한다.

(8) 사이트 모니터링

- 사이트 모니터링 시스템은 사이트 이용객의 각종 데이터 중 사이트 감시에 필요한 정보를 운영자에게 보여준다. 또한 시스템의 트래픽이나 네트워크 보안에 있어서 문제 발생 여부를 확인할 수 있도록 운영자에게 보여준다.

리얼서비스 모니터링	콘텐츠 및 사이트의 모니터링
• 인터넷 서비스 공급자가 실시간으로 콘텐츠, 그래픽, 동영상 등을 이용하여 사용자에게 정보 서비스를 제공하고 있는지를 확인함	• 고객의 입장에서 콘텐츠의 내용을 검토함 • 콘텐츠로 접근이 용이한지 확인함 • 인터넷 비즈니스 사이트에 대한 고객인식을 확인함

- 웹사이트의 방문자수, 접속수, 매출액 등을 사이트 모니터링 함으로써 적절한 기준을 설정할 수 있다.

▶ 사이트 모니터링의 원칙

신뢰성	• 인터넷 비즈니스의 기술적인 특성으로, 시스템이 지속적으로 고객의 요구에 빠르고 정확하게 응답해야 한다. • 빈번한 서버 다운이 일어나는 웹사이트는 고객이 신뢰하지 못한다. • 외부 침입을 방지할 수 있는 보안 시스템은 확보되어야 하며, 내부 자료의 유출도 방지되어야 한다.
유용성	• 전자상거래가 고객에게 유용한 가치를 제공하는지 여부를 측정하는 것이다. • 일반적인 거래는 상품이나 서비스에 대한 정보를 수집하고 구체적인 거래 조건을 협상한 뒤 주문을 내고, 마지막으로 거래 대상의 교환이나 환불 등의 사후 정리 단계를 거친다.

편리성	• 웹사이트의 디자인은 편리성이 중요하다.
	  - 시스템과 고객 간에 편리한 상호 작용 - 고객 간의 편리한 의사소통
	  - 편리한 시스템 외형의 구성

- 기업이 구축한 전자상거래 웹사이트는 **신뢰성, 유용성, 편리성**의 원칙을 지켜야 하고 이를 측정해 평가해야 한다. 총체적인 평가를 통해 전자상거래 운영자는 기업의 강점과 단점을 파악하여 개선해야 할 점들을 도출할 수 있다.

(9) 사이트의 운영 및 유지보수

- 웹의 운영방식이 내부인력을 이용한 자체운영인 경우, 외부업체에 아웃소싱을 주는 경우, 내부인력을 이용하면서 장비나 네트워크 부분의 문제로 인해 웹호스팅 서비스를 이용하는 경우가 있다.

▶ 웹사이트 운영 방식에 따른 특징

자체운영	• 기업의 내부인력을 이용하여 웹 관리자, 디자이너, 프로그래머, 시스템 관리자 등 웹 운영에 필요한 기술을 보유하고 있음 • 웹서비스를 제공할 수 있는 장비 및 네트워크 환경을 갖추고 있음
외부업체 아웃소싱	• 웹 운영 전체를 외부업체에게 아웃소싱하는 방식 • 아웃소싱을 의뢰한 기업은 웹에 관한 기술에 대해서 지식이 없어도 무방함 • 관리적인 측면에서 웹 구성이나 내용을 담당할 최소한의 담당자가 필요함
웹 호스팅 서비스 이용	• 웹 운영을 웹 호스팅 서비스를 제공하는 기관에 위탁하는 방식임 • 웹서비스를 제공하고자 하는 기관이 보안적인 측면에서 외부 접근을 제한하는 경우나 네트워크 이용이 곤란한 경우 사용함 • 웹의 내용은 위탁을 맡긴 기관에서 책임을 지고, 위탁 기관은 웹서비스 운영을 책임짐

> ## ▷ 웹서버 가상 호스팅

- 이름 기반 가상 호스팅: 클라이언트에 의해 대표되는 호스트명을 사용함. 이 호스팅은 IP 주소, 그리고 이와 연결된 관리 부하를 절약해주지만 서비스되는 프로토콜은 적절한 지점에서 호스트명을 제공해야 하며, SSL/TLS로 이름 기반 가상 호스팅을 사용하는 일은 매우 어려운 일임
- IP 기반 가상 호스팅: 각 호스트명별로 별도의 IP 주소를 사용하며 어떠한 프로토콜이 와도 수행이 가능하지만 서비스되는 도메인명마다 전용 IP 주소가 필요함
- 포트 기반 가상 호스팅: 원칙적으로 가능하지만 사용자에게 친숙하지 않아 거의 쓰이지 않음

*가상 사설 서버(Virtual Private Server) 혹은 가상 전용 서버는 하나의 물리적 서버를 나누어 여러 개의 가상 서버로 사용하는 가상화 방법의 한 형태이다.

- 아웃소싱의 장점과 단점은 다음과 같다.

> ## ▶ 아웃소싱의 장점과 단점

구분	내용
장점	• 정보 시스템을 외부의 전문기관에 위탁함으로써 내부에서 운영하는 비용에 비해 저렴하게 서비스를 받을 수 있다. • 외부 전문기관에 정보 시스템 서비스를 위탁함으로써 전문인력의 전문기술을 활용할 수 있다. • 아웃소싱 계약에 따른 비용의 지급 및 향후 비용모델에 따른 비용을 지불하게 됨으로 정보 시스템과 관련된 정확한 비용예측이 가능하다. • 정보 시스템에 투입되던 조직의 역량을 핵심적이고 전략적인 부문에 투입하여 핵심역량을 강화시킬 수 있다.
단점	• 서비스수준, 성과측정이 어렵고 미래환경의 불확실성에 따른 계약의 안정성 유지가 어렵다. • 전략적인 정보, 고객 개인정보 등의 유출 등과 같이 보안 피해가 발생할 수 있다. • 업무에 대한 이해 부족으로 인한 성과의 저하, 불필요한 충돌 발생 가능성이 있다. • 계약에 따른 계약부대 비용, 서비스 수준 향상을 위한 각종 비용의 지출, 아웃소싱 이전에는 비용없이 처리되던 업무가 아웃소싱 후 비용 처리되는 경우 등 각종 비용 증가 가능성이 있다. • 인력의 이전이 수반되는 경우 내부인력 직업 안정성의 저하로 인한 퇴직과 인력의 이전 등으로 인한 내부기술 축적이 어려우며, 우수 인력이 상실될 가능성이 있다. • 이전된 서비스에 대하여 다시 내부로 수용하거나 제3의 업체에게 서비스를 이전하기가 어려워 교체비용이 증가됨에 따라 공급업체에 기술이 종속될 가능성이 있다.

- 웹사이트의 운영 및 유지보수를 위한 지침은 웹 정책에 따라 작성되어야 하며, 다음과 같은 사항들에 계획이 포함되어야 한다.
  - 운영조직의 구성 및 역할: 웹관리자, 개발자, 그래픽 디자이너, 시스템 및 네트워크 관리자 등의 운영조직을 정의해야 함
  - 자료 갱신 및 내용 관리: 자료의 충실성 및 신속성을 유지해야 함
  - 예산
  - 보안 지침: 비인가자의 접근 및 불법 해킹은 통제되어야 하며, 기술적 보안(운영체제, 방화벽, 통신 장비, 소프트웨어 등) 측면과 제도적 보안(내부운영자 관리제도, 데이터 보안체계, 접근 통제 대책, 감시 및 백업 체계 등)을 고려해야 함
  - 장애처리: 백업 절차 필요함

– 모니터링: 수시 모니터링을 통해 서비스의 전반적인 문제점을 파악함

▷ 운영체제와 서버

- 운영체제(Operating System, OS): 하드웨어와 직접적으로 연관되어 시스템 하드웨어를 관리하고 드라이버와 같은 응용 소프트웨어를 실행하는 등 사용자가 컴퓨터를 쉽게 다룰 수 있도록 해주는 시스템 소프트웨어
- OS 선정시 고려할 점: 운영체계의 안전성, 성능, 비용, 관리의 편리성, 시스템의 보안성, 응용소프트웨어 개발의 용이성

▷ 전자상거래 서버

- 서버가 갖추어야 할 조건: 파일공유, 프린터 공유, 데이터베이스 접근, 통신 서비스, 팩시밀리 서비스, 복수 사용자 지원, 확장성, 성능, 저장공간, 멀티미디어, 네트워킹
- 서버 구축을 위한 운영체제의 종류 및 특징

  ① Windows 계열: GUI(Graphic User Interface) 기능 지원, IIS를 이용하여 인터넷 환경 지원, 사용의 편리성, 손쉬운 관리 등의 특징이 있음

  ② 유닉스: 단순하면서도 강력한 명령과 파일 시스템을 보유하여 응용프로그램 개발이 용이함. 유닉스 시스템은 유닉스 하드웨어, 커널, 쉘, 운영체제, 응용프로그램 등으로 구성됨, 대화식 운영체제, 뛰어난 호환성이 특징임

  ③ 리눅스: UNIX 기반으로 만들어진 운영체제, X-Window를 사용한 GUI 환경지원, 소스 코드가 공개되어 있어 프로그램 개발이 용이함. 유닉스를 기반으로 개발한 공개용 OS로 리눅스는 워크스테이션이나 개인용 컴퓨터에서 주로 사용됨. 소스 코드를 완전 무료로 공개하고 있음

전자상거래 시스템 운영 및 관리

전자상거래 시스템 운영 및 관리

1 | 전자상거래 시스템 운영 및 관리

1 고객분석 및 관리

(1) 고객분석

- 고객분석은 고객의 특성을 인구통계적 변수, 지리적 변수, 심리적 변수 등으로 분류하여 구매
  패턴 등을 분석하고, 향후 마케팅 계획 및 고객 관리에 사용한다.
  - 고객의 외적 분석: 인구통계적 변수(성별, 연령, 결혼여부, 교육수준, 지역, 소득수준, 학력, 가족수,
    자녀여부)를 기반으로 구분하여 분석한다.
  - 고객의 내적 분석: 고객의 심리학적 관점에서 개성, 흥미, 라이프 스타일과 같이 고객의 내부적인
    관점에서 분석한다. 외적 분석 자료와 함께 시장세분화 전략 수립에 사용된다.
- 고객분석은 기업이 고객을 이해하기 위해서 실시하는 것으로 고객에 대한 정보와 경쟁사 제품
  과 비교하는 고객의 인식을 기업에 전달할 수 있다.

(2) 고객 데이터 자료

- 고객 데이터는 데이터의 형태, 특징, 구조, 시점 등을 파악하여 저장하여야 한다.
- 고객 데이터는 회원 등록시, 신용카드 결제시, 제품 구매 정보, 시장조사 결과, 제휴회사의 정
  보 공유를 동의한 고객정보, 전자우편, TM(Telemarketing) 센터 접수 정보 등을 통해서 데이터
  를 수집한다.
- 고객 데이터는 과거, 현재, 미래 상황을 고려하여 수집하여야 한다. 기업의 정책이나, 고객 관
  리 시스템이 수정되어야 하는 경우 자료들을 수정하여 수집해야 한다.

- 고객 데이터는 '직접 고객에게서 수집'하는 1차 정보와 '기업 내부에서 다른 목적으로 활용하기 위해서 혹은 타기관에서 다른 목적으로 수집'하는 2차 정보로 구분할 수 있다.
- 고객 데이터 조사 방법은 시장조사방법, 로그 파일, 공개정보, 사용성 평가 등을 통해서 가능하다.

▶ **고객 데이터 조사 방법**

시장 조사 방법	• 설문지를 이용한 조사 방법: 우편 설문지, 개인 면접, 전화 면접, 관찰 등이 있다. 일반적으로 단기간의 경우 개인 면접이나 전화 면접을 많이 하며, 장기간 지속적인 조사의 경우 우편이나 관찰을 많이 한다. • 온라인 설문 조사: 온라인 설문 조사(Online Survey)는 모바일이나 PC 등을 이용하여 고객의 요구 사항을 직접 듣기 위해 사용하는 방식이다.
로그 파일 활용법	• 로그 파일은 고객이 방문한 페이지와 그 이동 경로를 기록한 자료이다. • 로그 파일 검색을 통해 빈번하게 방문하는 페이지와 방문수가 적은 페이지를 고객 입장에서 파악할 수 있고, 추후 화면 개선에 활용할 수 있다.
공개 정보 활용법	• 고객이 작성한 방명록이나 게시판을 이용하여 고객이 구입하려는 상품에 대한 질문이나 상품에 대해 추가적으로 분석하여 추후 웹사이트 개선에 활용한다.
사용성 평가	• 사용성 평가는 다른 방법에 비해 좀 더 객관적인 방법으로, 과학적인 실험이나 관찰 등의 기법을 통해서 고객의 불편 사항을 진단하고 대안을 추천해 주는 방법이다.
검색 키워드 활용	• 검색 엔진(Search Engine)의 검색 키워드는 소비자들이 원하는 정보를 파악하기 좋은 툴이다.

2 커뮤니티 구축 및 운영

(1) 온라인 커뮤니티 개요

- 가상공동체로도 불리는 온라인 커뮤니티(Community)는 1970년대 전자게시판(BBS)에서 과학자들이 인터넷상에서 필요로 하는 자료를 공유하고 교환하는 장소로 시작되었다.
- 커뮤니티는 참여하는 구성원들의 공동 관심사를 중심으로 구축된 관계로, 다양한 정보를 공유하거나 축적하여 커뮤니티에 참여하는 회원들의 욕구를 충족시킨다. 회원들의 지속적인 참여와 노력으로 보다 나은 커뮤니티로 성장한다.
- 2004년 소셜미디어(Social Media)라는 단어가 등장하면서 참여와 공유가 강조되는 UCC(User Created Contents), 블로그(Blog), SNS(Social Network Service)가 통합하여 발전하였다.
- 기존의 매스미디어는 뉴스, 정보, 엔터테인먼트를 언론사가 독점적으로 생산하여 일방적으로 전달했지만, 소셜미디어는 참여, 공유, 개방을 앞세운 웹 2.0에 기반하여 누구나 콘텐츠를 생산하여 쌍방향 소통할 수 있게 하였다. 소셜미디어는 이용자가 콘텐츠 생산자이면서 소비자이다.
- 인터넷 기술의 고도화와 스마트폰의 활성화는 모든 이용자가 콘텐츠를 생산하는 동시에 소비하는 프로슈머(Prosumer)로 활동할 수 있게 하였다.
- 소셜미디어는 참여(Participation), 공개(Openness), 대화(Conversation), 연결(Connectedness)을 강조하면서, 시간, 대상, 관계, 비용 등의 관점에서 차별성을 가지고 있다.

- 소셜 도구는 누구나 접근할 수 있다.
- 콘텐츠를 제작하는데 전문적인 기술이 필요 없으며, 콘텐츠의 업데이트도 쉬워 누구나 참여할 수 있다.
- 소셜미디어는 정보 전달이 신속하게 이루어진다. 그리고 공유 주제는 일상성과 개별성을 가지며, 정보의 개방성과 네트워크 구축이 용이하다.

(2) 커뮤니티의 유형

▶ 커뮤니티의 유형	
정보 지향 커뮤니티	• 사실과 의견 같은 정보의 교환과 획득을 위해서 참여하는 커뮤니티다. • 온라인상의 정보교류 뿐만 아니라 오프라인상의 워크숍 등도 실시된다. 예 재테크 모임, 부동산 등
활동 지향 커뮤니티	• 공동 관심사인 활동에 직접 참여하는 커뮤니티다. 예 온라인 게임 동호회, 옥션 커뮤니티 등
공통점 지향 커뮤니티	• 같은 직업, 소속, 경험 등을 공통적으로 가진 사람들이 참여하는 커뮤니티다.
거래 커뮤니티	• 인터넷상에는 제품 및 서비스의 구매 및 판매를 촉진하고 이들 거래와 관련된 정보를 제공하는 공동체다.
관심 커뮤니티	• 공동체 참가자들이 특정 주제에 관해 상호간 광범위하게 상호작용하는 공동체다.
환상 커뮤니티	• 온라인상의 새로운 환경, 퍼스널리티, 이야기가 창출되는 공동체다.
관계 커뮤니티	• 사람들이 모여서 매우 열정적이고 깊은 인적 연결을 형성하는 공동체다.

(3) 커뮤니티 시스템의 유형

- **실시간 형식**: 메시지가 송신되며 읽혀지고 즉시 답변이 되는 실시간 형식(Real Time System)은 채팅 전용 프로그램(Iinternet Relay Chat, IRC), 웹기반 채팅(Web-based Chat), 모바일 통신 등이 해당한다.
- **비동기 시스템**: 메시지가 수신되고 읽혀지며 응답되는 시간이 매우 다양할 수 있는 지연 커뮤니케이션을 비동기 시스템이라고 한다. 여기에는 E-메일, 뉴스 그룹, 전자게시판, 블로그, 페이스북, 트위터, 위키 등이 속한다.

(4) 소셜미디어 종류

- 소셜미디어 서비스 유형은 소비자의 니즈에 의해 지속적으로 만들어지고, 니즈가 사라지면 없어진다. 활발한 소셜미디어 서비스로는 블로그, 소셜네트워크, 콘텐츠 커뮤니티, 위키피디아, 팟캐스트 등이 있다.

블로그 (Blog)	• 웹(Web) + 로그(Log)의 합성어로 일반인들이 자신의 관심사에 따라 일기·칼럼·기사 등을 자유롭게 올릴 수 있는 일종의 1인 미디어이다. • 웹 게시판, 개인 홈페이지, 컴퓨터 기능이 혼합되어 있고, 블로그 서비스를 무료로 제공하는 업체들도 많아 인터넷 홈페이지 제작과 관련된 지식이 없어도 자신의 공간을 만들 수 있다는 장점이 있다.
소셜네트워크 (Social Network)	• 인터넷과 모바일 기기가 확산됨에 따라 특정한 관심이나 활동을 공유하는 사람들 사이의 관계망을 구축해 주는 온라인 서비스로, 콘텐츠를 만들고 친구들과의 연결을 통해 콘텐츠를 공유하고 있다. - SNS의 대표적인 예는 페이스북(Facebook)[55], 트위터(Twitter)[56], 인스타그램 (Instagram)[57]등이 있다.
콘텐츠 커뮤니티	• 특정한 종류의 콘텐츠를 만들어 공유하는 커뮤니티로 Youtube(동영상), Flicker(사진) 등이 대표적인 예이다.
위키피디아 (Wikis)	• 편집 가능한 웹페이지로 웹사이트 상에서 콘텐츠를 추가하고 정보를 편집하여 공동의 문서로 운영되고 있다. 대표적인 예로는 온라인 백과사전 위키가 있다.
팟캐스트 (Podcasts)	• 방송(Broadcast)과 아이팟(Ipod)의 합성어로 사용자들이 오디오 파일을 구독할 수 있도록 인터넷 라디오 방송을 하는 것이다. 최근 방송국의 라디오 방송들도 팟캐스트로 서비스를 제공한다.
인스턴트 메시지 보드	• 인스턴트 메시지는 인터넷상에서 E-메일과 채팅, 호출기, 다자간 동시통화 기능을 합쳐 놓은 것으로, 카카오톡, 위챗 등이 대표적인 예이다.

(5) 쇼핑몰 커뮤니티 운영 전략

• 고객의 관심거리로 화제가 될 수 있는 게시판을 만들어 공유 가능한 콘텐츠를 생산한다. 블로그, 카페 등을 통해서 정보를 공유하고 배너 등을 통해서 연결하는 방식도 있다.

　예 유아용품 판매 쇼핑몰: 유아 관련 정보를 교환하는 형식의 게시판 운영 유도

　　식품 판매 쇼핑몰: 요리 비법을 이야기 할 수 있는 게시판 운영 유도

• 양질의 콘텐츠를 생산할 수 있는 체계를 구축하는 것이 중요하다. 운영자가 우수 콘텐츠를 작성하여 고객들이 자신의 개인 블로그에 공유하는 것을 유도하고, 고객들이 우수한 콘텐츠를 작성할 수 있도록 유도하여 쇼핑몰을 홍보한다.

• 검색엔진에 노출이 될 수 있도록 게시판을 활성화해야 한다. 이를 위해서는 포탈의 검색엔진 결과에 노출 될 수 있도록 의미있는 키워드를 선정할 필요가 있다. 일반적으로 키워드가 포함된 게시글이 많을수록 검색엔진에 쇼핑몰 노출 확률이 높아진다.

❸ 결제 및 배송 관리

(1) 전자상거래 결제

- 전자상거래 결제는 지불 관리 상품을 구매할 경우 구매자가 쇼핑몰 운영업체에 제공하는 지불 정보를 근거로 해당 운영업체는 금융기관으로 지불을 요청하고, 금융기관은 처리된 결과를 다시 해당 쇼핑몰 운영업체에 돌려준다. 그러면 운영업체는 입점업체에게 처리결과를 알려주는 일련의 절차를 의미한다.
- 지불체계는 구매와 관련된 신용의 흐름을 의미하는 것으로, 전자화폐, 신용카드, 직불카드, 회원카드 등의 대금 결제 수단에 따라서 은행, 카드사, 할부금융 등이 관여된다.
  - **온라인 신용카드 거래**: 신용카드를 이용한 온라인 결제 시스템의 기본적인 형태
  - **페이팔**: 고객들이 온라인 계좌에 입금되어 있는 금액으로 판매와 개인에게 즉각적인 온라인 결제를 가능하게 하는 온라인 선불 결제 시스템의 대표적 사례
  - **대체 결제 서비스**: 아마존 결제, 구글 체크아웃/구글 월렛, 빌미 레이터와 같이 소비자들이 다양한 판매자로부터 구매할 때마다 매번 신용카드 정보를 제공해야 할 필요없이 온라인 쇼핑을 할 수 있게 해 주는 서비스
  - **모바일 결제 시스템**: 스마트폰에 부착되어 있는 신용카드 단말기를 사용하거나, 근거리 자기장 통신 칩을 사용해서 비접촉식 결제를 가능하게 하는 시스템
  - **전자화폐**: 비트코인과 같이 알고리즘에 기반을 두어서 고유의 증명된 토큰을 만들어 냄. 이 토큰은 일반적으로 현금가치와 가상의 통화를 나타내며, 가상의 세계에서 기업에 의해서 발급되고, 가상의 상품을 구매하는 데 쓰임
  - **전자 청구 지불 시스템**: 매달 청구된 돈을 지불하는 온라인 형태의 결제 방식. 소비자들이 컴퓨터로 청구서를 보고 은행이나 신용카드 계좌를 통한 온라인 이체 결제를 가능하게 함
  - **핀테크**: 금융과 기술의 합성어로 금융과 ICT의 융합을 통한 금융 서비스와 산업을 통칭하는 용어

(2) 상품 포장 및 배송 관리

- 상품 포장은 제품을 보호하고, 쇼핑몰의 이미지를 전달하는 목적이 있다.
- 제품 포장은 아이템을 돋보이게 하는 선물 포장과 같은 형태로, 제품의 아이템별 계절변화를 고려하여 고객의 상품에 대한 만족도를 높일 수 있도록 해야 한다.
  - 1 단계: 파손방지, 청결상태 유지
  - 2 단계: 선물포장, 쇼핑몰 로고 부착
  - 3 단계: 택배 배송을 위한 상자 포장
- 배송용 포장은 상품을 보호하는 것이다.
  - 배송 포장 종류: 택배봉투, PP 폴리백, 에어캡 봉투, 로고 인쇄봉투, 기성 무지 택배상자, 컬러 택배상자
  - 비닐팩 포장: 양말, 속옷, 소형 패션 잡화나 티셔츠 등과 같이 부피가 작은 제품
  - 상자 포장: 제품이 눌리지 않아야 하는 아이템이나 부피가 큰 제품
  - *에어캡, 스터핑, 비닐팩은 제품 손상과 분실위험을 제거함

- 식품 포장: 식품 전문 포장재, 아이스박스, 아이스젤, 지퍼백, 비닐봉투, 플라스틱 용기, 캔, 스티로폼 등을 이용하여 식품의 안전성을 확보해야 함
- 포장 및 배송을 활용한 마케팅 전략
  - 제품이나 제품 포장에 로고, 인증서를 부착하여 깔끔하고 새로운 제품 포장으로 상품성을 높임
  - 제품 포장의 규격화, 표준화된 포장재 및 통일성으로 신뢰도 있는 브랜드로 만들 수 있음
  - 쇼핑몰에 추가 구매로 이어질 수 있는 쿠폰 동봉
  - 사용설명서, 인증서, 구매 내역 목록, 교환/반송 절차 방법, 신상품/할인/추천상품 리스트 동봉
  - 차후 쇼핑몰에서 진행할 이벤트 소개
  - 재구매가 필요한 아이템의 경우 적절한 교체 시기나 교체 이유를 설명한 문서 동봉
  - 제품 사용후기 작성시 혜택 설명
  - 쇼핑몰 이름과 도메인이 적혀 있는 사은품(스티커, 명함, 달력, 자석)을 동봉

▷ **좋은 도메인을 만들기 위한 방법**

1. 짧고 쉽게 만들어야 한다: 유명한 사이트들의 도메인 평균 알파벳 수는 많아야 7자를 넘지 않는다.
2. 숫자와 기호는 피해야 한다: 'lovetoyou'라는 도메인은 'love2u'로 오해할 수 있다.
3. 일반명사 도메인은 피해야 한다: 주력상품이 바뀌면 소비자에게 혼란을 줄 수 있다.
4. 유사 도메인, 상품권 분쟁의 소지가 있는 도메인은 피해야 한다.
5. 기업의 비즈니스와 관련되어야 한다.

---

(3) 배송업체 선택하기

- 배송업체 선정의 중요성
  - 고객은 택배업체나 택배직원의 실수를 쇼핑몰 업체의 실수로 기억하기 때문에 배송업체는 인터넷 쇼핑몰의 이미지와 재구매에 큰 영향을 미친다.
- 배송업체 선정시 주의점
  - 업체의 안정성 및 경제성
  - 신속성과 정확성
  - 배송사고시 A/S 처리 여부
  - 해당기업 제품에 맞는 서비스를 지원하는지 확인
  - 신뢰도

④ 메일 운영 및 관리

(1) 전자메일 개요

- 전자메일이란 인터넷 통신망을 이용하여 메시지를 주고받는 것을 말하며 E-메일 혹은 전자 우편이라고도 한다.
- E-메일에 사용되는 용어
  - CC(Carbon Copy): 참조
  - BCC(Blind Carbon Copy): 비밀참조
  - FROM: 발신자
  - TO: 수신자

(2) 전자메일의 특징

- 지정된 상대방과 의사소통을 한다.
- 메시지 양이 제한되어 있으며, 웹, FTP 등 다른 서비스와 통합이 가능하다.
- 단속적인 쌍방향 방식이라고 볼 수 있다.
- 텍스트 위주의 정보 전달이 주가 되며, 글씨, 그림, 음악, 동영상 등의 파일을 첨부하여 송신할 수 있다.
- 전자메일을 작성한 후 발송하는 순간 지역에 관계없이 즉시 받아볼 수 있다.
- 동일한 메시지를 여러 사람에게 동시에 보낼 수 있다.

(3) 전자메일 서비스의 종류

- **무료 웹 메일 서비스**: 무료로 웹 브라우저를 통해 어디서든지 본인의 메일을 쉽게 보내고 읽을 수 있는 서비스이다.
- **E-메일 호스팅 서비스**: E-메일 계정과 서버를 관리해 주는 서비스이다. 원하는 E-메일 주소 개설을 위한 도메인을 등록하고, 제공받는 서비스에 해당하는 일정한 요금을 내면 그 메일 주소를 설정하고 관리해 준다.
- **E-메일 매거진/메일링 리스트 서비스**: 메일을 통해 관심 분야의 뉴스 또는 특정 정보를 지속적으로 제공해 주는 서비스이다.
- **포워딩(Forwarding) 서비스**: 한 명의 메일 유저가 다수의 E-메일 주소를 사용하는 경우, 여러 E-메일 주소로 받은 메일을 한 곳으로 모아서 관리하는 서비스이다. 다수의 계정으로 도착한 E-메일을 자주 쓰는 메일 주소로 전달해 주는 서비스가 포워딩 서비스다.
- **E-메일 자동 응답 호스팅 및 S/W**: 전화의 자동 응답 기능처럼 자신에게 E-메일이 도착하면 자동으로 회신을 해주는 서비스로 출장 등의 부재시에 응답자에게 자동으로 회신할 때 주로 사용된다.
- **팩스 · 휴대폰 · 호출기 연계 서비스**: 메일이 오면 스마트폰 등의 통신도구로 메일의 수신을 알려 주는 서비스다.

(4) 전자상거래 관점에서 전자메일의 운영

- 메일 운영의 목표
  - 신규고객의 확보
  - 고객에 대한 서비스 관리
  - 일대일 마케팅 활용
  - 메일 운영을 통한 고객 관리 방법
  - 메일에 적합한 형태로 상품을 정보화하고 재구성
  - 개인화된 형태로 상품 및 메시지를 구성하고, 홍보 수단으로 활용
  - 구매 및 재구매 유도
  - 브랜드 이미지 구축

- 메일 운영에 대한 평가
  - 메일 서비스 관련된 전자상거래의 성과지표를 개발
  - 개인별 구매 금액, 인지도, 응답률 등 질적인 측면의 평가지표를 개발
  - 고객이 마케팅 및 영업에 대한 반응 예상과 실제 성과를 평가
  - 고객이 메일을 열고, 웹사이트를 방문하고, 회원가입을 하고, 온라인 쇼핑을 하고, 회원 등록을 하고, 결제를 하는 단계별로 전체 메일 발송 대상자 중 반응을 보인 고객수를 체크

(5) 스팸 메일

- 인터넷 시대에 '스팸'이라는 단어는 원치 않는 광고성 메일을 의미한다. 쓰레기와 같이 취급되기도 하여 '정크 메일'이라고도 불린다.
- 타인의 E-메일 주소로 대량의 메일을 보내는 형태인데 스팸메일 중 일부는 사용자가 가입시 자신의 정보를 등록할 때 관심 사항에 대해 새로운 소식을 받아보겠다고 체크 박스에 동의한 경우 오기 쉽다.
- 인터넷 스팸 메일 대처법
  - 알지 못하는 곳에서 온 전자메일은 열어보지 말고 즉시 삭제한다.
  - 발신자에게 수신거부 의사를 밝힌 메일을 보낸다.
  - 전자메일 주소를 공개할 때 관련 조항들을 자세히 살펴본다.
  - 전자메일 주소를 여러 개 확보하여 기능별로 활용한다.
  - 스팸 메일을 걸러주는 차단 소프트웨어를 설치한다.

(6) 메일 통신규약

- **SMTP**(Simple Mail Transfer Protocol): 이메일의 송신에 사용한 통신 규약으로, 주로 송신원 지정, 주소 지정, 이메일 본문 송신할 때 사용하는 표준적인 프로토콜이다. 기본적으로 숫자 및 기호를 7비트로 표현하는 아스키 문자 코드를 기반으로 한다.
- **MIME**(Multipurpose Internet Mail Extensions): 다목적 인터넷 메일 확장이라는 뜻으로, 아스키 코드 텍스트만을 사용해야 했던 인터넷 전자메일에서 다양한 포맷과 형식을 쓸 수 있도록

지원하는 데이터 부호화 방식이다. 아스키 코드만으로 표현할 수 없는 문자나 2진 데이터, 이미지, 음성, 애플리케이션 등의 비문자 데이터를 다룰 수 있도록 지원한다. 또한 메일 내용을 나누어, 여러 콘텐츠를 처리할 수 있는 멀티파트(Multi-part)가 있으며, 확장이 가능하여 기존 전자메일 방식과의 호환, 또 새로운 종류의 메시지를 전송할 수 있도록 지원한다.

- **POP3(Post Office Protocol 3)**: 이메일 서버를 이용해 자기 주위의 개인용 컴퓨터(PC)로 이메일을 뽑아내는 통신 규약으로 사용자는 주기적으로 서버에 있는 자신의 메일 수신함을 점검하고, 만약 수신된 메일이 있으면 클라이언트 쪽으로 다운로드한다. 메일을 수신하는 프로토콜에는 POP3와 IMAP(Internet Message Access Protocol)가 있다. IMAP은 서버에 직접 접속해 메일을 관리하는데 비해 POP3는 메일 서버에 있는 메일을 자신의 컴퓨터로 가져와 관리한다는 차이가 있다.

- **IMAP4(Internet Mail Access Protocol Version 4)**: 1997년 미국 넷스케이프 커뮤니케이션스사와 마이크로소프트사가 각각 월드 와이드 웹 브라우저와 함께 제공하고 있는 인터넷 메일을 위한 통신 규약이다. 이 규약은 SMP와 POP3에 비해 다음과 같은 장점이 있다.
  - 서버측에 메일 박스를 둘 수 있다는 것과 메일의 헤드만을 읽을 수 있다.
  - 원격 접근 등의 이동 환경에서 사용하기에 편리하다.
  - 1명이 여러 대의 PC를 편리하게 사용할 수 있다.
  - 사서함을 일원적으로 관리할 수 있다.
  - 그룹웨어적인 사용을 할 수 있다.
  - POP3보다 유연하며, 이동기기 액세스에 적합한 프로토콜이다.

⑤ TM 센터 운영 및 관리

(1) TM의 개요

- 텔레마케팅(TM)이란 용어는 텔레커뮤니케이션(Telecommunication[58])과 마케팅(Marketing)이라고 하는 두 단어를 결합한 단어다.
- 텔레마케팅은 다이렉트마케팅(DM: Direct Marketing[59])을 잘 활용한 분야이다.
- 전화를 판매 활동에 단순히 이용하는 전화판매와는 달리 TM은 마케팅 활동을 할 때 TM 서비스 이용주체들이 데이터베이스를 구축하고, 정보통신기기를 효과적으로 활용하는 서비스이다.
- TM은 개별적 고객과 양방향성 커뮤니케이션을 하는 수단이며, 상품의 전화 주문, 영업 지원, 프로모션/이벤트 활동, 고객 서비스 및 정보 제공 등에 활용할 수 있다. 그리고 개별 개인과의 커뮤니케이션에 기초를 두고 있다.
- TM의 특성
  - 기존고객의 이탈을 방지
  - 기존고객의 정보 수집
  - 고객층을 세분화하고, 그룹별로 리스트 확보
  - 텔레마케터의 역량(대화 진행 기술, 언어의 선택) 지원

- 개인 vs 개인의 커뮤니케이션
- 데이터베이스 마케팅 지원
- 관계 마케팅 지원
- 다른 매체와 함께 사용했을 때 시너지 확보

- TM의 활용 분야
  - 잠재 고객 확보
  - 세분화 고객별 리스트 및 DM 수신 확인
  - 대금 회수, 계약 갱신, 배달 통지
  - 고객 서비스, 구매 감사, 해피콜
  - 판매 촉진, 판매

- TM 성공에 필요한 요소
  - TM 서비스가 가능한 역량있는 전문인력과 체계적이고 전문화된 교육과 훈련 시스템
  - HW 및 SW와 같은 지원 시스템
  - 텔레마케터 기술 관리 및 매뉴얼 등의 체계
  - 고객 데이터베이스

- TM 관련 용어
  - CTI(Computer-Telephony Integration): 컴퓨터전화통합
  - ACD(Intelligent Automatic Call Distribution): 자동콜분배기능
  - ARS(Automatic Response Service): 자동안내서비스
  - IVR(Interactive Voice Response): 녹취 서비스
  - RPA(Robotic Process Automation): 자동화 서비스
  - DSP(Digital Service Portal): 콜센터에 전화를 건 고객에게 자연스럽게 디지털 경험을 이끌어 낼 수 있는 디지털 서비스
  - D-ARS(Digital-Automatic Response Service): 전화 연결된 고객의 스마트폰에 서비스 화면을 자동으로 띄우거나 연결 가능한 화면 링크를 제공하는 시스템

(2) TM의 효과 및 성장 장애 요인

TM 효과

- 마케팅 믹스(Marketing Mix)를 결합하여 보다 나은 마케팅 전략 수립을 가능하게 함
- 상권을 확대함
- TM 과정을 통해 고객 정보를 추가로 수집하여 데이터베이스를 구축함
- 교차판매, 상향판매를 통해 기업 판매비용을 줄임
- 고객 서비스를 개선함
- 고객과의 다양한 커뮤니케이션을 통해 고객 지향적인 기업 이미지를 확보함

TM의 장애 요인

- TM을 단순한 전화판매로 이해하고 있는 고객들의 부정적 이미지

- TM 운용 및 전략을 기획하고 운용할 관리자의 부족
- 텔레커뮤니케이션은 고비용의 서비스라고 생각하는 기업들의 부정적 인식
- 방문 서비스가 전화 서비스로 대체되는 것과 같은 채널 갈등 요소 발생

(3) TM의 분류

- TM은 고객에서 출발하여 TM 센터에 도착하는 착신호(Inbound)방식과 TM 센터에서 출발하여 고객에 이르는 발신호(Outbound)방식이 있다.

▶ TM 서비스 방향에 따른 분류	
착신호(Inbound) TM	**발신호(Outbound) TM**
• 고객이 능동적으로 기업의 광고나 우편을 보고 직접 기업에 전화를 걸음. 기업이 고객으로부터 전화를 받음 • 기업은 수신자부담 전화 시스템을 제공하여 고객이 보다 편리하고 쉽게 서비스를 이용할 수 있도록 함 • TM 센터는 고객의 문의에 대한 처리, 주문 접수, 고객 서비스, 불만 사항 등을 처리함	• 고객들에게 상품 정보, 구매 정보 및 각종 이벤트 정보를 전달함. 기업이 고객에게 전화를 걸음 • TM 운용 주체가 외부의 잠재적 고객이나 기존의 고객에게 전화를 거는 서비스 • 착신 전화보다 복잡하고 관리가 어려움 • 전문적인 텔레마케터와 관리자가 필요함
• 광고, DM, 전화 등을 통한 자극 → 고객반응 → 텔레마케터 활동	• 가맹 고객 파악 → 고객분석 → 고객 등급화 → 판매 → 서비스

- 대상에 따라서는 소비자 TM과 기업체 TM이 있다.

▶ 대상에 따른 분류	
소비자 TM (B2C TM)	**기업체 TM (B2B TM)**
• 소비자에게 정보를 전달하거나 상품의 구매를 의뢰함	• 기업 내의 공간에서 활동하는 사람들을 대상으로 하기 때문에 고객 리스트가 정확하고 확실함 • 기업 TM은 성공 가능성이 높고, 비용 대비 효과가 큼 • 방문 판매원과의 협력으로 고객에게 사후 지원을 가능하게 함

(4) TM 센터의 특징

TM 센터의 기능

- **일상적인 TM 기능**: 신용카드 분실 신고, 고객 정보 수정(청구지 주소, 거주지 변경 상황, 직장 상황, E-메일 송부 요청 등)이나 대금의 입금, 연체 내역 확인, 상품에 대한 자세한 문의, 불만 제기, 새로운 사이트 개발에 대한 제안 등 고객 상담 서비스가 주를 이룬다.
- **영업점으로서의 TM 기능**: 통합 서비스 업무를 가능하게 할 기업내의 고객 전화 창구를 일원화하여 고객으로부터 걸려온 전화를 받는 업무(인바운드 콜서비스)와 고객에게 전화를 하는 업무(아웃 바운드 콜서비스)를 한다.

TM 센터의 효율적인 운영 방법

- 기존고객의 데이터를 세분화하여 대상 고객을 선정한다.
- TM 센터 운영에 필요한 비용들을 효율적으로 관리한다.
- 전문적인 스크립트를 관리하고 제공하는 시스템을 지원한다.
- TM 센터 운영의 성과를 분석한다.
- 업종, 고객의 질, 지역 분포, 상품 종류, 텔레마케터의 능력 등에 따라 고객 관리나 TM 전개 능력이 달라질 수 있으므로 텔레마케터별로 능력에 따른 업무를 부여한다.
- TM 센터의 모니터링을 통해 운영상의 문제점을 찾아 개선한다.

TM 센터 구축의 목적

- 기업들의 고객에 대한 고급 서비스를 제공
- 창구의 일원화로 이용 고객의 편리성을 높이고, 신속한 업무 처리 제공
- 고객을 찾아가는 마케팅을 제공
- 다양한 IT채널(전화, 팩스, PC, 인터넷, 인스턴트 메시지 등)

TM 센터 구축과 아웃소싱

- TM 센터를 운영하는 방식은 기업이 자체적으로 TM 센터를 운영하거나 아웃소싱하는 방법이 있다.

▶ TM 운영 방식에 따른 분류

TM 센터를 자체적으로 운영(In-house)할 경우	TM 센터를 아웃소싱 할 경우
• 작은 규모의 정해진 고객들에게 정규적으로 전화 판촉을 하는 경우 • 하이테크 기술 위주 상품 혹은 복잡한 금융상품과 같이 전문적 설명과 상품 지식이 요구되는 경우 • 판매완료, 재고 파악, 물품 배송 시스템이 유기적으로 연결되는 경우 • 고도의 관리 능력이 요구되고 상당한 비용이 소요되는 경우 • TM 센터가 영업 부서에서 차지하는 비중이 큰 경우	• 전문 지식과 노하우가 없을 경우 • 대중을 대상으로 TM 서비스를 할 경우 • 각기 다른 마케팅 목표에 따라 다양한 캠페인을 실시할 경우 • 잘못된 계산식 전문성이 필요하지 않은 경우 • 단기간에 집중적인 TM을 실시할 필요가 있는 경우 • 대규모 TM 시설 투자가 불가능할 경우 • 정규 시간의 근무 체제 운영이 어려울 경우

6 상품/회원/결제 정보관리

(1) 상품/회원/결제 정보관리

- 쇼핑몰의 정보관리 시스템은 상품과 사용자를 관리하고, 사용자가 쇼핑을 할 수 있도록 쇼핑 몰을 관리해 주는 '머천트 시스템'과 사용자가 쇼핑을 마친 후 물건을 사기로 결정한 후 주문버 튼을 누르면, 실제 해당물품에 대한 지불처리와 배달과정이 처리되는 '트랜잭션 시스템'이 있 다. 그리고 이 트랜잭션 시스템은 거래 DB에 저장된다.

- 고객의 쇼핑몰 방문, 회원등록, 제품검색, 화면 조회, 구매 등 고객활동의 로그 데이터와 고객
  정보, 상품정보, 거래정보는 DB에 저장된다.

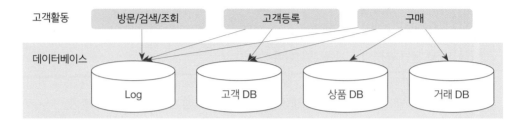

- 고객 DB: 회원이름, 회원 ID, 사는 지역, 나이, 회원등록 날짜, 회원그룹 등
- 상품 DB: 전자카탈로그 정보(상품 코드, 상품 분류 코드 등)
- 거래 DB: 회원 ID, 상품코드, 구매일자, 구매량, 구매액수, 사용쿠폰 등

7 SNS 운영 및 관리

(1) SNS 개요

- 트위터나 페이스북 등을 이용한 소셜네트워크서비스(SNS) 마케팅은 온라인을 통해 기존의 인
  맥과의 관계를 깊게 하고, 새로운 인맥으로 확장하여 폭넓은 인적네트워크를 목적으로 서비스
  를 제공하는 웹사이트다.
- SNS 마케팅 전문가 없이도 시행할 수 있으며, 잠재고객을 항시 형성할 수 있고, 또 실시간으
  로 고객과 제품에 대해서 토론할 수 있다.
- SNS 마케팅의 장점
  - 장소와 시간에 구애받지 않고 글을 올릴 수 있고, 실시간 피드백이 가능하다.
  - SNS 분석을 통해 고객 성향을 파악할 수 있고, 이를 이용하여 정확한 타겟팅이 가능하다.
  - 우수한 제품인 경우 네트워크망을 통한 전파력이 우수하므로, 쇼핑몰 내에서 하는 마케팅에 비해
    효과가 좋을 수 있다.
  - 제품에 대한 브랜드 이미지 구축과 입소문을 이용한 제품의 장점을 홍보할 수 있다.
- SNS 마케팅의 단점
  - 쌍방향 커뮤니티로, 일방적인 홍보글만 올린다면 기존의 SNS 인맥들로부터 차단당할 위험이 있
    다. 즉 과도한 SNS는 역효과를 일으킬 수 있다.
  - 상품의 질이 나쁜 경우임에도 불구하고 SNS 마케팅을 실시하는 경우는 제품에 대한 부정적인 소
    식이 더 빠르게 확산될 수 있다.
- 성공적인 SNS 마케팅
  - 고객과의 진정성 있는 관계를 유지하며 쌍방향 커뮤니케이션을 통해 고객의 불만사항, 새로운 아
    이디어 등을 듣는 채널을 만드는 것이 중요하다.
  - 마케팅을 하고 싶은 경우라도 다른 지인들을 위한 다양한 고급 정보들을 제공하고, 유용한 이벤트

등을 적절하게 섞어서 올릴 필요가 있다.

(2) 트위터

- 미국의 대표적인 SNS로, PC나 모바일로 140글자의 단문의 글, 사진, 비디오 등 기타 미디어 등을 이용하여 자신의 생각이나 정보를 공유한다.

- 트위터 용어
  - Timeline(타임라인): 자신과 트위터 인맥들이 작성한 글이 순차적으로 표시됨
  - Tweet(트윗): 글 쓰기
  - Retweet(리트윗): 누군가 작성한 트윗을 자신의 지인들에게 재전송 하는 것. 'RT'로 표기함
  - Follow(팔로우): 특정인이 작성한 글을 지속적으로 보겠다는 의미
  - Follower(팔로워): 나를 팔로우 한 사람
  - Follow Back(팔로우 백): 맞팔. 내가 팔로우 하는 사람이 나를 팔로우 하는 것으로 말함
  - Mention(멘션): '@ID'를 입력하고 글을 입력하는 경우에 해당 아이디의 사람에게 이야기 하는 것을 의미
  - Message(Direct Message-DM 메시지): 특정 사용자에게 비공개로 트윗을 원할 때 쓰는 쪽지
  - Hashtag(해시태그): 트위터의 검색어 기능임. 검색어를 영문으로 입력할 때는 '#' 뒤에 검색 키워 드만 입력하고 한글로 입력할 때는 '#_' 이런 식으로 '_'를 추가함

(3) 페이스북

- 미국의 대표적인 SNS로 미국 내 대학생들의 친구찾기, 프로필 공유 등의 인맥 네트워크로 활용되고 있고, 그룹 생성 기능으로 커뮤니티 형성이 가능하고 실시간 채팅도 가능하다.

- 페이스북의 기본 용어
  - 뉴스피드: 페이스북 친구들이 최근 작성한 글이 표시됨
  - 담벼락: 자신이 작성한 글을 모아서 볼 수 있는 공간으로 페이스북 친구가 자신의 담벼락에 와서 글을 남길 수도 있음
  - 공감버튼(좋아요, 최고예요, 웃겨요, 멋져요, 슬퍼요, 화나요): 다른 사람의 글에 대한 공감의 의미로 버튼을 누름 👍🩵😆😮😢😡
  - 그룹: 콘텐츠를 공유하는 사람들의 커뮤니티 공간으로 인터넷 카페와 비슷한 의미임
  - 메시지/채팅: 쪽지 기능으로 보내는 사람과 받는 사람에게만 노출됨
  - 페이지: 회사, 브랜드, 유명인이 공식적으로 개설하여 기업이나 제품을 홍보하는 공간임

전자상거래 관련 법규

전자상거래 관련 법규

1 전자상거래 관련법[60]

① 전자문서 및 전자거래 기본법

법령	전자문서 및 전자거래 기본법
목적	이 법은 전자문서 및 전자거래의 법률관계를 명확히 하고 전자문서 및 전자거래의 안전성과 신뢰성을 확보하며 그 이용을 촉진할 수 있는 기반을 조성함으로써 국민경제의 발전에 이바지함을 목적으로 한다.
기본 용어정의	1. "전자문서"란 정보처리시스템에 의하여 전자적 형태로 작성, 송신·수신 또는 저장된 정보를 말한다. 2. "정보처리시스템"이란 전자문서의 작성·변환, 송신·수신 또는 저장을 위하여 이용되는 정보처리 능력을 가진 전자적 장치 또는 체계를 말한다. 3. "작성자"란 전자문서를 작성하여 송신하는 자를 말한다. 4. "수신자"란 작성자가 전자문서를 송신하는 상대방을 말한다. 5. "전자거래"란 재화나 용역을 거래할 때 그 전부 또는 일부가 전자문서에 의하여 처리되는 거래를 말한다. 6. "전자거래사업자"란 전자거래를 업(業)으로 하는 자를 말한다. 7. "전자거래이용자"란 전자거래를 이용하는 자로서 전자거래사업자 외의 자를 말한다. 8. "공인전자주소"란 전자문서를 송신하거나 수신하는 자를 식별하기 위하여 문자·숫자 등으로 구성되는 정보로서 제18조의4에 따라 등록된 주소를 말한다. 9. "공인전자문서센터"란 타인을 위하여 다음 각 목의 업무(이하 "전자문서보관등"이라 한다)를 하는 자로서 제31조의2제1항에 따라 지정받은 자를 말한다. 　　가. 전자문서의 보관 또는 증명　　　　　나. 그 밖에 전자문서 관련 업무 10. "공인전자문서중계자"란 타인을 위하여 전자문서의 송신·수신 또는 중계(이하 "전자문서유통"이라 한다)를 하는 자로서 제31조의18에 따라 지정받은 자를 말한다.

전자상거래 기본법의 주요 내용

전자문서

- **(전자문서의 효력)** 전자문서는 다른 법률에 특별한 규정이 있는 경우를 제외하고는 전자적 형태로 되어 있다는 이유로 문서로서의 효력이 부인되지 아니한다.

- **(전자문서의 보관)** 전자문서가 다음 각 호의 요건을 모두 갖춘 경우에는 그 전자문서를 보관함으로써 관계 법령에서 정하는 문서의 보관을 갈음할 수 있다.
  - 전자문서의 내용을 열람할 수 있을 것
  - 전자문서가 작성 및 송신·수신된 때의 형태 또는 그와 같이 재현될 수 있는 형태로 보존되어 있을 것
  - 전자문서의 작성자, 수신자 및 송신·수신 일시에 관한 사항이 포함되어 있는 경우에는 그 부분이 보존되어 있을 것

- **(송신·수신의 시기 및 장소)** 전자문서는 수신자 또는 그 대리인이 해당 전자문서를 수신할 수 있는 정보처리시스템에 입력한 때에 송신된 것으로 본다.
  - 수신자가 전자문서를 수신할 정보처리시스템을 지정한 경우: 지정된 정보처리시스템에 입력된 때. 다만, 전자문서가 지정된 정보처리시스템이 아닌 정보처리시스템에 입력된 경우에는 수신자가 이를 출력한 때를 말한다.
  - 수신자가 전자문서를 수신할 정보처리시스템을 지정하지 아니한 경우: 수신자가 관리하는 정보처리시스템에 입력된 때

전자거래의 안전성 확보 및 소비자 보호

- **(개인정보 보호)** 정부는 전자거래의 안전성과 신뢰성을 확보하기 위하여 전자거래이용자의 개인정보를 보호하기 위한 시책을 수립·시행하여야 한다. 전자거래사업자는 전자거래이용자의 개인정보를 수집·이용 또는 제공하거나 관리할 때 「정보통신망 이용촉진 및 정보보호 등에 관한 법률」 등 관계 규정을 준수하여야 한다.

- **(영업비밀 보호)** 정부는 전자거래의 안전성과 신뢰성을 확보하기 위하여 전자거래이용자의 영업비밀을 보호하기 위한 시책을 수립·시행하여야 한다.

- **(암호제품의 사용)** 전자거래사업자는 전자거래의 안전성과 신뢰성을 확보하기 위하여 암호제품을 사용할 수 있다. 정부는 국가안전보장을 위하여 필요하다고 인정하면 암호제품의 사용을 제한하고, 암호화된 정보의 원문 또는 암호기술에의 접근에 필요한 조치를 할 수 있다.

- **(소비자보호시책의 수립·시행 등)** 정부는 「소비자기본법」·「전자상거래 등에서의 소비자보호에 관한 법률」 등 관계 법령에 따라 전자거래와 관련되는 소비자의 기본권익을 보호하고 전자거래에 관한 소비자의 신뢰성을 확보하기 위한 시책을 수립·시행하여야 한다.

- **(소비자 피해의 예방과 구제)** 정부는 전자거래와 관련되는 소비자 피해의 발생을 예방하기 위하여 소비자에 대한 정보의 제공, 교육의 확대 등에 관한 시책을 수립·시행하여야 한다. 정부는 전자거래와 관련되는 소비자의 불만과 피해를 신속하고 공정하게 처리할 수 있도록 필요한 조치를 수립·시행하여야 한다.

- **(전자거래사업자의 일반적 준수사항)** 전자거래사업자는 전자거래와 관련되는 소비자를 보호하고

전자거래의 안전성과 신뢰성을 확보하기 위하여 다음 각 호의 사항을 준수하여야 한다.

- 상호(법인인 경우에는 대표자의 성명을 포함한다)와 그 밖에 자신에 관한 정보와 재화, 용역, 계약 조건 등에 관한 정확한 정보의 제공
- 소비자가 쉽게 접근·인지할 수 있도록 약관의 제공 및 보존
- 소비자가 자신의 주문을 취소 또는 변경할 수 있는 절차의 마련
- 청약의 철회, 계약의 해제 또는 해지, 교환, 반품 및 대금환급 등을 쉽게 할 수 있는 절차의 마련
- 소비자의 불만과 요구사항을 신속하고 공정하게 처리하기 위한 절차의 마련
- 거래의 증명 등에 필요한 거래기록의 일정기간 보존

- (자동프로그램 등을 이용한 공인전자주소의 수집 등 금지) 누구든지 자동으로 공인전자주소를 수집하는 프로그램이나 기술적 장치를 이용하여 공인전자주소를 수집하여서는 아니 된다.

전자문서·전자거래기본정책의 수립 및 추진체계

- (전자문서·전자거래기본정책의 원칙과 정부의 책무) 정부는 전자문서 이용 및 전자거래를 촉진하기 위하여 다음의 원칙에 따라 전자문서 및 전자거래에 관한 기본정책을 수립·시행하여야 한다.
  - 민간 주도에 의한 추진
  - 규제의 최소화
  - 전자문서 및 전자거래의 안전성과 신뢰성 확보
  - 국제협력의 강화

- (전자문서·전자거래촉진계획의 수립·시행) 정부는 제19조에 따른 전자문서·전자거래기본정책의 원칙에 따라 다음을 수립·시행하여야 한다.
  - 전자문서·전자거래촉진계획의 기본 방향
  - 전자문서 및 전자거래와 관련된 국제규범에 관한 사항
  - 전자결제제도에 관한 사항
  - 지식재산권의 보호에 관한 사항
  - 전자문서 및 전자거래 당사자의 권익 보호에 관한 사항
  - 전자문서 및 전자거래의 안전성과 신뢰성 확보에 관한 사항
  - 전자문서 및 전자거래에 관한 기술의 개발 및 표준화에 관한 사항
  - 전자문서 이용 및 전자거래의 촉진에 필요한 환경조성 및 수요창출에 관한 사항
  - 전자문서 및 전자거래와 관련된 국제협력에 관한 사항
  - 전자문서 이용 및 전자거래의 촉진에 필요한 기반조성의 지원에 관한 사항
  - 초고속정보통신망의 구축 및 이용활성화에 관한 사항
  - 그 밖에 전자문서 이용 및 전자거래를 촉진하기 위하여 필요한 사항

전자문서 이용 및 전자거래의 촉진과 그 기반 조성

- (전자문서 이용의 촉진 등) 정부는 전자문서의 이용을 촉진하기 위하여 각종 법령의 정비 등 필요한 시책을 수립·시행하고, 과학기술정보통신부장관은 전자문서의 이용을 촉진하기 위하여 전자문서의 작성·송신·수신·보관에 필요한 요건·방법·절차에 관한 표준지침을 정하여 고시할 수 있다.

- (전자문서 및 전자거래의 표준화) 정부는 전자문서 및 전자거래의 효율적 운용과 관련 기술의 호환성(互換性) 확보를 위하여 전자문서 및 전자거래와 관련된 표준의 제정·개정 및 폐지와 그 보급 및 조사 연구개발 등을 추진하여야 한다.

- (전자문서 및 전자거래 기술개발의 추진) 정부는 전자문서 이용 및 전자거래의 촉진에 필요한 기술의 개발과 기술수준의 향상을 위하여 전자문서 및 전자거래에 관한 기술수준, 기술활용, 기술이전, 산학연 협력 등에 관한 사항을 추진하여야 한다.

- (전자문서 및 전자거래 전문인력의 양성) 정부는 전자문서 이용 및 전자거래를 촉진하기 위하여 필요한 전문인력을 양성하는 데 노력하여야 한다.

- (공공부문의 전자거래 추진) 국가기관, 지방자치단체, 「공공기관의 운영에 관한 법률」 제4조에 따른 공공기관 및 공공단체 등은 그 기관의 운영에 필요한 재화 또는 용역의 조달이나 기관의 사업을 전자거래로 수행하기 위한 계획을 수립하여 추진하여야 한다.

- (전자문서 및 전자거래의 국제화) 정부는 전자문서 및 전자거래에 관한 국제협력을 촉진하기 위하여 전자문서 및 전자거래에 관한 정보·기술·인력의 교류, 공동조사·연구 및 기술협력, 국제표준화 등의 사업을 지원할 수 있다. 정부는 국제기구에서의 전자문서 및 전자거래에 관련된 논의에 적극적으로 참여하여 대응하고, 전자거래사업자 및 전자문서 관련 사업자의 국외시장 진출을 활성화하기 위하여 노력하여야 한다.

- (전자상거래지원센터) 정부는 중소기업의 전자거래를 촉진하기 위하여 필요한 시책을 마련하여 추진하여야 하고, 중소기업의 전자거래를 촉진하기 위하여 전자거래와 관련한 교육훈련, 기술지도, 경영자문, 정보제공 등을 지원하는 기관을 전자상거래지원센터로 지정할 수 있다.

- (전자문서 이용 및 전자거래의 촉진을 위한 지원) 국가 또는 지방자치단체는 전자문서 이용 및 전자거래를 촉진하기 위하여 「조세특례제한법」·「지방세특례제한법」 등 조세 관계 법률에서 정하는 바에 따라 조세 감면 등 세제상의 지원과 금융상의 지원, 그 밖에 필요한 행정상의 지원을 할 수 있다.

- (공인전자문서중계자의 지정 등) 과학기술정보통신부장관은 전자문서유통의 안정성과 신뢰성을 확보하기 위하여 전자문서유통에 관하여 전문성이 있는 자를 공인전자문서중계자로 지정하여 전자문서유통을 하게 할 수 있다.
  - 개인정보 또는 영업비밀 보호를 위하여 필요한 경우에는 금융·의료·국방 등 분야별로 대표성이 있는 자를 우선하여 지정할 수 있다.
  - 전자문서유통에 필요한 인력·시설·장비와 재정능력 및 기술능력과 같은 공인전자문서중계자요건을 갖추어 정부에 지정을 신청하여야 한다.

전자문서·전자거래분쟁조정위원회

- (전자문서·전자거래분쟁조정위원회의 설치 및 구성 등) 전자문서 및 전자거래에 관한 분쟁을 조정하기 위하여 전자문서·전자거래분쟁조정위원회를 둔다.
  - 위원회는 위원장 1명을 포함하여 15명 이상 50명 이하의 위원으로 구성한다.
  - 위원은 다음 각 호의 어느 하나에 해당하는 사람 중에서 과학기술정보통신부장관이 임명하거나 위촉하며, 위원장은 위원 중에서 호선(互選)한다.

1. 대학이나 공인된 연구기관에서 부교수급 이상 또는 이에 상당하는 직(職)에 있거나 있었던 사람으로서 전자문서 또는 전자거래 관련 분야를 전공한 사람
2. 4급 이상 공무원(고위공무원단에 속하는 일반직공무원을 포함한다) 또는 이에 상당하는 공공기관의 직에 있거나 있었던 사람으로서 전자문서 또는 전자거래 업무에 관한 경험이 있는 사람
3. 판사·검사 또는 변호사의 자격이 있는 사람
4. 「비영리민간단체 지원법」 제2조에 따른 비영리민간단체에서 추천한 사람
5. 그 밖에 전자문서 또는 전자거래와 분쟁조정에 관한 학식과 경험이 있는 사람

- **(분쟁의 조정)** 전자문서 및 전자거래와 관련한 피해의 구제와 분쟁의 조정을 받으려는 자는 위원회에 분쟁의 조정을 신청할 수 있다. 다만, 다른 법률에 따라 분쟁조정이 완료된 경우는 제외한다.
  - 조정은 3명 이내의 위원으로 구성된 조정부에서 행한다. 다만, 위원회에서 조정하기로 의결한 사건의 경우에는 위원회에서 행한다.
  - 위원회 또는 조정부는 제1항에 따른 분쟁조정 신청을 받은 날부터 45일 이내에 조정안을 작성하여 분쟁당사자에게 권고하여야 한다. 다만, 부득이한 사정으로 그 기한을 연장하려는 경우에는 그 사유와 기한을 명시하여 당사자에게 통지하여야 한다.
  - 신청취지에 반하지 아니하는 범위에서 원상회복, 손해배상 및 그 밖에 피해의 구제를 위하여 필요한 조치사항을 포함할 수 있다.

- **(위법사실의 통보 등)** 위원회는 분쟁조정을 함에 있어서 당사자 또는 관계인이 법령을 위반한 것으로 판단되는 때에는 관계 기관에 위반 사실을 통보하고 적절한 조치를 의뢰하여야 한다.

- **(자료 요청 등)** 위원회는 분쟁조정을 위하여 필요한 자료의 제공을 당사자 또는 참고인에게 요청할 수 있다. 이 경우 해당 당사자는 정당한 사유가 없으면 요청에 따라야 한다. 위원회는 필요하다고 인정하는 경우에는 당사자 또는 참고인으로 하여금 위원회에 출석하게 하여 그 의견을 들을 수 있다.

- **(조정의 거부와 중지)** 위원회는 다른 법률에 따라 분쟁조정이 완료된 경우, 사건의 성질상 위원회에서 조정하는 것이 적합하지 아니하다고 인정되는 경우, 부정한 목적으로 분쟁의 조정을 신청한 것으로 인정되는 경우에 조정을 거부할 수 있다.

- **(조정비용 등)** 위원회는 분쟁의 조정을 신청한 자에게 대통령령으로 정하는 바에 따라 조정비용을 부담하게 할 수 있다.

- **(비밀 유지)** 위원회의 분쟁조정 업무에 종사하는 자 또는 종사하였던 자는 그 직무상 알게 된 비밀을 타인에게 누설하거나 직무상 목적 외의 용도로 사용하여서는 아니 된다. 다만, 다른 법률에 특별한 규정이 있는 경우에는 그러하지 아니하다.

- **(상호주의)** 외국인 및 외국 법인에 대하여도 이 법을 적용한다. 다만, 대한민국 국민 또는 대한민국 법인에 대하여 이 법에 준하는 보호를 하지 아니하는 국가의 외국인 또는 외국 법인에 대하여는 그에 상응하게 이 법 또는 대한민국이 가입 또는 체결한 조약에 따른 보호를 제한할 수 있다.

❷ 전자상거래 등에서의 소비자보호에 관한 법률

법령	전자상거래 등에서의 소비자보호에 관한 법률
목적	이 법은 전자상거래 및 통신판매 등에 의한 재화 또는 용역의 공정한 거래에 관한 사항을 규정함으로써 소비자의 권익을 보호하고 시장의 신뢰도를 높여 국민경제의 건전한 발전에 이바지함을 목적으로 한다.
기본 용어정의	1. "전자상거래"란 전자거래(「전자문서 및 전자거래 기본법」 제2조제5호에 따른 전자거래를 말한다. 이하 같다)의 방법으로 상행위(商行爲)를 하는 것을 말한다. 2. "통신판매"란 우편·전기통신, 그 밖에 총리령으로 정하는 방법으로 재화 또는 용역(일정한 시설을 이용하거나 용역을 제공받을 수 있는 권리를 포함한다. 이하 같다)의 판매에 관한 정보를 제공하고 소비자의 청약을 받아 재화 또는 용역(이하 "재화 등"이라 한다)을 판매하는 것을 말한다. 다만, 「방문판매 등에 관한 법률」 제2조제3호에 따른 전화권유판매는 통신판매의 범위에서 제외한다. 3. "통신판매업자"란 통신판매를 업(業)으로 하는 자 또는 그와의 약정에 따라 통신판매업무를 수행하는 자를 말한다. 4. "통신판매중개"란 사이버몰(컴퓨터 등과 정보통신설비를 이용하여 재화 등을 거래할 수 있도록 설정된 가상의 영업장을 말한다. 이하 같다)의 이용을 허락하거나 그 밖에 총리령으로 정하는 방법으로 거래 당사자 간의 통신판매를 알선하는 행위를 말한다. 5. "소비자"란 다음 각 목의 어느 하나에 해당하는 자를 말한다. 　　가. 사업자가 제공하는 재화 등을 소비생활을 위하여 사용(이용을 포함한다. 이하 같다)하는 자 　　나. 가목 외의 자로서 사실상 가목의 자와 같은 지위 및 거래조건으로 거래하는 자 등 대통령령으로 정하는 자 6. "사업자"란 물품을 제조(가공 또는 포장을 포함한다. 이하 같다)·수입·판매하거나 용역을 제공하는 자를 말한다.

전자상거래 및 통신판매

- **(전자문서의 활용)** 「전자문서 및 전자거래 기본법」으로 전자문서를 송신하지 아니한 경우에는 그 사업자는 해당 전자문서에 의한 권리를 주장할 수 없다. 다만, 긴급한 경우, 소비자도 이미 전자문서로 거래할 것을 예정하고 있는 경우, 소비자가 전자문서를 출력한 경우 등 대통령령으로 정하는 경우에는 그러하지 아니하다.
  - 사업자는 전자서명을 한 전자문서를 사용하려면 대통령령으로 정하는 바에 따라 그 전자문서의 효력, 수령 절차 및 방법 등을 소비자에게 고지하여야 한다.

- **(거래기록의 보존 등)** 사업자는 전자상거래 및 통신판매에서의 표시·광고, 계약내용 및 그 이행 등 거래에 관한 기록을 상당한 기간 보존하여야 한다. 이 경우 소비자가 쉽게 거래기록을 열람·보존할 수 있는 방법을 제공하여야 한다.

- **(조작 실수 등의 방지)** 사업자는 전자상거래에서 소비자의 조작 실수 등으로 인한 의사표시의 착오 등으로 발생하는 피해를 예방할 수 있도록 거래대금이 부과되는 시점이나 청약 전에 그 내용을 확인하거나 바로잡는 데에 필요한 절차를 마련하여야 한다.

- **(전자적 대금지급의 신뢰 확보)** 사업자가 대통령령으로 정하는 전자적 수단에 의한 거래대금의 지급방법을 이용하는 경우 사업자와 전자결제수단 발행자, 전자결제서비스 제공자 등 대통령령으로 정하는 전자적 대금지급 관련자(이하 '전자결제업자 등'이라 한다)는 관련 정보의 보안 유지에 필요한 조치를 하여야 한다.

- (배송사업자 등의 협력) 전자상거래나 통신판매에 따라 재화 등을 배송(「정보통신망 이용촉진 및 정보보호 등에 관한 법률」 정보통신망을 통한 전송을 포함한다)하는 사업자는 배송 사고나 배송 장애 등으로 분쟁이 발생하는 경우에는 대통령령으로 정하는 바에 따라 그 분쟁의 해결에 협조하여야 한다. 호스팅서비스(사업자가 전자상거래를 할 수 있도록 사이버몰 구축 및 서버 관리 등을 하여주는 서비스를 말한다)를 제공하는 자는 사업자와 호스팅서비스에 관한 이용계약을 체결하는 경우 사업자의 신원을 확인하기 위한 조치를 취하여야 한다.

- (전자게시판서비스 제공자의 책임) 정보통신서비스 제공자는 해당 게시판을 이용하여 통신판매 또는 통신판매중개가 이루어지는 경우 이로 인한 소비자피해가 발생하지 아니하도록 다음을 이행하여야 한다.
  - 게시판을 이용하여 통신판매 또는 통신판매중개를 업으로 하는 자가 이 법에 따른 의무를 준수하도록 안내하고 권고할 것
  - 게시판 이용 통신판매업자 등과 소비자 사이에 이 법과 관련하여 분쟁이 발생한 경우 소비자의 요청에 따라 소비자피해 분쟁조정기구에 소비자의 피해구제신청을 대행하는 장치를 마련하고 대통령령으로 정하는 바에 따라 운영할 것
  - 그 밖에 소비자피해를 방지하기 위하여 필요한 사항으로서 대통령령으로 정하는 사항

- (사이버몰의 운영) 전자상거래를 하는 사이버몰의 운영자는 소비자가 사업자의 신원 등을 쉽게 알 수 있도록 다음 각 호의 사항을 총리령으로 정하는 바에 따라 표시하여야 한다.
  1. 상호 및 대표자 성명
  2. 영업소가 있는 곳의 주소(소비자의 불만을 처리할 수 있는 곳의 주소를 포함한다)
  3. 전화번호 · 전자우편주소
  4. 사업자등록번호
  5. 사이버몰의 이용약관
  6. 그 밖에 소비자보호를 위하여 필요한 사항으로서 대통령령으로 정하는 사항

- (소비자에 관한 정보의 이용 등) 사업자는 전자상거래 또는 통신판매를 위하여 소비자에 관한 정보를 수집하거나 이용(제3자에게 제공하는 경우를 포함한다)할 때는 「정보통신망 이용촉진 및 정보보호 등에 관한 법률」 등 관계 규정에 따라 이를 공정하게 수집하거나 이용하여야 한다. 사업자는 재화 등을 거래함에 있어서 소비자에 관한 정보가 도용되어 해당 소비자에게 재산상의 손해가 발생하였거나 발생할 우려가 있는 특별한 사유가 있는 경우에는 본인 확인이나 피해의 회복 등 대통령령으로 정하는 필요한 조치를 취하여야 한다.

- (통신판매업자의 신고 등) 통신판매업자는 대통령령으로 정하는 바에 따라 다음 사항을 공정거래위원회 또는 특별자치도지사 · 시장 · 군수 · 구청장에게 신고하여야 한다. 다만, 통신판매의 거래 횟수, 거래규모 등이 공정거래위원회가 고시로 정하는 기준 이하인 경우에는 그러하지 아니하다.
  1. 상호(법인인 경우에는 대표자의 성명 및 주민등록번호를 포함한다), 주소, 전화번호
  2. 전자우편주소, 인터넷도메인 이름, 호스트서버의 소재지
  3. 그 밖에 사업자의 신원 확인을 위하여 필요한 사항으로서 대통령령으로 정하는 사항

- (신원 및 거래조건에 대한 정보의 제공) 통신판매업자가 재화 등의 거래에 관한 청약을 받을 목적으로 표시 · 광고를 할 때에는 그 표시 · 광고에 다음 상호, 대표자 성명, 주소 · 전화번호 · 전자우

편주소를 포함하여야 한다.

- **(청약확인 등)** 통신판매업자는 소비자로부터 재화 등의 거래에 관한 청약을 받으면 청약 의사표시의 수신 확인 및 판매 가능 여부에 관한 정보를 소비자에게 신속하게 알려야 한다.

- **(재화 등의 공급 등)** 통신판매업자는 소비자가 청약을 한 날부터 7일 이내에 재화 등의 공급에 필요한 조치를 하여야 하고, 소비자가 재화 등을 공급받기 전에 미리 재화 등의 대금을 전부 또는 일부 지급하는 통신판매의 경우에는 소비자가 그 대금을 전부 또는 일부 지급한 날부터 3영업일 이내에 재화 등의 공급을 위하여 필요한 조치를 하여야 한다. 다만, 소비자와 통신판매업자 간에 재화 등의 공급시기에 관하여 따로 약정한 것이 있는 경우에는 그러하지 아니하다.

- **(청약철회 등)** 통신판매업자와 재화 등의 구매에 관한 계약을 체결한 소비자는 다음 기간(거래당사자가 다음 각 호의 기간보다 긴 기간으로 약정한 경우에는 그 기간을 말한다) 이내에 해당 계약에 관한 청약철회 등을 할 수 있다.
  - 계약내용에 관한 서면을 받은 날부터 7일. 다만, 그 서면을 받은 때보다 재화 등의 공급이 늦게 이루어진 경우에는 재화 등을 공급받거나 재화 등의 공급이 시작된 날부터 7일
  - 계약내용에 관한 서면을 받지 아니한 경우, 통신판매업자의 주소 등이 적혀 있지 아니한 서면을 받은 경우 또는 통신판매업자의 주소 변경 등의 사유로 기간 내 청약철회 등을 할 수 없는 경우에는 통신판매업자의 주소를 안 날 또는 알 수 있었던 날부터 7일
  - 청약철회 등에 대한 방해 행위가 있는 경우에는 그 방해 행위가 종료한 날부터 7일
  - 그 밖에 거래의 안전을 위하여 대통령령으로 정하는 경우

- **(통신판매중개자의 의무와 책임)** 통신판매중개를 하는 자는 자신이 통신판매의 당사자가 아니라는 사실을 소비자가 쉽게 알 수 있도록 총리령으로 정하는 방법으로 미리 고지하여야 한다.

- **(구매권유광고 시 준수사항 등)** 전자상거래를 하는 사업자 또는 통신판매업자가 전화, 팩스, 컴퓨터통신 또는 전자우편 등을 이용하여 재화를 구매하거나 용역을 제공받도록 권유하는 행위를 할 때에는 이 법과 「정보통신망 이용촉진 및 정보보호 등에 관한 법률」 등 관계 법률의 규정을 준수하여야 한다. 공정거래위원회는 위반하여 구매권유광고를 한 전자상거래를 하는 사업자 또는 통신판매업자에 대한 시정조치를 하기 위하여 방송통신위원회 등 관련 기관에 위반자의 신원정보를 요청할 수 있다. 이 경우 신원정보의 요청은 공정거래위원회가 위반자의 신원정보를 확보하기 곤란한 경우로 한정하며, 방송통신위원회 등 관련 기관은 「정보통신망 이용촉진 및 정보보호 등에 관한 법률」에도 불구하고 공정거래위원회에 위반자의 신원정보를 제공할 수 있다.

- **(위반행위의 조사 등)** 공정거래위원회, 시·도지사 또는 시장·군수·구청장은 이 법을 위반한 사실이 있다고 인정할 때에는 직권으로 필요한 조사를 할 수 있다.

- **(공개정보 검색 등)** 공정거래위원회는 전자상거래 및 통신판매의 공정거래질서를 확립하고 소비자피해를 예방하기 위하여 필요하면 전자적인 방법 등을 이용하여 사업자나 전자상거래 또는 통신판매에서의 소비자보호 관련 단체가 정보통신망에 공개한 공개정보를 검색할 수 있다.

- **(위법행위 등에 대한 정보공개)** 공정거래위원회는 전자상거래 및 통신판매의 공정거래질서를 확립하고 소비자피해를 예방하기 위하여 제27조제1항에 따라 검색된 정보 중 사업자가 이 법을 위반한 행위나 그 밖에 소비자피해의 예방을 위하여 필요한 관련 정보를 대통령령으로 정하는 바에 따라

공개할 수 있다.

- **(평가 · 인증 사업의 공정화)** 전자상거래 및 통신판매의 공정화와 소비자보호를 위하여 관련 사업자의 평가 · 인증 등의 업무를 수행하는 자는 그 명칭에 관계없이 대통령령으로 정하는 바에 따라 그 평가 · 인증에 관한 기준, 방법 등을 공시하고, 그에 따라 공정하게 평가 · 인증하여야 한다.

- **(보고 및 감독)** 시정권고를 하는 경우에는 시 · 도지사는 공정거래위원회에, 시장 · 군수 · 구청장은 공정거래위원회 및 시 · 도지사에게 대통령령으로 정하는 바에 따라 그 결과를 보고하여야 한다.

- **(위반행위의 시정권고)** 공정거래위원회, 시 · 도지사 또는 시장 · 군수 · 구청장은 사업자가 이 법을 위반하는 행위를 하거나 이 법에 따른 의무를 이행하지 아니한 경우에는 시정조치를 명하기 전에 그 사업자가 그 위반행위를 중지하거나 이 법에 규정된 의무 또는 시정을 위하여 필요한 조치를 이행하도록 시정방안을 정하여 해당 사업자에게 이에 따를 것을 권고할 수 있다.

- **(임시중지명령)** 공정거래위원회는 전자상거래를 하는 사업자 또는 통신판매업자의 전자상거래 또는 통신판매가 전자상거래 또는 통신판매로 인하여 소비자에게 재산상 손해가 발생하였고, 다수의 소비자에게 회복하기 어려운 손해가 확산될 우려가 있어 이를 예방할 긴급한 필요성이 인정되는 경우에는 전자상거래를 하는 사업자 또는 통신판매업자에 대하여 전자상거래 또는 통신판매의 전부 또는 일부를 대통령령으로 정하는 바에 따라 일시 중지할 것을 명할 수 있다.

- **(소비자피해 분쟁조정의 요청)** 공정거래위원회, 시 · 도지사 또는 시장 · 군수 · 구청장은 전자상거래 또는 통신판매에서의 이 법 위반행위와 관련하여 소비자의 피해구제신청이 있는 경우에는 제31조에 따른 시정권고 또는 제32조에 따른 시정조치 등을 하기 전에 전자상거래 또는 통신판매에서의 소비자보호 관련 업무를 수행하는 기관이나 단체 등 대통령령으로 정하는 소비자피해 분쟁조정기구에 조정을 의뢰할 수 있다.

- **(과징금)** 공정거래위원회는 영업정지가 소비자 등에게 심한 불편을 줄 우려가 있다고 인정하는 경우에는 그 영업의 전부 또는 일부의 정지를 갈음하여 해당 사업자에게 대통령령으로 정하는 위반행위 관련 매출액을 초과하지 아니하는 범위에서 과징금을 부과할 수 있다. 또한 이 법을 위반한 사업자인 회사가 합병한 경우에는 그 회사가 한 위반행위를 합병 후 존속하거나 합병으로 설립된 회사가 한 행위로 보아 과징금을 부과 · 징수할 수 있다. 공정거래위원회는 과징금을 부과할 때 다음 사항을 고려하여야 한다.
    1. 위반행위로 인한 소비자피해의 정도
    2. 소비자피해에 대한 사업자의 보상노력 정도
    3. 위반행위로 취득한 이익의 규모
    4. 위반행위의 내용 · 기간 및 횟수 등

- **(사업자단체의 등록)** 전자상거래와 통신판매업의 건전한 발전과 소비자에 대한 신뢰도의 제고, 그 밖에 공동 이익의 증진을 위하여 설립된 사업자단체는 대통령령으로 정하는 바에 따라 공정거래위원회에 등록할 수 있다.

- **(권한의 위임 · 위탁)** 이 법에 따른 공정거래위원회의 권한은 대통령령으로 정하는 바에 따라 그 일부를 소속 기관의 장 또는 시 · 도지사에게 위임하거나 다른 행정기관의 장에게 위탁할 수 있다.

- **(양벌규정)** 법인의 대표자나 법인 또는 개인의 대리인, 사용인, 그 밖의 종업원이 그 법인 또는 개

인의 업무에 관하여 위반행위를 하면 그 행위자를 벌하는 외에 그 법인 또는 개인에게도 해당 조문의 벌금형을 과(科)한다. 다만, 법인 또는 개인이 그 위반행위를 방지하기 위하여 해당 업무에 관하여 상당한 주의와 감독을 게을리하지 아니한 경우에는 그러하지 아니하다.

- **(과태료)** 시정조치를 위반하여 영업을 계속한 자에게는 위반 정도에 따라 과태료 1억 이하, 5천만 이하, 3천만원, 500만원 이하를 부과한다.

③ 정보통신망 이용촉진 및 정보보호 등에 관한 법률

법령	정보통신망 이용촉진 및 정보보호 등에 관한 법률
목적	이 법은 정보통신망의 이용을 촉진하고 정보통신서비스를 이용하는 자의 개인정보를 보호함과 아울러 정보통신망을 건전하고 안전하게 이용할 수 있는 환경을 조성하여 국민생활의 향상과 공공복리의 증진에 이바지함을 목적으로 한다.
기본 용어정의	1. "정보통신망"이란 「전기통신사업법」 제2조제2호에 따른 전기통신설비를 이용하거나 전기통신설비와 컴퓨터 및 컴퓨터의 이용기술을 활용하여 정보를 수집·가공·저장·검색·송신 또는 수신하는 정보통신체제를 말한다. 2. "정보통신서비스"란 「전기통신사업법」 제2조제6호에 따른 전기통신역무와 이를 이용하여 정보를 제공하거나 정보의 제공을 매개하는 것을 말한다. 3. "정보통신서비스 제공자"란 「전기통신사업법」 제2조제8호에 따른 전기통신사업자와 영리를 목적으로 전기통신사업자의 전기통신역무를 이용하여 정보를 제공하거나 정보의 제공을 매개하는 자를 말한다. 4. "이용자"란 정보통신서비스 제공자가 제공하는 정보통신서비스를 이용하는 자를 말한다. 5. "전자문서"란 컴퓨터 등 정보처리능력을 가진 장치에 의하여 전자적인 형태로 작성되어 송수신되거나 저장된 문서형식의 자료로서 표준화된 것을 말한다. 6. "개인정보"란 생존하는 개인에 관한 정보로서 성명·주민등록번호 등에 의하여 특정한 개인을 알아볼 수 있는 부호·문자·음성·음향 및 영상 등의 정보(해당 정보만으로는 특정 개인을 알아볼 수 없어도 다른 정보와 쉽게 결합하여 알아볼 수 있는 경우에는 그 정보를 포함한다)를 말한다. 7. "침해사고"란 해킹, 컴퓨터바이러스, 논리폭탄, 메일폭탄, 서비스 거부 또는 고출력 전자기파 등의 방법으로 정보통신망 또는 이와 관련된 정보 시스템을 공격하는 행위를 하여 발생한 사태를 말한다. 8. "게시판"이란 그 명칭과 관계없이 정보통신망을 이용하여 일반에게 공개할 목적으로 부호·문자·음성·음향·화상·동영상 등의 정보를 이용자가 게재할 수 있는 컴퓨터 프로그램이나 기술적 장치를 말한다. 9. "통신과금서비스"란 정보통신서비스로서 다음 각 목의 업무를 말한다. 　가. 타인이 판매·제공하는 재화 또는 용역(이하 "재화 등"이라 한다)의 대가를 자신이 제공하는 전기통신역무의 요금과 함께 청구·징수하는 업무 　나. 타인이 판매·제공하는 재화 등의 대가가 가목의 업무를 제공하는 자의 전기통신역무의 요금과 함께 청구·징수되도록 거래정보를 전자적으로 송수신하는 것 또는 그 대가의 정산을 대행하거나 매개하는 업무 10. "통신과금서비스제공자"란 제53조에 따라 등록을 하고 통신과금서비스를 제공하는 자를 말한다. 11. "통신과금서비스이용자"란 통신과금서비스제공자로부터 통신과금서비스를 이용하여 재화 등을 구입·이용하는 자를 말한다. 12. "전자적 전송매체"란 정보통신망을 통하여 부호·문자·음성·화상 또는 영상 등을 수신자에게 전자문서 등의 전자적 형태로 전송하는 매체를 말한다.

- (정보통신서비스 제공자 및 이용자의 책무) 정보통신서비스 제공자는 이용자의 개인정보를 보호하고 건전하고 안전한 정보통신서비스를 제공하여 이용자의 권익보호와 정보이용능력의 향상에 이바지하여야 한다.

- (정보통신망 이용촉진 및 정보보호 등에 관한 시책의 마련) 과학기술정보통신부장관 또는 방송통신위원회는 정보통신망의 이용촉진 및 안정적 관리·운영과 이용자의 개인정보보호 등을 통하여 정보사회의 기반을 조성하기 위한 시책을 마련하여야 한다.
  - 시책에 포함되어야 할 내용
    1. 정보통신망에 관련된 기술의 개발·보급
    2. 정보통신망의 표준화

3. 정보내용물 및 제11조에 따른 정보통신망 응용서비스의 개발 등 정보통신망의 이용 활성화

4. 정보통신망을 이용한 정보의 공동활용 촉진

5. 인터넷 이용의 활성화

6. 정보통신망을 통하여 수집·처리·보관·이용되는 개인정보의 보호 및 그와 관련된 기술의 개발·보급

7. 정보통신망에서의 청소년 보호

8. 정보통신망의 안전성 및 신뢰성 제고

9. 그 밖에 정보통신망 이용촉진 및 정보보호 등을 위하여 필요한 사항

- (기술개발의 추진 등) 과학기술정보통신부장관은 정보통신망과 관련된 기술 및 기기의 개발을 효율적으로 추진하기 위하여 대통령령으로 정하는 바에 따라 관련 연구기관으로 하여금 연구개발·기술협력·기술이전 또는 기술지도 등의 사업을 하게 할 수 있다.

- (정보통신망의 표준화 및 인증) 과학기술정보통신부장관은 정보통신망의 이용을 촉진하기 위하여 정보통신망에 관한 표준을 정하여 고시하고, 정보통신서비스 제공자 또는 정보통신망과 관련된 제품을 제조하거나 공급하는 자에게 그 표준을 사용하도록 권고할 수 있다. 다만, 「산업표준화법」 제12조에 따른 한국산업표준이 제정되어 있는 사항에 대하여는 그 표준에 따른다.

- (인증기관의 지정 등) 과학기술정보통신부장관은 정보통신망과 관련된 제품을 제조하거나 공급하는 자의 제품이 제8조제1항 본문에 따라 고시된 표준에 적합한 제품임을 인증하는 기관을 지정할 수 있다.

- (정보내용물의 개발 지원) 정부는 국가경쟁력을 확보하거나 공익을 증진하기 위하여 정보통신망을 통하여 유통되는 정보내용물을 개발하는 자에게 재정 및 기술 등 필요한 지원을 할 수 있다.

- (인터넷 이용의 확산) 정부는 인터넷 이용이 확산될 수 있도록 공공 및 민간의 인터넷 이용시설의 효율적 활용을 유도하고 인터넷 관련 교육 및 홍보 등의 인터넷 이용기반을 확충하며, 지역별·성별·연령별 인터넷 이용격차를 해소하기 위한 시책을 마련하고 추진하여야 한다.

- (인터넷 서비스의 품질 개선) 과학기술정보통신부장관은 인터넷 서비스 이용자의 권익을 보호하고 인터넷 서비스의 품질 향상 및 안정적 제공을 보장하기 위한 시책을 마련하여야 한다.

- (개인정보의 수집·이용 동의 등) 정보통신서비스 제공자는 이용자의 개인정보를 이용하려고 수집하는 경우에는 다음 각 호의 모든 사항을 이용자에게 알리고 동의를 받아야 한다.

    1. 개인정보의 수집·이용 목적

    2. 수집하는 개인정보의 항목

    3. 개인정보의 보유·이용 기간

- (개인정보의 수집 제한 등) 정보통신서비스 제공자는 사상, 신념, 가족 및 친인척관계, 학력(學歷)·병력(病歷), 기타 사회활동 경력 등 개인의 권리·이익이나 사생활을 뚜렷하게 침해할 우려가 있는 개인정보를 수집하여서는 아니 된다. 다만, 이용자의 동의를 받거나 다른 법률에 따라 특별히 수집 대상 개인정보로 허용된 경우에는 필요한 범위에서 최소한으로 그 개인정보를 수집할 수 있다.

- (주민등록번호의 사용 제한) 정보통신서비스 제공자는 다음 각 호의 어느 하나에 해당하는 경우를 제외하고는 이용자의 주민등록번호를 수집·이용할 수 없다.

1. 본인확인기관으로 지정받은 경우
2. 법령에서 이용자의 주민등록번호 수집·이용을 허용하는 경우
3. 영업상 목적을 위하여 이용자의 주민등록번호 수집·이용이 불가피한 정보통신서비스 제공자로 서 방송통신위원회가 고시하는 경우

- (영업의 양수 등에 따른 개인정보의 이전) 정보통신서비스 제공자 등이 영업의 전부 또는 일부의 양도·합병 등으로 그 이용자의 개인정보를 타인에게 이전하는 경우에는 미리 다음 각 호의 사항 모두를 인터넷 홈페이지 게시, 전자우편 등 대통령령으로 정하는 방법에 따라 이용자에게 알려야 한다.

  1. 개인정보를 이전하려는 사실
  2. 개인정보를 이전받는 자의 성명(법인의 경우에는 법인의 명칭을 말한다. 이하 이 조에서 같다)· 주소·전화번호 및 그 밖의 연락처
  3. 이용자가 개인정보의 이전을 원하지 아니하는 경우 그 동의를 철회할 수 있는 방법과 절차

- (개인정보 처리방침의 공개) 정보통신서비스 제공자 등은 이용자의 개인정보를 처리하는 경우에는 개인정보 처리방침을 정하여 이용자가 언제든지 쉽게 확인할 수 있도록 대통령령으로 정하는 방법 에 따라 공개하여야 한다.

  - 개인정보 처리방침

  1. 개인정보의 수집·이용 목적, 수집하는 개인정보의 항목 및 수집방법
  2. 개인정보를 제3자에게 제공하는 경우 제공받는 자의 성명(법인인 경우에는 법인의 명칭을 말한 다), 제공받는 자의 이용 목적과 제공하는 개인정보의 항목
  3. 개인정보의 보유 및 이용 기간, 개인정보의 파기절차 및 파기방법(제29조제1항 각 호 외의 부분 단서에 따라 개인정보를 보존하여야 하는 경우에는 그 보존근거와 보존하는 개인정보 항목을 포 함한다)
  4. 개인정보 처리위탁을 하는 업무의 내용 및 수탁자(해당되는 경우에만 처리방침에 포함한다)
  5. 이용자 및 법정대리인의 권리와 그 행사방법
  6. 인터넷 접속정보파일 등 개인정보를 자동으로 수집하는 장치의 설치·운영 및 그 거부에 관한 사 항
  7. 개인정보 보호책임자의 성명 또는 개인정보보호 업무 및 관련 고충사항을 처리하는 부서의 명칭 과 그 전화번호 등 연락처

- (개인정보 유출 등의 통지·신고) 정보통신서비스 제공자 등은 개인정보의 분실·도난·유출 사실 을 안 때에는 지체 없이 다음(유출 등이 된 개인정보 항목, 유출 등이 발생한 시점, 이용자가 취할 수 있는 조치, 정보통신서비스 제공자 등의 대응 조치, 이용자가 상담 등을 접수할 수 있는 부서 및 연락처) 모든 사항을 해당 이용자에게 알리고 **방송통신위원회 또는 한국인터넷진흥원**에 신고하여야 하며, 정당한 사유 없이 그 사실을 안 때부터 24시간을 경과하여 통지·신고해서는 아니 된다. 다 만, 이용자의 연락처를 알 수 없는 등 정당한 사유가 있는 경우에는 대통령령으로 정하는 바에 따 라 통지를 갈음하는 조치를 취할 수 있다.

- (개인정보의 보호조치) 정보통신서비스 제공자 등이 개인정보를 취급할 때에는 개인정보의 분실· 도난·유출·변조 또는 훼손을 방지하기 위하여 대통령령으로 정하는 기준에 따라 다음 각 호의

기술적·관리적 조치를 하여야 한다.

    1. 개인정보를 안전하게 취급하기 위한 내부관리계획의 수립·시행

    2. 개인정보에 대한 불법적인 접근을 차단하기 위한 침입차단시스템 등 접근 통제장치의 설치·운영

    3. 접속기록의 위조·변조 방지를 위한 조치

    4. 개인정보를 안전하게 저장·전송할 수 있는 암호화기술 등을 이용한 보안조치

    5. 백신 소프트웨어의 설치·운영 등 컴퓨터바이러스에 의한 침해 방지조치

    6. 그 밖에 개인정보의 안전성 확보를 위하여 필요한 보호조치

• (법정대리인의 권리) 정보통신서비스 제공자 등이 만 14세 미만의 아동으로부터 개인정보 수집·이용·제공 등의 동의를 받으려면 그 법정대리인의 동의를 받아야 하고, 대통령령으로 정하는 바에 따라 법정대리인이 동의하였는지를 확인하여야 한다. 이 경우 정보통신서비스 제공자는 그 아동에게 법정대리인의 동의를 받거나 법정대리인이 동의하였는지를 확인하기 위하여 필요한 법정대리인의 성명 등 최소한의 정보를 요구할 수 있다.

• (손해배상) 이용자는 정보통신서비스 제공자 등이 이 장의 규정을 위반한 행위로 손해를 입으면 그 정보통신서비스 제공자 등에게 손해배상을 청구할 수 있다. 이 경우 해당 정보통신서비스 제공자 등은 고의 또는 과실이 없음을 입증하지 아니하면 책임을 면할 수 없다.

  – 정보통신서비스 제공자 등의 고의 또는 중대한 과실로 인하여 개인정보가 분실·도난·유출·위조·변조 또는 훼손된 경우로서 이용자에게 손해가 발생한 때에는 법원은 그 손해액의 3배를 넘지 아니하는 범위에서 손해배상액을 정할 수 있다. 다만, 정보통신서비스 제공자 등이 고의 또는 중대한 과실이 없음을 증명한 경우에는 그러하지 아니하다.

  – 손해배상액을 정할 때에 고려해야 할 점

    1. 고의 또는 손해 발생의 우려를 인식한 정도

    2. 위반행위로 인하여 입은 피해 규모

    3. 위반행위로 인하여 정보통신서비스 제공자 등이 취득한 경제적 이익

    4. 위반행위에 따른 벌금 및 과징금

    5. 위반행위의 기간·횟수 등

    6. 정보통신서비스 제공자 등의 재산상태

    7. 정보통신서비스 제공자 등이 이용자의 개인정보 분실·도난·유출 후 해당 개인정보를 회수하기 위하여 노력한 정도

    8. 정보통신서비스 제공자 등이 이용자의 피해구제를 위하여 노력한 정도

• (법정손해배상의 청구) 이용자는 정보통신서비스 제공자 등이 고의 또는 과실로 규정을 위반한 경우와 개인정보가 분실·도난·유출된 경우의 모두에 해당하는 경우에는 대통령령으로 정하는 기간 내에 정보통신서비스 제공자 등에게 손해배상을 청구하는 대신 300만원 이하의 범위에서 상당한 금액을 손해액으로 하여 배상을 청구할 수 있다. 이 경우 해당 정보통신서비스 제공자 등은 고의 또는 과실이 없음을 입증하지 아니하면 책임을 면할 수 없다.

• (노출된 개인정보의 삭제·차단) 정보통신서비스 제공자 등은 주민등록번호, 계좌정보, 신용카드정보 등 이용자의 개인정보가 정보통신망을 통하여 공중에 노출되지 아니하도록 하여야 한다.

• (국내대리인의 지정) 국내대리인을 지정한 때에는 다음 사항 모두를 개인정보 처리방침에 포함하

여야 한다.

- 국내대리인의 성명(법인의 경우에는 그 명칭 및 대표자의 성명을 말한다)
- 국내대리인의 주소(법인의 경우에는 영업소 소재지를 말한다), 전화번호 및 전자우편 주소

- **(청소년 보호를 위한 시책의 마련 등)** 방송통신위원회는 정보통신망을 통하여 유통되는 음란·폭력정보 등 청소년에게 해로운 정보로부터 청소년을 보호하기 위하여 시책(내용 선별 소프트웨어의 개발 및 보급, 청소년 보호를 위한 기술의 개발 및 보급, 청소년 보호를 위한 교육 및 홍보, 그 밖에 청소년 보호를 위하여 대통령령으로 정하는 사항)을 마련하여야 한다.

- **(정보통신망에서의 권리보호)** 이용자는 사생활 침해 또는 명예훼손 등 타인의 권리를 침해하는 정보를 정보통신망에 유통시켜서는 아니 된다. 정보통신서비스 제공자는 자신이 운영·관리하는 정보통신망에 위의 정보가 유통되지 아니하도록 노력하여야 한다. 방송통신위원회는 정보통신망에 유통되는 정보로 인한 사생활 침해 또는 명예훼손 등 타인에 대한 권리침해를 방지하기 위하여 기술개발·교육·홍보 등에 대한 시책을 마련하고 이를 정보통신서비스 제공자에게 권고할 수 있다.

- **(불법정보의 유통금지 등)** 누구든지 정보통신망을 통하여 다음과 같은 정보를 유통하여서는 아니 된다.
    1. 음란한 부호·문언·음향·화상 또는 영상을 배포·판매·임대하거나 공공연하게 전시하는 내용의 정보
    2. 사람을 비방할 목적으로 공공연하게 사실이나 거짓의 사실을 드러내어 타인의 명예를 훼손하는 내용의 정보
    3. 공포심이나 불안감을 유발하는 부호·문언·음향·화상 또는 영상을 반복적으로 상대방에게 도달하도록 하는 내용의 정보
    4. 정당한 사유 없이 정보통신시스템, 데이터 또는 프로그램 등을 훼손·멸실·변경·위조하거나 그 운용을 방해하는 내용의 정보
    5. 「청소년 보호법」에 따른 청소년유해매체물로서 상대방의 연령 확인, 표시의무 등 법령에 따른 의무를 이행하지 아니하고 영리를 목적으로 제공하는 내용의 정보
    6. 법령에 따라 금지되는 사행행위에 해당하는 내용의 정보
    7. 법령에 따라 분류된 비밀 등 국가기밀을 누설하는 내용의 정보
    8. 「국가보안법」에서 금지하는 행위를 수행하는 내용의 정보
    9. 그 밖에 범죄를 목적으로 하거나 교사(敎唆) 또는 방조하는 내용의 정보

- **(명예훼손 분쟁조정부)** 심의위원회는 정보통신망을 통하여 유통되는 정보 중 사생활의 침해 또는 명예훼손 등 타인의 권리를 침해하는 정보와 관련된 분쟁의 조정업무를 효율적으로 수행하기 위하여 5명 이하의 위원으로 구성된 명예훼손 분쟁조정부를 두되, 그중 1명 이상은 변호사의 자격이 있는 자로 한다. 명예훼손 분쟁조정부의 위원은 심의위원회의 위원장이 심의위원회의 동의를 받아 위촉한다.

- **(정보통신망의 안정성 확보 등)** 정보통신서비스 제공자는 정보통신서비스의 제공에 사용되는 정보통신망의 안정성 및 정보의 신뢰성을 확보하기 위한 정보보호조치 등의 보호조치를 하여야 한다.
    - 정보보호조치
        1. 정당한 권한이 없는 자가 정보통신망에 접근·침입하는 것을 방지하거나 대응하기 위한 정보보호

시스템의 설치 · 운영 등 기술적 · 물리적 보호조치

2. 정보의 불법 유출 · 변조 · 삭제 등을 방지하기 위한 기술적 보호조치

3. 정보통신망의 지속적인 이용이 가능한 상태를 확보하기 위한 기술적 · 물리적 보호조치

4. 정보통신망의 안정 및 정보보호를 위한 인력 · 조직 · 경비의 확보 및 관련 계획수립 등 관리적 보호조치

- (정보보호 최고책임자의 지정 등) 정보통신서비스 제공자는 정보통신시스템 등에 대한 보안 및 정보의 안전한 관리를 위하여 임원급의 정보보호 최고책임자를 지정하고 과학기술정보통신부장관에게 신고하여야 한다. 정보보호 최고책임자는 업무(정보보호관리체계의 수립 및 관리 · 운영, 정보보호 취약점 분석 · 평가 및 개선, 침해사고의 예방 및 대응, 사전 정보보호대책 마련 및 보안조치 설계 · 구현 등, 정보보호 사전 보안성 검토, 중요 정보의 암호화 및 보안서버 적합성 검토)를 총괄한다.

- (비밀 등의 보호) 누구든지 정보통신망에 의하여 처리 · 보관 또는 전송되는 타인의 정보를 훼손하거나 타인의 비밀을 침해 · 도용 또는 누설하여서는 아니 된다.

- (중요 정보의 국외유출 제한 등) 정부는 국내의 산업 · 경제 및 과학기술 등에 관한 '국가안전보장과 관련된 보안정보 및 주요 정책에 관한 정보', '국내에서 개발된 첨단과학 기술 또는 기기의 내용에 관한 정보'가 정보통신망을 통하여 국외로 유출되는 것을 방지하기 위하여 정보통신서비스 제공자 또는 이용자에게 필요한 조치를 하도록 할 수 있다.

- (한국인터넷진흥원) 정부는 정보통신망의 고도화(정보통신망의 구축 · 개선 및 관리에 관한 사항을 제외한다)와 안전한 이용 촉진 및 방송통신과 관련한 국제협력 · 국외진출 지원을 효율적으로 추진하기 위하여 한국인터넷진흥원을 설립한다.

- (정보보호 관리등급 부여) 정보보호 관리체계 인증을 받은 자는 기업의 통합적 정보보호 관리수준을 제고하고 이용자로부터 정보보호 서비스에 대한 신뢰를 확보하기 위하여 과학기술정보통신부장관으로부터 정보보호 관리등급을 받을 수 있다.

- (정보통신망 침해행위 등의 금지) 누구든지 정당한 접근권한 없이 또는 허용된 접근권한을 넘어 정보통신망에 침입하여서는 아니 된다. 누구든지 정당한 사유 없이 정보통신시스템, 데이터 또는 프로그램 등을 훼손 · 멸실 · 변경 · 위조하거나 그 운용을 방해할 수 있는 프로그램을 전달 또는 유포하여서는 아니 된다. 누구든지 정보통신망의 안정적 운영을 방해할 목적으로 대량의 신호 또는 데이터를 보내거나 부정한 명령을 처리하도록 하는 등의 방법으로 정보통신망에 장애가 발생하게 하여서는 아니 된다.

- (침해사고의 대응 등) 과학기술정보통신부장관은 침해사고에 적절히 대응하기 위하여 다음(침해사고에 관한 정보의 수집 · 전파, 침해사고의 예보 · 경보, 침해사고에 대한 긴급조치, 그 밖에 대통령령으로 정하는 침해사고 대응조치) 업무를 수행하고, 필요하면 업무의 전부 또는 일부를 한국인터넷진흥원이 수행하도록 할 수 있다.

- (침해사고의 신고 등) 정보통신서비스 제공자, 집적정보통신시설 사업자에 해당하는 자는 침해사고가 발생하면 즉시 그 사실을 과학기술정보통신부장관이나 한국인터넷진흥원에 신고하여야 한다.

- **(침해사고의 원인 분석 등)** 정보통신서비스 제공자 등 정보통신망을 운영하는 자는 침해사고가 발생하면 침해사고의 원인을 분석하고 피해의 확산을 방지하여야 한다.

- **(통신과금서비스제공자의 등록 등)** 통신과금서비스를 제공하려는 자는 대통령령으로 정하는 바에 따라 다음 각 호의 사항을 갖추어 과학기술정보통신부장관에게 등록하여야 한다.
    1. 재무건전성
    2. 통신과금서비스 이용자 보호계획
    3. 업무를 수행할 수 있는 인력과 물적 설비
    4. 사업계획서

- **(양벌규정)** 법인의 대표자나 법인 또는 개인의 대리인, 사용인, 그 밖의 종업원이 그 법인 또는 개인의 업무에 관하여 위반행위를 하면 그 행위자를 벌하는 외에 그 법인 또는 개인에게도 해당 조문의 벌금형을 과(科)한다. 다만, 법인 또는 개인이 그 위반행위를 방지하기 위하여 해당 업무에 관하여 상당한 주의와 감독을 게을리하지 아니한 경우에는 그러하지 아니다.

④ 개인정보 보호법

법령	개인정보 보호법
목적	이 법은 개인정보의 처리 및 보호에 관한 사항을 정함으로써 개인의 자유와 권리를 보호하고, 나아가 개인의 존엄과 가치를 구현함을 목적으로 한다.
기본 용어정의	1. "개인정보"란 살아 있는 개인에 관한 정보로서 성명, 주민등록번호 및 영상 등을 통하여 개인을 알아볼 수 있는 정보(해당 정보만으로는 특정 개인을 알아볼 수 없더라도 다른 정보와 쉽게 결합하여 알아볼 수 있는 것을 포함한다)를 말한다. 2. "처리"란 개인정보의 수집, 생성, 연계, 연동, 기록, 저장, 보유, 가공, 편집, 검색, 출력, 정정(訂正), 복구, 이용, 제공, 공개, 파기(破棄), 그 밖에 이와 유사한 행위를 말한다. 3. "정보주체"란 처리되는 정보에 의하여 알아볼 수 있는 사람으로서 그 정보의 주체가 되는 사람을 말한다. 4. "개인정보파일"이란 개인정보를 쉽게 검색할 수 있도록 일정한 규칙에 따라 체계적으로 배열하거나 구성한 개인정보의 집합물(集合物)을 말한다. 5. "개인정보처리자"란 업무를 목적으로 개인정보파일을 운용하기 위하여 스스로 또는 다른 사람을 통하여 개인정보를 처리하는 공공기관, 법인, 단체 및 개인 등을 말한다. 6. "공공기관"이란 다음 각 목의 기관을 말한다. 　가. 국회, 법원, 헌법재판소, 중앙선거관리위원회의 행정사무를 처리하는 기관, 중앙행정기관(대통령 소속 기관과 국무총리 소속 기관을 포함한다) 및 그 소속 기관, 지방자치단체 　나. 그 밖의 국가기관 및 공공단체 중 대통령령으로 정하는 기관 7. "영상정보처리기기"란 일정한 공간에 지속적으로 설치되어 사람 또는 사물의 영상 등을 촬영하거나 이를 유·무선망을 통하여 전송하는 장치로서 대통령령으로 정하는 장치를 말한다.

- (개인정보 보호 원칙) 개인정보처리자는 개인정보의 처리 목적을 명확하게 하여야 하고 그 목적에 필요한 범위에서 최소한의 개인정보만을 적법하고 정당하게 수집하여야 하며, 개인정보의 처리 목적에 필요한 범위에서 개인정보의 정확성, 완전성 및 최신성이 보장되도록 하여야 한다.

- (정보주체의 권리) 정보주체는 자신의 개인정보 처리와 관련하여 '정보를 제공받을 권리', '개인정보의 처리에 관한 동의 여부', '동의 범위 등을 선택하고 결정할 권리', '개인정보에 대하여 열람(사본의 발급을 포함한다. 이하 같다)을 요구할 권리', '개인정보의 처리 정지, 정정·삭제 및 파기를 요구할 권리', '개인정보의 처리로 인하여 발생한 피해를 신속하고 공정한 절차에 따라 구제받을 권리'를 가진다.

- (국가 등의 책무) 국가와 지방자치단체는 개인정보의 목적 외 수집, 오용·남용 및 무분별한 감시·추적 등에 따른 폐해를 방지하여 인간의 존엄과 개인의 사생활 보호를 도모하기 위한 시책을 강구하여야 한다.

- (개인정보 보호위원회) 개인정보 보호에 관한 사항을 심의·의결하기 위하여 대통령 소속으로 개인정보 보호위원회를 둔다. 보호위원회는 그 권한에 속하는 업무를 독립하여 수행한다. 보호위원회는 위원장 1명, 상임위원 1명을 포함한 15명 이내의 위원으로 구성하되, 상임위원은 정무직 공무원으로 임명한다.
  - 위원 구성: 위원장은 위원 중에서 공무원이 아닌 사람, 국회가 선출한 5명 위원, 대법원장이 지명한 5명 위원
  - 위원임기: 3년, 1차에 한하여 연임 가능

- (개인정보의 수집 · 이용) 개인정보처리자는 다음 각 호의 어느 하나에 해당하는 경우에는 개인정보를 수집할 수 있으며 그 수집 목적의 범위에서 이용할 수 있다.

    1. 정보주체의 동의를 받은 경우
    2. 법률에 특별한 규정이 있거나 법령상 의무를 준수하기 위하여 불가피한 경우
    3. 공공기관이 법령 등에서 정하는 소관 업무의 수행을 위하여 불가피한 경우
    4. 정보주체와의 계약의 체결 및 이행을 위하여 불가피하게 필요한 경우
    5. 정보주체 또는 그 법정대리인이 의사표시를 할 수 없는 상태에 있거나 주소불명 등으로 사전 동의를 받을 수 없는 경우로 명백히 정보주체 또는 제3자의 급박한 생명, 신체, 재산의 이익을 위하여 필요하다고 인정되는 경우
    6. 개인정보처리자의 정당한 이익을 달성하기 위하여 필요한 경우로 명백하게 정보주체의 권리보다 우선하는 경우. 이 경우 개인정보처리자의 정당한 이익과 상당한 관련이 있고 합리적인 범위를 초과하지 아니하는 경우에 한함

- (민감정보의 처리 제한) 개인정보처리자는 사상 · 신념, 노동조합 · 정당의 가입 · 탈퇴, 정치적 견해, 건강, 성생활 등에 관한 정보, 그 밖에 정보주체의 사생활을 현저히 침해할 우려가 있는 개인정보로서 대통령령으로 정하는 민감정보를 처리하여서는 아니 된다.

- (주민등록번호 처리의 제한) 개인정보처리자는 다음에 해당하는 경우를 제외하고는 주민등록번호를 처리할 수 없다.

    1. 법률 · 대통령령 · 국회규칙 · 대법원규칙 · 헌법재판소규칙 · 중앙선거관리위원회규칙 및 감사원규칙에서 구체적으로 주민등록번호의 처리를 요구하거나 허용한 경우
    2. 정보주체 또는 제3자의 급박한 생명, 신체, 재산의 이익을 위하여 명백히 필요하다고 인정되는 경우
    3. 주민등록번호 처리가 불가피한 경우로 행정안전부령으로 정하는 경우

  - 개인정보처리자는 주민등록번호가 분실 · 도난 · 유출 · 위조 · 변조 또는 훼손되지 아니하도록 암호화 조치를 통하여 안전하게 보관하여야 한다. 이 경우 암호화 적용 대상 및 대상별 적용 시기 등에 관하여 필요한 사항은 개인정보의 처리 규모와 유출 시 영향 등을 고려하여 대통령령으로 정한다.
  - 개인정보처리자는 주민등록번호를 처리하는 경우에도 정보주체가 인터넷 홈페이지를 통하여 회원으로 가입하는 단계에서는 주민등록번호를 사용하지 아니하고도 회원으로 가입할 수 있는 방법을 제공하여야 한다.

- (영상정보처리기기의 설치 · 운영 제한) 누구든지 다음 각 호의 경우를 제외하고는 공개된 장소에 영상정보처리기기를 설치 · 운영하여서는 아니 된다.

    1. 법령에서 구체적으로 허용하고 있는 경우
    2. 범죄의 예방 및 수사를 위하여 필요한 경우
    3. 시설안전 및 화재 예방을 위하여 필요한 경우
    4. 교통단속을 위하여 필요한 경우
    5. 교통정보의 수집 · 분석 및 제공을 위하여 필요한 경우

  - 영상정보처리기기를 설치 · 운영하는 자는 정보주체가 쉽게 인식할 수 있도록 다음 사항(설치 목적 및 장소, 촬영 범위 및 시간, 관리책임자 성명 및 연락처, 그 밖에 대통령령으로 정하는 사항)이 포함된

안내판을 설치하는 등 필요한 조치를 하여야 한다. 다만, 군사기지 및 군사시설 보호법, 통합방위법, 대통령령으로 정하는 시설에 대하여는 그러하지 아니하다.

- (개인정보 처리방침의 수립 및 공개) 개인정보처리자는 다음 사항(개인정보의 처리 목적, 개인정보의 처리 및 보유 기간, 개인정보의 제3자 제공에 관한 사항, 개인정보처리의 위탁에 관한 사항, 정보주체와 법정대리인의 권리·의무 및 그 행사방법에 관한 사항, 개인정보 보호책임자의 성명 또는 개인정보 보호업무 및 관련 고충사항을 처리하는 부서의 명칭과 전화번호 등 연락처, 인터넷 접속정보파일 등 개인정보를 자동으로 수집하는 장치의 설치·운영 및 그 거부에 관한 사항)이 포함된 개인정보의 처리 방침을 정하여야 한다.

- (개인정보 유출 통지 등) 개인정보처리자는 개인정보가 유출되었음을 알게 되었을 때에는 지체 없이 해당 정보주체에게 다음 사실(유출된 개인정보의 항목, 유출된 시점과 그 경위, 유출로 인하여 발생할 수 있는 피해를 최소화하기 위하여 정보주체가 할 수 있는 방법 등에 관한 정보, 개인정보처리자의 대응조치 및 피해 구제절차)을 알려야 한다.

- (개인정보의 열람) 정보주체는 개인정보처리자가 처리하는 자신의 개인정보에 대한 열람을 해당 개인정보처리자에게 요구할 수 있으며, 개인정보처리자는 다음(법률에 따라 열람이 금지되거나 제한되는 경우, 다른 사람의 생명·신체를 해할 우려가 있거나 다른 사람의 재산과 그 밖의 이익을 부당하게 침해할 우려가 있는 경우 등에 해당하는 경우에는 정보주체에게 그 사유를 알리고 열람을 제한하거나 거절할 수 있다.

- (개인정보의 처리정지 등) 정보주체는 개인정보처리자에 대하여 자신의 개인정보처리의 정지를 요구할 수 있다. 이 경우 공공기관에 대하여는 등록 대상이 되는 개인정보파일 중 자신의 개인정보에 대한 처리의 정지를 요구할 수 있다.
  - 개인정보처리자는 다음에 해당하는 경우에는 정보주체의 처리정지 요구를 거절할 수 있다.
    1. 법률에 특별한 규정이 있거나 법령상 의무를 준수하기 위하여 불가피한 경우
    2. 다른 사람의 생명·신체를 해할 우려가 있거나 다른 사람의 재산과 그 밖의 이익을 부당하게 침해할 우려가 있는 경우
    3. 공공기관이 개인정보를 처리하지 아니하면 다른 법률에서 정하는 소관 업무를 수행할 수 없는 경우
    4. 개인정보를 처리하지 아니하면 정보주체와 약정한 서비스를 제공하지 못하는 등 계약의 이행이 곤란한 경우로서 정보주체가 그 계약의 해지 의사를 명확하게 밝히지 아니한 경우

- (권리행사의 방법 및 절차) 정보주체는 처리정지 등의 요구를 문서 등 대통령령으로 정하는 방법·절차에 따라 대리인에게 하게 할 수 있다. 만 14세 미만 아동의 법정대리인은 개인정보처리자에게 그 아동의 개인정보 열람 등 요구를 할 수 있다.

- (손해배상책임) 정보주체는 개인정보처리자가 이 법을 위반한 행위로 손해를 입으면 개인정보처리자에게 손해배상을 청구할 수 있다. 이 경우 그 개인정보처리자는 고의 또는 과실이 없음을 입증하지 아니하면 책임을 면할 수 없다. 개인정보처리자의 고의 또는 중대한 과실로 인하여 개인정보가 분실·도난·유출·위조·변조 또는 훼손된 경우로서 정보주체에게 손해가 발생한 때에는 법원은 그 손해액의 3배를 넘지 아니하는 범위에서 손해배상액을 정할 수 있다. 다만, 개인정보처리자가 고의 또는 중대한 과실이 없음을 증명한 경우에는 그러하지 아니하다.

- 법원은 배상액을 정할 때에는 '고의 또는 손해 발생의 우려를 인식한 정도, 위반행위로 인하여 입은 피해 규모, 위법행위로 인하여 개인정보처리자가 취득한 경제적 이익, 위반행위에 따른 벌금 및 과징금, 위반행위의 기간·횟수 등, 개인정보처리자의 재산상태, 개인정보처리자가 정보주체의 개인정보 분실·도난·유출 후 해당 개인정보를 회수하기 위하여 노력한 정도, 개인정보처리자가 정보주체의 피해구제를 위하여 노력한 정도'를 고려하여야 한다.

- **(법정손해배상의 청구)** 정보주체는 개인정보처리자의 고의 또는 과실로 인하여 개인정보가 분실·도난·유출·위조·변조 또는 훼손된 경우에는 300만원 이하의 범위에서 상당한 금액을 손해액으로 하여 배상을 청구할 수 있다.

- **(개인정보 분쟁조정위원회 설치 및 구성)** 개인정보에 관한 분쟁의 조정(調停)을 위하여 개인정보 분쟁조정위원회를 둔다. 분쟁조정위원회는 위원장 1명을 포함한 20명 이내의 위원으로 구성하며, 위원은 당연직위원과 위촉위원으로 구성한다.

- **(집단분쟁조정)** 국가 및 지방자치단체, 개인정보 보호단체 및 기관, 정보주체, 개인정보처리자는 정보주체의 피해 또는 권리침해가 다수의 정보주체에게 같거나 비슷한 유형으로 발생하는 경우로서 대통령령으로 정하는 사건에 대하여는 분쟁조정위원회에 일괄적인 분쟁조정을 의뢰 또는 신청할 수 있다. 집단분쟁조정의 기간은 공고가 종료된 날의 다음 날부터 60일 이내로 한다. 다만, 부득이한 사정이 있는 경우에는 분쟁조정위원회의 의결로 처리기간을 연장할 수 있다.

⑤ 소비자기본법

법령	소비자기본법
목적	이 법은 소비자의 권익을 증진하기 위하여 소비자의 권리와 책무, 국가·지방자치단체 및 사업자의 책무, 소비자단체의 역할 및 자유시장경제에서 소비자와 사업자 사이의 관계를 규정함과 아울러 소비자정책의 종합적 추진을 위한 기본적인 사항을 규정함으로써 소비생활의 향상과 국민경제의 발전에 이바지함을 목적으로 한다.
기본 용어정의	1. "소비자"라 함은 사업자가 제공하는 물품 또는 용역(시설물을 포함한다. 이하 같다)을 소비생활을 위하여 사용(이용을 포함한다. 이하 같다)하는 자 또는 생산활동을 위하여 사용하는 자로서 대통령령이 정하는 자를 말한다. 2. "사업자"라 함은 물품을 제조(가공 또는 포장을 포함한다. 이하 같다)·수입·판매하거나 용역을 제공하는 자를 말한다. 3. "소비자단체"라 함은 소비자의 권익을 증진하기 위하여 소비자가 조직한 단체를 말한다. 4. "사업자단체"라 함은 2 이상의 사업자가 공동의 이익을 증진할 목적으로 조직한 단체를 말한다.

- (소비자의 기본적 권리) 소비자는 다음 각 호의 기본적 권리를 가진다.
    1. 물품 또는 용역으로 인한 생명·신체 또는 재산에 대한 위해로부터 보호받을 권리
    2. 물품 등을 선택함에 있어서 필요한 지식 및 정보를 제공받을 권리
    3. 물품 등을 사용함에 있어서 거래상대방·구입장소·가격 및 거래조건 등을 자유로이 선택할 권리
    4. 소비생활에 영향을 주는 국가 및 지방자치단체의 정책과 사업자의 사업활동 등에 대하여 의견을 반영시킬 권리
    5. 물품 등의 사용으로 인하여 입은 피해에 대하여 신속·공정한 절차에 따라 적절한 보상을 받을 권리
    6. 합리적인 소비생활을 위하여 필요한 교육을 받을 권리
    7. 소비자 스스로의 권익을 증진하기 위하여 단체를 조직하고 이를 통하여 활동할 수 있는 권리
    8. 안전하고 쾌적한 소비생활 환경에서 소비할 권리

- (소비자의 책무) 소비자는 사업자 등과 더불어 자유시장경제를 구성하는 주체임을 인식하여 물품 등을 올바르게 선택하고, 소비자의 기본적 권리를 정당하게 행사하여야 한다. 소비자는 스스로의 권익을 증진하기 위하여 필요한 지식과 정보를 습득하도록 노력하여야 한다. 소비자는 자주적이고 합리적인 행동과 자원절약적이고 환경친화적인 소비생활을 함으로써 소비생활의 향상과 국민경제의 발전에 적극적인 역할을 다하여야 한다.

- (위해의 방지) 국가는 사업자가 소비자에게 제공하는 물품 등으로 인한 소비자의 생명·신체 또는 재산에 대한 위해를 방지하기 위하여 사업자가 지켜야 할 기준을 정하여야 한다.
    1. 물품 등의 성분·함량·구조 등 안전에 관한 중요한 사항
    2. 물품 등을 사용할 때의 지시사항이나 경고 등 표시할 내용과 방법
    3. 그 밖에 위해방지를 위하여 필요하다고 인정되는 사항

- (계량 및 규격의 적정화) 국가 및 지방자치단체는 소비자가 사업자와의 거래에 있어서 계량으로 인하여 손해를 입지 아니하도록 물품 등의 계량에 관하여 필요한 시책을 강구하여야 한다.

- (표시의 기준) 국가는 소비자가 사업자와의 거래에 있어서 표시나 포장 등으로 인하여 물품 등을 잘

못 선택하거나 사용하지 아니하도록 물품 등에 대하여 다음 사항에 관한 표시기준을 정하여야 한다.

1. 상품명·용도·성분·재질·성능·규격·가격·용량·허가번호 및 용역의 내용
2. 물품 등을 제조·수입 또는 판매하거나 제공한 사업자의 명칭(주소 및 전화번호를 포함한다) 및 물품의 원산지
3. 사용방법, 사용·보관할 때의 주의사항 및 경고사항
4. 제조연월일, 품질보증기간 또는 식품이나 의약품 등 유통과정에서 변질되기 쉬운 물품은 그 유효기간
5. 표시의 크기·위치 및 방법
6. 물품 등에 따른 불만이나 소비자피해가 있는 경우의 처리기구(주소 및 전화번호를 포함한다) 및 처리 방법
7. 「장애인차별금지 및 권리구제 등에 관한 법률」에 따른 시각장애인을 위한 표시 방법

- (광고의 기준) 국가는 물품 등의 잘못된 소비 또는 과다한 소비로 인하여 발생할 수 있는 소비자의 생명·신체 또는 재산에 대한 위해를 방지하기 위하여 다음에 해당하는 경우에는 광고의 내용 및 방법에 관한 기준을 정하여야 한다.

1. 용도·성분·성능·규격 또는 원산지 등을 광고하는 때에 허가 또는 공인된 내용만으로 광고를 제한할 필요가 있거나 특정 내용을 소비자에게 반드시 알릴 필요가 있는 경우
2. 소비자가 오해할 우려가 있는 특정 용어 또는 특정 표현의 사용을 제한할 필요가 있는 경우
3. 광고의 매체 또는 시간대에 대하여 제한이 필요한 경우

- (소비자에의 정보제공) 국가 및 지방자치단체는 소비자의 기본적인 권리가 실현될 수 있도록 소비자의 권익과 관련된 주요시책 및 주요결정사항을 소비자에게 알려야 한다.

- (소비자의 능력 향상) 국가 및 지방자치단체는 소비자의 올바른 권리행사를 이끌고, 물품 등과 관련된 판단능력을 높이며, 소비자가 자신의 선택에 책임을 지는 소비생활을 할 수 있도록 필요한 교육을 하여야 한다.

- (개인정보의 보호) 국가 및 지방자치단체는 소비자가 사업자와의 거래에서 개인정보의 분실·도난·누출·변조 또는 훼손으로 인하여 부당한 피해를 입지 아니하도록 필요한 시책을 강구하여야 한다.

- (소비자분쟁의 해결) 국가 및 지방자치단체는 소비자의 불만이나 피해가 신속·공정하게 처리될 수 있도록 관련기구의 설치 등 필요한 조치를 강구하여야 한다.

- (시험·검사시설의 설치 등) 국가 및 지방자치단체는 물품 등의 규격·품질 및 안전성 등에 관하여 시험·검사 또는 조사를 실시할 수 있는 기구와 시설을 갖추어야 한다. 국가·지방자치단체 또는 소비자나 소비자단체는 필요하다고 인정되는 때 또는 소비자의 요청이 있는 때에는 시험·검사기관이나 한국소비자원에 시험·검사 또는 조사를 의뢰하여 시험 등을 실시할 수 있다.

- (사업자의 책무) 사업자는 물품 등으로 인하여 소비자에게 생명·신체 또는 재산에 대한 위해가 발생하지 아니하도록 필요한 조치를 강구하여야 한다.

- (소비자정책 기본계획의 수립 등) 공정거래위원회는 소비자정책위원회의 심의·의결을 거쳐 소비자정책에 관한 기본계획을 3년마다 수립하여야 한다. 소비자 기본계획에는 다음 사항이 포함되어

야 한다.

- 소비자정책과 관련된 경제·사회 환경의 변화와 기본 방향, 소비자 정책의 목표(소비자안전의 강화, 소비자와 사업자 사이의 거래의 공정화 및 적정화, 소비자교육 및 정보제공의 촉진, 소비자피해의 원활한 구제, 국제소비자문제에 대한 대응, 그 밖에 소비자의 권익과 관련된 주요한 사항)
- 소비자정책의 추진과 관련된 재원의 조달 방법
- 어린이 위해방지를 위한 연령별 안전기준의 작성

- **(소비자정책위원회의 설치)** 소비자의 권익증진 및 소비생활의 향상에 관한 기본적인 정책을 심의·의결하기 위하여 국무총리 소속으로 소비자정책위원회를 둔다.

- **(정책위원회의 구성)** 정책위원회는 위원장 2인을 포함한 25인 이내의 위원으로 구성한다.

- **(국제협력)** 국가는 소비자문제의 국제화에 대응하기 위하여 국가 사이의 상호협력방안을 마련하는 등 필요한 대책을 강구하여야 한다. 공정거래위원회는 관계 중앙행정기관의 장과 협의하여 국제적인 소비자문제에 대응하기 위한 정보의 공유, 국제협력창구 또는 협의체의 구성·운영 등 관련 시책을 수립·시행하여야 한다.

- **(소비자단체의 업무 등)** 소비자단체는 다음 업무를 행한다.
  - 국가 및 지방자치단체의 소비자의 권익과 관련된 시책에 대한 건의
  - 물품 등의 규격·품질·안전성·환경성에 관한 시험·검사 및 가격 등을 포함한 거래조건이나 거래방법에 관한 조사·분석
  - 소비자문제에 관한 조사·연구, 소비자의 교육, 소비자의 불만 및 피해를 처리하기 위한 상담·정보 제공 및 당사자 사이의 합의의 권고

- **(한국소비자원의 설립 및 업무)** 소비자권익 증진시책의 효과적인 추진을 위하여 한국소비자원 법인을 설립한다. 임무는 다음과 같다.
  1. 소비자의 권익과 관련된 제도와 정책의 연구 및 건의
  2. 소비자의 권익증진을 위하여 필요한 경우 물품 등의 규격·품질·안전성·환경성에 관한 시험·검사 및 가격 등을 포함한 거래조건이나 거래방법에 대한 조사·분석
  3. 소비자의 권익증진·안전 및 소비생활의 향상을 위한 정보의 수집·제공 및 국제협력
  4. 소비자의 권익증진·안전 및 능력개발과 관련된 교육·홍보 및 방송사업
  5. 소비자의 불만처리 및 피해구제
  6. 소비자의 권익증진 및 소비생활의 합리화를 위한 종합적인 조사·연구
  7. 국가 또는 지방자치단체가 소비자의 권익증진과 관련하여 의뢰한 조사 등의 업무
  8. 그 밖에 소비자의 권익증진 및 안전에 관한 업무

- **(취약계층의 보호)** 국가 및 지방자치단체는 어린이·노약자·장애인 및 결혼이민자 등 안전취약계층에 대하여 우선적으로 보호시책을 강구하여야 한다. 사업자는 어린이·노약자·장애인 및 결혼이민자 등 안전취약계층에 대하여 물품 등을 판매·광고 또는 제공하는 경우에는 그 취약계층에게 위해가 발생하지 아니하도록 필요한 예방조치를 취하여야 한다.

- **(결함정보의 보고의무)** 사업자는 소비자에게 제공한 물품 등에 소비자의 생명·신체 또는 재산에 위해를 끼치거나 끼칠 우려가 있는 제조·설계 또는 표시 등의 중대한 결함이 있는 사실을 알게 된

때에는 그 결함의 내용을 소관 중앙행정기관의 장에게 보고(전자적 보고를 포함한다. 이하 같다)하여야 한다. 규정에 따라 결함의 내용을 보고하여야 할 사업자는 물품 등을 제조·수입 또는 제공하는 자, 물품에 성명·상호 그 밖에 식별 가능한 기호 등을 부착함으로써 자신을 제조자로 표시한 자, 유통산업발전법에 따른 대규모점포 중 대통령령이 정하는 대규모점포를 설치하여 운영하는 자, 그 밖에 소비자의 생명·신체 및 재산에 위해를 끼치거나 끼칠 우려가 있는 물품 등을 제조·수입·판매 또는 제공하는 자로서 대통령령이 정하는 자가 해당한다.

- (소비자안전센터의 설치) 소비자안전시책을 지원하기 위하여 한국소비자원에 소장 1인을 둔 소비자안전센터를 둔다. 소비자안전센터의 업무는 다음과 같다.
  - 정보의 수집 및 처리, 소비자안전을 확보하기 위한 조사 및 연구, 소비자안전과 관련된 교육 및 홍보, 위해 물품 등에 대한 시정 건의, 소비자안전에 관한 국제협력, 그 밖에 소비자안전에 관한 업무

- (소비자상담기구의 설치·운영) 사업자 및 사업자단체는 소비자로부터 제기되는 의견이나 불만 등을 기업경영에 반영하고, 소비자의 피해를 신속하게 처리하기 위한 기구의 설치·운영에 적극 노력하여야 한다.

- (피해구제의 신청 등) 소비자는 물품 등의 사용으로 인한 피해의 구제를 한국소비자원에 신청할 수 있다. 사업자는 소비자로부터 피해구제의 신청을 받은 때에는 다음에 해당하는 경우에 한하여 한국소비자원에 그 처리를 의뢰할 수 있다.
  - 소비자로부터 피해구제의 신청을 받은 날부터 30일이 경과하여도 합의에 이르지 못하는 경우
  - 한국소비자원에 피해구제의 처리를 의뢰하기로 소비자와 합의한 경우
  - 그 밖에 한국소비자원의 피해구제의 처리가 필요한 경우로서 대통령령이 정하는 사유에 해당하는 경우

- (소비자분쟁조정위원회의 설치) 소비자와 사업자 사이에 발생한 분쟁을 조정하기 위하여 한국소비자원에 소비자분쟁조정위원회를 둔다.

⑥ 전자서명법

법령	전자서명법
목적	이 법은 전자문서의 안전성과 신뢰성을 확보하고 그 이용을 활성화하기 위하여 전자서명에 관한 기본적인 사항을 정함으로써 국가사회의 정보화를 촉진하고 국민생활의 편익을 증진함을 목적으로 한다.
기본 용어정의	1. "전자문서"라 함은 정보처리시스템에 의하여 전자적 형태로 작성되어 송신 또는 수신되거나 저장된 정보를 말한다. 2. "전자서명"이라 함은 서명자를 확인하고 서명자가 당해 전자문서에 서명을 하였음을 나타내는데 이용하기 위하여 당해 전자문서에 첨부되거나 논리적으로 결합된 전자적 형태의 정보를 말한다. 3. "공인전자서명"이라 함은 다음 각목의 요건을 갖추고 공인인증서에 기초한 전자서명을 말한다. 　　　가. 전자서명생성정보가 가입자에게 유일하게 속할 것 　　　나. 서명 당시 가입자가 전자서명생성정보를 지배·관리하고 있을 것 　　　다. 전자서명이 있은 후에 당해 전자서명에 대한 변경여부를 확인할 수 있을 것 　　　라. 전자서명이 있은 후에 당해 전자문서의 변경여부를 확인할 수 있을 것 4. "전자서명생성정보"라 함은 전자서명을 생성하기 위하여 이용하는 전자적 정보를 말한다. 5. "전자서명검증정보"라 함은 전자서명을 검증하기 위하여 이용하는 전자적 정보를 말한다. 6. "인증"이라 함은 전자서명생성정보가 가입자에게 유일하게 속한다는 사실을 확인하고 이를 증명하는 행위를 말한다. 7. "인증서"라 함은 전자서명생성정보가 가입자에게 유일하게 속한다는 사실 등을 확인하고 이를 증명하는 전자적 정보를 말한다. 8. "공인인증서"라 함은 제15조의 규정에 따라 공인인증기관이 발급하는 인증서를 말한다. 9. "공인인증업무"라 함은 공인인증서의 발급, 인증관련 기록의 관리 등 공인인증역무를 제공하는 업무를 말한다. 10. "공인인증기관"이라 함은 공인인증역무를 제공하기 위하여 제4조의 규정에 의하여 지정된 자를 말한다. 11. "가입자"라 함은 공인인증기관으로부터 전자서명생성정보를 인증 받은 자를 말한다. 12. "서명자"라 함은 전자서명생성정보를 보유하고 자신이 직접 또는 타인을 대리하여 서명을 하는 자를 말한다. 13. "개인정보"라 함은 생존하고 있는 개인에 관한 정보로서 성명·주민등록번호 등에 의하여 당해 개인을 알아볼 수 있는 부호·문자·음성·음향·영상 및 생체특성 등에 관한 정보(당해 정보만으로는 특정 개인을 알아볼 수 없는 경우에도 다른 정보와 용이하게 결합하여 알아볼 수 있는 것을 포함한다)를 말한다.

• (전자서명의 효력 등) 다른 법령에서 문서 또는 서면에 서명, 서명날인 또는 기명날인을 요하는 경우 전자문서에 공인전자서명이 있는 때에는 이를 충족한 것으로 본다. 공인전자서명이 있는 경우에는 당해 전자서명이 서명자의 서명, 서명날인 또는 기명날인이고, 당해 전자문서가 전자서명 된 후 그 내용이 변경되지 아니하였다고 추정한다.

• (인증업무에 관한 설비의 운영) 공인인증기관은 자신이 발급한 공인인증서가 유효한지의 여부를 누구든지 항상 확인할 수 있도록 하는 설비 등 인증업무에 관한 시설 및 장비를 안전하게 운영하여야 하고, 시설 및 장비의 안전운영 여부를 인터넷진흥원으로부터 정기적으로 점검받아야 한다.

• (전자서명생성정보의 관리) 가입자는 자신의 전자서명생성정보를 안전하게 보관·관리하고, 이를 분실·훼손 또는 도난·유출되거나 훼손될 수 있는 위험을 인지한 때에는 그 사실을 공인인증기관에 통보하여야 한다. 이 경우 가입자는 지체 없이 이용자에게 공인인증기관에 통보한 내용을 고

지하여야 한다.

- **(전자서명인증관리업무)** 인터넷진흥원은 전자서명을 안전하고 신뢰성 있게 이용할 수 있는 환경을 조성하고 공인인증기관을 효율적으로 관리하기 위하여 다음 업무를 수행한다.

    1. 공인인증기관을 지정하는 경우 공인인증기관으로 지정받고자 하는 자가 갖추어야 할 시설 및 장비에 대한 심사 지원
    2. 공인인증기관에 대한 검사 지원
    3. 보호조치에 대한 심사 및 기술 지원
    4. 시설 및 장비의 안전운영 여부에 관한 점검
    5. 공인인증기관에 대한 공인인증서 발급 · 관리 등 인증업무
    6. 전자서명인증 관련 기술개발 · 보급 및 표준화 연구
    7. 전자서명인증 관련 제도 연구 및 상호인정 등 국제협력 지원
    8. 그 밖에 전자서명인증관리업무와 관련하여 필요한 사항

- **(전자서명의 상호연동)** 과학기술정보통신부장관은 전자서명의 원활한 상호연동을 위하여 다음 사항을 추진한다.

    1. 전자서명의 상호연동을 위한 국내외 표준의 조사연구 및 개발
    2. 전자서명의 상호연동과 관련한 표준의 제정 및 보급
    3. 전자서명의 상호연동을 위한 전자서명 및 인증정책의 조정
    4. 그 밖에 전자서명의 상호연동과 관련한 사항

⑦ 전자금융거래법

법령	전자금융거래법
목적	이 법은 전자금융거래의 법률관계를 명확히 하여 전자금융거래의 안전성과 신뢰성을 확보함과 아울러 전자금융업의 건전한 발전을 위한 기반조성을 함으로써 국민의 금융편의를 꾀하고 국민경제의 발전에 이바지함을 목적으로 한다.
기본 용어정의	1. "전자금융거래"라 함은 금융회사 또는 전자금융업자가 전자적 장치를 통하여 금융상품 및 서비스를 제공(이하 "전자금융업무"라 한다)하고, 이용자가 금융회사 또는 전자금융업자의 종사자와 직접 대면하거나 의사소통을 하지 아니하고 자동화된 방식으로 이를 이용하는 거래를 말한다. 2. "전자지급거래"라 함은 자금을 주는 자(이하 "지급인"이라 한다)가 금융회사 또는 전자금융업자로 하여금 전자지급수단을 이용하여 자금을 받는 자(이하 "수취인"이라 한다)에게 자금을 이동하게 하는 전자금융거래를 말한다. 3. "금융회사"란 다음 각 목의 어느 하나에 해당하는 기관이나 단체 또는 사업자를 말한다. 　가. 「금융위원회의 설치 등에 관한 법률」 제38조제1호부터 제5호까지, 제7호 및 제8호에 해당하는 기관 　나. 「여신전문금융업법」에 따른 여신전문금융회사 　다. 「우체국예금·보험에 관한 법률」에 따른 체신관서 　라. 「새마을금고법」에 따른 새마을금고 및 새마을금고중앙회 　마. 그 밖에 법률의 규정에 따라 금융업 및 금융 관련 업무를 행하는 기관이나 단체 또는 사업자로서 대통령령이 정하는 자 4. "전자금융업자"라 함은 제28조의 규정에 따라 허가를 받거나 등록을 한 자(금융회사는 제외한다)를 말한다. 5. "전자금융보조업자"라 함은 금융회사 또는 전자금융업자를 위하여 전자금융거래를 보조하거나 그 일부를 대행하는 업무를 행하는 자 또는 결제중계시스템의 운영자로서 「금융위원회의 설치 등에 관한 법률」 제3조에 따른 금융위원회(이하 "금융위원회"라 한다)가 정하는 자를 말한다. 6. "결제중계시스템"이라 함은 금융회사와 전자금융업자 사이에 전자금융거래정보를 전달하여 자금정산 및 결제에 관한 업무를 수행하는 금융정보처리운영체계를 말한다. 7. "이용자"라 함은 전자금융거래를 위하여 금융회사 또는 전자금융업자와 체결한 계약(이하 "전자금융거래계약"이라 한다)에 따라 전자금융거래를 이용하는 자를 말한다. 8. "전자적 장치"라 함은 전자금융거래정보를 전자적 방법으로 전송하거나 처리하는데 이용되는 장치로서 현금자동지급기, 자동입출금기, 지급용단말기, 컴퓨터, 전화기 그 밖에 전자적 방법으로 정보를 전송하거나 처리하는 장치를 말한다. 9. "전자문서"라 함은 「전자문서 및 전자거래 기본법」 제2조제1호에 따른 작성, 송신·수신 또는 저장된 정보를 말한다. 10. "접근매체"라 함은 전자금융거래에 있어서 거래지시를 하거나 이용자 및 거래내용의 진실성과 정확성을 확보하기 위하여 사용되는 다음 각 목의 어느 하나에 해당하는 수단 또는 정보를 말한다. 　가. 전자식 카드 및 이에 준하는 전자적 정보 　나. 「전자서명법」 제2조제4호의 전자서명생성정보 및 같은 조 제7호의 인증서 　다. 금융회사 또는 전자금융업자에 등록된 이용자번호 　라. 이용자의 생체정보 　마. 가목 또는 나목의 수단이나 정보를 사용하는데 필요한 비밀번호 11. "전자지급수단"이라 함은 전자자금이체, 직불전자지급수단, 선불전자지급수단, 전자화폐, 신용카드, 전자채권 그 밖에 전자적 방법에 따른 지급수단을 말한다. 12. "전자자금이체"라 함은 지급인과 수취인 사이에 자금을 지급할 목적으로 금융회사 또는 전자금융업자에 개설된 계좌(금융회사에 연결된 계좌에 한한다. 이하 같다)에서 다른 계좌로 전자적 장치에 의하여 다음 각 목의 어느 하나에 해당하는 방법으로 자금을 이체하는 것을 말한다. 　가. 금융회사 또는 전자금융업자에 대한 지급인의 지급지시 　나. 금융회사 또는 전자금융업자에 대한 수취인의 추심지시(이하 "추심이체"라 한다)

기본 용어정의	13. "직불전자지급수단"이라 함은 이용자와 가맹점간에 전자적 방법에 따라 금융회사의 계좌에서 자금을 이체하는 등의 방법으로 재화 또는 용역의 제공과 그 대가의 지급을 동시에 이행할 수 있도록 금융회사 또는 전자금융업자가 발행한 증표(자금을 융통받을 수 있는 증표를 제외한다) 또는 그 증표에 관한 정보를 말한다. 14. "선불전자지급수단"이라 함은 이전 가능한 금전적 가치가 전자적 방법으로 저장되어 발행된 증표 또는 그 증표에 관한 정보로서 다음 각 목의 요건을 모두 갖춘 것을 말한다. 다만, 전자화폐를 제외한다. 　　가. 발행인(대통령령이 정하는 특수 관계인을 포함한다) 외의 제3자로부터 재화 또는 용역을 구입하고 그 대가를 지급하는데 사용될 것 　　나. 구입할 수 있는 재화 또는 용역의 범위가 2개 업종(「통계법」 제22조제1항의 규정에 따라 통계청장이 고시하는 한국표준산업분류의 중분류상의 업종을 말한다. 이하 이 조에서 같다) 이상일 것 15. "전자화폐"라 함은 이전 가능한 금전적 가치가 전자적 방법으로 저장되어 발행된 증표 또는 그 증표에 관한 정보로서 다음 각 목의 요건을 모두 갖춘 것을 말한다. 　　가. 대통령령이 정하는 기준 이상의 지역 및 가맹점에서 이용될 것 　　나. 제14호 가목의 요건을 충족할 것 　　다. 구입할 수 있는 재화 또는 용역의 범위가 5개 이상으로서 대통령령이 정하는 업종 수 이상일 것 　　라. 현금 또는 예금과 동일한 가치로 교환되어 발행될 것 　　마. 발행자에 의하여 현금 또는 예금으로 교환이 보장될 것 16. "전자채권"이라 함은 다음 각 목의 요건을 갖춘 전자문서에 기재된 채권자의 금전채권을 말한다. 　　가. 채무자가 채권자를 지정할 것 　　나. 전자채권에 채무의 내용이 기재되어 있을 것 　　다. 「전자서명법」 제2조제3호의 공인전자서명이 있을 것 　　라. 금융회사를 거쳐 제29조제1항의 규정에 따른 전자채권관리기관(이하 "전자채권관리기관"이라 한다)에 등록될 것 　　마. 채무자가 채권자에게 가목 내지 다목의 요건을 모두 갖춘 전자문서를 「전자문서 및 전자거래 기본법」 제6조제1항에 따라 송신하고 채권자가 이를 같은 법 제6조제2항의 규정에 따라 수신할 것 17. "거래지시"라 함은 이용자가 전자금융거래계약에 따라 금융회사 또는 전자금융업자에게 전자금융거래의 처리를 지시하는 것을 말한다. 18. "오류"라 함은 이용자의 고의 또는 과실 없이 전자금융거래가 전자금융거래계약 또는 이용자의 거래지시에 따라 이행되지 아니한 경우를 말한다. 19. "전자지급결제대행"이라 함은 전자적 방법으로 재화의 구입 또는 용역의 이용에 있어서 지급결제 정보를 송신하거나 수신하는 것 또는 그 대가의 정산을 대행하거나 매개하는 것을 말한다. 20. "가맹점"이라 함은 금융회사 또는 전자금융업자와의 계약에 따라 직불전자지급수단이나 선불전자지급수단 또는 전자화폐에 의한 거래에 있어서 이용자에게 재화 또는 용역을 제공하는 자로서 금융회사 또는 전자금융업자가 아닌 자를 말한다. 21. "전자금융기반시설"이란 전자금융거래에 이용되는 정보처리시스템 및 「정보통신망 이용촉진 및 정보보호 등에 관한 법률」 제2조제1항제1호에 따른 정보통신망을 말한다. 22. "전자적 침해행위"란 해킹, 컴퓨터 바이러스, 논리폭탄, 메일폭탄, 서비스 거부 또는 고출력 전자기파 등의 방법으로 전자금융기반시설을 공격하는 행위를 말한다.

• (접근매체의 선정과 사용 및 관리) 금융회사 또는 전자금융업자는 전자금융거래를 위하여 접근매체를 선정하여 사용 및 관리하고 이용자의 신원, 권한 및 거래지시의 내용 등을 확인하여야 한다. 금융회사 또는 전자금융업자가 접근매체를 발급할 때에는 이용자의 신청이 있는 경우에 한하여 본인임을 확인한 후에 발급하여야 한다. 다만, 다음에 해당하는 경우에는 이용자의 신청이나 본인의 확인이 없는 때에도 발급할 수 있다.

　　1. 선불전자지급수단 또는 규정에 따른 전자화폐인 경우

    2. 접근매체의 갱신 또는 대체발급 등을 위하여 대통령령이 정하는 바에 따라 이용자의 동의를 얻은 경우

- **(오류의 정정 등)** 이용자는 전자금융거래에 오류가 있음을 안 때에는 그 금융회사 또는 전자금융업자에게 이에 대한 정정을 요구할 수 있다.

- **(금융회사 또는 전자금융업자의 책임)** 금융회사 또는 전자금융업자는 다음 어느 하나에 해당하는 사고로 인하여 이용자에게 손해가 발생한 경우에는 그 손해를 배상할 책임을 진다.

    1. 접근매체의 위조나 변조로 발생한 사고

    2. 계약체결 또는 거래지시의 전자적 전송이나 처리 과정에서 발생한 사고

    3. 전자금융거래를 위한 전자적 장치 또는 「정보통신망 이용촉진 및 정보보호 등에 관한 법률」에 따른 정보통신망에 침입하여 거짓이나 그 밖의 부정한 방법으로 획득한 접근매체의 이용으로 발생한 사고

    * 사고 발생에 있어서 이용자의 고의나 중대한 과실이 있는 경우로서 그 책임의 전부 또는 일부를 이용자의 부담으로 할 수 있다는 취지의 약정을 미리 이용자와 체결한 경우, 법인(「중소기업기본법」에 의한 소기업을 제외한다)인 이용자에게 손해가 발생한 경우로 금융회사 또는 전자금융업자가 사고를 방지하기 위하여 보안절차를 수립하고 이를 철저히 준수하는 등 합리적으로 요구되는 충분한 주의의무를 다한 경우와 같을 때 책임의 전부 또는 일부를 이용자가 부담하게 할 수 있다.

- **(전자화폐의 발행과 사용 및 환금)** 전자화폐를 발행하는 금융회사 또는 전자금융업자(이하 '전자화폐발행자'라 한다)는 전자화폐를 발행할 경우 접근매체에 식별번호를 부여하고 그 식별번호와 「금융실명거래 및 비밀보장에 관한 법률」에서 규정한 이용자의 실지명의 또는 예금계좌를 연결하여 관리하여야 한다. 다만, 발행권면 최고한도가 대통령령이 정하는 금액 이하인 전자화폐의 경우에는 그러하지 아니하다.

  – 전자화폐발행자는 현금 또는 예금과 동일한 가치로 교환하여 전자화폐를 발행하여야 하고, 전자화폐보유자가 전자화폐를 사용할 수 있도록 발행된 전자화폐의 보관 및 사용 등에 필요한 조치를 하여야 하고, 전자화폐보유자의 요청에 따라 전자화폐를 현금 또는 예금으로 교환할 의무를 부담한다.

- **(전자화폐 등의 양도성)** 선불전자지급수단 보유자 또는 전자화폐 보유자는 발행자와의 약정에 따라 선불전자지급수단 또는 전자화폐를 타인에게 양도하거나 담보로 제공할 수 있다. 선불전자지급수단 또는 전자화폐를 양도하거나 담보로 제공하는 경우에는 반드시 발행자의 중앙전산시스템을 경유하여야 한다.

- **(선불전자지급수단의 환급)** 선불전자지급수단을 발행한 금융회사 또는 전자금융업자는 선불전자지급수단보유자가 선불전자지급수단에 기록된 잔액의 환급을 청구하는 경우에는 미리 약정한 바에 따라 환급하여야 한다. 천재지변 등의 사유로 가맹점이 재화 또는 용역을 제공하기 곤란하여 선불전자지급수단을 사용하지 못하게 된 경우, 선불전자지급수단의 결함으로 가맹점이 재화 또는 용역을 제공하지 못하는 경우, 선불전자지급수단에 기록된 잔액이 일정비율 이하인 경우에는 선불전자지급수단에 기록된 잔액의 전부를 지급한다는 내용을 약관에 포함시켜야 한다.

- **(안전성의 확보의무)** 금융회사 · 전자금융업자 및 전자금융보조업자는 전자금융거래가 안전하게 처리될 수 있도록 선량한 관리자로서의 주의를 다하여야 한다.

- **(전자금융기반시설의 취약점 분석 · 평가)** 금융회사 및 전자금융업자는 전자금융거래의 안전성과

신뢰성을 확보하기 위하여 전자금융기반시설에 대한 정보기술부문의 조직, 시설 및 내부통제에 관한 사항, 정보기술부문의 전자적 장치 및 접근매체에 관한 사항, 전자금융거래의 유지를 위한 침해사고 대응조치에 관한 사항을 분석·평가하고 그 결과를 금융위원회에 보고하여야 한다.

- (전자적 침해행위 등의 금지) 누구든지 다음 하나에 해당하는 행위를 하여서는 아니 된다.
    1. 접근권한을 가지지 아니하는 자가 전자금융기반시설에 접근하거나 접근권한을 가진 자가 그 권한을 넘어 저장된 데이터를 조작·파괴·은닉 또는 유출하는 행위
    2. 전자금융기반시설에 대하여 데이터를 파괴하거나 전자금융기반시설의 운영을 방해할 목적으로 컴퓨터 바이러스, 논리폭탄 또는 메일폭탄 등의 프로그램을 투입하는 행위
    3. 전자금융기반시설의 안정적 운영을 방해할 목적으로 일시에 대량의 신호, 고출력 전자기파 또는 데이터를 보내거나 부정한 명령을 처리하도록 하는 등의 방법으로 전자금융기반시설에 오류 또는 장애를 발생하게 하는 행위

- (전자금융거래기록의 생성·보존 및 파기) 금융회사 등은 전자금융거래의 내용을 추적·검색하거나 그 내용에 오류가 발생할 경우에 이를 확인하거나 정정할 수 있는 전자금융거래기록을 생성하여 5년의 범위 안에서 대통령령이 정하는 기간 동안 보존하여야 한다.

- (전자금융업의 허가와 등록) 전자화폐의 발행 및 관리업무를 행하고자 하는 자는 금융위원회의 허가를 받아야 한다. 다만, 「은행법」에 따른 은행 그 밖에 대통령령이 정하는 금융회사는 그러하지 아니하다.
    - 금융위원회에 등록해야 가능한 업무
        1. 전자자금이체업무
        2. 직불전자지급수단, 선불전자지급수단의 발행 및 관리
        3. 전자지급결제대행에 관한 업무
        4. 그 밖에 대통령령이 정하는 전자금융업무

- (감독 및 검사) 금융감독원(「금융위원회의 설치 등에 관한 법률」 제24조제1항의 규정에 따른 '금융감독원'을 말한다. 이하 같다)은 금융위원회의 지시를 받아 금융회사 및 전자금융업자에 대하여 이 법 또는 이 법에 의한 명령의 준수여부를 감독한다.

- (한국은행의 자료제출 요구 등) 한국은행은 금융통화위원회가 전자지급거래와 관련하여 통화신용정책의 수행 및 지급결제제도의 원활한 운영을 위하여 필요하다고 인정하는 때에는 금융회사 및 전자금융업자에 대하여 자료제출을 요구할 수 있다. 이 경우 요구하는 자료는 금융회사 및 전자금융업자의 업무 부담을 고려하여 필요한 최소한의 범위로 한정하여야 한다.

- (회계처리 구분 및 건전경영지도) 금융회사 및 전자금융업자는 자금운용과 전자금융거래와 관련한 업무의 성과를 분석할 수 있도록 규정된 업무별로 다른 업무와 구분하여 회계처리하고, 금융위원회가 정하는 바에 따라 전자금융거래와 관련한 업무 및 경영실적에 관한 보고서를 작성하여 금융위원회에 제출하여야 한다. 금융위원회는 전자금융거래와 관련한 업무를 수행하는 금융회사 또는 전자금융업자의 건전경영을 지도하고 전자금융사고를 예방하기 위하여 대통령령이 정하는 바에 따라 자본·자산·유동성 등의 건전성에 대한 경영지도기준을 정할 수 있다.

- (과징금) 금융위원회는 금융회사 또는 전자금융업자가 위반하여 전자금융거래정보를 타인에게 제

공 또는 누설하거나 업무상 목적 외에 사용한 경우에는 50억원 이하의 과징금을 부과할 수 있다.

- **(과오납금의 환급)** 금융위원회는 과징금납부의무자가 이의신청의 재결 또는 법원의 판결 등의 사유로 과징금 과오납금의 환급을 청구하는 경우에는 지체 없이 환급하여야 하며, 과징금납부의무자의 청구가 없는 경우에도 금융위원회가 확인한 과오납금은 환급하여야 한다.

- **(벌칙)** 관련법을 위반하여 전자금융기반시설에 접근하거나 저장된 데이터를 조작 · 파괴 · 은닉 또는 유출한 자, 데이터를 파괴하거나 컴퓨터 바이러스, 논리폭탄 또는 메일폭탄 등의 프로그램을 투입한 자, 일시에 대량의 신호, 고출력 전자기파 또는 데이터를 보내거나 전자금융기반시설에 오류 또는 장애를 발생시킨 자, 전자금융거래정보를 타인에게 제공 또는 누설하거나 업무상 목적 외에 사용한 자에 해당하는 자는 10년 이하의 징역 또는 1억원 이하의 벌금에 처한다.
  - 다음에 해당하는 자는 7년 이하의 징역 또는 5천만원 이하의 벌금에 처한다.
    1. 접근매체를 위조하거나 변조한 자
    2. 위조되거나 변조된 접근매체, 분실되거나 도난 된 접근매체를 판매알선 · 판매 · 수출 또는 수입하거나 사용한 자
    3. 전자금융기반시설 또는 전자금융거래를 위한 전자적 장치에 침입하여 거짓이나 그 밖의 부정한 방법으로 접근매체를 획득하거나 획득한 접근매체를 이용하여 전자금융거래를 한 자
    4. 강제로 빼앗거나, 횡령하거나, 사람을 속이거나 공갈하여 획득한 접근매체를 판매알선 · 판매 · 수출 또는 수입하거나 사용한 자

8 위치정보의 보호 및 이용 등에 관한 법률

법령	위치정보의 보호 및 이용 등에 관한 법률
목적	이 법은 위치정보의 유출·오용 및 남용으로부터 사생활의 비밀 등을 보호하고 위치정보의 안전한 이용환경을 조성하여 위치정보의 이용을 활성화함으로써 국민생활의 향상과 공공복리의 증진에 이바지함을 목적으로 한다.
기본 용어정의	1. "위치정보"라 함은 이동성이 있는 물건 또는 개인이 특정한 시간에 존재하거나 존재하였던 장소에 관한 정보로서 「전기통신사업법」 제2조제2호 및 제3호에 따른 전기통신설비 및 전기통신회선설비를 이용하여 수집된 것을 말한다. 2. "개인위치정보"라 함은 특정 개인의 위치정보(위치정보만으로는 특정 개인의 위치를 알 수 없는 경우에도 다른 정보와 용이하게 결합하여 특정 개인의 위치를 알 수 있는 것을 포함한다)를 말한다. 3. "개인위치정보주체"라 함은 개인위치정보에 의하여 식별되는 자를 말한다. 4. "위치정보 수집사실 확인자료"라 함은 위치정보의 수집요청인, 수집일시 및 수집방법에 관한 자료(위치정보를 제외한다)를 말한다. 5. "위치정보 이용·제공사실 확인자료"라 함은 위치정보를 제공받는 자, 취득경로, 이용·제공일시 및 이용·제공방법에 관한 자료(위치정보를 제외한다)를 말한다. 6. "위치정보사업"이라 함은 위치정보를 수집하여 위치기반서비스사업을 하는 자에게 제공하는 것을 사업으로 영위하는 것을 말한다. 7. "위치기반서비스사업"이라 함은 위치정보를 이용한 서비스(이하 '위치기반서비스'라 한다)를 제공하는 것을 사업으로 영위하는 것을 말한다. 8. "위치정보 시스템"이라 함은 위치정보사업 및 위치기반서비스사업을 위하여 「정보통신망 이용촉진 및 정보보호 등에 관한 법률」 제2조제1항제1호에 따른 정보통신망을 통하여 위치정보를 수집·저장·분석·이용 및 제공할 수 있도록 서로 유기적으로 연계된 컴퓨터의 하드웨어, 소프트웨어, 데이터베이스 및 인적자원의 결합체를 말한다.

- (위치정보의 보호 및 이용 등을 위한 시책의 강구) 방송통신위원회는 관계중앙행정기관의 장과 협의를 거쳐 위치정보의 안전한 보호와 건전한 이용 등을 위하여 다음 사항이 포함되는 시책을 마련하여야 한다.
    1. 위치정보의 보호 및 이용 등을 위한 시책의 기본 방향
    2. 위치정보의 보호에 관한 사항(위치정보 처리에 따른 위험성 및 결과, 개인위치정보주체의 권리 등을 명확하게 인지하지 못할 수 있는 14세 미만의 아동의 위치정보 보호에 관한 사항을 포함한다)
    3. 공공목적을 위한 위치정보의 이용에 관한 사항
    4. 위치정보사업 및 위치기반서비스사업과 관련된 기술개발 및 표준화에 관한 사항
    5. 위치정보사업 및 위치기반서비스사업의 안전성 및 신뢰성 향상에 관한 사항
    6. 위치정보사업 및 위치기반서비스사업의 품질개선 및 품질평가 등에 관한 사항
    7. 그 밖에 위치정보의 보호 및 이용 등을 위하여 필요한 사항

- (개인위치정보를 대상으로 하는 위치정보사업의 허가 등) 개인위치정보를 대상으로 하는 위치정보사업을 하려는 자는 상호, 주된 사무소의 소재지, 위치정보사업의 종류 및 내용, 위치정보 시스템을 포함한 사업용 주요 설비 등에 대하여 대통령령으로 정하는 바에 따라 방송통신위원회의 허가를 받아야 한다.
    - 방송통신위원회가 위치정보사업을 허가를 할 때에는 다음 사항을 종합적으로 심사하여야 한다.
        1. 위치정보사업계획의 타당성

2. 개인위치정보 보호 관련 기술적·관리적 조치계획

3. 위치정보사업 관련 설비규모의 적정성

4. 재정 및 기술적 능력

5. 그 밖에 사업수행에 필요한 사항

- **(개인위치정보를 대상으로 하지 아니하는 위치정보사업의 신고)** 개인위치정보를 대상으로 하지 아니하는 위치정보사업만을 하려는 자는 다음 '상호, 주된 사무소의 소재지, 위치정보사업의 종류 및 내용, 위치정보 시스템을 포함한 사업용 주요 설비'의 사항을 대통령령으로 정하는 바에 따라 방송통신위원회에 신고하여야 한다. 위치정보사업의 신고를 한 자(사물위치정보사업자)는 신고한 사항 중 '상호, 주된 사무소의 소재지, 위치정보 시스템(변경으로 인하여 위치정보 보호를 위한 기술적 수준이 신고한 때보다 저하되는 경우)'의 어느 하나에 해당하는 사항을 변경하려는 경우 대통령령으로 정하는 바에 따라 방송통신위원회에 변경신고를 하여야 한다.

- **(임원 또는 종업원의 결격사유)** 다음 '미성년자·피성년후견인 또는 피한정후견인, 파산자로서 복권되지 아니한 자, 금고 이상의 실형을 선고받고 그 집행이 종료되거나 집행이 면제된 날부터 3년이 경과되지 아니한 자, 금고 이상의 형의 집행유예를 선고받고 그 유예기간 중에 있는 자, 벌금형을 선고받고 3년이 경과되지 아니한 자, 규정에 의한 허가의 취소처분 또는 사업의 폐지명령을 받은 후 3년이 경과되지 아니한 자, 이 경우 법인인 때에는 허가취소 또는 사업폐지명령의 원인이 된 행위를 한 자와 그 대표자'에 해당하는 자는 개인위치정보사업자 또는 사물위치정보사업자의 임원이 될 수 없고, 다음 각 호의 어느 하나에 해당하는 종업원은 위치정보 접근권한자로 지정될 수 없다.

- **(위치정보사업의 휴업·폐업 등)** 위치정보사업자가 위치정보사업의 전부 또는 일부를 휴업하려는 경우에는 개인위치정보주체에 대한 휴업기간 및 휴업 사실의 통보계획을 정하여(개인위치정보사업자만 해당한다) 다음 각 호의 구분에 따라 방송통신위원회의 승인을 받거나 방송통신위원회에 신고하여야 한다. 이 경우 휴업기간은 1년을 초과할 수 없다.

    1. 개인위치정보사업자: 승인

    2. 사물위치정보사업자: 신고

- **(위치기반서비스사업의 신고)** 위치기반서비스사업(개인위치정보를 대상으로 하지 아니하는 위치기반서비스사업은 제외)을 하려는 자는 상호, 주된 사무소의 소재지, 사업의 종류, 위치정보 시스템을 포함한 사업용 주요 설비 등에 대하여 대통령령으로 정하는 바에 따라 방송통신위원회에 신고하여야 한다.

- **(소상공인 등의 위치기반서비스사업의 신고)** 「소상공인 보호 및 지원에 관한 법률」의 소상공인이나 「1인 창조기업 육성에 관한 법률」의 1인 창조기업(이하 '소상공인 등'이라 한다)으로서 위치기반서비스사업을 하려는 자는 신고를 하지 아니하고 위치기반서비스사업을 할 수 있다. 다만, 사업을 개시한 지 1개월이 지난 후에도 계속해서 위치기반서비스사업을 하려는 자는 사업을 개시한 날부터 1개월 이내에 '상호, 주된 사무소의 소재지, 사업의 종류 및 내용'을 대통령령으로 정하는 바에 따라 방송통신위원회에 신고하여야 한다.

- **(위치기반서비스사업의 휴업·폐업 등)** 위치기반서비스사업자가 사업의 전부 또는 일부를 휴업하고자 하는 때에는 휴업기간을 정하여 휴업하고자 하는 날의 30일 전까지 이를 개인위치정보주체에게 통보하고 방송통신위원회에 신고하여야 한다. 이 경우 휴업기간은 1년을 초과할 수 없으며,

휴업과 동시에 개인위치정보(사업의 일부를 휴업하는 경우에는 휴업하는 사업의 개인위치정보로 한정한다)를 파기하여야 한다. 위치기반서비스사업자가 사업의 전부 또는 일부를 폐업하고자 하는 때에는 폐업하고자 하는 날의 30일 전까지 이를 개인위치정보주체에게 통보하고 방송통신위원회에 신고하여야 한다. 이 경우 폐업과 동시에 개인위치정보 및 위치정보 이용·제공사실 확인자료(사업의 일부를 폐업하는 경우에는 폐업하는 사업의 개인위치정보 및 위치정보 이용·제공사실 확인 자료로 한정한다)를 파기하여야 한다.

- (과징금의 부과 등) 방송통신위원회는 규정에 의한 사업의 정지가 개인위치정보주체의 이익을 현저히 저해할 우려가 있는 경우에는 사업의 정지명령 대신 위치정보사업 또는 위치기반서비스사업 매출액의 100분의 3 이하의 과징금을 부과할 수 있다.

- (위치정보의 수집 등의 금지) 누구든지 개인위치정보주체의 동의를 받지 아니하고 해당 개인위치정보를 수집·이용 또는 제공하여서는 아니 된다. 다만, 다음의 '긴급구조기관의 긴급구조요청 또는 같은 경보발송요청이 있는 경우, 경찰관서의 요청이 있는 경우, 다른 법률에 특별한 규정이 있는 경우'에 해당하는 경우에는 그러하지 아니하다.

- (위치정보의 보호조치 등) 위치정보사업자 등은 위치정보의 누출, 변조, 훼손 등을 방지하기 위하여 위치정보의 취급·관리 지침을 제정하거나 접근권한자를 지정하는 등의 관리적 조치와 방화벽의 설치나 암호화 소프트웨어의 활용 등의 기술적 조치를 하여야 한다. 이 경우 관리적 조치와 기술적 조치의 구체적 내용은 대통령령으로 정한다. 위치정보사업자 등은 위치정보 수집·이용·제공사실 확인 자료를 위치정보 시스템에 자동으로 기록되고 보존되도록 하여야 한다.

- (위치정보의 누설 등의 금지) 위치정보사업자 등과 그 종업원이거나 종업원이었던 자는 직무상 알게 된 위치정보를 누설·변조·훼손 또는 공개하여서는 아니 된다.

- (개인위치정보의 수집) 위치정보사업자가 개인위치정보를 수집하고자 하는 경우에는 미리 다음 '위치정보사업자의 상호, 주소, 전화번호 그 밖의 연락처, 개인위치정보주체 및 법정대리인의 권리와 그 행사방법, 위치정보사업자가 위치기반서비스사업자에게 제공하고자 하는 서비스의 내용, 위치정보 수집사실 확인 자료의 보유근거 및 보유기간'을 이용약관에 명시한 후 개인위치정보주체의 동의를 얻어야 한다.

- (개인위치정보의 이용 또는 제공) 위치기반서비스사업자가 개인위치정보를 이용하여 서비스를 제공하고자 하는 경우에는 미리 '위치기반서비스사업자의 상호, 주소, 전화번호 그 밖의 연락처, 개인위치정보주체 및 법정대리인의 권리와 그 행사방법, 위치기반서비스사업자가 제공하고자 하는 위치기반서비스의 내용, 위치정보 이용·제공사실 확인 자료의 보유근거 및 보유기간' 내용을 이용약관에 명시한 후 개인위치정보주체의 동의를 얻어야 한다.

- (법정대리인의 권리) 위치정보사업자 등이 14세 미만의 아동으로부터 규정에 의하여 개인위치정보를 수집·이용 또는 제공하고자 하는 경우에는 그 법정대리인의 동의를 얻어야 하고, 대통령령으로 정하는 바에 따라 법정대리인이 동의하였는지를 확인하여야 한다.

- (8세 이하의 아동 등의 보호를 위한 위치정보 이용) '8세 이하의 아동, 피성년후견인, 장애인 등록을 한 중증장애인에 해당하는 사람' 중 어느 하나에 해당하는 사람의 보호의무자가 8세 이하의 아동 등의 생명 또는 신체의 보호를 위하여 8세 이하의 아동 등의 개인위치정보의 수집·이용 또는

제공에 동의하는 경우에는 본인의 동의가 있는 것으로 본다.

- 8세 이하의 아동 등의 보호의무자는 8세 이하의 아동 등을 사실상 보호하는 자로서 다음 '8세 이하의 아동의 법정대리인 또는 「보호시설에 있는 미성년자의 후견 직무에 관한 법률」에 따른 후견인, 피성년 후견인의 법정대리인, 법정대리인 또는 장애인 거주시설의 장, 정신요양시설의 장 및 같은 법, 정신재활시설의 장'에 해당하는 자를 말한다.

- **(표준화의 추진)** 과학기술정보통신부장관과 방송통신위원회는 관계중앙행정기관의 장과 협의를 거쳐 위치정보의 보호 및 이용을 위한 위치정보의 수집·이용 또는 제공에 관한 표준을 정하여 고시할 수 있다. 다만, 「산업표준화법」 한국산업표준이 제정되어 있는 사항에 대하여는 그 표준에 따른다.

  - 표준화의 대상: 위치정보의 보호 및 인증 관련 기술, 위치정보의 수집·저장·관리 및 제공 관련 기술, 긴급구조와 그 밖의 공공서비스 관련 기술, 그 밖에 위치정보의 보호 및 이용 관련 기반 기술

- **(위치정보의 이용촉진)** 방송통신위원회는 관계중앙행정기관의 장과 협의를 거쳐 위치정보의 보호 및 이용을 위하여 공공, 산업, 생활 및 복지 등 각 분야에서 관련 기술 및 응용서비스의 효율적인 활용과 보급을 촉진하기 위한 사업을 대통령령이 정하는 바에 의하여 실시할 수 있다.

⑨ 지식재산 기본법

법령	지식재산 기본법
목적	이 법은 지식재산의 창출·보호 및 활용을 촉진하고 그 기반을 조성하기 위한 정부의 기본 정책과 추진 체계를 마련하여 우리 사회에서 지식재산의 가치가 최대한 발휘될 수 있도록 함으로써 국가의 경제·사회 및 문화 등의 발전과 국민의 삶의 질 향상에 이바지하는 것을 목적으로 한다.
기본이념	1. 저작자, 발명가, 과학기술자 및 예술가 등 지식재산 창출자가 창의적이고 안정적으로 활동할 수 있도록 함으로써 우수한 지식재산의 창출을 촉진한다. 2. 지식재산을 효과적이고 안정적으로 보호하고, 그 활용을 촉진하는 동시에 합리적이고 공정한 이용을 도모한다. 3. 지식재산이 존중되는 사회환경을 조성하고 전문인력과 관련 산업을 육성함으로써 지식재산의 창출·보호 및 활용을 촉진하기 위한 기반을 마련한다. 4. 지식재산에 관한 국내규범과 국제규범 간의 조화를 도모하고 개발도상국의 지식재산 역량 강화를 지원함으로써 국제사회의 공동 발전에 기여한다.
기본 용어정의	1. "지식재산"이란 인간의 창조적 활동 또는 경험 등에 의하여 창출되거나 발견된 지식·정보·기술, 사상이나 감정의 표현, 영업이나 물건의 표시, 생물의 품종이나 유전자원(遺傳資源), 그 밖에 무형적인 것으로서 재산적 가치가 실현될 수 있는 것을 말한다. 2. "신지식재산"이란 경제·사회 또는 문화의 변화나 과학기술의 발전에 따라 새로운 분야에서 출현하는 지식재산을 말한다. 3. "지식재산권"이란 법령 또는 조약 등에 따라 인정되거나 보호되는 지식재산에 관한 권리를 말한다. 4. "공공연구기관"이란 다음 각 목의 어느 하나에 해당하는 기관을 말한다. 　가. 국가 또는 지방자치단체가 직접 설립·운영하는 연구기관 　나. 「고등교육법」 제2조에 따른 학교 　다. 「정부출연연구기관 등의 설립·운영 및 육성에 관한 법률」 제2조에 따른 정부출연연구기관 　라. 「과학기술분야 정부출연연구기관 등의 설립·운영 및 육성에 관한 법률」 제2조에 따른 과학기술분야 정부출연연구기관 　마. 「지방자치단체출연 연구원의 설립 및 운영에 관한 법률」 제2조에 따른 지방자치단체 출연연구원 　바. 「특정연구기관 육성법」 제2조에 따른 특정연구기관 　사. 「산업기술혁신 촉진법」 제42조에 따른 전문생산기술연구소 　아. 「공익법인의 설립·운영에 관한 법률」 제2조에 따른 공익법인 중 지식재산의 창출이나 활용과 관련된 업무를 수행하는 기관 　자. 「공공기관의 운영에 관한 법률」 제4조에 따라 공공기관으로 지정된 기관 중 지식재산의 창출이나 활용과 관련된 업무를 수행하는 기관 5. "사업자 등"이란 공공연구기관 외의 자로서 지식재산과 관련된 사업을 하거나 연구·지원 등의 업무를 수행하는 자를 말한다.
국가 등의 책무	1. 국가는 이 법의 목적과 기본이념에 따라 지식재산의 창출·보호 및 활용을 촉진하고 그 기반을 조성하기 위한 종합적인 시책을 마련하여 추진하여야 한다. 2. 지방자치단체는 제1항에 따른 국가의 시책과 지역적 특성을 고려하여 지역별 지식재산 시책을 마련하여 추진하여야 한다. 3. 공공연구기관과 사업자 등은 우수한 지식재산의 창출과 적극적인 활용 및 소속 연구자와 창작자의 처우 개선을 위하여 노력하여야 하며, 그 성과에 대한 정당한 보상이 이루어지도록 하여야 한다. 4. 국가, 지방자치단체, 공공연구기관 및 사업자 등은 지식재산의 창출·보호 및 활용 촉진과 그 기반 조성을 위한 정부의 시책이 효과적으로 추진될 수 있도록 서로 협력하여야 한다.

- (국가지식재산 기본계획의 수립) 정부는 이 법의 목적을 효율적으로 달성하기 위하여 5년마다 지식재산에 관한 중장기 정책 목표 및 기본방향을 정하는 국가지식재산 기본계획을 수립하여야 한다. 정부는 기본계획을 수립하거나 변경하려는 경우에는 위원회의 심의를 거쳐 확정하고, 지체 없이 이를 공고하여야 한다. 다만, 대통령령으로 정하는 경미한 사항을 변경하려는 경우에는 그러하지 아니하다.
  - 기본계획의 포함 내용: 지식재산 정책의 목표와 기본방향, 지식재산 및 신지식재산의 창출·보호 및 활용 전략, 산업계·학계·연구계·문화예술계 등의 지식재산 창출역량 강화 방안, 외국에서의 대한민국 국민(국내법에 따라 설립된 법인·단체를 포함한다. 이하 같다)의 지식재산 보호에 관한 사항, 지식재산 침해행위로 인한 국민의 안전 등에 대한 위해(危害) 방지 방안, 지식재산의 공정한 이용 방안, 지식재산 친화적 사회 환경 조성에 관한 사항, 지식재산의 국제표준화에 관한 사항, 지식재산 관련 정보의 수집·분석 및 제공에 관한 사항, 중소기업, 농어업인 등의 지식재산 역량 강화 방안, 경제적·사회적 소외 계층의 지식재산 접근 지원에 관한 사항, 지식재산 전문인력의 양성 방안, 지식재산 관련 제도의 국제화 방안, 지식재산 정책의 추진을 위한 정부예산 투입 계획, 지식재산 관련 문화·교육·금융 제도 등의 개선을 위한 법령 정비 계획, 그 밖에 지식재산의 창출·보호 및 활용 촉진과 그 기반 조성에 필요한 사항

- (국가지식재산 시행계획의 수립) 정부는 관계 중앙행정기관의 장과 시·도지사로부터 추진계획을 제출받아 매년 국가지식재산 시행계획을 수립하여야 한다.

- (지식재산의 창출 촉진) 정부는 우수한 지식재산의 창출을 촉진하기 위하여 다음 '지식재산 관련 통계 및 지표의 조사·분석, 미래 지식재산의 발전 추세 및 관련 산업·시장에 대한 전망, 공공연구기관 및 사업자 등의 지식재산 역량을 강화하기 위한 지원, 연구자·창작자 및 지식재산 관리자의 역량을 강화하기 위한 교육, 우수한 지식재산의 창출을 촉진하기 위한 법·제도 개선, 공공연구기관 및 사업자 등의 국내외 공동연구개발 활성화 지원'을 포함하는 시책을 마련하여 추진하여야 한다.

- (연구개발과 지식재산 창출의 연계) 정부는 연구개발 결과가 우수한 지식재산의 창출로 이어질 수 있도록 지원하여야 한다. 정부는 연구개발의 기획, 관리, 평가 등의 전 과정에서 관련 지식재산 정보가 활용될 수 있도록 또 연구개발에 대한 평가가 지식재산 창출 성과를 기준으로 이루어질 수 있도록 지원하여야 한다.

- (지식재산의 권리화 및 보호 촉진) 정부는 지식재산이 신속·정확하게 권리로 확정되고 효과적으로 보호될 수 있도록 '지식재산의 심사·심판·등록 체계 등의 정비 방안, 지식재산 보호를 위한 법적·행정적 조치 강화 방안, 보안 체계와 정보 시스템 구축 등 기술적 조치 강화 방안, 국내외 지식재산 보호 관계 기관·단체와의 협력 방안, 지식재산의 권리화 및 보호 관련 전문인력 확보 방안'을 포함하는 시책을 마련하여 추진하여야 한다.

- (재판 외 분쟁해결 절차 활성화) 정부는 지식재산 관련 분쟁이 신속하고 원만하게 해결될 수 있도록 조정·중재 등 재판 외의 간단하고 편리한 분쟁해결 절차를 활성화하고, 전문성을 제고하며, 쉽게 이용될 수 있도록 안내와 홍보를 강화하는 등 필요한 조치를 하여야 한다.

- (지식재산권 침해행위에 대한 대응) 정부는 지식재산권을 침해하는 행위에 대한 단속, 점검 등 집행 활동을 강화하기 위하여 대응방안을 마련하여 추진하여야 한다.

- (외국에서의 지식재산 보호) 정부는 대한민국 국민이 보유하는 지식재산이 외국에서 적절하게 보호될 수 있도록 노력하여야 한다.

- (지식재산의 활용 촉진) 정부는 지식재산의 이전(移轉), 거래, 사업화 등 지식재산의 활용을 촉진하기 위하여 다음 '지식재산을 활용한 창업 활성화 방안, 지식재산의 수요자와 공급자 간의 연계 활성화 방안, 지식재산의 발굴, 수집, 융합, 추가 개발, 권리화 등 지식재산의 가치 증대 및 그에 필요한 자본 조성 방안, 지식재산의 유동화(流動化) 촉진을 위한 제도 정비 방안, 지식재산에 대한 투자, 융자, 신탁, 보증, 보험 등의 활성화 방안'을 포함하는 시책을 마련하여 추진하여야 한다.

- (지식재산의 국제표준화) 정부는 연구개발사업에서 창출 중이거나 창출된 지식재산이 「국가표준기본법」에 따른 국제표준과 연계될 수 있도록 연구의 기획 단계에서부터 표준의 획득에 이르는 전 과정에 걸쳐 필요한 지원시책을 마련하여 추진하여야 한다. 정부는 지식재산의 국제표준화를 지원하기 위하여 국제표준 관련 동향 정보를 수집·분석·제공하여야 한다.

- (지식재산 정보의 수집·분석 및 제공 등) 정부는 지식재산 정보의 생산·유통 및 활용을 촉진하기 위하여 다음 사항을 포함하는 시책을 마련하여 추진하여야 한다.
    1. 지식재산 정보의 수집·분석·가공 및 데이터베이스의 구축 방안
    2. 지식재산 정보의 분류 체계 마련 및 지식재산 분류표의 작성·보완 등에 관한 사항
    3. 지식재산 정보망의 구축 및 지식재산 전문 도서관의 설립 등 정보에 대한 접근성 제고 방안
    4. 지식재산 정보의 수집·분석 및 제공 활성화를 위하여 필요한 연구개발 방안
    5. 지식재산 정보의 관리·유통 전문 기관 육성 방안

- (경제적·사회적 약자에 대한 지원) 정부는 중소기업, 농어업인, 개인 등의 지식재산 창출·보호 및 활용 역량을 강화하기 위하여 필요한 지원을 하여야 한다. 정부는 지식재산의 창출·보호 및 활용 촉진에 있어서 전략적인 경영활동을 모범적으로 수행하고 있는 중소기업을 대상으로 대통령령으로 정하는 바에 따라 지식재산 경영인증을 할 수 있다. 정부는 장애인, 노인 등 지식재산에 접근하기 어려운 사람들이 지식재산을 쉽게 이용할 수 있도록 필요한 지원을 하여야 한다.

- (지식재산 교육 강화) 정부는 국민의 지식재산에 대한 인식과 지식재산 창출 및 활용 역량을 높이기 위하여 지식재산에 관한 교육을 강화하여야 한다.

- (지식재산 전문인력 양성) 정부는 지식재산의 창출·보호 및 활용과 그 기반 조성에 필요한 전문인력을 양성하여야 한다. 정부는 여성 지식재산 전문인력의 양성 및 활용방안을 마련하고 여성이 지식재산 부문에서 그 자질과 능력을 충분히 발휘할 수 있도록 하여야 한다. 정부는 지식재산 전문인력을 양성하기 위하여 산업계, 학계, 연구계 및 문화예술계 등과 협력하여야 한다. 정부는 지식재산 전문인력을 양성하기 위하여 공공연구기관이나 사업자 등에 대하여 교육설비, 교재개발, 교육시행 등에 필요한 비용의 전부 또는 일부를 지원할 수 있다.

- (지식재산 연구기관 등의 육성) 정부는 지식재산 관련 제도나 정책을 전문적으로 조사·연구하는 연구기관을 육성하여야 하고, 지식재산의 창출·보호 및 활용과 그 기반 조성을 목적으로 설립된 법인이나 단체를 육성하여야 한다. 정부는 연구기관이나 법인·단체에 대하여 그 운영에 필요한 경비의 전부 또는 일부를 출연하거나 보조할 수 있다.

- (지식재산 제도의 국제화) 정부는 국내외에서의 지식재산의 창출·보호 및 활용이 효과적으로 이

루어질 수 있도록 국내의 지식재산 제도가 국제적 합의사항 및 규범과 조화를 이루는 데 필요한 시책을 마련하여 추진하여야 한다.

- **(개발도상국에 대한 지원)** 정부는 개발도상국의 빈곤퇴치, 경제성장 및 문화발전에 기여하기 위하여 개발도상국의 지식재산 창출·활용 역량을 높이는 데 필요한 지원을 할 수 있다.
- **(남북 간 지식재산 교류협력)** 정부는 북한의 지식재산 관련 제도·정책이나 현황 등에 대한 조사·연구 활동을 추진함으로써 남북 간 지식재산 분야의 상호교류와 협력을 증진할 수 있도록 노력하여야 한다.

⑩ 정보통신기반 보호법

법령	정보통신기반 보호법
목적	이 법은 전자적 침해행위에 대비하여 주요정보통신기반시설의 보호에 관한 대책을 수립·시행함으로써 동 시설을 안정적으로 운용하도록 하여 국가의 안전과 국민생활의 안정을 보장하는 것을 목적으로 한다.
기본 용어정의	이 법에서 사용하는 용어의 정의는 다음과 같다. 1. "정보통신기반시설"이라 함은 국가안전보장·행정·국방·치안·금융·통신·운송·에너지 등의 업무와 관련된 전자적 제어·관리시스템 및 「정보통신망 이용촉진 및 정보보호 등에 관한 법률」 제2조제1항제1호의 규정에 의한 정보통신망을 말한다. 2. "전자적 침해행위"라 함은 정보통신기반시설을 대상으로 해킹, 컴퓨터바이러스, 논리·메일폭탄, 서비스거부 또는 고출력 전자기파 등에 의하여 정보통신기반시설을 공격하는 행위를 말한다. 3. "침해사고"란 전자적 침해행위로 인하여 발생한 사태를 말한다.

• **(정보통신기반보호위원회)** 주요정보통신기반시설의 보호에 관한 사항을 심의하기 위하여 국무총리 소속하에 정보통신기반보호위원회 두고, 위원회의 위원은 위원장 1인을 포함한 25인 이내의 위원으로 구성하여, '주요정보통신기반시설 보호정책의 조정에 관한 사항, 주요정보통신기반시설에 관한 보호계획의 종합·조정·추진 실적에 관한 사항, 주요정보통신기반시설 보호와 관련된 제도의 개선에 관한 사항, 주요정보통신기반시설의 지정 및 지정 취소에 관한 사항'을 심의한다.

• **(주요정보통신기반시설의 보호지원)** 관리기관의 장이 필요하다고 인정하거나 위원회의 위원장이 특정 관리기관의 주요정보통신기반시설보호대책의 미흡으로 국가안전보장이나 경제사회전반에 피해가 우려된다고 판단하여 그 보완을 명하는 경우 해당 관리기관의 장은 과학기술정보통신부장관과 국가정보원장 등 또는 필요한 경우 대통령령이 정하는 전문기관의 장에게 '주요정보통신기반시설보호대책의 수립, 주요정보통신기반시설의 침해사고 예방 및 복구, 보호조치 명령·권고의 이행'에 대한 기술적 지원을 요청할 수 있다.

• **(주요정보통신기반시설의 지정 등)** 중앙행정기관의 장은 소관분야의 정보통신기반시설 중 다음 '당해 정보통신기반시설을 관리하는 기관이 수행하는 업무의 국가사회적 중요성, 규정에 의한 기관이 수행하는 업무의 정보통신기반시설에 대한 의존도, 다른 정보통신기반시설과의 상호연계성, 침해사고가 발생할 경우 국가안전보장과 경제사회에 미치는 피해규모 및 범위, 침해사고의 발생 가능성 또는 그 복구의 용이성'을 고려하여 전자적 침해행위로부터의 보호가 필요하다고 인정되는 정보통신기반시설을 주요정보통신기반시설로 지정할 수 있다.

• **(주요정보통신기반시설의 지정 권고)** 과학기술정보통신부장관과 국가정보원장 등은 특정한 정보통신기반시설을 주요정보통신기반시설로 지정할 필요가 있다고 판단되는 경우에는 중앙행정기관의 장에게 해당 정보통신기반시설을 주요정보통신기반시설로 지정하도록 권고할 수 있다. 이 경우 지정 권고를 받은 중앙행정기관의 장은 위원회의 심의를 거쳐 지정 여부를 결정하여야 한다.

• **(취약점의 분석·평가)** 관리기관의 장은 대통령령이 정하는 바에 따라 정기적으로 소관 주요정보통신기반시설의 취약점을 전담기관을 구성하여 분석·평가하여야 한다.

• **(보호지침)** 관계중앙행정기관의 장은 소관분야의 주요정보통신기반시설에 대하여 보호지침을 제

정하고 해당분야의 관리기관의 장에게 이를 지키도록 권고할 수 있다.

- (주요정보통신기반시설 침해행위 등의 금지) 누구든지 다음에 해당하는 행위를 하여서는 아니 된다.

    1. 접근권한을 가지지 아니하는 자가 주요정보통신기반시설에 접근하거나 접근권한을 가진 자가 그 권한을 초과하여 저장된 데이터를 조작·파괴·은닉 또는 유출하는 행위
    2. 주요정보통신기반시설에 대하여 데이터를 파괴하거나 주요정보통신기반시설의 운영을 방해할 목적으로 컴퓨터바이러스·논리폭탄 등의 프로그램을 투입하는 행위
    3. 주요정보통신기반시설의 운영을 방해할 목적으로 일시에 대량의 신호를 보내거나 부정한 명령을 처리하도록 하는 등의 방법으로 정보처리에 오류를 발생하게 하는 행위

- (침해사고의 통지) 관리기관의 장은 침해사고가 발생하여 소관 주요정보통신기반시설이 교란·마비 또는 파괴된 사실을 인지한 때에는 관계 행정기관, 수사기관 또는 인터넷진흥원에 그 사실을 통지하여야 한다. 이 경우 관계기관 등은 침해사고의 피해확산 방지와 신속한 대응을 위하여 필요한 조치를 취하여야 한다.

- (복구조치) 관리기관의 장은 소관 주요정보통신기반시설에 대한 침해사고가 발생한 때에는 해당 정보통신기반시설의 복구 및 보호에 필요한 조치를 신속히 취하여야 한다.

- (대책본부의 구성 등) 위원회의 위원장은 주요정보통신기반시설에 대하여 침해사고가 광범위하게 발생한 경우 그에 필요한 응급대책, 기술지원 및 피해복구 등을 수행하기 위한 기간을 정하여 위원회에 정보통신기반침해사고대책본부를 둘 수 있다.

- (정보공유·분석센터) 금융·통신 등 분야별 정보통신기반시설을 보호하기 위하여 다음 '취약점 및 침해요인과 그 대응방안에 관한 정보 제공, 침해사고가 발생하는 경우 실시간 경보·분석체계 운영'의 업무를 수행하고자 하는 자는 정보공유·분석센터를 구축·운영할 수 있다.

- (기술개발 등) 정부는 정보통신기반시설을 보호하기 위하여 필요한 기술의 개발 및 전문인력 양성에 관한 시책을 강구할 수 있다.

- (관리기관에 대한 지원) 정부는 관리기관에 대하여 주요정보통신기반시설을 보호하기 위하여 필요한 기술의 이전, 장비의 제공 그 밖의 필요한 지원을 할 수 있다.

- (국제협력) 정부는 정보통신기반시설의 보호에 관한 국제적 동향을 파악하고 국제협력을 추진하여야 한다. 정부는 정보통신기반시설의 보호에 관한 국제협력을 촉진하기 위하여 관련기술 및 인력의 국제교류와 국제표준화 및 국제공동연구개발 등에 관한 사업을 지원할 수 있다.

 ⓒ **Check** Point

본 관련 법규들은 전문이 아닌 요약본으로, 해당 법규들 전문 확인을 하려면 인터넷 검색을 이용하시기 바랍니다.

Endnotes

1   고객생애가치(Customer Lifetime Value): 고객들로부터 미래의 일정 기간 동안 얻게 될 이익(=수입−비용)을 할인율에 의거해 현재 가치로 환산한 재무적 가치

2   레거시: 컴퓨터 분야에서 과거로부터 물려 내려온 기술, 방법, 컴퓨터 시스템 및 응용 프로그램을 의미하며, 새로이 대체 가능한 기존의 기술 시스템을 의미한다.

3   비즈니스 인텔리전스(BI, Business Intelligence): 기업이 보유하고 있는 수많은 데이터를 정리하고 분석해 기업의 의사결정에 활용하는 일련의 프로세스를 말한다.

4   피보팅: 데이터 분석하는 차원을 니즈에 따라 다양한 분류기준으로 전환시켜 볼 수 있는 기능

5   필터링: 분석하고자 하는 데이터에서 원하는 분류 기준들만을 선정하여 해당하는 정보들만을 보여주는 기능

6   리포팅: 사용자가 분석 리포트를 마우스를 가지고 분석조건으로 Drag와 Drop 기능을 이용하여 직관적으로 분석 리포트를 만들어 주는 기능

7   분해: 분석차원 또는 분석관점을 변경해가면서 분석하는 기능

8   드릴링: 데이터의 깊이와 분석 차원을 조정해가면서 분석하는 기능으로 상세한 수준까지 접근하는 과정(드릴다운), 상세한 수준에서 요약된 정보 수준으로 접근하는 과정(드릴업)의 주요 기능이 있다.

9   교차판매: 고객의 거래건수를 늘리기 위해서 메인 상품에 부가적인 상품을 교차하여 판매하여 판매 빈도를 높인다.

10   상향판매: 거래 단가를 높이기 위해 특정 카테고리 내에서 상품 구매액을 늘리도록 유도하는 활동이다.

11   알고리즘: 특정 데이터마이닝 기법을 실행하기 위해 사용되는 특정 절차이다.

12   빅데이터: 최근 인터넷과 소셜네트워크 서비스의 확대 등으로 막대한 데이터 폭발이 발생하였고, 대규모의 데이터가 큰 이슈로 부각하며 등장하게 된 용어이다. 스마트 기기, 사물 네트워크(M2M)의 확산으로 데이터 양은 더욱 빠르게 증가할 것이고 이를 처리하기 위한 기술들은 더 중요해 질 것이다. 규모(Volume), 다양성(Variety), 속도(Velocity), 복잡성(Complexity) 4가지 구성 요소를 갖추고 있다.

13   소셜슈머: 사회(Social) + 소비자(Consumer)를 결합한 용어로 물건 자체를 보고 구매하는 것이 아니라 물건을 생산한 기업의 사회적 가치까지 판단하는 소비자를 의미한다.

14   그린슈머: 자연을 의미하는 'Green'과 소비자를 의미하는 'Consumer'의 합성어로 친환경 제품을 구매하는 소비자를 의미한다.

15   파싱: 파서(Parser) 역할을 하는 알고리즘이 문장 단위의 문자열을 의미있다고 판단되는 토큰(Token)으로 분류하고 분류된 토큰을 구문 트리(Parse Tree)로 재구성하는 구문 분석 과정을 뜻한다. 파싱 과정을 통해서 부호에 불과한 일련의 문자열이 기계어로 번역되어 유의미한 의미 단위가 된다.

16   캐즘(Chasm): 원래 지질학에서 쓰이는 용어로 지각변동 등의 이유로 지층 사이에 큰 틈이나 협곡이 생겨 서로 단절되어 있다는 뜻이다.

17   객단가: 전자상거래에서 고객 1인당 평균매입액을 말한다. 일정기간의 매출액(입점객수×구매비율×객단가)을 그 기간의 고객수로 나누어 산출하는 것이다.

18   포럼: 관심사나 기술의 커뮤니티를 공유하는 사람들의 웹사이트

19   텀블러: 2007년 데이비드 카프가 설립하였고, 간단하게 블로그를 만든 뒤 글이나 사진을 친구와 공유할 수 있게 하는 단문 블로그 서비스이다. 텀블러는 SNS와 일반 블로그의 중간 형태로 간주할 수 있다.

20   링크드인: 구인구직 서비스에 SNS 기능을 합친 서비스로 세계 최대의 글로벌 비즈니스 인맥사이트다.

21   블로그: 웹로그의 줄임말로 블로그는 일반 사람들이 자신의 관심사에 따라 자유롭게 글을 올릴 수 있는 웹사이트로 1인 미디어다.

22   매시업 서비스: 웹서비스 업체들이 제공하는 다양한 정보(콘텐츠)와 서비스를 혼합하여 새로운 서비스를 개발하는 것을 의미한다.

23   CPL: 회원가입숫자

24   CPS: 판매금액 대비 일정금액을 의미

25   애플릿: 웹 브라우저에서 실행되는 초소형의 자바 응용 프로그램으로 웹 브라우저에서 실행시키기 위해서 HTML 파일에 〈Applet〉 태그를 사용하는 형태이다. 대형 제품에 탑재되는 계산기, 메모지, 일정관리 등이 애플릿의 예이다.

26   Splash Screens: 프로그램이 시작될 때, 로딩 중에 표시되는 큰 사이즈의 이미지를 말한다. 애플리케이션의 로고, 앱에 대한 소개, 혹은 로딩 진행률 등을 애니메이션으로 표시해주기도 한다.

27   아날로그 형태: 자연현상의 상태를 표현, 즉 연속적인 신호나 현상을 그 자체의 물리량으로 나타낸 것이다.

28   디지털 형태: 이진법의 수치인 0과 1을 통해 모든 정보를 표현한다.

29   O2O: PC나 스마트폰 등의 온라인 서비스를 오프라인에서 식당, 상가, 호텔 등의 서비스와 소비자를 직접 연결시켜주는 새로운 형태의 전자상거래를 의미한다. 소셜커머스 업체, 카카오 택시 등이 도입하기 시작했다.

30   다이내믹 가격책정: 소비자 수요 특성과 판매자 공급상황에 의해 제품 가격이 다양하게 책정된다.

31   Mash-up: 웹서비스 업체들이 제공하는 각종 콘텐츠와 서비스를 융합하여 신규 웹서비스를 개발하는 것을 의미한다.

32   Open API: 인터넷 이용자가 직접 응용 프로그램과 서비스를 개발할 수 있도록 공개된 API를 의미한다.

33   AR: 실세계에 3차원의 가상물체를 겹쳐서 보여주는 기술을 활용해 현실과 가상환경을 융합하는 복합형 가상 현실을 의미한다.

34   LBS: 이동통신망이나 위성항법장치(GPS)를 통해 얻은 위치 정보를 기반으로 이용자에게 다양한 서비스를 제공하는 서비스 시스템을 의미한다.

35 메타검색엔진: 일반 검색엔진과 같이 필요한 정보를 찾아주는 일을 하지만 실제로는 자체적으로 검색기능을 갖는 것이 아니라 다른 검색엔진을 연결시켜 검색한 정보를 보여주는 검색엔진이다.

36 Timmers, Paul, "Business Models for Electronic Markets,", Electronic markets, Vol. 8, No. 2, July 1998

37 Rappa, Michael, Business Models on the web, http://digitalenterprise.org/Models/Models.html, 2006

38 선도자 우위: 기술 혹은 제품 등에 있어서 제일 먼저 진입한 결과로 기업이 확보할 수 있는 시장에서의 유리한 상황을 의미한다.

39 보완적 자원: 핵심 기술 역량을 보완해 줄 수 있는 자원을 의미하는 것으로 생산, 마케팅 자산 등이 여기에 해당된다.

40 레버리지: 기업이 유사 시장내에서 더 높은 우위를 점하기 위해서 사용하는 것을 말한다.

41 디렉토리 서비스(Directory Service, DS): 컴퓨터 네트워크의 사용자와 네트워크 자원에 대한 정보를 저장하고 조직하는 응용 소프트웨어로, 네트워크 관리자가 여러 사용자들이 자원에 접근할 수 있게 도와준다.

42 팔레트: 화물의 하역을 위해 깔판 역할을 하는 동시에 낱개의 여러 화물을 하나로 묶어 운송할 수 있게 하는 장비이다.

43 블록체인: 관리 대상 데이터를 소규모 데이터들이 P2P 방식을 기반으로 생성된 체인 형태의 연결고리 기반 분산 데이터 저장 환경(블록)에 저장한다. 누구라도 임의로 수정할 수 없고 누구나 변경의 결과를 열람할 수 있는 분산 컴퓨팅 기술 기반의 데이터 대변 방지 기술이다. 암호화폐의 거래과정은 탈중앙화된 전자장부에 쓰이기 때문에 블록체인 소프트웨어를 실행하는 많은 사용자들의 각 컴퓨터에서 서버가 운영되어 중앙은행 없이 개인 간의 자유로운 거래가 가능하다.

44 SET(Secure Electronic Transaction): 인터넷 쇼핑시 신용카드를 사용하여 대금을 결제하고자 할 때, 공개된 네트워크 상에서 보다 안전하게 지불처리를 할 수 있도록 암호화 및 정보보안에 관해 제정된 표준안이며, 보안의 모든 요소를 포괄적으로 정의 하고 있다. 구현비용과 복잡성은 문제가 되고 있다.

45 SSL(Secure Socket Layer): 인터넷을 통해 주고 받는 정보의 안전성을 보장하기 위해 Netscape사에서 개발한 인터넷 보안 프로토콜로, 웹 브라우저에서 지원해 주며 RSA 암호화 기법을 이용하여 개인의 신용카드 정보를 보내는 방식이며, 현재 가장 많이 사용되는 방식이다.

46 금융결제원: 1986년 설립되어, 지급 결제 시스템의 주 참가 기관인 은행 간의 자금 결제와 지급 결제 서비스의 제공을 목적으로 설립된 기관이다. 어음 교환, 지로 제도의 원활한 운영, 국가 기간 전산망 사업의 일환인 금융 공동망의 구축을 주요 업무로 하고 있다.

47 사회공학: 사람의 호기심, 욕심과 잘 속는 성질을 이용하여 멀웨어 다운로드를 유도하는 행위이다.

48 반사공격: 송신자가 생성한 메시지를 가로챈 공격자가 그 메시지를 다시 송신자에게 재전송하여 접근 권한을 얻는 형태의 공격 방법이다. 상호인증 방식에서 난수값을 이용한다.

49 내비게이션: 사용자들의 웹사이트에서 이동경로나 방법, 혹은 그것을 돕는 구조와 인터페이스 디자인을 포함하는 용어이다.

50 사이트맵: 웹사이트의 구조와 내용을 총체적으로 살펴볼 수 있는 약도와 같은 역할을 한다. 사용자는 사이트맵을 통해 사이트를 쉽게 파악하게 된다.

51 노드: 연결점을 의미하는 것으로 데이터 송신의 재분배점 또는 끝점을 말하기도 한다.

52 XML: 정보제공자 자신이 새로운 태그 세트와 속성을 정의할 수 있으며, 확장(Extensibility), 구조(Structure), 검증(Validation)의 특성을 가지고 있다. 구조적 언어로 HTML이 지원하지 않는 객체지향적 구조를 지원한다.

53 스케일 아웃 방식: 하나하나의 단위 노드들이 병렬로 연결되어 성능과 확장성을 늘여가는 방식이다.

54 디버깅(Debugging): 디버그(Debug)는 원래 '벌레(Bug)를 잡다'라는 뜻이다. 프로그램의 오류를 벌레로 비유해 오류를 찾아 수정하는 일이라는 의미로 쓰인다. 주로 디버그가 오류 수정 프로그램과 그 작업을 통칭하는 반면 작업에 중점을 둔 어휘는 디버깅을 쓰며, 오류수정 소프트웨어를 가리킬 때는 디버거(Debugger)라는 말을 쓴다.

55 페이스북: 마크 저커버그(Mark Zuckerberg)가 2004년 개설하였으며, 사용자들이 서로의 개인정보와 글, 동영상 등을 상호 교류하는 온라인 인맥 서비스(SNS: Social Network Service)다.

56 트위터: Twitter(지저귀다)의 뜻 그대로 재잘거리듯이 일상의 작은 얘기들을 그때그때 짧게 올릴 수 있는 온라인 공간이다. 140자 이내 단문으로 개인의 의견이나 생각을 공유하고 소통하는 소셜미디어 매체이다.

57 인스타그램: 온라인 사진 및 비디오 공유 애플리케이션이다.

58 텔레커뮤니케이션: 전기 통신기술에 의한 정보 전달이다.

59 다이렉트 마케팅: IT 통신매체를 이용하여 마케팅에 관련된 판매, 주문, 촉진, 마케팅, 홍보, 리서치 등의 활동을 소비자에게 직접 접촉하는 마케팅을 의미한다.

60 http://www.law.go.kr

PART

2

실전모의고사

실전모의고사 1회

전자상거래 기획(인터넷 마케팅)

01 [기출]
다음 웹로그 분석의 주요 기능 중에서 사이트내의 콘텐츠/상품에 대한 관심도 분석을 제공하는 것을 무엇이라고 하는가?

① 방문자 분석   ② 전환율 분석

③ 방문경로 분석   ④ 캠페인 분석

02
다음 글상자에서 설명하고 있는 용어는?

> • 전체 시장을 세분화된 시장으로 구분한 후, 특정 세부 시장을 선정하여 그 시장에 차별적이고 적합한 마케팅 활동을 집중적으로 수행한다.
> • 단방향 커뮤니케이션이다.

① 대중 마케팅

② 타겟 마케팅

③ 일대일 마케팅

④ 개별 맞춤형 마케팅

03
다음 글상자에서 설명하고 있는 데이터마이닝 기법은?

> • 예측 또는 분류를 위해 필요한 출력변수가 없는 경우에 사용되는 알고리즘으로, 출력변수가 알려져 있는 사례들과 같은 학습과정은 존재하지 않는다.
> • 이 기법의 예로는 연관성규칙, 데이터 축소, 군집분석 등이 있다.

① 지도학습 알고리즘

② 연관규칙분석

③ 군집분석

④ 자율학습 알고리즘

04 [기출]
다음 중 마케팅 목표를 통해 고객의 지각, 머릿속에 상품, 서비스가 자리매김을 하도록 하는 전략은?

① 시장 세분화 전략

② 시장 표적화 전략

③ 시장 포지셔닝 전략

④ 마케팅 믹스 전략

05 [기출]
다음 중 소비자가 주로 방문하고 체류하는 사이트나 이용하는 콘텐츠를 활용하여 브랜드에 대한 인지도를 제고하려고 하는 형태의 광고는?

① 팝업 광고

② 스폰서십 광고

③ 이메일 광고

④ 동영상 광고

06
CRM을 성공적으로 이끌기 위한 요인으로 올바르지 않은 것은?

① 고객획득보다는 고객유지에 중점을 둔다.

② 고객과의 쌍방향 커뮤니케이션에 집중하고, 장기적인 이윤에 중점을 둔다.

③ 매스마케팅(Mass Marketing)을 통해 불특정 다수의 고객에게 마케팅한다.

④ 고객 데이터의 분석모형 개발 및 모형의 유효성 검증 체제를 갖춘다.

07 [기출]
다음 중 CRM을 위한 고객 정보의 획득 원천으로 가장 올바르지 않은 것은?

① 데이터마이닝 정보   ② 사이트 등록 정보

③ 웹 쿠키   ④ 전자화폐

08

다음 중 CRM에 대한 설명으로 가장 거리가 먼 것은?

① 신규고객 획득, 기존고객 유지 및 고객 수익성 증대 등을 위하여 지속적인 커뮤니케이션을 통해 고객행동을 이해하고 영향력을 주기위한 광범위한 접근으로써 고객에 대해 학습하고, 학습된 내용을 바탕으로 고객에 대응하는 계속적인 반복적 과정이다.

② 고객과 관련된 자료를 분석하여 고객 특성에 기초한 마케팅 활동을 계획, 지원, 평가하는 관리 체계이다.

③ 충성도를 극대화하기 위해서 고객에 대한 정보와 고객의 모든 접점을 관리하는 프로세스다.

④ 고객의 수익성에 따라 고객을 통합시키고 집중화된 경영 활동을 수립하여 전개한다.

09

다음 중 브랜드 자산이 기업에게 제공하는 가치로 가장 거리가 먼 것은?

① 소비자에게 긍정적이고 친숙한 브랜드는 브랜드 확장 및 라이센싱을 통해 기업다각화를 용이하게 해준다.

② 이미지가 좋은 브랜드를 가진 제품은 중간상에게 최적 제품진열, 공간제공 등의 협조를 하게 만든다.

③ 브랜드 명성 등은 소비자에게 제품평가에 대한 긍정적인 영향력을 제공한다.

④ 제품에 관한 지각된 품질이나 브랜드 연상은 제품 사용 만족도를 높여준다.

10 [기출]

다음 중 캠페인 관리 프로세스를 순서대로 나열한 것은?

① 타겟팅 → 기획 → 실행 → 성과관리

② 기획 → 타겟팅 → 실행 → 성과관리

③ 기획 → 실행 → 타겟팅 → 성과관리

④ 타겟팅 → 실행 → 기획 → 성과관리

11

보수 수용자의 특징으로 옳지 않은 것은?

① 전통을 매우 따르는 소비자다.

② 전체 소비자의 16%를 차지한다.

③ 빠른 기술수용력을 가진 소비자이다.

④ 신제품이 모든 소비자에 의해 수용이 되어야 그 제품을 구매한다.

12

다음 중 디지털 경제의 특징인 것은?

① 디지털 경제 시대는 수확체감 보다는 수확체증 법칙이 지배한다.

② 국가의 경계나 지리적인 거리는 전통산업시대에 비해 중요하게 되었다.

③ 웹 1.0기술을 이용하여 세상을 홈네트워킹, 원격제어 등을 통해 인간의 삶을 편안하게 해주는 방향으로 진화하고 있다.

④ 지식정보화 분야에 근무하는 지식노동자의 숫자가 육체적인 노동자들의 숫자보다 적어지고 있다.

13 [기출]

다음 글상자에서 설명하고 있는 인터넷 촉진 활동으로 가장 올바른 것은?

반복구매와 충성도를 구축하기 위한 것이지만 자사의 웹사이트에 대한 방문을 유인하는 효과를 볼 수 있으며 제품의 최초 구매도 일으킬 수 있다.

① 링크원

② 제휴프로그램

③ 쿠폰

④ 커뮤니티

14

인터넷 PR의 다양한 유형을 설명한 것 중에 올바르지 않은 것은?

① 초기의 브로셔웨어는 상호작용 없이 제품과 서비스에 대한 정보를 제공하였다.

② 특정한 주제에 대해서 모임이나 동호회를 만들어 PR을 했다.

③ 뉴스 기사화가 될 만한 거리를 이용하여 뉴스공지를 한다.

④ 소비자 이용구매를 장려하기 위해서 특정 제품을 작은 사이즈로 제공한다.

15 [기출]

다음 글상자에서 설명하고 있는 인터넷 광고 유형은?

웹사이트에서 다음 사이트로 넘어가는 중간에 돌출되도록 하는 형태의 광고이며, 일정시간 노출되었다가 없어지도록 구성하는 형태와 클릭하여야 다음 사이트로 넘어가도록 구성하는 형태가 있음

① 인터스티셜

② 코브랜디드

③ SNS

④ 배너 광고

16

다음 글상자에서 설명하고 있는 용어는?

사용자가 매체사의 광고를 통해 물품을 구매하였을 경우, 판매된 제품에 대한 수당을 매체사에 광고비로 지불하는 방식이다.

① CPM

② CPA

③ CPS

④ CPC

17 [기출]

다음 글상자에서 설명하고 있는 용어는?

SWOT 분석의 4가지 전략 중에서 기회에 대응하기 위한 약점 보완전략으로, 기업의 핵심 역량을 강화하여 시장기회를 잡는 핵심 역량 강화 전략을 쓰거나 시장의 기회를 먼저 포착하면서 기업의 핵심 역량을 보완하는 전략적 제휴 전략을 취함

① ST전략

② WT전략

③ WO전략

④ SO전략

18

온라인 커뮤니티에 대한 설명 중 올바르지 않은 것은?

① 가상공동체로도 불린다.

② 커뮤니티는 참여하는 구성원들의 공동관심사를 중심으로 구축된 관계로, 다양한 정보를 공유하거나 축적하여 커뮤니티에 참여하는 회원들의 욕구를 충족시킨다. 그리고 회원들의 지속적인 참여와 노력으로 보다 나은 커뮤니티로 성장한다.

③ 소셜미디어(Social Media)라는 단어가 등장하면서 참여와 공유를 강조한다.

④ 소셜미디어는 참여, 공개, 대화, 연결을 강조하면서, 시간, 대상, 관계, 비용 등의 관점에서 차별성이 없다.

19 [기출]

다음 글상자에서 설명하고 있는 온라인 소비자 유형은?

주로 뉴스와 금융정보를 위해 인터넷을 사용하는데, 전체 온라인 이용시간의 약 80%가 10개 정도의 선호하는 사이트에서 이루어지며 최상의 독점적 내용을 제공함으로써 이들의 높은 관여도를 유발할 수 있으며 무료 콘텐츠 이용 소비자로부터 유료구독자로 전환 하는 것이 필요함

① 간편 추구형

② 틀에 박힌형

③ 관계 추구형

④ 흥정형

20

고객 중심기업에 대한 설명으로 거리가 먼 것은?

① 프로세스 중심　　② 정보 중심

③ 풀(Pull) 마케팅　　④ 양방향 커뮤니케이션

전자상거래 운영 및 관리

21

웹사이트 기획개발 관점에서 중요한 요소가 아닌 것은?

① 현재 관점도 중요하지만 미래에 예상되는 시장 규모 및 IT 기술을 고려하여 웹사이트를 개발해야 한다.

② 웹사이트의 주요 기능과 주요 콘셉트를 명확하게 하고, 이 콘셉트에 부합하는 메뉴구조, 이벤트 등의 배치, 각종 마케팅 활동에 필요한 데이터베이스 설계가 중요하다.

③ 전자상거래 사이트는 비즈니스, 가격, 프로모션, 고객서비스 전략, 유통 전략들이 어우러져 구현되어야 한다.

④ 웹사이트 개발에 필요한 '기획 → 구현 → 테스트 단계' 등의 전체 과정상에서 프로젝트 구성원들 간에 커뮤니케이션을 최소한으로 줄여 빠르게 개발한다.

22 기출

다음 중 주문/결제/배송 시스템은 백오피스 관리 중 어디에서 이루어지는가?

① 고객 관리　　　② 트래픽 관리

③ 거래 관리　　　④ 광고 관리

23 기출

전자상거래 사이트 운용시 데이터베이스 백업(Back-up) 관리의 필요성에 대한 설명으로 가장 올바르지 않은 것은?

① 하드디스크의 고장에 대비

② 외부자에 의한 파일의 파괴 및 분실에 대비

③ 새로운 콘텐츠 구성에 대비

④ 실수로 파일이 지워진 경우에 대비

24 기출

다음 글상자에서 설명하는 방식은?

> 사용자가 마우스 등을 이용하여 화면에 있는 메뉴를 선택하여 사용자와 시스템간의 원활한 의사소통을 돕는 방식이다.

① GUI 방식　　　② JOIN 방식

③ SORT 방식　　④ 명령어 방식

25 기출

다음 글상자에서 설명하고 있는 용어는?

> 대금결제나 주식거래지원 형태와 같이 구매자와 판매자의 시간이나 노력을 절감시켜주어 거래를 수행할 수 있도록 하는 것

① 서비스 제공자　　② 콘텐츠 제공자

③ 시장 창조자　　　④ 거래 중개자

26 기출

다음 중 사람들을 온라인에 모으고 공통의 화제들에 대한 견해를 교환하는 웹사이트를 무엇이라고 하는가?

① 블로그　　　　② 웹 커뮤니티

③ 크로스 채널　　④ 멀티 채널

27 기출

다음 중 효과적인 웹 콘텐츠 기획을 위해 고려해야 할 요인이 아닌 것은?

① 사용자 중심의 인터페이스 여부를 확인한다.

② 기승전결 적절한 구성인가를 확인한다.

③ 지속적인 학습 동기를 유발하는가를 확인한다.

④ 최대한의 기술력으로 최소한의 정보 처리능력을 보유하고 있는지 확인한다.

28

다음 중 내비게이션을 설명하는 요소중 거리가 가장 먼 것은?

① 사용자들이 웹사이트에서의 이동경로나 방법, 구조와 디자인을 나타내는 개념이다.

② 사용자가 기능을 명확하게 이해할 수 있도록 링크를 디자인해야 한다.

③ 사용자가 어느 사이트에 있는지를 항상 알 수 있도록 한다.

④ 스크롤링을 하도록 설계해야 한다.

29 기출

다음 웹사이트 조직화 방법 중 모든 웹페이지를 하이퍼텍스트 기능을 이용하여 거미줄처럼 연결한 구조는?

① 선형 구조　　　　② 계층 구조

③ 복합 구조　　　　④ 네트워크 구조

30

물류경로에 있어서 관계형 거래경로에 대한 특징이 아닌 것은?

① 지속적으로 일어나는 거래경로이다.

② 소수의 잠재거래선이 있으며, 거래선의 차별화 정도가 높다.

③ 정보의 불균형이 있으며, 잠재가치의 규모가 작다.

④ 공동의 노력에 의해 가치창출이 되며, 철수 비용은 상대적으로 높다.

31 기출

다음 글상자가 설명하는 인증 수단은?

> 일회용 패스워드는 매 세션마다 서로 상이한 패스워드를 사용하므로 패스워드가 노출되어도 다음 세션에 사용될 패스워드를 예측할 수 없다. 패스워드 인증방식 중 안전성이 가장 높다.

① OTP 토큰 방식　　　② 시도/응답 방식

③ 커버로스 방식　　　④ ID/비밀번호 방식

32 기출

다음 중 온라인에서 사용되는 통화로, 통화를 발행하고 관리하는 중앙장치가 존재하지 않는 구조는?

① 비트코인　　　　② 전자 캐시(E-cash)

③ 모바일 결제　　　④ 전자지갑

33

다음 중 전자상거래의 보안이 중요시되고 있는 시점에서 은행, 머천트, 카드사용자 간에 통합으로 안전하게 상거래를 할 수 있도록 보장해주는 보안 프로토콜은?

① SSL　　　　　　② SET

③ S-HTTP　　　　④ PGP

34

다음 중 전자화폐의 특징에 대한 설명으로 가장 올바르지 않은 것은?

① 수송 및 보관비용을 줄일 수 있다.

② 유효기간이 정해져 있다.

③ 정부가 통제 가능하다.

④ 익명성으로 인해 범죄에 이용될 우려가 매우 높다.

35

다음 글상자가 설명하는 용어는?

> 운송, 보관, 하역, 포장, 정보 등 물류활동의 여러 과정에서 사용되는 장비들을 규격화하여 이들간의 상호 호환성과 연계성을 확보한다.

① 물류 자동화　　　② 물류 규격화

③ 물류 표준화　　　④ 물류 공동화

36 기출

다음 전자상거래 시 고객의 구매 단계 중 가장 먼저 일어나는 단계는?

① 주문　　　　　　② 상품 및 서비스 검색

③ 지불 승인　　　　④ 상품 수취

37

다음 글이 설명하는 물류 용어는?

> 업체에서 판매를 할 때 판매제품의 품목, 가격, 수량 등의 정보를 자동으로 컴퓨터에 입력시키는 시스템으로 수집된 정보를 통해서 판매정보를 분석하고 활용할 수 있다.

① 바코드 ② POS
③ GPS ④ LBS

38

모바일 앱의 비즈니스 모델로 가장 거리가 먼 것은?

① 다운로드 당 지불 ② 광고
③ 앱 교환 ④ 앱 구매

39

다음 글상자는 인터넷 상에서 소비자들의 의사결정 과정을 보여주고 있다. 괄호 안에 알맞은 용어를 차례대로 나열한 것은?

> ( ) → 정보검색 → 대안평가 → 구매결정 → ( )

① 문제인식, 모형검토
② 문제인식, 이전구매행동 충성도
③ 대안인식, 모형검토
④ 대안인식, 이전구매행동 충성도

40 기출

다음 중 데이터마이닝의 주요 기능에 대한 설명으로 가장 거리가 먼 것은?

① 기업 데이터베이스로부터 감추어진 관계나 패턴, 혹은 상관관계를 탐색
② 방대한 데이터를 이해하기 위한 시각화 (Visualization)
③ 불완전하거나 불일치하는 데이터를 정제하여 통합하고 교정
④ 인터넷에 방대하게 흩어져 있는 자료 중 특정 단어 (Keyword)를 입력하면 그와 맞는 정보를 탐색하여 결과를 제공

전자상거래 시스템 운영 및 관리

41

다음 중 Firewall에 대한 설명 중 가장 올바르지 않은 것은?

① 외부로부터 내부망을 보호하고 외부의 불법 침입으로부터 내부의 정보자산을 보호하기 위한 목적이다.
② 보안이 필요한 네트워크의 통로를 단일화하여 관리한다.
③ 방화벽이 제공하는 기능에는 접근 제어, 인증, 감사 추적, 암호화 등이 있다.
④ 방화벽은 외부와 내부에서 발생하는 해킹을 차단할 수 있다.

42

다음 중 글상자의 괄호에 들어갈 용어는?

> ( )에 요청된 내용들을 캐시를 이용하여 저장해 두고, 캐시 안에 있는 정보를 요구하는 요청에 대해서는 원격 서버에 접속하여 데이터를 가져올 필요가 없게 됨으로써 전송 시간을 절약할 수 있고, 불필요한 외부연결을 하지 않아도 된다. 이와 같은 시스템은 외부와의 트래픽을 줄이게 됨으로써 네트워크 병목 현상을 방지하는 효과를 얻을 수 있다.

① Proxy Server
② Systems Network Architecture Server
③ Domain Name Server
④ Exchange Server

43 기출

다음 중 메일 서버를 구축하면서 메일 중계 기능을 해제하는 이유로 가장 올바른 것은?

① 메일을 보낼 때 마다 받는 인증과정을 거치지 않아도 되어 속도가 빠르다.
② 방화벽 내부에 위치한 메일 서버가 외부와의 메일 교환을 위해 필요하기 때문이다.
③ 제3자에 의해 메일서버가 스팸메일 중계 서버로 도용되는 것을 방지한다.
④ 불특정 다수에게 메일을 대량으로 발송하는 것을 가능하게 도와준다.

44
다음 중 고객 데이터베이스에 저장할 필요가 없는 정보는?

① 상품코드 ② 생년월일

③ 주소 ④ 고객 비밀번호

45
기출

다음 중 서버를 직접 운영하는 것과 비교하여 서버를 호스팅 할 경우 얻을 수 있는 편익으로 가장 올바르지 않은 것은?

① 인건비를 줄일 수 있다.

② 서버 설치를 위한 공간이 필요 없으며, 비용을 줄일 수 있다.

③ 콘텐츠 생성에 대한 비용, 노력 등을 줄일 수 있다.

④ 유지비를 줄일 수 있다.

46
기출

다음 중 클라우드 서비스(Cloud Service)의 개념을 가장 정확하게 설명한 것은?

① 사용자가 장소와 시간, 네트워크나 컴퓨터에 구애받지 않고 자유롭게 인터넷에 접속할 수 있는 환경

② 현실세계와 3차원 가상 환경을 결합한 서비스

③ 각종 콘텐츠를 인터넷을 통해 서버에 저장하고 이를 어디서든 인터넷으로 접속하여 다양한 기기로 이용할 수 있도록 지원하는 서비스 등 인터넷을 통해 컴퓨팅 환경과 기능을 제공하는 서비스

④ 마이크로칩(IC)을 내장한 태그(Tag), 레이블(Label), 카드(Card) 등에 저장된 데이터를 무선으로 인식하는 개념

47
다음 중 웹사이트의 제도적인 보안 측면으로 고려되어야 할 사항으로 거리가 먼 것은?

① 내부 운영자 관리에 대한 제도 수립

② 데이터 보안 체계 확립

③ 방화벽에 의한 불법행위 통제

④ 감시 및 백업 체제 마련

48
정보의 교류속에서 전송받은 정보의 내용이 변조 또는 삭제되지 않았는지, 주체가 되는 송/수신자가 정당한지를 확인하는 것을 무엇이라고 하는가?

① 인증 ② 인가

③ 전자서명 ④ 접근제어

49
기출

다음 중 전자상거래에 있어서 보안의 4대 요소에 해당하지 않는 것은?

① 기밀성 ② 신뢰성

③ 무결성 ④ 가용성

50
기출

다음 글상자에서 설명하고 있는 용어는?

> 시스템을 잠그거나 데이터를 암호화해 사용할 수 없게 만들고, 이를 인질로 금전을 요구하는 악성 프로그램

① 랜섬웨어 ② 스파이웨어

③ 애드웨어 ④ 봇

51
다음 중 모바일 친화적인 웹사이트의 특징으로 거리가 먼 것은?

① 바로 반응하는 웹사이트

② 한 손으로 조작이 가능하도록 설계해야 함

③ JAVA를 많이 사용하여 웹반응 속도를 높이기

④ 다양한 기기, 운영시스템, 플랫폼에서 테스트 하기

52

다음 글상자가 설명하는 소셜미디어 도구는?

> • 인터넷상에서 E-메일과 채팅, 호출기, 다자간 동시통화 기능을 합친 서비스
> • 카카오톡, 위챗 등이 대표적인 예

① 위키피디아

② 팟캐스트

③ 인스턴트 메시지 보드

④ 인스타그램

53

다음 중 백오피스 관리 운영자가 해야 하는 일 중에 거리가 먼 것은?

① 콘텐츠 내용 및 구성을 바꾸기

② 스팸과 같은 온라인 공격에도 서비스가 중단되지 않아야 함

③ 데이터베이스 구축하기

④ 웹사이트 내비게이션의 기능을 향상시켜야 함

54

DB서버가 장애가 발생했을 때 이전 상태로 돌리는 것을 의미하는 용어는?

① 감사

② 백업

③ 복구

④ 체크

55

다음 글상자의 괄호 안에 알맞은 용어를 차례대로 나열한 것은?

> (   ) 입장에서는 전세계 인터넷 사용자를 대상으로 장소와 시간에 구애받지 않고, 유통과 임대료 비용을 줄일 수 있다.
> (   ) 입장에서는 상품 정보 비교를 쉽게 할 수 있다.

① 판매자, 판매자

② 판매자, 구매자

③ 구매자, 판매자

④ 구매자, 구매자

56

다음 글상자가 설명하는 개념을 가장 정확하게 설명한 용어는?

> 정부, 단체, 그리고 정치적인 목적을 위한 개인, 서비스 거부공격, 정보도용 등의 공격하는 행위를 말한다. 인터넷을 통하여 타인의 컴퓨터 시스템에 접근 권한 없이 무단으로 침입하여 불법적으로 시스템을 사용하는 행위이다.

① 핵티비즘(Hacktivism)

② 화이트 해킹

③ 크래킹

④ 위조

57

기출

다음 글상자의 괄호 안에 알맞은 용어는?

> (   )란 인터넷 쇼핑몰을 이용한 구매자가 상품을 받아본 뒤 일정 조건이 충족될 때까지 (   ) 사업자가 거래대금을 보관하고 있다가 판매자에게 거래대금을 정산해주는 방식의 매매보호서비스이다.

① 전자결제 서비스

② 에스크로 서비스

③ 오픈마켓 서비스

④ 거래대행 서비스

58

다음 중 웹사이트 개발시 외주 용역 방식에 대한 설명은?

① 전문업체의 역량을 활용함에 따라 짧은 시간 웹사이트 개발이 가능하다.

② 회사의 긴급한 상황에 빠르게 대응할 수 있다.

③ 회사 내부인력의 역량이 증가한다.

④ 기업의 도메인 역량을 100% 활용할 수 있다.

59

다음 중 생체 인증에 대한 설명으로 틀린 것은?

① 패스워드 인증의 문제점을 보완하기 위해서 개발된 방법이다.

② 도용예방, 복제불가, 변경불가, 분실방지, 사후추적 관리가 가능하다.

③ 비용이 매우 저렴하다.

④ 보안성이 우수한 편이다.

60

다음 글상자는 에스크로 서비스의 활동을 나열한 것이다. 에스크로 순서가 올바르게 나열된 것은?

> 가. 구매자가 물품을 승인함
> 나. 판매자가 구매자에게 물품을 보냄
> 다. 구매자가 판매자에게 낙찰금액을 보냄
> 라. 판매자가 에스크로서비스 제공자에게 물품을 보냄
> 마. 구매자가 에스크로서비스 제공자에게 낙찰금액을 보냄
> 바. 에스크로 서비스 제공자가 판매자에게 낙찰금액을 보냄
> 사. 에스크로 서비스 제공자가 판매자에게 물품을 구매자에게 보낼 것을 통보함

① 마 사 나 가 바
② 마 라 가 바 사
③ 라 다 가 사
④ 라 마 가 사 바

전자상거래 기획

61 [기출]

다음 중 웹사이트 콘셉트를 전달하는 요소로 가장 올바르지 않은 것은?

① 할인 프로그램
② 사이트의 구조와 전략
③ 콘텐츠의 종류
④ 내비게이션 방식

62 [기출]

다음 중 아이템 선정을 위한 콘셉트(Concept)의 역할에 대한 설명으로 가장 올바르지 않은 것은?

① 콘셉트는 아이템의 핵심적인 내용을 표현해야 한다.
② 콘셉트는 복잡한 검토 결과를 간단하게 표현해야 한다.
③ 콘셉트는 다른 사람이 이해하기 어렵게 함축적이어야 한다.
④ 콘셉트는 생각을 상상력이 움직이기 쉬운 말로 바꿔 사고를 확대시켜야 한다.

63 [기출]

E-비즈니스 모델 설계의 기본 개념은 사업성 모델, 프로세스 모델, 데이터 모델로 구성된다. 다음 중 사업성 모델의 구성 요소로 올바르지 않은 것은?

① 아이디어
② 마케팅
③ 인프라 구조
④ 수익 원천 유형

64 [기출]

다음 중 웹사이트 콘셉트를 도출하는 과정 중에서 디자인 절차를 순서대로 나열한 것은?

① 가능성 고려 → 대상 파악 → 목표 설정 → 사이트 계획
② 사이트 계획 → 가능성 고려 → 목표 설정 → 대상 파악
③ 가능성 고려 → 목표 설정 → 대상 파악 → 사이트 계획
④ 목표 설정 → 대상 파악 → 가능성 고려 → 사이트 계획

65 [기출]

다음 중 매출 상승을 위한 사이트 운영전략을 설명한 내용 중에 가장 올바르지 않은 것은?

① 초기 쇼핑몰 방문 고객의 구매율을 높이기 위해서 옵션을 이용해 판매단가를 올린다.
② 고객의 생활 패턴에 적절한 제품 정보를 문자/메일로 송부한다.
③ 이벤트 게시판을 이용하여 고객의 쇼핑몰에 대한 관심을 높이고 제품 구매를 유도한다.
④ 구매를 유도할 수 있는 게시판 답변을 한다.

66

다음 중 전자상거래를 이용하는 소비자의 장점이라고 보기 가장 어려운 내용은?

① 정보확보의 편리성

② 시간과 공간 제약 없음

③ 충동구매 감소

④ 보다 저렴한 가격으로 구매 가능

67

다음 글상자에서 언급하고 있는 전자상거래의 유형은?

- 비교적 소액 거래
- 일회성이며 단기성의 거래
- 인터넷 쇼핑몰 등을 통하여 주문과 결제가 이루어짐
- 국내에서 분쟁이 가장 많이 발생하는 유형

① B2B   ② B2C

③ C2B   ④ B2G

68 [기출]

다음 중 디지털경제에 대한 설명으로 가장 올바르지 않은 것은?

① 디지털 통신 네트워크, 컴퓨터, 소프트웨어, 기타 정보통신기술에 기반한 경제를 말한다.

② 정보와 지식에 기반한 지식기반경제는 디지털경제에 포함되지 않는다.

③ 디지털경제는 새로운 경제적인 체계, 사회적 변혁, 그리고 새로운 비즈니스 모델 등을 요구한다.

④ 디지털 네트워킹과 통신 인프라는 사람과 조직이 상호 교류하고 통신하며, 협력 및 정보를 찾기 위한 글로벌 플랫폼을 제공한다.

69

소셜 쇼핑 앱스에 대한 설명으로 올바르지 않은 것은?

① 최근 모바일 앱스는 상거래의 범위를 온라인에서 오프라인까지 확장시켰다.

② 특정 앱을 다운받은 일반 소비자가 오프라인상의 상점을 방문할 때마다 포인트가 쌓이고, 온라인 상점에서의 거래, 가입 등의 활동으로 포인트를 추가적으로 적립할 수 있다.

③ 최근에는 LBS 기반 쇼핑앱이 크게 주목받고 있다.

④ 소비자가 자신의 상품구매 정보를 공유하게 함으로써 사업자에게는 마케팅의 수단을 제공하고, 구매 소비자에게는 금전적 보상을 해주는 방식을 취한다.

70

빅데이터의 4가지 구성 요소로 거리가 먼 것은?

① 규모 증가: 기술적인 발전과 ICT 일상화로 디지털 정보량이 기하급수적으로 증가

② 다양성 증가: 로그, 위치, 소비 관련된 다양한 데이터 종류가 증가

③ 속도 증가: 대규모 데이터 처리 및 가치 있는 현대 정보활용을 위해 데이터 처리 및 분석 속도가 중요

④ 보안기술 증가: 개인 정보 침해가 심각해 짐에 따라 정보보안기술 개발이 중요함

71 [기출]

다음 중 전자지급수단을 이용하여 자금을 지급하는 경우, 지급의 효력발생시기에 대한 설명으로 가장 올바르지 않은 것은?

① 전자자금이체의 경우: 수취인의 계좌가 개설되어 있는 금융회사 또는 전자금융업자의 계좌의 원장에 입금기록이 끝날 때

② 전자적 장치로부터 직접 현금을 출금하는 경우: 전자적 장치에 출금 거래지시가 접수된 때

③ 선불전자지급수단의 경우: 거래 지시된 금액의 정보가 수취인이 지정한 전자적 장치에 도달한 때

④ 전자화폐로 지급하는 경우: 거래 지시된 금액의 정보가 수취인이 지정한 전자적 장치에 도달한 때

72 [기출]

다음 중 「전자문서 및 전자거래 기본법」에서 사용하는 용어에 대한 설명으로 올바르지 않은 것은?

① 전자문서란 정보처리시스템에 의하여 전자적 형태로 작성, 송신·수신 또는 저장된 정보를 말한다.

② 정보처리시스템이란 전자문서의 작성·변환, 송신·수신 또는 저장을 위하여 이용되는 정보처리능력을 가진 전자적 장치 또는 체계를 말한다.

③ 작성자란 전자문서를 작성하여 수신하는 자를 말한다.

④ 전자거래란 재화나 용역을 거래할 때 그 전부 또는 일부가 전자문서에 의하여 처리되는 거래를 말한다.

73 [기출]

「정보통신망 이용촉진 및 정보보호 등에 관한 법률」에 따라 정보통신서비스 제공자 등이 개인정보의 분실·도난·누출 사실을 알았을 때에 지체 없이 이용자에게 알려야 할 사항이 아닌 것은?

① 누출 등이 된 개인정보 항목

② 누출 등이 발생한 시점

③ 이용자가 취할 수 있는 조치

④ 국가가 취할 수 있는 조치

74

다음 글상자에서 설명하고 있는 용어는?

> 경제·사회 또는 문화의 변화나 과학기술의 발전에 따라 새로운 분야에서 출현하는 지식재산

① 신지식재산

② 지식재산권

③ 지식재산

④ 지적재산권

75

다음 사항이 포함된 시책을 만들어야 하는 기관(위원회)은?

> • 위치정보의 보호 및 이용 등을 위한 시책의 기본 방향
> • 위치정보의 보호에 관한 사항(위치정보 처리에 따른 위험성 및 결과, 개인위치정보주체의 권리 등을 명확하게 인지하지 못할 수 있는 14세 미만 아동의 위치정보 보호에 관한 사항을 포함)
> • 공공목적을 위한 위치정보의 이용에 관한 사항
> • 위치정보사업 및 위치기반서비스사업과 관련된 기술개발 및 표준화에 관한 사항

① 인터넷 진흥원   ② 위치정보위원회

③ 4차산업혁명위원회   ④ 방송통신위원회

76

다음 중 「전자서명법」에서 사용하는 용어 중 '공인인증기관으로부터 전자서명생성정보를 인증받은 자'를 지칭하는 용어는?

① 서명자　　　　　　② 가입자

③ 거래자　　　　　　④ 생성자

77

「전자상거래 등에서의 소비자보호에 관한 법률」상 전자상거래를 하는 사업자 또는 통신판매업자가 해도 되는 행위는?

① 재화 등의 배송 등 소비자와의 계약을 이행하기 위하여 불가피한 경우로 대통령령으로 정하는 경우는 소비자의 허락없이 소비자에 관한 정보를 이용하는 행위

② 거짓 또는 과장된 사실을 알리거나 기만적 방법을 사용하여 소비자를 유인 또는 소비자와 거래하거나 청약철회 등 또는 계약의 해지를 방해하는 행위

③ 분쟁이나 불만처리에 필요한 인력 또는 설비의 부족을 상당기간 방치하여 소비자에게 피해를 주는 행위

④ 소비자의 청약이 없음에도 불구하고 일방적으로 재화 등을 공급하고 그 대금을 청구하거나 재화 등의 공급 없이 대금을 청구하는 행위

78 〔기출〕

다음 중 「소비자기본법」에서 정한 사업자의 책무에 해당하지 않는 것은?

① 사업자는 물품 등으로 인하여 소비자에게 생명, 신체 또는 재산에 대한 위해가 발생하지 아니하도록 필요한 조치를 강구해야 한다.

② 사업자는 소비자에게 물품 등에 대한 정보를 성실하고 정확하게 제공하여야 한다.

③ 사업자는 물품 등의 하자로 인한 소비자의 불만이나 피해를 해결하거나 보상하여야 한다.

④ 사업자는 물품 등을 공급함에 있어서 사업적 이익을 극대화하기 위한 거래조건이나 거래방법을 제시하는데 있어서 소비자의 합리적인 선택이나 이익을 고려하지 않는다.

79 〔기출〕

「개인정보 보호법」에서 개인정보의 수집, 생성, 연계, 연동, 기록, 저장, 보유, 가공, 편집, 검색, 출력, 정정(訂正), 복구, 이용, 제공, 공개, 파기(破棄), 그 밖에 이와 유사한 행위를 무엇이라고 하는가?

① 개인정보　　　　　② 정보주체

③ 정보　　　　　　　④ 처리

80

「전자문서 및 전자거래 기본법」에 따르면 정부는 전자문서 이용 및 전자거래를 촉진하는 정책을 수립하기 위하여 따르기 위한 원칙으로 거리가 먼 것은?

① 민간 주도에 의한 추진

② 엄격한 규제

③ 전자문서 및 전자거래의 안전성과 신뢰성 확보

④ 국제협력의 강화

실전모의고사 2회

전자상거래 기획(인터넷 마케팅)

01 기출

다음 중 쇼핑몰 사이트에 대한 일반적 웹로그 분석을 통해 파악할 수 있는 정보와 가장 거리가 먼 것은?

① 방문자수
② 방문자의 정확한 위치 정보
③ 방문자의 방문 유입 경로
④ 방문자의 시스템 환경

02

다음 글상자에서 설명하고 있는 마케팅 기법은?

특정 미디어에 국한되지 않고 트위터, 페이스북, 블로그를 통합적으로 활용하여 파급 효과를 높이는 한층 업그레이드된 마케팅 기법

① 소셜리포터 마케팅
② 바이럴 마케팅
③ 위치기반 마케팅
④ 스마트폰 마케팅

03 기출

다음 중 데이터마이닝의 응용 분야로 가장 올바르지 않은 것은?

① 이미지 분석 및 패턴 추출
② 불량품의 원인을 규명하고 이를 예방하는 품질 관리
③ 세무사기 등의 부정행위를 적발
④ 전자결제시스템에서의 인증 기능을 수행

04

다음 중 시장세분화에서 사용하는 인구통계학적 변수가 아닌 것은?

① 연령성별
② 지역
③ 소득수준
④ 사용량

05 기출

다음 PR의 유형 중에서 사용자의 관심을 유도하고 사이트 방문을 유발하는 홍보 수단은?

① 커뮤니티
② 온라인 이벤트
③ 브로셔웨어
④ 콘테스트

06 기출

다음 글상자에서 설명하고 있는 용어로 가장 올바른 것은?

- 최소한의 수용기준을 모든 속성에 대해서 정하고, 상표별로 모든 속성 수준이 최소한 수용기준을 충족하는지를 확인하여 선택하는 방식
- 마케터는 제품이 가진 모든 속성이 소비자들의 최소한 수용기준을 만족시킬 수 있도록 해야 함

① 사전 편집식
② 순차적 제거식
③ 결합식
④ 분리식

07

CRM을 위한 고객라이프사이클의 단계로 올바른 것은?

① 고객획득단계 → 고객충성단계 → 유지고객단계
② 고객충성단계 → 고객유지단계 → 획득고객단계
③ 고객획득단계 → 고객유지단계 → 충성고객단계
④ 고객유지단계 → 고객획득단계 → 충성고객단계

08 [기출]

다음 중 자사의 제품이 특정한 고객 또는 계층에게 적합하다고 인식시키는 포지셔닝 방법은?

① 속성에 의한 포지셔닝
② 사용 상황 및 적용에 의한 포지셔닝
③ 사용자에 의한 포지셔닝
④ 경쟁 제품에 의한 포지셔닝

09 [기출]

다음 중 신제품의 대표적인 성공 요인이 아닌 것은?

① 경쟁이 치열하며 기업 역량과 잘 부합할 경우
② 최고경영자의 적극적인 지원이 있는 경우
③ 기술적 우위를 바탕으로 혁신적인 제품을 개발하는 경우
④ 고객의 욕구를 충족시키며 높은 고객 가치를 제공하는 경우

10

다음 캠페인 관리에 대해서 설명한 내용 중 올바르지 않은 것은?

① 데이터 분석 및 방향 설정: 캠페인의 요구사항을 분석하고 전략의 방향성을 설정한다.
② 캠페인 기획: 커뮤니케이션을 원활하게 하기 위한 방안을 모색하고, 예산을 수립하고, 평가지표를 개발하는 과정을 포함한다.
③ 캠페인 실행: 실행 스케줄링을 수립하고 실행 및 모니터링을 하는 과정이다.
④ 평가 및 학습: 실행하고 있는 일을 모니터링 하는 과정이다.

11

다음 글상자가 설명하는 집단은?

> • 신중한 소비자, 기술 자체에는 관심이 없고 실제적인 문제에 집중
> • 실용 주의자 → 혁명적 변화보다 점진적인 변화에 따른 생산성 향상, 유지 가능한 경쟁 우위 추구 → 혁신 제품에 대한 검증된 성과 요구

① 혁신 수용자   ② 전기다수 수용자
③ 후기다수 수용자   ④ 조기 수용자

12

다음 중 국내 전자상거래의 특징에 대한 설명으로 가장 올바르지 않은 것은?

① B2C 거래규모가 B2B 거래규모보다 작다.
② 종합몰 형태가 전문몰 형태에 비해 규모가 작다.
③ B2G 거래규모는 증가하고 있다.
④ 모바일 산업의 급성장으로 모바일 쇼핑이 활성화되고 있다.

13

다음 글상자에서 설명하고 있는 마케팅 전략은?

> "게임에 부정적인 측면이 지나치게 강조되고 있습니다. 부작용이 없는 것은 아니지만, 긍정과 부정적 작용은 함께 다뤄져야 하며 치매 예방 효과도 있습니다."
> 이와 같은 연구결과들이 출시됨에 따라 의료진과 게임업체가 함께 치매예방을 위한 게임을 개발하고 있고, 이와 같은 이미지를 소비자(환자와 환자가족)들의 마음속에 자리매김하기 위한 마케팅 노력을 하고 있다.

① 포지셔닝(Positioning)
② 촉진(Promotion)
③ 세분화(Segmentation)
④ PR(Public Relations)

14

다음 글상자에서 설명하고 있는 용어는?

> 고객이 희망한 가격보다 단가가 높은 상품 구입을 유도하는 판매기법으로, 상품 범주 내에서 상품 구매액을 늘리도록 업그레이드 된 상품의 구매를 유도하는 판매활동

① 상향 판매(Up-Selling)
② 촉진(Promotion)
③ 교차 판매(Cross-Selling)
④ 반복 판매(Re-Selling)

15 기출

다음 글상자에서 설명하는 광고전략으로 올바른 것은?

> • 기존의 협찬광고와 비슷한 형태의 광고
> • Sponsorship, Product Placement의 형태가 있음

① Co-branded Contents

② 배너 광고

③ Interstitials

④ Pop-up

16 기출

다음 중 노출방식에 따른 검색 광고의 유형으로만 짝지어진 것은?

① CPC, Alerts   ② CTP, Alerts

③ CTP, CPC   ④ CPC, LMS

17

다음 글상자에서 설명하고 있는 용어는?

> SWOT 분석의 4가지 전략 중에서 강점을 가지고 기회를 살리는 전략으로 현재 기업의 강점을 가지고 시장을 선점하거나, 제품을 다각화 하는 전략을 취함

① SO 전략   ② WO 전략

③ ST 전략   ④ WT 전략

18

다음 중 커뮤니티 유형 중 비동기시스템에 해당하지 않는 것은?

① E-메일   ② 뉴스그룹

③ 트위터   ④ 채팅

19 기출

다음 글상자에서 설명하고 있는 용어는?

> 보통 사람들이 자신의 관심사에 따라 자유롭게 글을 올릴 수 있는 웹사이트이며, 일기, 칼럼, 기사 등을 자유롭게 올릴 수 있을 뿐만 아니라 개인 출판, 개인 방송, 커뮤니티까지 다양한 형태를 취하는 일종의 1인 미디어이다.

① 트위터   ② 블로그

③ 페이스북   ④ 인스타그램

20

다음 중 인터페이스에 대한 설명으로 가장 거리가 먼 것은?

① 텍스트와 이미지의 전달 형식이나 정보 입력과정 등을 사이트에서 제공하는 환경

② 컴퓨터의 입력 및 출력 장치 중에서 직접 인간과 컴퓨터가 접하여 정보를 주고받는 부분

③ 하나의 인터페이스를 통해 많은 정보가 제공될 수 있는 환경이 중요함

④ 사용자 친화적 인터페이스(User Friendly Interface)란 고객이 사이트의 내용과 프로세스 과정을 쉽게 할 수 있는 환경을 의미함

전자상거래 운영 및 관리

21 기출

다음 중 웹사이트 구축 시 로고(Logo)를 디자인할 때 고려해야 할 요소로 가장 올바르지 않은 것은?

① 단순하고 명료하게 표현함으로써 시각적으로 쉽게 인식할 수 있어야 한다.

② 실생활에서의 행동 양식이나 형태 등을 비유적으로 표현하여 의미 전달을 쉽게 할 수 있어야 한다.

③ 축약형을 사용함으로써 의사전달의 오해를 줄이고, 의미를 명확하게 전달할 수 있어야 한다.

④ 국제적으로 통용되는 형태와 의미를 사용하여 범세계적으로 호환될 수 있어야 한다.

22

기출

다음 글상자에서 설명하고 있는 용어는?

웹사이트를 통해 이루어지는 비즈니스 수행에 있어, 보다 효과적으로 움직일 수 있도록 웹사이트의 뒤쪽에서 웹사이트 요구를 충족시키기 위해 동작하는 각종 업무 처리 시스템이나 관리 시스템 등을 말한다.

① 전사적자원관리 시스템

② 백오피스

③ 내부보조시스템

④ 외부연계시스템

23

기출

다음 중 웹사이트 개발에서 사이트맵 작성 시 유의사항으로 가장 올바르지 않은 것은?

① 웹사이트 콘셉트가 명확하게 드러나는 메뉴를 넣는다.

② 한 번의 클릭만으로 원하는 정보를 찾을 수 있게 한다.

③ 방문자들이 가장 많이 사용하게 될 메뉴를 메뉴 최상위에 넣는다.

④ 특정 부분으로 치우치지 않게 범주화하고 중복되는 메뉴는 없는지 체크한다.

24

기출

다음 중 쇼핑몰 운영에 따른 게시판 구축에 대한 설명으로 가장 올바르지 않은 것은?

① 게시판 활성화를 위해 게시판 성격을 세분화함으로써 가능한 많은 수의 게시판을 개설한다.

② 개별 게시판의 성격에 따라 기능이나 공개수준을 다르게 정한다.

③ 각 게시판의 성격이 중복되지 않도록 명확히 구분하여 개설한다.

④ 게시판 간의 이동이 편리하도록 링크 버튼을 배치한다.

25

기출

다음 글상자에서 설명하고 있는 가격 전략은?

유료화된 콘텐츠를 일정기간이 경과한 후에는 무료로 전환하여 광고 수입을 확보하고, 더 기간이 지난 후에는 타사에 제공함으로써 홍보 효과를 기대할 수 있다.

① 역가격화

② 머천다이징

③ 패키지화

④ 고급화

26

기출

다음 글상자에서 설명하고 있는 용어는?

웹사이트 등록 전 테스트 사항의 하나로 클라이언트 시스템, 브라우저, 모니터 등의 사용자 환경을 달리해 보면서 색, 그림, 구조, 이미지가 설계할 때의 의도 대로 표현 되었는지를 테스트하는 과정

① 기능 테스트

② 링크 테스트

③ 다운로드 속도 테스트

④ 페이지뷰 테스트

27

다음 중 콘텐츠 기획자의 역할로 가장 거리가 먼 것은?

① 콘텐츠 생성, 배열, 업그레이드를 전담한다.

② 머천다이저로서의 역할을 한다.

③ 고객의 욕구를 잘 파악하여 계절별 소비패턴 변화 등을 감지할 수 있어야 한다.

④ 콘텐츠가 변경된 경우 백업데이터로 복구한다.

28

다음 중 웹사이트 개발시 고려해야 할 요소로 가장 올바르지 않은 것은?

① 사용자 관점에서 사용자가 이용할 기능을 분석한다.

② 사이트 구조를 정의하고, 전체 페이지 및 각 페이지 간의 링크를 분석한다.

③ 각 페이지 콘텐츠에 대한 항목 리스트를 만들고 범주별로 분류한다.

④ 넓은 구조보다 깊은 구조를 갖도록 디자인을 한다.

29 〔기출〕

다음 중 효과적인 정보 구조 디자인을 위한 고려사항으로 가장 올바르지 않은 것은?

① 명확한 콘텐츠와 모호한 콘텐츠의 다양성을 숙지하여야 한다.

② 정보의 구조는 실제로 일차원적 구조로 되어 있어 순차 구조 체계만 고려하면 된다.

③ 정보의 상하관계와 중요도, 대상 사용자의 성향, 사이트의 최종 목표 등을 함께 고려하여야 한다.

④ 정보의 성격, 규모의 설정, 형태와 배치 등을 고려할 경우 사용자 중심의 정보 콘텐츠가 되도록 유의하여야 한다.

30 〔기출〕

다음 글상자에서 설명하고 있는 용어는?

> 웹사이트를 만들 때 각 페이지마다 배경과 주변 설정을 어떻게 배치하고, 콘텐츠를 어떻게 묘사할 것인가를 미리 나타내는 개략적인 계획서

① 웹 애플리케이션

② 스토리보드

③ 웹 모델링

④ 웹 링크

31 〔기출〕

다음 인증 수단 중에서 도청에 가장 취약한 방식은?

① OTP 토큰 방식

② 시도/응답 방식

③ 커버로스 방식

④ ID/비밀번호 방식

32 〔기출〕

다음은 신용카드 결제시스템의 흐름도이다. (가)~(다)에 들어갈 용어로 올바른 것은?

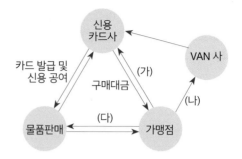

① (가)구매대금, (나)가맹점 수수료, (다)신용 구매

② (가)가맹점 수수료, (나)전표 매입, (다)구매대금

③ (가)가맹점 수수료, (나)전표 매입(대행), (다)신용 판매

④ (가)전표 매입, (나)가맹점 수수료, (다)신용 판매

33 〔기출〕

다음 글상자에서 설명하고 있는 용어는?

> 완전한 온라인 거래를 처리하기 위해 설계된 암호화 프로토콜이다. 소비자와 상인 모두에게 안전한 온라인 신용카드 거래 기반을 제공하기 위해 설계된 프로토콜로서 Netscape, Visa, Master Card 등이 개발

① SSL(Security Socket Layer)

② TLS(Transport Layer Security)

③ SET(Secure Electronic Transaction)

④ FES(Federal Electronic Signature)

34

다음 글상자가 설명하는 결제시스템 유형은?

> 화폐가치를 전자기호로 저장하고 그 지급을 보장하는 시스템으로 소액 상품을 구매하는데 적합하다. 선불카드, 직불카드, 디지털 현금 등의 형태가 있다.

① 전자화폐형   ② 전자수표형

③ 신용카드형   ④ 전자자금이체형

35

다음 글상자가 설명하는 용어는?

> • 개별적으로 관리하는 물류활동을 물류 정보 시스템을 공유함으로써 상호 이익을 추구하는 물류관리기법이다.
> • 제품상의 유사성, 보관상의 유사성, 하역상의 유사성, 시스템 특성상의 유사성들이 있을 때 높은 효과를 거둘 수 있다.

① 물류 자동화
② 물류 규격화
③ 물류 표준화
④ 물류 공동화

36

전자상거래에 필요한 물류시스템이 갖추어야 할 것이 아닌 것은?

① 물류경로를 연장하고, 적정재고정책을 도입하여 물류비용을 절감한다.
② 중간 유통구조를 제거함으로써 효율적인 인력 활용을 도모하여 비용을 절감한다.
③ 빠르고 정확한 물류/배송정책으로 고객서비스를 향상시킨다.
④ 화물의 원활한 유통을 위하여 포장, 운송, 하역, 보관 및 거래정보 등 물류기능 및 물류단계의 물동량 취급단위를 표준규격화 하는 작업은 필요하다.

37 [기출]

다음 글상자에서 설명하고 있는 용어로 가장 올바른 것은?

> 메신저 기반 환경에서 사용자들의 질문이나 요구사항에 대하여 자동으로 응답을 제공해주는 에이전트 서비스로 사람과 문자대화를 통해 질문에 알맞은 답이나 각종 연관 정보를 제공한다.

① 챗봇
② 커뮤니케이션
③ 디렉터리
④ 쇼핑 에이전트

38

다음 중 IT 기술을 이용한 온라인 쇼핑이 소비자에게 미치는 직접적인 효과로 가장 거리가 먼 것은?

① 원스톱 구매가 가능하다.
② 쇼핑시간이 줄어든다.
③ 대면 고객서비스가 향상된다.
④ 신속정확한 정보 검색/대조가 가능하다.

39

다음 글상자가 설명하는 용어는?

> '최근에, 자주, 많이' 구매한 고객의 가치가 높다고 측정하는 계량 모델이다.

① RFM
② 고객추천가치
③ 고객순자산가치
④ 고객생애가치

40 [기출]

다음 중 고객 접점으로 적당하지 않은 것은?

① 고객상담소
② 인터넷
③ 전화기
④ 공장의 생산라인

전자상거래 시스템 운영 및 관리

41 [기출]

다음 중 전자인증시스템에서 사용되는 PKI는 무엇을 의미하는가?

① 개인 키보드 입력 (Personal Keyboard Input)
② 공개키 기반구조 (Public Key Infrastructure)
③ 개인화된 인터넷 키 (Personalized Key Internet)
④ 공개 지식 입력 (Public Knowledge Input)

42 기출

다음 중 디지털 포렌식 원칙과 그 설명이 가장 올바르지 않은 것은?

① 재현의 원칙: 똑같은 환경에서 같은 결과가 나오도록 해야 함

② 신속성의 원칙: 정보는 휘발성을 가진 경우가 많으므로 지체없이 진행되어야 함

③ 정확성의 원칙: 모든 증거는 적법한 절차를 준수해야 하나, 정확성을 높이기 위해서 위법이 사용된 경우는 허용

④ 무결성의 원칙: 증거는 위조/변조되지 않아야 함

43 기출

다음 글상자의 괄호 안에 들어갈 용어는?

( )은(는) 내부 네트워크에 있는 송신지 주소가 있는 외부 네트워크의 패킷을 모두 거부함으로써 외부로부터 들어오는 IP 스푸핑 공격을 줄일 수 있다.

① 진입차단　　　　② 위변조방지
③ 접근제어　　　　④ 위장진입차단

44 기출

다음 중 리눅스 환경에서 사용할 수 있는 소프트웨어가 아닌 것은?

① Apache

② Open Office

③ MySQL(Structured Query Language)

④ IIS(Internet Information Services)

45 기출

다음 중 전자상거래 서버의 하나인 머천트 서버의 역할로 가장 올바르지 않은 것은?

① 고객이 직접 쇼핑할 수 있도록 상품의 카탈로그 정보와 검색기능을 제공한다.

② 검색 엔진을 내장하여, 고객들이 단일 상점이나 몰에서 키워드 검색을 통해 원하는 상품을 쉽게 찾을 수 있는 기능을 제공한다.

③ 고객의 구매욕구를 높일 수 있도록 세일행사나 구매 실적에 따른 마일리지 적립 기능을 제공한다.

④ 쇼핑몰에서 고객들끼리 메시지나 파일을 공유 및 교환할 수 있는 서비스 기능을 제공한다.

46 기출

다음 글상자에서 설명하고 있는 기술은?

인터넷 사용자가 웹서버를 통하지 않고 파일과 컴퓨터 자료를 직접적으로 공유할 수 있게 한다.

① B2B　　　　② P2P
③ C2C　　　　④ B2C

47

다음 중 인터넷 보안 위협의 설명으로 올바르지 않은 것은?

① 가로막기(Interruption): 데이터의 정상적인 송수신 과정에서 정보를 확보하는 행위이다.

② 가로채기(Interception): 데이터가 전달되는 과정에서 도청하거나 정보를 유출하는 행위이다.

③ 수정(Modification): 데이터를 원래 송신된 데이터와 다른 정보로 바꾸는 행위이다.

④ 위조(Fabrication): 다른 송신자로부터 데이터가 송신된 것처럼 비슷하게 만드는 행위이다.

48

RSA 암호시스템에 대한 설명으로 가장 올바르지 않은 것은?

① 시스템 창안자의 머리글자를 딴 이름이다.

② 타원곡선상에서 알고리즘을 구현한다.

③ MIT에서 개발된 시스템으로 효율성과 보안성을 갖추고 있다.

④ RSA 암호시스템은 암호화 뿐만 아니라 전사서명의 용도로 사용될 수도 있다.

49 기출

다음 중 인터넷에서 발생하는 보안 사고유형으로 가장 올바르지 않은 것은?

① Worm　　　　② Gopher
③ Spoofing　　　　④ Virus

50

다음 글상자가 설명하는 용어는?

> 웹링크가 목적지 주소를 사칭하는 다른 주소의 웹으로 연결해 주는 것이다. 한 사이트에 들어가도록 연결되어 있는 링크가 해커에게 득이 되는 전혀 다른 사이트로 사용자를 연결시키도록 재설정 될 수 있다.

① 스니퍼   ② 스파이웨어

③ 스푸핑   ④ 봇네트

51

기출

다음 중 모바일 앱을 통해 전자상거래를 지원하는 기술과 가장 거리가 먼 것은?

① NFC   ② QR코드

③ 비콘   ④ 셋톱박스

52

다음 중 페이스북에 대한 설명으로 올바르지 않은 것은?

① 미국의 대표적인 SNS로 해시태그 및 실시간 채팅도 가능하다.

② 미국 내 대학생들의 친구찾기, 프로필 공유 등의 인맥네트워크로 활용되고 있다.

③ 뉴스피드를 이용하여 페이스북 친구들이 최근 작성한 글을 수신할 수 있다.

④ 단문으로 개인의 의견이나 생각을 공유하고 소통하는 소셜미디어 매체이다.

53

다음 중 백오피스를 구축하는 과정에 대한 설명으로 가장 올바르지 않은 것은?

① 분석: CEO 니즈를 수집하고 분석한다.

② 기획: 백오피스 환경 구성을 위해서 외부환경을 분석하고, 업체의 내부환경을 분석하여 최대의 효율성과 효과성을 도출할 수 있는 방안을 기획한다.

③ 구축: 기획대로 백오피스 시스템을 구축한다.

④ 실행: 구축된 백오피스를 운영하기 전에 테스트를 통해서 기능을 검증하여 향후 운영시 발생할 수 있는 피해를 사전에 방지하도록 해야 한다.

54

머천트 서버의 주요 영역과 거리가 먼 것은?

① 비즈니스 솔루션과 데이터웨어하우징의 영역

② 클라이언트 측에서 전자상거래를 할 수 있도록 보여지는 영역

③ 제품판매 등을 관리할 수 있는 영역

④ 전자결제를 처리하는 영역

55

기출

다음 글상자가 설명하는 프로토콜은?

> 어떤 사실을 알고 있는 경우에 사실에 관한 정보는 주지 않고, 자신이 그 사실을 알고 있다는 것을 증명하는 것으로, 클라이언트와 서버간의 대화형 프로토콜로 클라이언트가 자신의 비밀 정보를 서버에게 제공하지 않고 자신의 신분을 증명하는 방식

① 일방향 개인 식별 프로토콜

② 상호 개인 식별 프로토콜

③ 영 지식 증명

④ 생체 인증

56

기출

다음 글상자에서 설명하고 있는 용어는?

> 일반적으로 광고성 E-mail 하단에 다음과 같은 문구가 첨부되어 있는데, 특히 수신자의 사전 동의를 얻어야 E-mail을 발송할 수 있도록 하는 스팸메일 규제 방식을 반영한다.
>
> 본 메일은 수신을 동의한 온라인회원에게 발송되는 발신전용메일입니다. 추후 메일 수신을 원하지 않으시면 여기 [수신거부]를 클릭하여 주시기 바랍니다.
>
> If you don't want to receive this e-mail anymore, please click [here].

① 안티피싱   ② 에스크로

③ 옵트-인   ④ 옵트-아웃

57

기출

다음 글상자에서 설명하고 있는 포렌식 마킹 기술은?

> 콘텐츠를 구매할 시점에서 포렌식 마킹된 콘텐츠를 구매자만이 알고 판매자는 알지 못하도록 하는 조건

① 강인성   ② 비대칭성
③ 공모허용   ④ 익명성

58

기출

다음 정보 시스템 감사 프로세스 중에서 통제(준거성) 테스트 절차의 감사기법으로 올바른 것은?

① 검열   ② 재계산
③ 조사   ④ 조회

59

다음 중 전자결제시스템의 전제조건으로 가장 올바르지 않은 것은?

① 편리성   ② 안전성
③ 분할성   ④ 실명성

60

기출

다음 중 쇼핑몰 홈페이지에 대한 검색 순위를 높이기 위한 방안으로 가장 올바르지 않은 것은?

① 제목에 검색어를 배치한다.
② 해당 홈페이지에 검색 로봇 접근 방지를 설정하여 봇넷 공격을 방지한다.
③ 검색어와 연관될 수 있는 도메인 이름을 선정한다.
④ 방문자들이 쉽게 이용할 수 있도록 홈페이지의 콘텐츠와 디자인을 구성한다.

전자상거래 기획

61

다음 중 성공적인 웹사이트 콘셉트를 구축하기 위한 기획단계의 조건으로 거리가 먼 것은?

① 현재 관점도 중요하지만 미래에 예상되는 시장 규모 및 IT 기술을 고려하여 웹사이트를 개발해야 한다.
② 웹사이트의 주요 기능과 주요 콘셉트를 명확히 한다.
③ 전자상거래 사이트는 비즈니스, 가격, 프로모션, 고객서비스 전략, 유통 전략들이 어우러져 구현되어야 한다.
④ 웹사이트 개발에 필요한 '기획 → 구현 → 테스트 단계' 등의 전체 과정상에서 가장 중요한 기획 단계에서만 커뮤니케이션을 활발하게 한다.

62

기출

웹사이트 콘셉트 중 비즈니스적 측면에서 예상되는 긍정적인 결과로 가장 올바른 것은?

① 유통채널의 증가
② 신속한 고객 분석이 가능
③ 유통 및 물류비용의 증가
④ 적정한 마진의 확보가 가능

63

다음 중 인터넷 비즈니스 모델의 성공 요인이 아닌 것은?

① 고객을 제대로 정의하고 타겟팅한다.
② 고객의 소리에 귀 기울인다.
③ 고객에 영향을 미치는 기업 프로세스를 기업 중심적으로 혁신한다.
④ 개인별로 차별화된 서비스를 제공한다.

64

기출

통계청에서 발표한 최근 연간 온라인 쇼핑 동향에 대한 설명으로 가장 올바른 것은?

① 온라인 쇼핑 거래액 중 모바일 쇼핑 거래액 비중이 가장 높다.

② 음식료품이 전년대비 증감률이 가장 높다.

③ 온라인 쇼핑 거래액이 전년대비 대폭 감소하였다.

④ 모바일 쇼핑 거래액이 전년대비 20% 증가하였다.

65

기출

다음 중 성공적인 웹사이트 콘셉트를 구축하기 위한 조건 중 기획개발 관점에 대한 설명이 아닌 것은?

① 웹사이트 구현에 사용될 기술에 대한 충분한 이해가 필요

② 웹사이트 개발에 필요한 전체 과정상 프로젝트 구성원들 간에 활발한 커뮤니케이션이 중요

③ 웹사이트 활성화를 위해 지속적인 프로모션을 하여 고객충성도를 높여야 함

④ 현재 관점도 중요하지만 미래에 예상되는 시장 규모 및 ICT 기술을 고려하여 웹사이트를 설계

66

전자상거래 시스템에서는 공급자 중심에서 소비자 중심으로 힘이 이동하게 되었다. 다음 중 그 원인으로 거리가 먼 것은?

① 구매자가 상품에 대해 검색하는데 드는 시간과 비용이 줄어들었다.

② 구매자의 욕구에 대응하는 것이 용이해 졌다.

③ 비슷한 조건의 공급자를 검색하는 것이 용이해 졌다.

④ 시간과 공간상의 제약없이 다수의 구매자가 공급이 충분한 시장에 있게 되었다.

67

쌍방향 소통을 매우 선호하고, 소셜 네트워크, 네트워크 게임 산업과 함께 성장하고, 국제적 감성과 사회적 연대감이 높은 세대를 의미하는 용어는?

① Z 세대   ② Y 세대

③ X 세대   ④ 베이비부머

68

기출

다음 중 디지털 시대의 경영 환경에 대한 설명으로 가장 올바르지 않은 것은?

① 정보 전달속도가 빨라지고 제품수명주기가 단축된다.

② 경쟁이 연속적이고 규칙적으로 발생하여 예측이 가능해진다.

③ 사회가 다원화되어 개인의 독자적 영역이 존중된다.

④ 지식과 같은 무형의 자산이 중시된다.

69

기출

다음 중 내비게이션 보드의 구성요소로 가장 올바르지 않은 것은?

① 클라이언트의 요구사항과 주요 기능

② 개략적인 내비게이션 흐름

③ 사이트 메뉴 구조도 및 사이트 맵

④ 경쟁 사이트 벤치마킹

70

다음 글상자에서 설명하고 있는 용어는?

> • 다양한 디바이스나 사물을 연결한 인터넷을 일컫는 용어로 인터넷은 사람과 사람을 연결하고, 사물과 사물간에 커뮤니케이션하게 하는 새로운 개념
> • 이와 같은 커뮤니케이션이 생성해내는 데이터를 수집, 분석, 가공하여 사람들에게 서비스를 제공하는 것

① Bigdata   ② DBMS

③ IoT   ④ Cloud

전자상거래 관련 법규

71

기출

다음 글상자에서 설명하고 있는 용어는?

> 정보통신기반시설을 대상으로 해킹, 컴퓨터바이러스, 논리·메일폭탄, 서비스거부 또는 고출력 전자기파 등에 의하여 정보통신기반시설을 공격하는 행위

① 전자적 파괴행위
② 전자적 공격행위
③ 전자적 침해행위
④ 전자적 파손행위

72

기출

다음 글상자에서 설명하고 있는 용어는?

> 금융회사 또는 전자금융업자가 전자적 장치를 통하여 금융상품 및 서비스를 제공하고, 이용자가 금융회사 또는 전자금융업자의 종사자와 직접 대면하거나 의사소통을 하지 아니하고 자동화된 방식으로 이를 이용하는 거래

① 전자지급거래
② 전자금융거래
③ 전자자동화거래
④ 전자장치거래

73

기출

「정보통신망 이용촉진 및 정보보호 등에 관한 법률」에 따라 정보통신서비스 제공자가 이용자의 개인정보를 이용하려고 수집하는 경우 이용자에게 알리고 동의를 받아야 하는 사항이 아닌 것은?

① 개인정보의 수집·이용 목적
② 수집하는 개인정보의 항목
③ 개인정보의 보유·이용기간
④ 개인정보의 폐기

74

지식재산의 이전(移轉), 거래, 사업화 등 지식재산을 활용하기 위한 방안으로 옳지 않은 것은?

① 지식재산을 활용한 창업 활성화 방안
② 지식재산을 생산하는 공급자의 집중 활성화 방안
③ 지식재산의 발굴, 수집, 융합, 추가 개발, 권리화 등 지식재산의 가치 증대 및 그에 필요한 자본 조성 방안
④ 지식재산에 대한 투자, 융자, 신탁, 보증, 보험 등의 활성화 방안

75

다음 중 「위치정보법」에서 사용되는 용어에 대한 설명으로 올바르지 않은 것은?

① '위치기반서비스사업'이라 함은 위치정보를 이용한 서비스를 제공하는 것을 사업으로 영위하는 것을 말한다.
② '개인위치정보'라 함은 특정 개인의 위치정보(위치정보만으로는 특정 개인의 위치를 알 수 없는 경우에도 다른 정보와 용이하게 결합하여 특정 개인의 위치를 알 수 있는 것을 포함한다)를 말한다.
③ '위치정보'라 함은 이동성이 있는 물건 또는 개인이 특정한 시간에 존재하거나 존재하였던 장소에 관한 정보로서 「정보통신망 이용촉진 정보보호 등에 관한 법률」 제2조제2호 및 제3호에 따른 전기통신설비 및 전기통신회선설비를 이용하여 수집된 것을 말한다.
④ '위치정보사업'이라 함은 위치정보를 수집하여 위치기반서비스사업을 하는 자에게 제공하는 것을 사업으로 영위하는 것을 말한다.

76

인터넷진흥원의 전자서명인증관리업무 중에 가장 올바르지 않은 것은?

① 공인인증기관을 지정하는 경우 공인인증기관으로 지정받고자 하는 자가 갖추어야 할 시설 및 장비에 대한 심사 지원

② 공인인증기관에 대한 검사 지원

③ 전자서명인증 관련 기술개발 · 보급 및 표준화 연구

④ 전자서명인증 관련 제도 및 상호인정 등 한국 독자적 개발 지원

77

다음 중 「전자문서 및 전자거래 기본법」에 관련된 법률용어 설명으로 올바르지 않은 것은?

① 전자문서를 작성하여 송신하는 자를 '작성자'라고 한다.

② '전자거래'란 재화나 용역을 거래할 때 그 전부 또는 일부가 전자문서에 의하여 처리되는 거래를 말한다.

③ '전자거래이용자'란 전자거래를 이용하는 자로서 전자거래사업자를 포함한다.

④ '공인전자주소'란 전자문서를 송신하거나 수신하는 자를 식별하기 위하여 문자 · 숫자 등으로 구성되는 정보로서 제18조의 4에 따라 등록된 주소를 말한다.

78

`기출`

다음 중 「소비자기본법」에서 정의한 소비자의 기본적인 권리와 가장 거리가 먼 것은?

① 물품 또는 용역으로 인한 생명 · 신체 또는 재산에 대한 위해로부터 보호받을 수 있다.

② 물품 등을 선택함에 있어서 필요한 지식 및 정보를 제공받을 수 있다.

③ 합리적인 소비생활을 위하여 필요한 교육을 받을 수 있다.

④ 소비자는 스스로의 권익을 증진하기 위하여 필요한 지식과 정보를 습득하도록 노력하여야 한다.

79

`기출`

다음 중 「개인정보보호법」에서 사용되는 용어에 대한 설명으로 올바르지 않은 것은?

① '영상정보처리기기'란 일정한 공간에 지속적으로 설치되어 사람 또는 사물의 영상 등을 촬영하거나 이를 유 · 무선망을 통하여 전송하는 장치로서 대통령령으로 정하는 장치를 말한다.

② '개인정보'란 살아 있는 개인에 관한 정보로서 성명, 주민등록번호 및 영상 등을 통하여 개인을 알아볼 수 있는 정보를 말한다.

③ '정보주체'란 처리되는 정보에 의하여 알아볼 수 있는 사람으로서 그 정보의 주체가 되는 사람을 말한다.

④ '개인정보파일'이란 개인정보를 쉽게 검색할 수 있도록 일정한 규칙에 따라 체계적으로 배열하거나 구성한 사람 및 사물정보의 집합물을 말한다.

80

다음 중 정보보호 책임자의 업무로 거리가 먼 것은?

① 정보보호관리체계의 수립 및 관리 · 운영

② 정보보호 취약점 분석 · 평가 및 개선

③ 정보보호 사후 보안성 검토

④ 중요 정보의 암호화 및 보안서버 적합성 검토

실전모의고사 3회

전자상거래 기획(인터넷 마케팅)

01

다음 글상자가 설명하는 웹로그 분석 기술용어는?

> • 웹페이지에 데이터를 수집하는 객체를 삽입하여 데이터를 수집하는 방식으로 JavaScript나 Flash 객체 등도 이용한다.
> • 대규모 웹페이지의 대량 트랜잭션으로 인해 로그파일 생성량이 많아서 일반 웹로그 분석으로 어려울 때, 특정 페이지들을 중심으로 분석하고자 할 때 이용된다.

① 패킷 스니핑
② 페이지 태깅
③ 패널에 의한 방식
④ 웹로그에 의한 방식

02 〔기출〕

다음 글상자에서 설명하고 있는 용어는?

> 고객 유형별 고객정보를 바탕으로 개별 고객에게 초점을 맞춘 맞춤형 서비스로 One-to-One 마케팅, 데이터베이스 마케팅을 위한 주요 방법/기법

① 서비스 분류
② 서비스 퍼스널라이제이션
③ 서비스 디비 마케팅
④ 서비스 포커스 마케팅

03 〔기출〕

다음 중 사례기반추론 활용 분야로 올바른 것은?

① 크로스마케팅   ② 문서분류
③ 프로젝트관리   ④ 로스–리더

04 〔기출〕

다음 중 행태분석학적 고객 세분화의 유형이 아닌 것은?

① 사용자군
② 충성도
③ 연령별
④ 사용빈도

05 〔기출〕

다음 중 시장세분화의 효과와 가장 거리가 먼 것은?

① 고객의 욕구가 유사한 시장을 대상으로 하기 때문에 수요 변화에 신속하게 대응할 수 있다.
② 시장세분화를 통해 상대적으로 경쟁우위를 갖는 시장을 선정할 수 있다.
③ 기업의 한정된 마케팅 자원을 효율적으로 배분할 수 있다.
④ 시장세분화는 전체 시장을 공략하여 시장점유율을 높이는데 매우 유용하다.

06

CRM의 기대효과와 가장 거리가 먼 것은?

① 수익 및 고객 평생가치 증대
② 고객확보 비용 증가
③ 신규고객 유치 및 기존고객 활성화
④ 고객 니즈 변화에 대한 신속한 파악 및 대응

07 〔기출〕

다음 중 데이터마이닝 활용 분야로 가장 거리가 먼 것은?

① 투자 분석
② 금융권의 대출 승인
③ 카드사의 사기 발견
④ 생산일정 계획 수립

08

다음 중 기존 제품이 충족시키지 못하는 시장의 기회를 이용하여 인식시키는 포지셔닝의 방법은?

① 속성에 의한 포지셔닝

② 사용 상황 및 적용에 의한 포지셔닝

③ 사용자에 의한 포지셔닝

④ 니치 시장에 의한 포지셔닝

09

다음 중 인터넷 신제품의 수익모델을 설명한 것으로 올바르지 않은 것은?

① 광고 수익 모델: 광고 게재에 따른 광고주로부터의 수수료

② 구독 수익 모델: 콘텐츠와 서비스 접근에 대한 구독자로부터의 수수료

③ 거래 수수료 수익 모델: 거래 중개 또는 거래 처리에 따른 수수료

④ 판매 수익 모델: 비즈니스 소개에 대한 수수료

10 기출

다음 중 신제품 아이디어의 원천으로 활용도 및 중요도가 가장 낮은 것은?

① 고객   ② 경쟁자

③ 내부조직   ④ 공급업자

11

혁신 수용자의 특성으로 옳지 않은 것은?

① 가격에 민감하지 않을 가능성이 높다.

② 자신의 가치관에 의해 신제품 구매의사 결정을 한다.

③ 신제품 구매에 따른 위험이 수반되어도 기꺼이 수용한다.

④ 실제적인 문제에 집중하여 소비한다.

12 기출

다음 글상자에서 설명하고 있는 용어는?

> 산업의 경계가 이미 정의되어 있고 경쟁자 수도 많기 때문에, 같은 목표와 고객을 가지고 치열하게 경쟁하는 시장을 의미한다.

① 블루오션   ② 그린오션

③ 레드오션   ④ 퍼플오션

13

다음 글상자에서 설명하고 있는 용어로 가장 올바른 것은?

> 상품 유통에 있어서 메이커가 소비자의 사이에 판매업자를 개입시켜 '메이커 → 판매업자 → 소비자'라는 전형적인 마케팅 경로를 채택하는 방식

① 인다이렉트 마케팅   ② 다이렉트 마케팅

③ 마이크로 마케팅   ④ 소셜리포터 마케팅

14 기출

다음 중 인터넷 PR전략의 사례로 가장 거리가 먼 것은?

① 결식아동돕기, 불우이웃돕기 등의 공공캠페인 활동을 수행한다.

② 단기 판매 증진을 목적으로 할인 쿠폰을 제공한다.

③ 특정한 주제에 대한 토론을 벌일 수 있는 온라인 커뮤니티를 운영한다.

④ 언론매체에 뉴스 공지를 통해 기사거리를 제공한다.

15 기출

다음 광고 전략 중 현재 인터넷 페이지에서 다른 인터넷 페이지로 넘어가는 순간에 노출되어, 이용자의 주목도가 정점인 시점에 메시지를 전달할 수 있는 광고에 해당하는 것은?

① Banner(배너)

② Co-branded Contents(코브랜디드 콘텐츠)

③ Interstitials(인터스티셜)

④ Search Engine(서치엔진)

16

다음 글상자의 괄호 안에 들어갈 용어를 차례대로 나열한 것은?

> 천 번의 광고 노출에 대한 비용을 일반적으로 (A)이라고 한다. (A)당 청구 비용을 알 경우 이를 통해 특정 웹사이트의 광고 수입을 추정할 수 있다. 광고 노출 빈도당 사용자의 광고 클릭 횟수를 측정하는 것을 (B)이라고 한다. 한 사람이 같은 광고를 여러 번 볼수록 (B)은(는) 떨어지므로 여러 배너 광고를 순환시킬 필요가 있다.

① (A) CPM, (B) CTR

② (A) CTR, (B) CPP

③ (A) CPM, (B) CPT

④ (A) CTR, (B) CPM

17 [기출]

다음 글상자에서 설명하고 있는 전략은?

> 국내외에 거주하는 다양한 고객에게 기업이 상품이나 서비스에 대한 홍보 및 각종 정보를 제공하여 구매를 유도함

① E-마케팅 촉진 전략

② E-마케팅 유통 전략

③ E-마케팅 가격 전략

④ E-마케팅 제품 전략

18

커뮤니티를 성공적으로 이끌기 위한 요소로 거리가 먼 것은?

① 커뮤니티 가입이나 운영에 대한 가이드가 제공되어야 한다.

② 커뮤니티 운영자가 관심을 갖는 콘텐츠가 제공되어야 한다.

③ 커뮤니티 회원들의 참여를 위해 동기유발이 가능한 멤버십 프로그램, 커뮤니티 활동 시 혜택, 회원가입 시 혜택 등이 필요하다.

④ 불량회원들은 제재하여 회원들의 만족도를 제고한다.

19 [기출]

브랜드 이름에 파워가 생겨 소비자의 마음 속에 굳혀진 브랜드 이미지가 다른 제품으로까지 확장되는 과정을 무엇이라고 하는가?

① 브랜드 아이덴티티

② 브랜드 포지셔닝

③ 브랜드 로열티 구축

④ 브랜드 확장

20 [기출]

다음 중 소비자가 그 제품을 경쟁제품과 비교해서 어떻게 인식하는가를 의미하는 것은?

① 콘셉트

② 포지셔닝

③ 피드백

④ 인터랙티브

전자상거래 운영 및 관리

21

다음 중 웹페이지를 구축한 후에 체크해야할 항목으로 가장 적당하지 않은 것은?

① 명확한 웹사이트의 개설 목적과 콘셉트가 나타나 있는지 여부

② 자료 업데이트가 원활하게 되는지 여부

③ 고객이 주로 사용하는 브라우저에서 동작하는지 여부

④ 내비게이션이 제대로 동작하는지 여부

22 〔기출〕

다음 중 백오피스 시스템 관리 대상의 하나인 트래픽 관리에 포함되지 않는 것은?

① 사용자 컴퓨터 사양

② 고객별 트래픽 발생량

③ 페이지별 트래픽 발생량

④ 평균적으로 머무른 시간

23

다음 중 웹페이지의 스토리보드 계획서에 포함될 내용으로 가장 거리가 먼 것은?

① 내비게이션　　② 페이지 레이아웃

③ DB 설계도　　④ 사이트맵

24 〔기출〕

다음 중 백오피스 구성 과정으로 가장 올바른 것은?

① 분석과정 → 기획과정 → 실행과정 → 구축과정

② 기획과정 → 구축과정 → 분석과정 → 실행과정

③ 기획과정 → 분석과정 → 구축과정 → 실행과정

④ 분석과정 → 기획과정 → 구축과정 → 실행과정

25 〔기출〕

다음 중 서비스 및 콘텐츠 운영 관리 부문의 관리 항목이 아닌 것은?

① 게시물 관리　　② 웹사이트 링크

③ 성능 및 장애 관리　　④ 팝업 및 배너의 운영

26 〔기출〕

다음 중 성공적인 웹사이트가 되기 위해서 웹사이트 구축 시 고려해야 할 사항과 가장 거리가 먼 것은?

① 기획 개발 관점에서 보면, 변화 발전하는 사이트의 미래를 예측하여 기획되어야 한다.

② 디자인 관점에서 보면, 웹페이지 내용을 쉽게 예측할 수 있도록 설계해야 한다.

③ 기획 개발 관점에서 보면, 구현에 사용될 기술들에 대한 충분한 이해가 뒷받침되어야 한다.

④ 디자인 관점에서 보면, 방문자가 질문을 할 경우 다른 방문자가 볼 수 없도록 폐쇄적으로 운영되도록 설계 되어야 하며, 기계적으로 메시지를 발송할 수 있도록 구현해야 한다.

27

소셜미디어를 이용한 커뮤니티에 대한 설명으로 가장 올바르지 않은 것은?

① 소셜미디어는 참여, 공개, 대화, 연결을 강조한다.

② 소셜미디어는 최신의 High-Technology를 이용하여 콘텐츠 제작을 한다.

③ 소셜미디어를 이용한 정보 전달은 신속하게 이루어진다.

④ 소셜미디어의 정보는 개방적이다.

28

다음 중 친화적 모바일 웹사이트의 요소로 가장 적절하지 않은 것은?

① 유저의 액션에 바로 반응하는 사이트

② 손가락 하나로 조작이 가능한 사이트

③ 하나의 웹페이지에 모든 정보를 한 번에 제공하는 사이트

④ 효과적인 모바일 아이콘을 사용하는 사이트

29 [기출]

다음 글상자에서 설명하고 있는 웹사이트 구조는?

> 수직과 수평 형태인 두 가지 계열 구조의 링크 구조를 이루고 있으며, 많은 양의 데이터베이스를 가지고 있고 이를 체계적으로 보여 주어야 할 경우에 필요

① 혼합구조　　　　② 그리드(Grid)구조

③ 순차구조　　　　④ 계층구조

30 [기출]

다음 중 웹사이트에 담겨져 웹사이트 방문자들에게 제공하는 내용물을 무엇이라고 하는가?

① 콘텐츠　　　　② 콘셉트

③ 내비게이션　　④ 백앤드시스템

31 [기출]

다음 글상자의 괄호 안에 알맞은 용어를 차례대로 나열한 것은?

> • (　　)은/는 사용자의 키 누름, 전자메일과 인스턴트 메시지 복사본, 그리고 심지어는 스크린 샷(스크린 샷을 이용하여 비밀번호나 다른 비밀정보를 획득)을 취득하는 데 사용될 수 있다.
> • (　　)은/는 엿보기 프로그램이며, 네트워크 트래픽을 감시하고 분석하는 등 네트워크상에서 이동하는 정보를 감시한다.

① 스파이웨어, 스니퍼

② 스파이웨어, 파밍

③ 파밍, 스파이웨어

④ 스니퍼, 피싱

32 [기출]

다음 중 전자지불시스템의 특징으로 가장 올바르지 않은 것은?

① 실물 화폐와 같이 불특정 다수의 사용과 재사용이 가능하다.

② 전자서명, 암호화 기술 등의 발전으로 안정성이 보장되어 있다.

③ 익명성이 보장되어 개인정보가 타인에게 노출되지 않는다.

④ 기존의 결제 방법보다 도난이나 분실의 위험성 등이 없어서 편리하다.

33 [기출]

다음 중 핀테크(FinTech)에 대한 설명으로 가장 올바른 것은?

① 암호키를 생성, 저장, 보호하는 하드웨어 기반의 보안 장비

② 온라인과 오프라인을 연결한 마케팅으로, 온라인으로 상품이나 서비스를 주문하면 오프라인으로 제공

③ 정보통신기술(ICT)을 기반으로 금융 서비스를 제공

④ 컴퓨터 등에 정보 형태로 남아 실물 없이 사이버상으로만 거래되는 전자화폐의 일종

34 [기출]

다음 글상자에서 설명하고 있는 모바일 결제 방식은?

> ㉠ 이동통신사, 금융회사, 스마트폰 제조 회사들이 주도
> ㉡ 스마트폰 앱에 카드 정보를 사전에 입력하여 온라인 결제 수단으로 활용
> ㉢ 결제 수단 외에도 할인 쿠폰, 마일리지 적립 등과 같은 부가 기능도 함께 제공

① 휴대폰 결제

② 전자지갑

③ 소액 결제

④ 인터넷 뱅킹

35

다음 중 물류 관리에 대한 설명으로 올바르지 않은 것은?

① 신속, 안전, 정확하게 배송해야 한다.

② 물품을 생산자가 원하는 시기에 보내는 활동이다.

③ 좋은 제품, 품질, 가격으로 보내는 활동이다.

④ 최소한의 경비를 들여 빠르고 효율적으로 배송하여 가치를 창출하는 활동이다.

36

다음 글상자의 괄호 안에 알맞은 용어는?

> (   )는 인터넷을 이용하여 공급자와 소비자 사이를 연결해주는 중계자의 역할을 한다. 공급자 기업에서 판매하는 것이 아니라 공급자와 소비자를 연결시켜주는 것이 중요하며 B2B에서 주로 이용된다.
> (   )와 기업간의 E-구매시스템을 통해 쉽고 편리하게 정보를 수집할 수 있어 비용절감 효과를 기대할 수 있다.

① 전자 입찰　　　　　② E-마켓플레이스

③ 전자구매　　　　　④ ECR

37

다음 지능형 에이전트에 대한 설명으로 거리가 먼 것은?

① 지능을 가진 주체라는 뜻이다.

② 사용자의 니즈에 맞도록 대량의 데이터 중에서 가공한 자료를 제공하며, 필요한 정보를 빠르게 제공하는 역할을 한다.

③ 쇼핑 에이전트는 과거 고객의 구매정보들을 이용하여 학습을 하고, 이를 통해 고객의 성향을 분석하여 고객에게 가장 알맞은 최적의 상품을 예측하고, 추천하는 역할을 한다.

④ 지능형 에이전트는 자율성, 대화능력, 협동성, 판단력, 적응력, 신뢰성이 있어야 한다.

38　기출

다음 중 소비자들이 온라인 구매를 선호하는 주요 이유로 올바르지 않은 것은?

① 비용절감　　　　　② 편리성

③ 친밀감　　　　　　④ 짧은 주문처리 시간

39　기출

고객 가치 분석 등에 주로 이용되는 RFM분석에서 R, F, M이 각각 의미하는 것을 바르게 연결한 것은?

① R:구매금액, F:구매빈도, M:구매시점

② R:구매빈도, F:구매시점, M:구매금액

③ R:구매시점, F:구매금액, M:구매빈도

④ R:구매시점, F:구매빈도, M:구매금액

40　기출

다음 글상자에서 설명하고 있는 마케팅 관련 용어는?

> 마케팅 전략의 6C 중 하나로, 고객 스스로 웹사이트 또는 쇼핑몰에 참여해 서비스 제공자와 보다 친밀한 관계를 유지하도록 하거나, 공동관심사에 대한 상호간 정보교류를 할 수 있도록 지원하는 전략

① Communication　　② Community

③ Connection　　　　④ Commerce

전자상거래 시스템 운영 및 관리

41　기출

다음 중 공개키 암호를 적용한 전자서명 생성에 대한 설명으로 가장 올바른 것은?

① 메시지에 대해 해시함수를 적용한 결과를 확인자의 공개키로 암호화한다.

② 메시지에 대해 서명자의 개인키로 암호화한 결과에 해시함수를 적용한다.

③ 메시지에 대해 해시함수를 적용한 결과를 서명자의 개인키로 암호화한다.

④ 메시지에 대해 확인자의 공개키로 암호화한 결과에 해시함수를 적용한다.

42

다음 글상자의 괄호 안에 알맞은 용어를 차례대로 나열한 것은?

> ( )은/는 제3자에 의한 재정적인 획득을 위해 온라인으로 시도되는 사기의 일종이다. ( )은/는 엿보기 프로그램이며, 네트워크 트래픽을 감시하고 분석하는 등 네트워크상에서 이동하는 정보를 감시한다.

① 피싱, 스니퍼
② 스파이웨어, 파밍
③ 파밍, 스파이웨어
④ 스니퍼, 피싱

43 [기출]

다음 글상자의 괄호 안에 들어갈 용어는?

> - ( )은(는) 통신의 인증과 암호화 방식으로 보안이 강화된 HTTP이다.
> - ( )은(는) 소켓 통신에서 일반 텍스트를 이용하는 대신에, SSL이나 TLS 프로토콜을 통해 세션 데이터를 암호화한다.

① TELNETS
② FTPS
③ PPTP
④ HTTPS

44 [기출]

다음 중 쇼핑몰 데이터베이스 관리자가 관계형 데이터베이스 관리 시스템에서 자료를 조회하고, 수정·삭제 등의 관리활동을 할 수 있도록 지원하는 언어는?

① SQL
② 자바
③ C#
④ UNIX

45 [기출]

다음 중 새로 개발된 프로그램을 서비스에 적용하기에 앞서 테스트하기 위해 사용되는 임시 단계 서버는?

① 개발 서버
② 트랜잭션 서버
③ 스테이징 서버
④ 운영 서버

46 [기출]

다음 글상자의 괄호 안에 들어갈 알맞은 용어는?

> 일정한 기억 매체에 정보를 저장해 놓고 정보가 필요한 사람에게 네트워크를 통하여 정보를 제공하는 창고를 (가)(이)라고 하며, (가)에 저장된 정보의 집합체를 (나)(이)라고 한다.

① (가)웹서버, (나)웹사이트
② (가)웹호스팅, (나)웹브라우저
③ (가)웹사이트, (나)웹서버
④ (가)웹브라우저, (나)웹호스팅

47

다음 글상자가 설명하는 용어는?

> - 보안을 위협하는 침입 행위가 발생할 경우 이를 탐지하는 기능을 가지고 있는 시스템이다.
> - 침입 차단을 목적으로 하는 방화벽과는 달리 각종 해킹 기법을 이미 자체에 내장하고 있어 침입행동을 실시간으로 감지/제어/추적할 수 있다.

① IDS
② PGP
③ EMV
④ OTP

48

비밀키 시스템에 대한 설명으로 올바르지 않은 것은?

① 비밀키 시스템은 동일한 키를 가진 동일한 알고리즘이 암호화 및 복호화에 사용된다.
② 비밀키 시스템은 동일한 키가 비밀을 유지해야 한다.
③ 암호, 복호용키 두 개와 한 개의 알고리즘을 가진다.
④ 수신자와 송신자는 알고리즘과 키를 나누어야 한다.

49 [기출]

정상적인 프로그램으로 위장하여 사용자 컴퓨터에 설치되어 실행된 후 지속적으로 사용자 컴퓨터에서 정보를 유출하거나 컴퓨터를 원격 제어하는 보안사고 위협의 종류는?

① Worm
② Trojan Horse
③ Bot
④ Virus

50

다음 글상자가 설명하는 용어는?

> 사용자의 키누름, 전자메일과 메시지 복사본 등을 획득하는데 사용되는 프로그램은 사용자 브라우저를 변경시킬 수 있다.

① 스니퍼　　　　　② 스파이웨어
③ 스푸핑　　　　　④ 봇네트

51

다음 중 NFC에 대한 설명으로 옳지 않은 것은?

① 스폰 사용자의 위치를 파악할 수 있다.
② 10cm 이내의 가까운 거리에서 무선데이터를 주고받는 기술이다.
③ 배터리 소모가 비교적 크다.
④ 모바일 전자상거래 기술 중 상대적으로 보안이 우수하다.

52

기출

다음 중 소셜미디어 플랫폼과 가장 거리가 먼 것은?

① 유튜브　　　　　② 트위터
③ 검색 포털　　　　④ 블로그

53

다음 중 데이터 품질을 측정하는 지수로 올바르지 않은 것은?

① 정확성　　　　　② 현행성
③ 일관성　　　　　④ 검색성

54

전자상거래 서버의 운영에 있어서 제도적 보안과 가장 거리가 먼 것은?

① 비상대책 방안 마련
② 데이터 보안 체계 확립
③ 방화벽에 의한 보안
④ 접근통제 대책 수립

55

다음 중 기업 내부 인력이 웹사이트를 운영 및 유지보수를 할 때 갖춰야 할 기술인력 중 거리가 가장 먼 것은?

① 웹관리자　　　　② 디자이너
③ 프로그래머　　　④ 텔레마케터

56

기출

다음 중 사이트에 방문한 사용자가 열람한 페이지 수 측정 또는 사이트의 한 페이지에 사용자가 접속한 수를 측정하는 단위와 관련된 용어는?

① CTR　　　　　　② IMP
③ PV　　　　　　　④ LP

57

기출

'상공이'는 웹 메일 계정을 사용할 때 웹브라우저로 웹메일 서버에 직접 접속하기도 하고, 메일 클라이언트 소프트웨어를 사용하기도 한다. 그런데 웹브라우저로 접속한 후 '메일수신함'에서 일부 메시지를 삭제한 다음 메일 클라이언트 소프트웨어를 구동해 보았더니 메일 클라이언트 소프트웨어상의 '메일수신함'에서도 동일한 메시지들이 삭제되어 있음을 발견하였다. '상공이'가 이 메일 클라이언트에서 메시지 수신을 위해 사용한 프로토콜은?

① IMAP4　　　　　② POP3
③ SMTP　　　　　④ MIME

58 기출

다음 글상자에서 설명하고 있는 용어로 가장 올바른 것은?

> • 2009년에 개발된 가상화폐로, 통화를 발행·관리하는 중앙장치가 존재하지 않는 대신 P2P 기반 분산 데이터베이스를 통해 공개키 암호방식기반으로 거래된다.
> • 일본 정부가 자금결제법을 개정하여 2017년 실제 화폐로 인정한 사건이 최근 가격상승세를 이끄는 요인으로 작용되기도 하는 등 국제적으로 가상화폐가 활성화되고 있는 추세이다.

① 핀테크　　　　　② EBPP

③ 비트코인　　　　④ 블록체인

59 기출

다음 중 SSO(Single Sign On)에 대한 설명으로 가장 올바른 것은?

① 한 번의 서명으로 여러 개의 문서에 대한 전자서명 효과를 제공한다.

② 일회성 패스워드를 사용함으로써 인증 정보에 대한 도청을 무력화한다.

③ 한 번 회원으로 가입하면 장기간 서비스를 이용할 수 있다.

④ 등록된 여러 시스템의 서비스를 한 번의 로그인으로 이용할 수 있다.

60 기출

새로 오픈한 인터넷 쇼핑몰 사이트를 검색엔진에 등록하여 인터넷 검색의 노출 기회를 높이고자 한다. 이때 이용될 수 있는 검색 엔진을 제공하는 사이트로 올바르지 않은 것은?

① www.naver.com

② www.webhard.co.kr

③ www.daum.net

④ www.nate.com

전자상거래 기획

61 기출

다음 중 웹사이트 콘셉트에 대한 설명으로 가장 올바르지 않은 것은?

① 웹사이트 구조를 쉽게 이해할 수 있어야 한다.

② 내용이 길어 스크롤을 길게 내리는 것은 가급적으로 피하는 것이 좋다.

③ 웹사이트 내의 링크는 최대한 많이 사용하는 것이 좋다.

④ 전체 개발 프로세스 중에서 웹사이트 콘셉트 및 전략 설정 단계가 매우 중요한 단계이다.

62 기출

다음 중 웹사이트 콘셉트에 대한 설명으로 가장 올바르지 않은 것은?

① 웹사이트 개발 프로세스에서 가장 먼저 수행해야할 업무가 콘셉트 도출이다.

② 웹사이트 개발 프로세스 중 검수 단계에서 수행된다.

③ 웹사이트를 통하여 사용자 또는 방문자들에게 전달하고자 하는 내용을 의미한다.

④ 웹사이트의 개발 프로세스에서 전략적 관점에 대한 명확한 정의가 내려지기 때문에 중요하다.

63 기출

다음 중 전자상거래 비즈니스 모델의 수익 원천으로 가장 올바르지 않은 것은?

① 상품 및 서비스 판매로 인한 수익

② 회원 가입 시 가입비를 통한 수익

③ 고객 개인 정보 판매로 인한 수익

④ 광고 수익

64

다음 중 통계청에서 발표한 최근 국가(대륙)별 온라인 해외 직접구매액이 가장 높은 국가는?

① 중국
② 미국
③ 일본
④ EU

65

전자상거래 전략의 단계 중에서 전략 평가에 포함되는 활동이 아닌 것은?

① 전략 구축
② 전략 평가
③ 전자상거래 측정치
④ 성공과 실패

66

다음 글상자가 설명하는 용어는?

> 실시간 웹비디오, 음악, 오디오, 그리고 대용량의 파일을 파일 되감기 기능을 포함한 방식으로 이용자에게 실시간으로 보낼 수 있도록 한다.

① FTP
② 스트리밍 미디어
③ WAISE
④ Usenet

67

다음 중 소비자가 개인 또는 단체에 필요한 상품에 대해 가격과 부대조건을 결정하고 이를 공급기업에 제시하여 조건에 맞는 경우 거래가 이루어지는 거래 유형으로 가장 올바른 것은?

① B2C
② C2C
③ C2B
④ G2B

68

다음 글상자의 괄호 안에 가장 알맞은 용어는?

> (   ) 시대에는 소비자가 공급자로서 생산과정에 직·간접적으로 참여하는 형태로 소비자들의 영향력이 극대화가 되면서 생산과 소비가 동시에 확대되거나 반대로 어느 시점에 하락하여 경기침체의 원인이 되기도 한다.

① 글로벌 경제
② 디지털 경제
③ 친환경 경제
④ 스마트 경제

69

다음 중 E-마케팅에서 해결해야 할 문제와 단점에 대한 설명으로 가장 올바르지 않은 것은?

① 유통채널의 단순화를 가져올 수 있다.
② 정보 유출 문제가 아직 해결되지 않았다.
③ 무분별한 DM 발송이 가능하다.
④ 업체들은 각 나라별 관세나 언어 장벽으로 인해 글로벌 전자상거래를 구현하는데 어려움을 느낀다.

70

다음 중 사물인터넷 생태계를 설명하는 것으로 올바르지 않은 것은?

① 한 주도자가 시장을 이끌어가는 구도이다.
② 하드웨어와 서비스가 혼합된 복잡한 가치사슬 구조를 가지고 있다.
③ 참여기업간 이해관계도가 복잡하다.
④ 시장참여자는 센서, 칩, 모듈, 단말기, 플랫폼, 통신업체, 서비스 업체 등이 있다.

71

다음 글상자에서 설명하고 있는 용어는?

> 금융회사와 전자금융업자 사이에 전자금융거래정보를 전달하여 자금정산 및 결제에 관한 업무를 수행하는 금융정보처리 운영 체계

① 결제 중계 시스템　　② 전자상거래 시스템

③ 금융거래 정보 시스템　④ 결제 처리 시스템

72

정부는 전자문서 이용 및 전자거래를 촉진하기 위하여 원칙에 따라 전자문서 및 전자거래에 관한 기본정책을 수립·시행하여야 한다. 다음 중 그 원칙으로 가장 올바르지 않은 것은?

① 민간 주도에 의한 추진

② 규제의 최대화

③ 전자문서 및 전자거래의 안전성과 신뢰성 확보

④ 국제협력의 강화

73 [기출]

다음 글상자에서 설명하고 있는 용어는?

> 우편·전기통신, 그 밖에 총리령으로 정하는 방법으로 재화 또는 용역의 판매에 관한 정보를 제공하고 소비자의 청약을 받아 재화 또는 용역을 판매하는 것

① 전자상거래

② 통신판매중개

③ 사업자

④ 통신판매

74

다음 중 지식 재산 산업에 해당하지 않는 것은?

① 데이터 분석

② 가맹점 운영

③ 과제 평가

④ 경영전략수립

75 [기출]

다음 중 「정보통신망법」에서 사용하는 용어 중 '전기통신역무와 이를 이용하여 정보를 제공하거나 정보의 제공을 매개하는 것'을 지칭하는 것은?

① 정보통신망

② 통신과금서비스

③ 정보통신서비스

④ 정보통신서비스 제공자

76

다음 글상자에서 설명하고 있는 용어는?

> 처리되는 정보에 의하여 알아볼 수 있는 사람으로서 그 정보의 주체가 되는 사람을 말한다.

① 개인

② 정보주체

③ 개인정보처리

④ 개인정보처리자

77

「전자문서 및 전자거래 기본법」상 전자거래의 안전성 확보 및 소비자보호에 관한 내용으로 틀린 것은?

① 정부는 전자거래 안전성과 신뢰성을 확보하기 위하여 전자거래이용자의 개인정보를 보호하기 위한 시책을 수립·시행하여야 한다.

② 전자거래사업자는 전자거래이용자의 영업비밀을 보호 하기 위한 조치를 마련하여야 한다.

③ 전자거래사업자는 전자거래이용자의 동의를 받지 않고도 이용자의 영업비밀을 타인에게 제공하거나 누설할 수 있다.

④ 전자거래사업자는 전자거래의 안전성과 신뢰성을 확보하기 위하여 암호제품을 사용할 수 있다.

78 기출

「전자상거래 등에서의 소비자보호에 관한 법률」상 통신판매업자가 대통령령이 정하는 바에 따라 공정거래 위원회 또는 특별시장, 광역시장 또는 도지사에게 신고 해야할 내용으로 적합하지 않은 것은?

① 상호

② 주소

③ 전화번호

④ 판매업자의 성별

79 기출

「개인정보보호법」에 따라 영상정보처리기기를 설치·운영할 수 있는 공개된 장소가 아닌 것은?

① 법령에서 구체적으로 허용하고 있는 경우

② 마을주민이 허용하고 있는 경우

③ 범죄의 예방 및 수사를 위하여 필요한 경우

④ 시설안전 및 화재예방을 위하여 필요한 경우

80 기출

다음 중 「전자문서 및 전자거래 기본법」에서 사용하는 용어에 대한 설명으로 올바르지 않은 것은?

① 전자문서란 정보처리시스템에 의하여 전자적 형태로 작성, 송신·수신 또는 저장된 정보를 말한다.

② 정보처리시스템이란 전자문서의 작성·변환, 송신·수신 또는 저장을 위하여 이용되는 정보처리능력을 가진 전자적 장치 또는 체계를 말한다.

③ 작성자란 전자문서를 작성하여 송신하는 자를 말한다.

④ 전자거래란 재화나 용역을 거래할 때 그 전부가 전자문서에 의하여 처리되는 거래를 말한다.

실전모의고사 4회

전자상거래 기획(인터넷 마케팅)

01 기출

다음 중 액세스 로그(Access Log) 파일에 포함되어 있지 않은 정보는 무엇인가?

① 방문자의 IP

② 방문자가 요청한 파일 이름

③ 방문자가 서버에 접속한 날짜와 시간

④ 방문자의 사이트 접속 경로

02 기출

다음 글상자에서 설명하고 있는 인터넷 마케팅 커뮤니케이션 전략은?

> 한 엔터테인먼트 사이트 마케팅 담당자는 자사 브랜드 이미지 제고를 위해 최근 산업에서 주목을 받고 있는 '사회적 기업'에 주목했다. 이에 따라 최근 6개월 동안 자사 직원들이 '한강 살리기' 운동에 참여한 활동을 기사화 하여 인터넷 뉴스 매체에 배포하였다.

① 스폰서십 마케팅　　② PR

③ 배너 광고　　④ 판매촉진

03 기출

다음 글상자에서 설명하고 있는 데이터마이닝 기법은?

> 수많은 데이터를 유사성이 많은 것들끼리 모아준다. 유사성이 높은 대상집단으로 분류하고, 서로 다른 집단의 상이성을 규명하는 방법이다. 특정한 기준이 없이 숨겨진 패턴을 찾아내어 소집단으로 묶어낸다. 즉 데이터를 목적에 따라 적절한 그룹으로 나누고 그 차이를 명확화하고 분석하는 기법이다.

① 인공신경망　　② 연관분석

③ 군집분석　　④ 의사결정나무

04 기출

세계 최고 수준의 전자조달서비스(나라장터)를 보유하고 있는 조달청은 현재 행정정보 고도화 및 인프라 강화를 위한 중앙정부의 지원이 활발한 환경에서 적절한 전략을 수립하고자 한다. 이에 해당하는 전략은?

① SO　　② ST

③ WO　　④ WT

05 기출

다음 중 웹마케터가 웹사이트 활용 분석을 할 때 중점을 두어야 하는 것으로 가장 올바르지 않은 것은?

① 하루에 몇 명이나 웹사이트를 방문하는가?

② 데이터 저장 공간은 충분한가?

③ 고객은 어떤 콘텐츠를 활용하는가?

④ 자주 방문하다가 최근 이탈한 것으로 판단되는 고객 비중은 얼마나 되는가?

06 기출

다음 중 세분시장의 구조적 매력도를 평가하였을 때 시장의 매력도가 낮은 경우의 상황으로 가장 올바르지 않은 것은?

① 시장 진입장벽이 낮다.

② 협상력이 낮은 고객이 제품의 가격인상과 함께 낮은 품질의 서비스를 받아들인다.

③ 기존 제품을 대체할 수 있는 제품이 현재 혹은 미래에 존재한다.

④ 현재 시장에 다수의 공격적인 경쟁자가 존재한다.

07 기출

가장 적은 변화로 상품의 이미지 등을 변화시켜 소비자들에게 새롭게 접근하는 신상품의 개발 유형은?

① 혁신상품　　② 포지셔닝

③ 상품라인확장　　④ 재포지셔닝

08 기출

다음 중 제품 포지셔닝 전략 유형과 이에 대한 설명이 잘못 짝지어진 것은?

① 경쟁 제품을 이용한 포지셔닝 – 경쟁 사이트나 콘텐츠에 비해 우월한 점을 강조하는 전략

② 제품 범주에 의한 포지셔닝 – 자사제품을 대체성이 있는 다른 제품과 연관시켜 제품전환을 유도하는 전략

③ 제품 사용자에 의한 포지셔닝 – 자사가 제공하는 제품이 표적집단에게 최적의 것임을 강조하는 전략

④ 제품 속성에 의한 포지셔닝 – 소비자들이 웹사이트나 콘텐츠를 이용할 때 오는 편익을 강조하는 전략

09 기출

다음 중 제프리 무어가 주장한 캐즘이론 중 조직의 변화를 위한 급진적 혁신 도구로써 신제품을 수용하는 소비자 집단을 일컫는 용어는?

① 혁신수용자
② 선각수용자
③ 전기다수수용자
④ 지각수용자

10

다음 중 신상품을 개발하는 과정에서 올바르지 않은 것은?

① 콘셉트 개발: 시장 기회의 발견을 통해 신상품 기획 필요성을 인식하고 고객의 욕구를 분석하여 개발할 제품을 구상한다.

② 콘셉트 구체화: 환경 분석, 고객 니즈 조사를 통해 도출된 신상품 아이디어들을 선별하고, 콘셉트안을 개발로 이어갈 수 있도록 구체화 하는 단계이다.

③ 개발: 상품기획에서 전달된 상품화 기획서를 기초로 개발한다.

④ 양산: 시장에 판매한다.

11 기출

다음 신제품 수용자 유형의 5가지 중에서 전체 13.5%를 차지하는 고객으로 사회지향성이 높고, 의견 선도자일 가능성이 높으며, 많은 구전을 하는 수용자 유형은?

① 혁신 수용자
② 전기다수 수용자
③ 후기다수 수용자
④ 조기 수용자

12 기출

다음 중 인터넷 PR의 목표로 가장 올바르지 않은 것은?

① 신뢰도 구축
② 고객 분석
③ 소비자 행동 유도
④ 인지도 제고

13

SWOT 전략 분석에서 강점에 해당하는 것은?

① 잠재적인 경쟁자 참여
② 빠른 시장 성장률
③ 탁월한 경영능력
④ 낮은 기술 경쟁력

14 기출

다음 중 모바일 마케팅의 특성으로 가장 거리가 먼 것은?

① 이동성
② 위치확인
③ 적시성
④ 정확성

15 기출

다음 글상자에서 설명하고 있는 용어는?

> 검색엔진 웹사이트에서 주로 이용되는 방식으로, 인터넷 사용자가 키워드를 입력하면 이 단어에 적합한 배너 광고를 표출시키는 광고 유형

① 삽입 배너 광고
② 키워드 배너 광고
③ 로테이션 배너 광고
④ 팝업 광고

16 기출

다음 글상자에서 설명하고 있는 용어는?

> 주로 사이트의 질을 평가할 때 많이 사용하며, 글이 얼마나 광고와 연관되어 작성되었는지를 파악하기에 용이하다.

① CPC
② CTR
③ CRM
④ RPM

17

기업의 외부 환경 및 내부자원을 분석하여 전략을 도출하는 과정을 무엇이라 하는가?

① 4P 분석

② 6C 분석

③ 데이터마이닝 분석

④ SWOT 분석

18 〔기출〕

다음 중 사이버 커뮤니티를 운영하는 목적으로 가장 올바르지 않은 것은?

① 수익창출

② 고객관리

③ 기존시장의 활성화

④ 충성도 제고

19 〔기출〕

다음 중 인터넷 쇼핑몰의 구매 요인으로 가장 거리가 먼 것은?

① 눈에 띄는 광고

② 가장 간편한 구매 방법

③ 다양한 선택의 폭

④ 최상의 온라인 정보와 설명 및 평가

20

다음 중 콘텐츠를 기획하기 위해서 고려해야 할 것으로 올바르지 않은 것은?

① 대상에 맞는 내용과 구성, 내용이 맥락이 있도록 전개되어야 한다.

② 새로운 아이디어를 가지고 지속적인 흥미를 유발시켜야 한다.

③ 사용자를 분석하여 사용자들에게 맞는 인터페이스를 제공한다.

④ 최근의 High-Technology를 사용하여 기술성을 강조한다.

전자상거래 운영 및 관리

21

다음 중 웹사이트 구축시 외주개발 참여 방식에 대한 설명으로 올바르지 않은 것은?

① 기업내부에 웹사이트 구축 역량이 부족한 경우는 외주 용역 개발 방식을 이용한다.

② 웹사이트 개발 의뢰 회사는 웹사이트의 요구사항을 상세히 작성한 기획안을 제출한다.

③ 계약시 포함되어 있지 않은 변경은 어려울 수 있다.

④ 역량있는 외부 업체가 진행함으로써 효율적으로 웹사이트를 구축할 수 있다.

22

다음 중 백오피스 시스템에서 트래픽 처리에 관련된 데이터로 가장 올바르지 않은 것은?

① 고객별 트래픽 발생량

② 평균적 머무른 시간

③ 사용자 위치

④ 결제 데이터

23 〔기출〕

다음 중 스토리보드 설계의 목적으로 가장 올바른 것은?

① 사이트맵과 내비게이션이 사용자에게 보안을 제공하는지 확인한다.

② 기본적인 기술적 요인이 효과적으로 구축되어 포함되어 있는지 확인한다.

③ 사이트 페이지마다 고객에게 전달하고자 하는 메시지와 제공 서비스 등에 대한 콘텐츠가 최적화되어 있는지 확인한다.

④ 각 페이지의 기능과 콘텐츠가 기능적으로 연결되어 있는지 확인한다.

24
기출

다음 중 백오피스의 관리 대상과 이에 대한 설명으로 가장 올바르지 않은 것은?

① 콘텐츠 관리: 콘텐츠의 등록, 수정, 삭제
② 고객 관리: 고객의 정보 등록, 수정, 삭제
③ 시스템 관리: 시스템의 성능 관리
④ 거래 관리: 배달확인, 반품, 교환, 환불 등을 관리

25
기출

다음 인터넷 콘텐츠 분류 중 채팅이나 게시판 등을 이용하여 정보를 교류하는 것을 유도하는 콘텐츠는?

① 엔터테인먼트 중심 콘텐츠
② 커뮤니케이션 중심 콘텐츠
③ 정보 중심 콘텐츠
④ 커뮤니티 중심 콘텐츠

26

다음 중 1차 정보로 올바르지 않은 것은?

① 고객이 응답한 만족도
② 제품에 대한 고객의 행동, 경향 정보
③ 미래의 구매 행동과 관련된 고객의 구매의도 등에 관한 정보
④ 외부 간행물 자료, 소비자 정보시스템 등을 통해 수집한 정보 서비스

27

다음 중 웹사이트를 개발할 때 단계별로 고려해야 할 것으로 거리가 먼 것은?

① 기획단계에서는 웹사이트의 비전과 웹사이트 목표를 어떻게 달성할지에 대해서 고민한다.
② 설계단계에서는 기획단계에서 정의된 사항에 대해 전체 스토리를 작성하고 화면을 구성한다.
③ 기획단계에서는 사업모델과 수익모델에 대해서 파악한다.
④ 개발일정표는 개발단계에서 작성한다.

28
기출

다음 글상자에서 설명하는 용어로 가장 올바른 것은?

> ⊙ 화폐기능 뿐만 아니라 계약서, 이메일, 전자투표 등의 다양한 어플리케이션을 안정적이고 투명하게 운영 가능
> ⓛ 프로그래밍 언어를 내장(솔리디티)
> ⓒ 스마트 계약 기능을 지원

① 비트코인　　　　② 이더리움
③ 에스크로　　　　④ 코비신트

29
기출

다음 글상자에서 설명하고 있는 용어는?

> 이 공동체는 특정 주제에 대해 심도 있게 의사교환을 하는 참여자들이 모인 집단을 말한다. 예를 들어 '열대어를 좋아하는 모임' 사이트에서는 열대어의 질병 및 관리방법 등에 관한 토론이 벌어지고 다양한 질의 응답이 이루어진다.

① 거래 공동체　　　　② 관심 공동체
③ 환상 공동체　　　　④ 관계 공동체

30
기출

다음 중 내비게이션 보드의 작성 목적으로 가장 올바르지 않은 것은?

① 클라이언트와 커뮤니케이션을 위한 도구
② 홈페이지 구성 요소의 명확화
③ 디자이너와 클라이언트의 이해도 증진
④ 웹기획자의 기획의도 구체화

31

다음 글상자의 괄호 안에 알맞은 용어를 차례대로 나열한 것은?

> ( )은 전송된 메시지의 내용이 위조되지 않고 원래의 정보를 그대로 가지고 있다는 사실을 확인하는 과정이다. 반면에 ( )은 메시지의 생성, 전송, 수신, 이용, 저장 등 일련의 과정에 연관되어 있는 정보의 송신자, 수신자, 이용자, 관리자들이 제 3자에게 자신의 신분을 증명하는 과정이다.

① 메시지 인증, 사용자 인증

② 사용자 인증, 메시지 인증

③ 위조방지 인증, 부인방지 인증

④ 부인방지 인증, 위조방지 인증

32 [기출]

다음 중 마그네틱 보안전송을 사용하여, 근거리 무선통신을 사용하지 않아도 되는 모바일 결제 서비스는?

① 카카오 페이   ② 애플 페이

③ 구글 페이   ④ 삼성 페이

33

인터넷 쇼핑몰의 결제처리와 정산업무를 위해 믿을 수 있는 제3자가 인터넷 쇼핑몰을 대신하여 은행, 신용카드사 등과 대행계약을 맺고 이들로부터 일정 수수료를 지급받아 일정 수수료를 공제한 후 인터넷 쇼핑몰들에게 지급하는 서비스를 의미하는 용어는?

① Block Chain   ② PG

③ EBPP   ④ PayPal

34 [기출]

다음 중 전자화폐에 대한 설명으로 가장 올바르지 않은 것은?

① 전자화폐는 기술적 장치에 화폐 가치를 전자적으로 저장한 소지 인식 선불 지급 수단이다.

② 전자화폐는 사용자가 가지고 있는 전자장치에 저장되어 있는 선불카드다.

③ 전자화폐는 위변조가 거의 불가능하기 때문에 대금 지급의 확실성이 보장된다.

④ 전자화폐는 현금 취급 비용을 증가시킬 수 있고, 카드 부정 사용으로 인한 손실을 줄일 수 있다.

35

다음 중 물류 관리의 기본 원칙인 3S1L에 해당하지 않는 것은?

① Speedy(신속하게)   ② Surely(확실하게)

③ Secrete(비밀스럽게)   ④ Low(저비용으로)

36

다음 중 매장에서 제품을 살펴본 뒤 실제 구매는 온라인 등 다른 유통 경로로 하는 것을 일컫는 용어는?

① 쇼루밍   ② 역쇼루밍

③ 모루밍   ④ e-market place

37 [기출]

다음 중 인간 사용자를 대신하여 업무를 수행하는 소프트웨어는?

① 웹 소프트웨어   ② 판매 소프트웨어

③ 모바일 소프트웨어   ④ 소프트웨어 에이전트

38

전자상거래를 도입할 때 공급자 측면의 장점으로 가장 올바르지 않은 것은?

① 가상공간을 이용하여 거래가 이루어지기 때문에 전시공간에 따른 비용을 절감할 수 있다.

② 영업시간의 제약 없이 24시간 거래가 가능하다.

③ 기존의 유통단계에 새로운 기술의 유통단계를 추가함으로써 가격경쟁력을 확보할 수 있다.

④ 고객과의 대화를 통해 고객 정보를 획득 및 고객 구매행태의 자동분석이 가능해 진다.

39 〔기출〕

다음 중 소비자가 구매를 결정하는 과정 중 가장 먼저 일어나는 단계는?

① 주의　　　　　　② 흥미

③ 욕망　　　　　　④ 행동

40 〔기출〕

다음 중 파레토 법칙에 대한 설명으로 가장 올바른 것은?

① 20%의 핵심적인 소수보다 80%의 사소한 다수가 뛰어난 가치를 창출한다.

② 20%의 우수 고객들이 전체 매출의 80%를 차지한다.

③ 80%의 다양한 제품들이 구비되어야 매출액이 20% 상승한다.

④ 80%의 다양한 고객들이 구매에 참여해야 매출액이 20% 상승한다.

전자상거래 시스템 운영 및 관리

41

다음 중 전자화폐의 요구조건으로 가장 올바르지 않은 것은?

① 보안성이 물리적인 매체에 의존하지 않고, 디지털 정보로 나타내어야 한다.

② 보유자가 누구인지 파악되어서는 안 된다.

③ 작은 액수로 나눌 수 있어야 한다.

④ 타인에게 양도되면 안 된다.

42 〔기출〕

다음 중 인터넷 보안 기술에 대한 설명으로 가장 올바른 것은?

① IPSec는 인터넷상의 보안상 문제를 해결하기 위해 IP계층에서 보안 서비스를 제공할 수 있도록 하는 인터넷 보안 프로토콜로 통신의 무결성, 인증 재전송 공격방지 등과 같은 서비스를 제공한다.

② VPN은 인터넷을 통하여 원격 사용자나 이동 사용자가 자사의 인트라넷에 접속하여 안전하게 정보를 공유할 수 있도록 하는 서비스이다.

③ 방화벽은 외부의 불법침입으로부터 내부의 정보자산을 보호하기 위한 목적으로 사용되는 네트워크 구성 요소를 의미하며, 외부로부터 유해정보 유입을 차단하기 위한 소프트웨어만을 총칭한다.

④ 침입방지시스템은 외부 침입에 의해 방화벽이 해킹된 이후의 침입 사실을 탐지해 이에 대응하는 솔루션이다.

43

다음 중 전자메일의 특징으로 가장 올바르지 않은 것은?

① 상대가 지정된 의사전달의 형태이다.

② 텍스트 위주의 정보전달이 주를 이룬다.

③ 동일한 메시지를 한 번에 많은 사람에게 보낼 수 없다.

④ 전자메일을 보내는 순간 수신자는 받을 수 있다.

44 〔기출〕

메일 프로토콜 중에서 메일 클라이언트가 메일을 사용자의 컴퓨터로 전달해 주는 것으로 원본을 지우지 않고, 단순히 뷰어의 역할을 수행할 수 있도록 지원하는 방식은?

① POP3　　　　　　② SMTP

③ SNMP　　　　　　④ PMP

45 〔기출〕

다음은 전통적인 시스템 개발 과정이다. 이들 중에서 가장 먼저 수행되는 단계는?

① 시스템 테스트　　② 시스템 구현

③ 시스템 설계　　　④ 시스템 분석

46

기출

다음 글상자에서 설명하고 있는 서버는?

> 외부와의 트래픽을 줄임으로써 네트워크 병목 현상을 방지하는 효과를 얻을 수 있으며, 불필요한 외부 연결을 하지 않아도 되는 서버

① 익스체인지 서버　　　② 프록시 서버
③ SQL 서버　　　　　　④ DB 서버

47

다음 중 웹서비스로 제공하고자 하는 기관이 보안적인 측면에서 외부접근을 제한하고 있는 경우나 네트워크의 이용이 곤란한 경우에 주로 이용되는 것은?

① 자체운영　　　　　　② 웹 호스팅
③ 외부용역　　　　　　④ 웹 보안

48

공개키 시스템에 대한 설명으로 올바르지 않은 것은?

① 공개키를 가진 동일한 알고리즘이 암호화 및 복호화에 사용된다.
② 비밀키 시스템은 동일한 키가 비밀을 유지해야 한다.
③ 암호, 복호용 키 두 개와 한 개의 알고리즘을 가진다.
④ 수신자와 송신자는 두개의 키 중에 일치하는 키가 한 개 이상이 있어야 한다.

49

자기자신을 복제하거나 다른 파일에 확산시킬 수 있는 컴퓨터 프로그램과 같은 보안사고 위협의 종류는?

① Worm　　　　　　　② Trojan Horse
③ Bot　　　　　　　　④ Virus

50

컴퓨터 시스템에 승인되지 않은 접근권한을 얻으려고 하는 사용자를 의미하는 용어는?

① 피셔　　　　　　　　② 해커
③ 프로그래머　　　　　④ 크래커

51

비콘에 대한 설명으로 올바르지 않은 것은?

① 2차원 매트릭스의 형태로 바코드이다.
② 반경 50~70m 이내에 있는 사용자의 위치를 찾아 정보를 전송하는 근거리 통신 기술이다.
③ 개인정보 수집의 위험이 있다.
④ 저전력으로 스마트폰 배터리 소모량이 적은 편이다.

52

기출

다음 글상자가 설명하는 정보시스템감사(CAATs) 프로세스는?

> • 재수행: 업무규정에 따라 업무를 처음부터 재수행 하며, 이를 추적 조사라고도 함
> • 조사: 관찰은 통제절차의 수행에 대한 조사를 수행하고, 검사는 물리적 자산의 존재와 활용 여부에 대한 조사를 말함
> • 속성샘플링: 모집단에서 표본을 추출한 후 모집단 위반율을 추정하는 방식

① 계획수립　　　　　　② 통제평가
③ 통제테스트　　　　　④ 실증테스트

53

기출

다음 글상자에서 설명하고 있는 용어는?

> 여러 개의 저용량 디스크를 병렬로 연결함으로써 저장용량을 확대하고 하나의 디스크에서 장애가 발생하더라도 데이터 손실을 방지할 수 있는 기술

① SSD　　　　　　　　② RAID
③ WORM　　　　　　　④ ODD

54

전자상거래 서버의 운영에 있어서 기술적인 보안이 필요한 영역은?

① 감시 및 백업 체제 마련
② 내부 운영자 관리에 대한 제도 수립
③ 접근 통제 대책 마련
④ 통신장비에 의한 보안

55

소셜미디어 커뮤니티 운영에 따른 설명으로 가장 올바르지 않은 것은?

① 고객의 관심거리로 화제가 될 수 있는 게시판을 만들어 공유 가능한 콘텐츠를 생산한다.

② 운영자가 우수 콘텐츠를 작성하여 고객들이 자신의 개인 블로그에 공유하는 것을 유도하고, 고객들이 우수한 콘텐츠를 작성할 수 있도록 유도하여 쇼핑몰을 홍보한다.

③ 검색엔진에 노출이 될 수 있도록 게시판을 활성화해야 한다.

④ 포털의 검색엔진 결과에 노출 될 수 있도록 마케팅 업체를 이용한 클릭을 시행한다.

56

다음 글상자에서 설명하고 있는 소비자 유형은?

> • 기업의 상품이나 서비스를 구매하지 않으면서 자신이 원하는 서비스에만 관심을 두고 있는 소비자를 의미한다.
> • 최근에는 혜택과 부가서비스를 잘 챙기는 실속형 소비자로 의미가 바뀌었다.

① 모디슈머   ② 바겐헌터

③ 체리피커   ④ 크리슈머

57

기출

다음 글상자에서 설명하고 있는 전자지불 수단은?

> 화폐가치를 전자기호로 저장하고 그 지급을 보장하는 시스템으로 소액 상품을 구매하는데 적합하다.

① 전자화폐   ② 체크카드

③ 직불카드   ④ 신용카드

58

의뢰한 기업의 담당자와 경영진이 시스템의 사업목표가 설계된 대로 실제로 작동하는지 확인하는 테스트를 의미하는 용어는?

① 단위 테스트   ② 통합 테스트

③ 인수 테스트   ④ 갭 테스트

59

기출

다음 글상자에서 설명하고 있는 기술은?

> 가상의 상황하에서 개인과 컴퓨터 사이의 상호작용을 지원해 주는 기술이다. 특히 몰입형 게임에 주로 활용되며 관련된 헤드셋 상품의 경우 머리의 움직임을 감지하여 상하좌우 360도의 현실감을 느낄 수 있도록 구현한 제품이 나오는 등 시장이 급속히 확장되고 있는 기술이다.

① 인공지능   ② 디지털트윈

③ 그물망앱   ④ 가상현실

60

다음 글상자에서 설명하는 서버는?

> 포괄적인 게이트웨이며 메인 프레임 시스템을 보호하면서 인터넷, 인트라넷, 클라이언트-서버 기술을 전체적으로 조직에 제공하는 응용 프로그램 통합 플랫폼이다. 그리고 호스트 시스템과 클라이언트/서버 네트워크 연결 기능을 제공한다.

① 백오피스 서버   ② 익스체인지 서버

③ 프록시 서버   ④ SNA 서버

61

기출

다음 중 웹사이트 콘셉트 도출과 구축하는 과정에서 내비게이션 설계에 대한 설명으로 가장 올바르지 않은 것은?

① 웹사이트 구축 시에는 관리자 중심의 내비게이션 접근 방법이 중요하다.

② 홈페이지의 구성 요소와 구축 범위를 명확하게 한다.

③ 웹 기획자와 디자이너, 프로그래머 간의 이해도를 증진시킨다.

④ 클라이언트와의 커뮤니케이션을 위한 도구로 사용된다.

62

기출

다음 중 성공적인 웹사이트 콘셉트에 대한 설명으로 가장 올바른 것은?

① 양과 질에 상관없이 최대한 많은 콘텐츠를 확보하고 신속하게 업데이트한다.

② 사이트의 구성이 일관성을 가지게 한다.

③ 의미에 대한 명확한 예측과는 관련이 없더라도 화제성이 중요한 제목을 붙인다.

④ 새로운 윈도우창을 많이 활용하여 띄운다.

63

기출

비즈니스 환경이 전통적인 '아날로그 시대'에서 '인터넷 시대'로 변화된 내용 중 가장 올바르지 않은 것은?

① 기업 – 기업 개념의 확장(글로벌 기업)

② 고객 – 생산업체에 대한 제한적 접근

③ 공급자 – 전자적 관계로 밀접해짐

④ 업무 프로세스 – 확장, 공유 개념의 프로세스

64

다음 글상자에서 설명하는 인터넷 비즈니스 모델의 유형은?

> 최근 인터넷 산업에서 가장 중요한 서비스로 많은 기업들이 해당 기업의 서비스나 제품을 일반 고객에게 알리기 위해서 사용하는 방식이다.

① 커뮤니티 모델　　② 광고 모델

③ 콘텐츠 서비스 모델　　④ 중계 모델

65

기출

다음 중 PC나 스마트폰 등으로 오프라인에서 영업 중인 식당, 상가, 호텔 등을 소비자에게 직접 연결시켜주는 새로운 형태의 전자상거래를 의미하는 용어는?

① O2O　　　　② M-commerce

③ SNS 상거래　　④ E-commerce

66

기출

다음 중 전자상거래의 성공요건으로 가장 올바르지 않은 것은?

① 다양한 상품과 정보를 충분히 제공

② 상품의 품질 보증이 우선

③ 효과적인 물류체계 구축

④ 제한경쟁이 가능한 환경 구축

67

기출

다음 글상자에서 설명하는 온라인 소매모델은?

> 제조업체가 생산한 제품을 중간유통과정 없이 직접 웹을 통해 판매함으로써 빠른 제품 제공과 비용을 절감하는 비즈니스 모델이다. 이 모델의 핵심은 제품이 공장에서 소비자로 전달되는 과정에서 중간매체 기능을 제거하는데 있다.

① E-tailer

② Click and Mortar Business

③ 직판

④ 경매

68

다음 글상자의 괄호 안에 알맞은 용어를 차례대로 나열한 것은?

> • 전자상거래가 기업의 조직과 산업구조에 미치는 영향은 거래비용의 ( )이다.
> • 거래비용 ( )에 따라 기업내 조직의 복잡성 및 기업의 수는 ( ) 한다.

① 증대, 감소, 감소
② 감소, 감소, 감소
③ 증대, 증대, 증대
④ 감소, 증대, 감소

69 〔기출〕

다음 중 전자상거래 시장의 동향에 대한 설명으로 가장 올바르지 않은 것은?

① 향후 무선 인터넷이나 IoT 기술을 기반으로 하는 전자상거래로 중심축이 이동할 것이다.

② 전자상거래의 등장으로 인한 물류 유통부분의 가장 큰 변화는 제3자 물류회사의 등장이다.

③ 향후 B2C 시장 규모가 B2B 시장규모를 능가하게 될 것이다.

④ 유통과정에서 물류의 역할이 더욱 중요시 될 것이다.

70 〔기출〕

다음 중 플랫폼에 기반한 전자상거래 사업의 유형에 해당하지 않는 것은?

① 판매자가 웹사이트를 개설하고 구매자가 방문하여 거래하는 전자소매상

② 자사가 판매하는 제품의 거래를 위해 웹사이트를 운영하는 전문 쇼핑몰

③ 제품의 판매자와 구매자가 서로 거래할 수 있는 가상 쇼핑 공간을 제공하는 오픈마켓

④ 공동 구매를 기반으로 제품을 저렴하게 판매하는 소셜커머스

전자상거래 관련 법규

71

이용자에게 손해가 발생한 경우 금융회사 또는 전자금융업자가 그 책임의 전부 또는 일부를 이용자가 부담하게 할 수 있는 경우는?

① 접근매체의 위조나 변조로 발생한 사고

② 계약 체결 또는 거래지시의 전자적 전송이나 처리 과정에서 발생한 사고

③ 전자금융거래를 위한 전자적 장치 또는 「정보통신망 이용촉진 및 정보보호 등에 관한 법률」 제2조제1항제1호에 따른 정보통신망에 침입하여 거짓이나 그 밖의 부정한 방법으로 획득한 접근매체의 이용으로 발생한 사고

④ 사고 발생에 있어서 이용자의 고의가 있는 경우

72

전자거래분쟁조정위원회는 분쟁조정신청을 받은 날부터 몇일 이내에 조정안을 작성하여 분쟁당사자에게 이를 권고해야 하는가?

① 15일
② 30일
③ 45일
④ 50일

73 〔기출〕

「정보통신망 이용촉진 및 정보보호 등에 관한 법률」에 따라 정보통신서비스 제공자 등이 개인정보의 분실·도난·누출 사실을 알았을 때에 지체 없이 이용자에게 알려야 할 사항이 아닌 것은?

① 누출 등이 된 개인정보 항목

② 누출 등이 발생한 시점

③ 이용자가 취할 수 있는 조치

④ 국가가 취할 수 있는 조치

74

기출

다음 글상자에서 설명하고 있는 용어는?

> 인간의 창조적 활동 또는 경험 등에 의하여 창출되거나 발견된 지식·정보·기술, 사상이나 감정의 표현, 영업이나 물건의 표시, 생물의 품종이나 유전자원, 그 밖에 무형적인 것으로서 재산적 가치가 실현될 수 있는 것

① 산업재산권 ② 정보공유권

③ 지식재산 ④ 지식보유

75

개인위치정보를 동의 없이 사용할 수 있는 경우는?

① 긴급구조기관의 긴급구조요청

② 내 상급자의 요청

③ 장관의 요청

④ 자녀의 요청

76

「개인정보보호법」 관련하여 올바르지 않은 설명은?

① 국가와 지방자치단체는 개인정보의 목적 외 수집, 오용·남용 및 무분별한 감시·추적 등에 따른 폐해를 방지하여 인간의 존엄과 개인의 사생활 보호를 도모해야 한다.

② 개인정보 보호에 관한 사항을 심의·의결하기 위하여 대통령 소속으로 방송통신위원회를 둔다.

③ 정부는 국제적 환경에서의 개인정보 보호 수준을 향상시키기 위하여 필요한 시책을 마련하여야 한다.

④ 정보주체 또는 그 법정대리인이 의사표시를 할 수 없는 상태에 있거나 주소불명 등으로 사전 동의를 받을 수 없는 경우로 명백히 정보주체 또는 제3자의 급박한 생명, 신체, 재산의 이익을 위하여 필요하다고 인정되는 경우에는 개인정보처리자는 제외되는 상황의 개인정보를 수집할 수 있다.

77

다음 중에서 전자거래의 법률관계를 명확히 하고 전자문서 및 전자거래의 안전성과 신뢰성을 확보하며 그 이용을 촉진할 수 있는 기반을 조성함으로써 국민경제의 발전에 이바지함을 목적으로 하는 법은?

① 전자거래기본법

② 소비자보호에 관한법

③ 정보통신법

④ 개인정보보호법

78

「전자상거래 등에서의 소비자보호에 관한 법률」에 따른 통신판매 방법에 해당하지 않는 것은?

① 우편

② 전기통신

③ 총리령이 정하는 방법

④ 전화권유판매

79

다음 중 「개인정보보호법」에 관련된 법률용어 설명으로 올바르지 않은 것은?

① '개인정보'는 해당정보로 특정개인을 알아볼 수 없어야 개인정보가 보호된다.

② '처리'란 개인정보의 수집, 생성, 연계, 저장, 보유, 가공, 편집, 검색, 출력, 정정, 복구, 이용, 제공, 공개, 파기 등의 행위를 말한다.

③ '정보주체'란 처리되는 정보에 의하여 알아볼 수 있는 사람으로서 그 정보의 주체가 되는 사람을 말한다.

④ '개인정보파일'이란 개인정보를 쉽게 검색할 수 있도록 일정한 규칙에 따라 체계적으로 배열하거나 구성한 개인정보의 집합물을 말한다.

80 기출

「전자상거래 등에서의 소비자보호에 관한 법률」에서 사용하는 용어와 그 의미가 올바르게 연결되지 않은 것은?

① '통신판매업자'란 통신판매를 업(業)으로 하는 자 또는 그와의 약정에 따라 통신판매업무를 수행하는 자를 말한다.

② '통신판매중개'란 사이버몰의 이용을 허락하거나 그 밖에 행정자치부령으로 정하는 방법으로 거래 당사자간의 통신판매를 알선하는 행위를 말한다.

③ '소비자'란 사업자가 제공하는 재화 등 소비생활을 위하여 사용하는 자를 말한다.

④ '전자상거래'란 전자거래의 방법으로 상행위(商行爲)를 하는 것을 말한다.

전자상거래 기획(인터넷 마케팅)

01
로그 분석으로 기대할 수 있는 것과 거리가 가장 먼 것은?

① 온라인 마케팅 효과 측정을 통한 마케팅 비용 절감

② 방문자 행동 분석을 통한 웹사이트 개선

③ 매출, 제품 분석을 통한 제품 전략 수립

④ 설문 조사를 통한 시장성 조사

02
다음 중 멀티채널 마케팅을 설명한 내용 중 가장 올바르지 않은 것은?

① 최근 온라인 마케팅은 효율성을 달성하기 위해 오프라인 채널을 이용한 마케팅과의 협조가 필요하다.

② O2O 마케팅은 최근 주목받기 시작한 마케팅 방법으로 온라인을 차세대 온라인으로 연결한 마케팅이다.

③ 일대일 마케팅(개인화)에서는 개인의 요구를 정확하게 파악하여 적절한 시간에 적절한 장소에서 개인을 타겟으로 하여 마케팅 메시지를 전달한다.

④ 맞춤화 마케팅은 마케팅 메시지 사용자의 선호에 따라서 제품을 바꾸는 것이다.

03
다음 중 데이터마이닝의 작업 유형과 가장 거리가 먼 것은?

① 분류규칙의 발견

② 군집화

③ 연관규칙의 발견

④ 온라인 거래 처리

04
다음 중 시장세분화에서 사용하는 구매행동 변수가 아닌 것은?

① 사용기회

② 브랜드 충성도

③ 사용량

④ 라이프 스타일

05 [기출]
다음 중 고객을 세분화하지 않고, 한 가지의 제품이나 서비스로 전체 시장을 대상으로 마케팅 활동을 전개하는 마케팅 전략은?

① 차별적 마케팅

② 비차별적 마케팅

③ 집중적 마케팅

④ 포괄적 마케팅

06 [기출]
다음 중 CRM 프로세스에서 고객관계 유지를 위한 활동으로 가장 올바르지 않은 것은?

① 2차 구매 유도

② 로열티 프로그램

③ 고객정보 확보 관리

④ 고객인맥 소개 관리

07 [기출]
다음 중 CRM에 대한 설명으로 가장 거리가 먼 것은?

① 선별된 고객으로부터 수익을 확대하고 지속적인 고객관계를 가능하게 한다.

② 강력한 협동 체제를 바탕으로 하는 통합된 영업, 마케팅 및 고객서비스 전략이다.

③ CRM을 구현하기 위해서 고객 통합 데이터베이스가 구축되지 않아도 된다.

④ 고객 특성 분석을 위한 데이터마이닝 도구가 준비되어야 한다.

08

다음 중 브랜드 전략의 5가지 실행단계에서 첫 번째 단계에 해당하는 것은?

① 브랜드 확장
② 브랜드 아이덴티티
③ 브랜드 포지셔닝
④ 브랜드 네이밍

09

다음 중 신제품 개발을 위한 성공 요인으로 가장 올바르지 않은 것은?

① 고객의 욕구를 충족시키고 높은 고객 가치를 제공할 때
② 최고경영진이 적극 지원할 때
③ 성장 가능성에 대한 면밀한 분석이 뒷받침 될 때
④ 기존 기업간 경쟁이 치열할 때

10

다음 중에 공급과잉 시대에 신상품을 개발하는데 있어서 중요한 아이디어를 확보하는데 가장 중요한 역할을 하는 것은?

① 고객 인터뷰
② 기술 개발자 인터뷰
③ 대표이사 인터뷰
④ 영업부서 직원 인터뷰

11

다음 중 기술수용주기의 선각수용자(조기수용자: Early Adopters)에 대한 설명으로 가장 올바르지 않은 것은?

① 후기 구매자의 구매 결정에 영향을 주어 신제품 확산에 큰 영향을 준다.
② 통상적으로 활발하고 적극적인 구전활동을 하는 사용자이다.
③ 전체 수용주기의 25%(1/4) 범위에 속하는 집단을 일컫는다.
④ 의견 선도자일 가능성이 높다.

12

다음 중 소비자들이 자사 브랜드에 대하여 어떻게 인식하고 있는지를 파악할 수 있게 되어 마케팅전략 수립 및 평가에 유용하게 사용될 수 있는 것은?

① 차별화
② 이미지
③ 지각도
④ 속성화

13

목표시장을 선정할 때 고려해야 할 사항 중에 틀린 내용은?

① 표적시장을 선정할 때 고려할 점은 현재 시장의 재무가치 뿐만 아니라 미래시장의 재무가치를 예측하여야 한다.
② 세분시장의 구조적 매력성을 분석하여 세분시장의 시장가치에 대해 파악한다.
③ 목표시장은 세분시장별로 요구되는 다양한 기술과 자원을 기업이 지원할 수 있어야 한다.
④ 마이클포터의 5 Forces Model을 이용하여 내부환경분석을 통해 목표시장을 선정한다.

14

쿠폰에 대한 설명으로 적당하지 않은 것은?

① 소비자가 특정 제품을 할인된 가격에 구매할 수 있도록 보상 수단을 제공하는 촉진 수단이다.
② 쿠폰은 PR의 대표적인 형태이다.
③ 인터넷 상의 쿠폰은 생산비가 저렴하고, 노출빈도가 높다는 점에서 오프라인의 쿠폰보다 큰 장점이 있다.
④ 쿠폰을 발급하는 과정에서 추가적으로 얻을 수 있는 고객 정보를 기반으로 정보도 축적할 수 있다는 점에서 데이터베이스 마케팅 효과를 얻을 수 있다.

15
기출

다음 중 하나의 배너에 여러 가지 광고가 순환하면서 보여지는 광고 게재 방식은?

① 고정형
② 키워드형
③ 지정 시간형
④ 로테이션형

16

다음 글상자에서 설명하고 있는 용어는?

> 사용자가 키워드 광고를 보고 클릭한 횟수에 따라서 광고주가 광고비를 지불하는 방식이다.

① CPC
② CPA
③ CPS
④ CPI

17
기출

다음 중 해당 제품이나 서비스를 반복적으로 구매하는 고객 유형은?

① 핵심고객
② 신규고객
③ 기존고객
④ 잠재고객

18
기출

다음 중 소셜네트워크서비스(SNS)의 특징에 대한 설명으로 가장 올바르지 않은 것은?

① 개방(Openness): 다양한 콘텐츠의 접근과 사용에 대해 진입 장벽이 매우 낮다.
② 참여(Participation): 관심 있는 모든 사람들의 참여와 공유가 활발하다.
③ 계급(Hierarchy): 구성원들 간에 엄격한 계급과 통제권이 부여되어 있다.
④ 커뮤니티(Community): 참여와 상호 교환을 위한 다양한 커뮤니티가 활성화 된다.

19
기출

다음 중 CRM이 적용되는 3대 핵심 영역이 아닌 것은?

① 마케팅
② 제조
③ 영업
④ 서비스

20
기출

다음 중 사용자 중심의 인터페이스가 되도록 설계 및 구현 시 고려해야 할 사항으로 가장 올바르지 않은 것은?

① 사용자가 원하는 정보를 손쉽게 찾아갈 수 있는 링크구조를 만들어야 한다.
② 사이트에 접속한 사용자가 어떤 사이트인지 한눈에 알 수 있도록 해야 한다.
③ 인터넷은 수많은 기종의 컴퓨터가 다양한 브라우저를 통해 접속하는 공간이므로 다양한 접속 환경을 고려해야 한다.
④ 웹페이지 주소는 사용자가 원하는 정보에 손쉽게 접근할 수 있도록 가능한 내용을 풍부하게 긴 구절로 구성해야 한다.

전자상거래 운영 및 관리

21

다음 중 웹페이지 구축 후 테스트를 할 때 주의할 점으로 가장 거리가 먼 것은?

① 내비게이션 보드가 제대로 동작하는지 여부를 확인한다.
② 전자상거래 기능에서 정상적으로 결제과정이 진행되는지 확인한다.
③ 툴이 최신 기술로 개발되었는지를 확인한다.
④ 페이지의 오탈자를 검토한다.

22

기출

다음 중 백오피스 시스템의 주요기능으로 가장 거리가 먼 것은?

① 상품의 전시기능 　② 정보의 수집기능

③ 정보의 가공기능 　④ 정보의 배포기능

23

다음 중 웹사이트 내 '내비게이션'에서 확인할 항목으로 가장 거리가 먼 것은?

① 위치 확인에 대한 단서나 정보가 제공되는가?

② 일관성 있는 방향으로 설계되어 있는가?

③ 링크는 적절하게 연결되어 있는가?

④ 여러 단계로 구성되어 있는가?

24

기출

다음 중 백오피스 시스템에서 전자상거래 지원을 위해 수행해야 할 기능으로 가장 올바르지 않은 것은?

① 주문 시스템 　② 복구 시스템

③ 결제 시스템 　④ 배송 시스템

25

다음 글상자가 설명하는 용어는?

웹서비스 업체들이 제공하는 각종 콘텐츠와 서비스를 융합하여 신규 웹서비스를 개발하는 것을 의미한다.

① Mash-up 　② Open-API

③ SNS 　④ LBS

26

기출

다음 중 웹사이트 사용자들이 필요로 하는 정보나 정보에 대한 메타데이터를 종합적으로 제공하는 사이트를 무엇이라 하는가?

① 포털사이트 　② 검색사이트

③ 다운로드사이트 　④ 미러사이트

27

기출

다음 글상자에서 설명하고 있는 웹사이트 수행절차의 단계는?

(가) 스토리보드 작성
(나) 웹 페이지의 기본 구성 및 화면 구성
(다) 원시자료의 수집 및 분석

① 구현 단계 　② 기획 단계

③ 설계 단계 　④ 시험 단계

28

기출

다음 중 콘텐츠의 화면 구성 프로세스를 순서대로 나열한 것은?

㉠ 개별 콘텐츠들을 큰 차원으로 범주화 시킨다.
㉡ 페이지별 정보와 웹사이트의 구조 형태에 관해 조직 형태로 콘텐츠를 작성한다.
㉢ 웹사이트의 화면 구성을 위해서 화면의 비즈니스 모델에 따라 구조를 선택하고 콘텐츠를 구성한다.
㉣ 각 페이지에 제시되는 콘텐츠들의 정보 중요도와 웹사이트 구조의 조화를 통해 우선순위를 정의한다.

① ㉠ - ㉢ - ㉡ - ㉣
② ㉠ - ㉢ - ㉣ - ㉡
③ ㉢ - ㉠ - ㉡ - ㉣
④ ㉢ - ㉠ - ㉣ - ㉡

29
다음 글상자에서 설명하고 있는 용어는?

> - 인터넷을 기반으로 한 전자상거래 사이트의 급성장과 오프라인 기업의 온라인화가 가속화되면서, 인터넷에 대응하는 신개념의 CRM 시스템이다.
> - 분석과 운영 시스템의 통합을 의미한다. E-비즈니스 환경에서 각 고객별로 차별화된 서비스를 제공하는 웹 개인화서비스 시스템은 대표적 예이다.

① 분석 CRM   ② 운영 CRM

③ 협업 CRM   ④ 데이터베이스 CRM

30
다음 글상자에서 설명하고 있는 용어는?

> 제품 공급업자에게 주문을 할 때 발생하는 통신비용, 주문 프로세스를 수행하는 시스템 비용 및 인건비 등

① 주문비용   ② 재고유지비용

③ 품절비용   ④ 자본비용

31
다음 글상자에서 설명하고 있는 용어는? [기출]

> 데이터가 전송 도중 또는 데이터베이스에 저장되어 있는 동안 악의의 목적으로 위조 또는 변조되는 것을 방지하는 서비스

① 인증   ② 부인봉쇄

③ 무결성   ④ 기밀성

32
다음 중 전자결제시스템이 갖추어야 할 조건으로 가장 거리가 먼 것은?

① 사용자의 프라이버시를 보장해야 한다.

② 개방된 네트워크상에서 거래내용과 신용카드 정보, 계좌번호, 비밀번호 등이 노출되어서는 안 된다.

③ 거래후 후불형으로 지급할 수 있어야 한다.

④ 직접 은행을 방문하지 않고 네트워크상에서 지불할 수 있다.

33
다음 글상자에서 설명하고 있는 주요 카드형 지급 수단은? [기출]

> 사용가능 금액은 충전한도이며, 분실시 조치가 불가능하고, 무기명(일부는 기명)이 가능하며, 결제단말기는 오프라인이다.

① 직불카드   ② 신용카드

③ 전자화폐   ④ 체크카드

34
다음 인터넷 콘텐츠 분류 중 개인의 정보를 입력해야 관련 내용들을 확인할 수 있는 콘텐츠를 주로 제공하는 콘텐츠는? [기출]

① 엔터테인먼트 중심 콘텐츠

② 커뮤니케이션 중심 콘텐츠

③ 정보 중심 콘텐츠

④ 커뮤니티 중심 콘텐츠

35
기업이 사내의 물류조직을 분사시켜 자회사를 두고, 이를 이용하여 물류관리를 하는 형태로 이를 지칭하는 용어로 가장 올바른 것은? [기출]

① 1PL   ② 2PL

③ 3PL   ④ 4PL

36
다음 글상자에서 설명하고 있는 용어는? [기출]

> 거래기간이 짧고, 투자규모가 작으며, 전환비용의 부담이 적고, 전략적 중요도가 낮은 품목일 때 적용 되며, 전자시장에서는 주로 전자카탈로그를 비교하여 필요한 품목을 그때그때 구매할 수 있다.

① 관계형 거래   ② 단속형 거래

③ 계약형 거래   ④ 연속형 거래

37

검색 엔진이 야기시킬 수 있는 문제점을 설명한 내용으로 틀린 것은?

① 검색 광고에 자주 노출되면서 반응률이 상승하는 현상을 번 아웃(Burn Out)이라고 한다.

② 링크 농장은 검색시 다른 특정 페이지로 링크를 시켜 주어 검색엔진 내의 그들의 랭킹을 올려준다.

③ 콘텐츠 농장은 검색엔진이나 유저들의 마음을 얻기 위해 많은 용량의 전문 콘텐츠를 만들어 제공한다.

④ 전문 클릭업체를 고용하거나, 자동화하는 프로그램을 이용하여 클릭수를 높여 검색엔진 결과를 상위 랭크에 두게 한다.

38 〔기출〕

다음 중 인터넷 트래픽 분석을 수행할 때 이용되는 쿠키 정보에 대한 설명으로 가장 올바른 것은?

① 암호 관련 접속 보안 정보

② 특정 웹 사용자의 웹 활동 기록

③ 고객의 개인 정보

④ 고객의 과거 구매 정보

39

다음 중 유저인터페이스가 갖춰야 하는 요소를 설명하는 내용으로 가장 거리가 먼 것은?

① 웹사이트의 목적에 맞도록 인터페이스는 구축되어야 한다.

② 전체적인 레이아웃과 내비게이션이 일관성을 유지해야 한다.

③ 웹사이트를 처음 사용하는 사람들 보다 자주 사용하는 사람들에게 편리성을 제공해야 한다.

④ 정보를 이용자들에게 쉽게 제공해야 한다.

40 〔기출〕

다음 중 비트코인에 대한 설명으로 가장 올바르지 않은 것은?

① 예금코인 잔액에서 사용 즉시 돈이 빠져나가는 시스템이다.

② 고정된 발행주체가 없다.

③ 비트코인 거래는 6단계 인증을 거친다.

④ 채굴(Mining)이라는 복잡한 계산을 수행함으로써 화폐가 발행된다.

전자상거래 시스템 운영 및 관리

41 〔기출〕

다음 중 전자상거래시 필요한 보안 기능에 대한 설명으로 올바르지 않은 것은?

① 기밀성: 전달 내용을 제3자가 획득하지 못하도록 하는 것이다.

② 인증: 정보를 보내오는 사람의 신원을 확인하는 것이다.

③ 무결성: 정보 전달 도중에 정보가 훼손되지 않았는지 확인하는 것이다.

④ 부인방지: 전송 메시지의 내용을 숨겨서 메시지의 노출을 방지하는 것이다.

42 〔기출〕

한 대의 컴퓨터 시스템에서 여러 개의 가상 호스트를 지원하는 방식 중 여러 개의 네트워크 카드 설치를 요구하는 방식은?

① 포트 기반 가상 호스팅

② 이름 기반 가상 호스팅

③ IP 기반 가상 호스팅

④ 가상사설망 기반 가상 호스팅

43 [기출]

다음 중 전자서명 특징과 그 설명이 올바르지 않은 것은?

① 재사용 불가: 전자문서의 서명이 다른 전자문서의 서명으로 사용되어서는 안 된다.

② 부인방지: 서명자는 자신이 서명한 사실을 부인할 수 없어야 한다.

③ 변경 지원: 서명한 문서라도 본인임을 증명한 경우 변경 가능해야 한다.

④ 서명자 인증: 서명은 서명자의 의도에 따라 서명된 것임을 확인할 수 있어야 한다.

44 [기출]

다음 중 웹 방화벽에서 지원할 수 있는 기능으로 가장 올바르지 않은 것은?

① SQL 인젝션이나 크로스사이트스크립트(XSS) 등과 같은 웹 공격의 탐지와 차단

② IP 스푸핑의 탐지와 차단

③ 웹 접속을 통한 정보유출 방지

④ 웹사이트 위변조 방지

45 [기출]

정보 시스템 감사 항목은 정보 시스템의 기획, 개발, 운용 등으로 나누어 실시된다. 다음 중 운용 업무에 대한 감사 항목으로 가장 올바르지 않은 것은?

① 시설 관리

② 시스템 테스트

③ 입력 데이터의 작성 및 입력

④ 데이터 취급 및 프로그램의 보관

46 [기출]

다음 중 온라인으로 공동 작업을 할 수 있는 환경을 만들어 주는 애플리케이션 서버는?

① 그룹웨어 서버　　　② 프록시 서버

③ 메일 서버　　　④ 데이터베이스 서버

47 [기출]

다음 글상자에서 설명하고 있는 용어는?

> 웹서버가 클라이언트의 요청에 따라 서버 상에서 프로그램을 실행시키기 위해 웹서버와 외부 프로그램 사이에서 정보를 주고받는 방법이나 규약

① CGI(Common Gateway Interface)

② HTTP(Hyper Text Transfer Protocol)

③ URL(Uniform Resource Locator)

④ AJAX(Asynchronous Javascript And XML)

48

RSA 암호시스템에 대한 설명으로 가장 올바르지 않은 것은?

① 시스템 창안자의 머리글자를 딴 이름이다.

② 비밀키 암호시스템으로 송수신자가 동일한 키에 의하여 암호화 및 복호화 과정을 수행한다.

③ MIT에서 개발된 시스템으로 효율성과 보안성을 갖추고 있다.

④ RSA 암호시스템은 암호화 뿐만 아니라 전사서명의 용도로 사용될 수도 있다.

49

인터넷을 위협하는 것들 중 그 성격이 다른 하나는?

① DoS　　　② 애드웨어

③ 브라우저 기생　　　④ 스파이웨어

50

해킹 커뮤니티 사이에서 악의적인 의도를 가지고 행동을 하는 해커를 의미하는 용어는?

① 화이트 해커　　　② 크래커

③ 파머　　　④ 봇

51

QR 코드에 대한 설명으로 올바르지 않은 것은?

① 2차원 매트릭스 형태로 이루어진 바코드이다.

② QR 코드는 무료이다.

③ 가까운 거리에서 모바일 앱을 통해 사용할 수 있다.

④ 위치정보를 찾기 위한 기술이다.

52

온라인 백과사전으로 편집가능한 웹페이지로 웹사이트 상에서 콘텐츠를 추가하고 정보를 편집하여 공동의 문서로 운영하는 소셜미디어 도구를 일컫는 용어는?

① 위키피디아

② 팟캐스트

③ 인스턴트 메시지 보드

④ 인스타그램

53 기출

방문자가 많은 사이트의 경우 방문자들에게 타 사이트로 방문을 유인하고 구매하게 함으로써 그 대가로 소개 수수료를 받는 모델을 뜻하는 용어는?

① 광고수익   ② 구독수익

③ 거래수수료   ④ 제휴수익

54 기출

다음 중 머천트 서버 프로그램의 구성 요소와 가장 거리가 먼 것은?

① 방화벽 관리   ② 프로모션 관리

③ 고객관리   ④ 장바구니 관리

55

다음 중 모바일 플랫폼에 대한 설명으로 올바르지 않은 것은?

① 모바일 플랫폼이란 스마트폰을 움직이게 하는 운영체제이다.

② 모바일 플랫폼에서는 개발 툴과 앱의 배포 채널도 플랫폼 사업자에 의해 운영된다.

③ iOS는 애플에서 만든 모바일 플랫폼으로 타제품에 적용되는 개방성을 가지며, 직관적인 인터페이스의 강점을 가지고 있다.

④ 최근 개방형 인터페이스를 통해 일부 프로그램들이 다른 플랫폼에서도 운용될 수 있게 설계되기도 한다.

56 기출

다음 중 텔레마케팅 센터 운영 시 활용되는 기술과 그 설명으로 가장 올바른 것은?

① CTI: 고객이 시스템에 직접 연결되어 저장된 정보를 제공받도록 지원하는 음성 자동 응답 장치

② IVR: 고객 전화에 응대하기 위해 상담원이 필요로 하는 모든 시스템 통합 솔루션

③ ARS: 음성으로 된 각종 정보를 기억장치에 저장하여 고객이 원하는 정보를 자동으로 전달하는 시스템

④ ACD: 고객의 전화에 자동으로 응답하도록 녹음이 되어 안내하는 시스템

57 기출

다음 중 전자지불시스템의 관련자들이 잘못 짝지어진 것은?

① 지불인 – 구매자

② 수취인 – 판매자

③ 매입사 – 지불인의 거래은행

④ 수취인 – 발행사

58

테스트 수행시 하나씩 사이트 프로그램 모듈을 검사하는 테스트는?

① 단위 테스트   ② 통합 테스트

③ 인수 테스트   ④ 갭 테스트

59 기출

다음 중 전자결제 서비스를 제공하는 국내 전문 PG(Payment Gateway)사가 아닌 것은?

① 옥션　　　　　　② LG U+

③ KCP　　　　　　④ 이니시스

60

다음 글상자에서 설명하고 있는 용어는?

> 인터넷에서 전자지갑을 보유하고 있는 개인과 개인이 서로 송금할 수 있도록 하는 수단(페이팔, 구글월렛, 스퀘어, 삼성페이 등)

① P2P　　　　　　② T-money

③ EBPP　　　　　④ EFT

전자상거래 기획

61 기출

다음 중 웹사이트 콘셉트를 지원하기 위한 3가지 요소가 아닌 것은?

① 비즈니스적 요소

② 콘텐츠 및 디자인 요소

③ 시스템적 요소

④ 정책적 요소

62

다음 글상자에서 설명하고 있는 프로세스는?

> 기업이 추구하는 웹사이트의 목표 고객, 정보 전달 구조, 사이트 이미즈 등에 대해서 고려하고, 사이트의 구조와 전략, 콘텐츠의 종류, 내비게이션 방식, 디자인 이미지에 대해서 고민하는 단계이다.

① 시스템 기획　　　② 콘셉트

③ 감사　　　　　　④ 상호테스트

63

공유경제를 설명하는 내용으로 옳지 않은 것은?

① 공유하려는 주된 자산은 타인 소유여야 한다.

② 모든 이들은 공정한 세금을 지불해야 한다.

③ 공공의 안전을 위해서 적절한 보호시스템이 필요하다.

④ 소유의 개념이 아니라 서로 대여해 주고 차용하는 시스템이다.

64

우리나라의 온라인 쇼핑 현황에 대한 설명으로 올바르지 않은 것은?

① 모바일 산업의 성장이 두드러지고 있다.

② 해외 직접 판매액도 큰 폭으로 증가하고 있다.

③ 우리나라의 해외 직접 구매 비중이 가장 높은 나라는 중국이다.

④ 온라인 쇼핑 거래액은 급속하게 성장하고 있다.

65 기출

다음 중 모바일 웹사이트를 구축할 때의 설명으로 가장 올바르지 않은 것은?

① 디자인을 단순하게 해야 한다.

② 다양한 기기, 플랫폼, 운영시스템에서 콘텐츠 확인이 가능해야 한다.

③ 바로 반응할 수 있는 웹사이트를 구축해야 한다.

④ 자바스크립트를 많이 활용하여 높은 품질의 웹사이트를 구축해야 한다.

66

전자상거래 기업에서 데이터마이닝의 필요성으로 올바르지 않은 것은?

① 개인의 프라이버시를 침해받을 수 있으며, 개인 정보 유출 등의 보안상 문제가 발생할 수 있다.

② 대중 마케팅에서 1:1 마케팅 시대로 변화한다.

③ 치열한 시장경쟁으로 인해 고객 성향을 빠르고 정확하게 파악하는 것은 중요하다.

④ 빅데이터 시대로 많은 데이터 중에서 효과적인 정보추출이 중요하다.

67

전자상거래 방식에 대한 설명이 아닌 것은?

① 중개상의 역할이 커져 유통채널의 중대성이 커지고 있다.

② 인터넷이 되는 모든 장소에서 거래가 가능하다.

③ 온라인상에서 전시를 하고, 온라인 공간에서 24시간 판매가 가능하다.

④ 고객의 수요를 빠르게 포착할 수 있다.

68 `기출`

다음 중 E-Marketplace와 유사한 개념으로 사용되는 용어가 아닌 것은?

① Electronic Marketplace

② Commerce Marketplace

③ Web Marketplace

④ Net Marketplace

69 `기출`

다음 중 기업간 전자상거래의 이점이 아닌 것은?

① 구매자에 대한 탐색 비용 및 시간을 줄일 수 있다.

② 소량 맞춤화가 가능하다.

③ 사이클 시간을 줄일 수 있다.

④ 협력 기회를 증대시킬 수 있다.

70 `기출`

다음 중 온라인 경매에 대한 설명으로 가장 올바르지 않은 것은?

① 인터넷을 이용한 전자상거래에 매우 적합한 거래 방식이다.

② 전자상거래 등장 이후 급속도로 성장한 비즈니스 모델이다.

③ 구매자가 대량으로 구매를 하면 판매자는 제품가격을 할인해 줄 수 있다.

④ 개인이 소장하고 있는 중고품이나 기업의 재고처리에 매우 적합하다.

71

금융회사 또는 전자금융업자 등 전자금융업무 및 그 기반이 되는 정보기술부문 보안을 총괄하여 책임질 정보보호최고책임자의 역할로 가장 거리가 먼 것은?

① 전자금융거래의 안정성 확보 및 이용자 보호를 위한 전략 및 계획의 수립

② 가맹점 점주로부터의 보호

③ 정보기술부문의 보안에 필요한 인력관리 및 예산편성

④ 전자금융거래의 사고 예방 및 조치

72

다음 중 「전자상거래 기본법」 상 '전자거래의 안전성 확보 및 소비자 보호'의 설명으로 올바르지 않은 것은?

① 개인정보 보호– 정부는 전자거래의 안전성과 신뢰성을 확보하기 위하여 전자거래이용자의 개인정보를 보호하기 위한 시책을 수립·시행하여야 한다.

② 영업비밀 보호– 정부는 전자거래의 안전성과 신뢰성을 확보하기 위하여 전자거래이용자의 영업비밀을 보호하기 위한 시책을 수립·시행하여야 한다.

③ 암호제품의 사용– 전자거래사업자는 전자거래의 안전성과 신뢰성을 확보하기 위하여 암호제품을 사용할 수 있다. 정부는 기업의 안전보장을 위하여 필요하다고 인정하면 암호제품의 사용을 제한할 수 있다.

④ 소비자 피해의 예방과 구제– 정부는 전자거래와 관련되는 소비자의 불만과 피해를 신속하고 공정하게 처리할 수 있도록 필요한 조치를 수립·시행하여야 한다.

73 기출

다음 글상자에서 설명하고 있는 「정보통신기반보호법」에서의 용어는?

> 정보통신기반시설을 대상으로 해킹, 컴퓨터바이러스, 논리·메일폭탄, 서비스거부 또는 고출력 전자기파 등에 의하여 정보통신기반시설을 공격하는 행위

① 사이버침해사고
② 침해사고
③ 정보통신기반시설
④ 전자적침해행위

74

「지식재산 기본법」의 기본 개념으로 거리가 먼 것은?

① 근로자와 같이 지식재산 창출자가 창의적이고 안정적으로 활동할 수 있도록 함으로써 우수한 지식재산의 창출을 촉진한다.
② 지식재산을 효과적이고 안정적으로 보호하고, 그 활용을 촉진하는 동시에 합리적이고 공정한 이용을 도모한다.
③ 지식재산이 존중되는 사회환경을 조성하고 전문인력과 관련 산업을 육성함으로써 지식재산의 창출·보호 및 활용을 촉진하기 위한 기반을 마련한다.
④ 지식재산에 관한 국내규범과 국제규범 간의 조화를 도모하고 개발도상국의 지식재산 역량 강화를 지원함으로써 국제사회의 공동 발전에 기여한다.

75 기출

다음 글상자에서 설명하고 있는 법률은?

> 위치정보의 유출·오용 및 남용으로부터 사생활의 비밀 등을 보호하고 위치정보의 안전한 이용환경을 조성하여 위치정보의 이용을 활성화함으로 국민생활의 향상과 공공복리의 증진에 이바지함을 목적으로 한다.

① 개인위치정보주체 보호 및 이용 등에 관한 법률
② 위치정보 보호 및 이용 등에 관한 법률
③ 위치 기반 서비스 보호 및 이용 등에 관한 법률
④ 개인위치정보 보호 및 이용 등에 관한 법률

76

다음 글상자에서 설명하고 있는 용어는?

> 개인정보의 처리 목적을 명확하게 하여야 하고 그 목적에 필요한 범위에서 최소한의 개인정보만을 적법하고 정당하게 수집하여야 하며, 개인정보의 처리 목적에 필요한 범위에서 개인정보의 정확성, 완전성 및 최신성이 보장되도록 하는 단체 및 개인 등을 말한다.

① 개인
② 정보주체
③ 개인정보처리
④ 개인정보처리자

77 기출

「개인정보보호법」상 정의에 해당하는 용어로 틀린 것은?

① '개인정보'란 살아있는 개인에 관한 정보로 성명, 주민등록번호 등을 통하여 개인을 알아볼 수 있는 정보를 말한다.
② '정보주체'란 처리되는 정보에 의하여 알아볼 수 있는 사람으로서 그 정보의 주체가 되는 사람을 말한다.
③ '개인정보파일'이란 개인정보를 쉽게 검색할 수 있도록 일정한 규칙에 따라 체계적으로 배열하거나 구성한 개인정보의 집합물을 말한다.
④ '정보통신서비스 제공자'란 업무를 목적으로 개인정보 파일을 운용하기 위하여 스스로 또는 다른 사람을 통하여 처리하는 공공기관, 법인, 단체 및 개인 등을 말한다.

78

「전자상거래 등에서의 소비자보호에 관한 법률」상 전자상거래를 하는 사업자 또는 통신판매업자가 해도 되는 행위는?

① 재화 등의 배송 등 소비자와의 계약을 이행하기 위하여 불가피한 경우로 대통령령으로 정하는 경우는 소비자의 허락없이 소비자에 관한 정보를 이용하는 행위

② 거짓 또는 과장된 사실을 알리거나 기만적 방법을 사용하여 소비자를 유인 또는 소비자와 거래하거나 청약철회 등 또는 계약의 해지를 방해하는 행위

③ 분쟁이나 불만처리에 필요한 인력 또는 설비의 부족을 상당기간 방치하여 소비자에게 피해를 주는 행위

④ 소비자의 청약이 없음에도 불구하고 일방적으로 재화 등을 공급하고 그 대금을 청구하거나 재화 등의 공급 없이 대금을 청구하는 행위

79

다음 중 개인정보처리자가 개인정보를 수집할 수 있는 경우가 아닌 것은?

① 정보주체의 동의를 받은 경우

② 사기업이 법령 등에서 정하는 소관 업무의 수행을 위하여 불가피한 경우

③ 정보주체와의 계약의 체결 및 이행을 위하여 불가피하게 필요한 경우

④ 정보주체 또는 그 법정대리인이 사전 동의를 받을 수 없는 경우로 명백히 정보주체 또는 제3자의 급박한 생명, 신체, 재산의 이익을 위하여 필요하다고 인정되는 경우

80

기출

「전자문서 및 전자거래 기본법」상 전자거래분쟁조정위원회 (이하 '위원회')의 설명으로 올바르지 않은 것은?

① 전자문서 및 전자거래와 관련한 피해의 구제와 분쟁의 조정을 받으려는 자는 위원회에 분쟁의 조정을 신청할 수 있다.

② 조정은 5명 이내의 위원으로 구성된 조정부에서 행한다.

③ 위원회는 위원장 1명을 포함하여 15명 이상 50명 이하의 위원으로 구성한다.

④ 위원회는 부득이한 사정이 없는 한 분쟁조정 신청을 받은 날부터 45일 이내에 조정안을 작성하여 분쟁 당사자에게 이를 권고하여야 한다.

전자상거래 기획(인터넷 마케팅)

01
로그 분석시 트래픽 분석이 아닌 것은?

① 페이지뷰수   ② 순방문자수

③ 로딩속도   ④ 유입키워드수

02
소셜미디어 마케팅에 관한 설명들 중에 올바르지 않은 것은?

① 협업 사인온: 일정 사이트에 로그인 정보를 이용하여 네트워크 페이지를 통해 다양한 웹사이트에 등록할 수 있다.

② 협업 쇼핑: 일상적인 이야기 대신 제품이나 서비스에 대해 이야기를 주고 받으면서 고객들의 쇼핑경험을 나눌 수 있는 환경이다.

③ 네트워크 알림: 고객들이 사용하고, 방문한 서비스들에 대해서 평가를 나눌 수 있는 환경이다.

④ 소셜 검색과 추천: 제품이나 서비스 구매를 위해 조언이 필요한 추천할 수 있는 환경을 의미한다.

03 [기출]
다음 중 커뮤니티 기능에서 지식정보를 제공하는 것을 목적으로 할 때 가장 효과적인 것은?

① 포럼 운영

② 뉴스레터 제공

③ 우수 콘텐츠 제공

④ 다양한 채널 지원

04
인터넷 쇼핑몰 사업주의 강력한 사업의지에 해당하는 전략은?

① 강점(Strength)

② 약점(Weakness)

③ 기회(Opportunity)

④ 위협(Thread)

05 [기출]
다음 중 고객세분화에 사용되는 RFM 모형에 포함되는 요인들로 짝지어진 것은?

① 구매 품목 수, 구매 빈도, 최근성

② 구매 품목, 구매 지역, 구매 금액

③ 최근성, 구매 빈도, 구매 금액

④ 구매 빈도, 최근성, 구매 지역

06 [기출]
다음 중 분석적 CRM의 유형이 아닌 것은?

① 고객 분석   ② 고객 세분화

③ 캠페인 관리   ④ 정보 교환

07 [기출]
다음 중 CRM에서 영업사원들이 업무를 수행하는데 필요한 거래선 관리, 계정 관리, 고객 관리, 영업실적 관리, 영업목표 관리 등의 기능을 자동화 해주는 시스템은?

① SFA(Sales Force Automation)

② 캠페인 도구(Campaign Tool)

③ ODS(Operational Data Store)

④ VOC(Voice of Customers)

08

기출

다음 브랜드 전략 중 성공한 상품의 브랜드를 다른 상품에도 도입하여 사용하는 전략은?

① 브랜드 확장　　　　② 브랜드 포지셔닝

③ 브랜드 네이밍　　　④ 브랜드 아이덴티티

09

기출

다음 중 브랜드 자산의 구성 요소가 아닌 것은?

① 지각된 품질　　　　② 브랜드 가격

③ 브랜드 애호도　　　④ 브랜드 연상

10

기출

다음 중 신상품 기획의 순서로 가장 올바른 것은?

① 콘셉트 구체화 → 콘셉트 개발 → 개발 → 양산 및 출시

② 콘셉트 구체화 → 콘셉트 개발 → 양산 및 출시 → 개발

③ 콘셉트 개발 → 콘셉트 구체화 → 개발 → 양산 및 출시

④ 콘셉트 개발 → 콘셉트 구체화 → 양산 및 출시 → 개발

11

다음 글상자가 설명하는 집단은?

> • 새로운 기술이 나왔을 때 무조건 받아들이는 계층
> • 신기술에 문제가 있거나 불편하더라도 사용하는데 아무런 불평도 제기하지 않는 특성을 가짐

① 혁신 수용자　　　　② 전기다수 수용자

③ 후기다수 수용자　　④ 조기 수용자

12

산업구조분석에 있어서 구매자와 공급자의 교섭 능력에 따른 차이를 설명하는 내용 중에서 올바르지 않은 것은?

① 구매자의 공급자에 대한 상대적인 힘의 크기가 중요하다.

② 구매자들이 공급자의 제품, 가격, 비용구조에 대해 보다 자세한 정보를 가질수록 구매자의 교섭력은 강해진다.

③ 수직적 통합을 할 수 있는 경우 구매자의 교섭력은 훨씬 강화된다.

④ 구매자들이 공급선을 바꾸는데 전환비용이 클수록 구매자의 교섭력이 커진다.

13

기출

다음 중 전자상거래 전략의 수립을 위한 첫 번째 단계인 기회와 포지셔닝의 구성에 포함되지 않는 것은?

① 내부분석　　　　　　② 외부환경분석

③ 기회포착　　　　　　④ 효과분석

14

다음 글상자가 설명하는 마케팅 믹스 요소는?

> PR/홍보/광고, DM 등을 통해서 제품의 콘셉트와 정보를 소비자에게 전달해서 소비자의 구매의욕을 높이는 활동

① 제품　　　　　　　　② 가격

③ 유통　　　　　　　　④ 촉진

15

기출

다음 중 로그 데이터를 기반으로 웹사이트의 현황을 분석하는 것을 무엇이라고 하는가?

① 일반분석　　　　　　② 특수분석

③ 활용분석　　　　　　④ 통제분석

16

다음 중 노출기반 지불형 광고는 무엇인가?

① Flat Free   ② CPC

③ CPI   ④ CPA

17

다음 CRM 시스템의 목적 중 가장 올바르지 않은 것은?

① 고객 확대 방안 지원

② 낮은 수익성 고객의 이탈화 촉진

③ 기존고객 활성화를 통한 수익 증대

④ 고객의 충성도를 관리전략 수립, 실행, 평가

18

다음 중 글상자의 괄호 안에 알맞은 용어는?

- ( )는 웹사이트를 통해 소비자에게 전달하고자 하는 것으로, 뉴스, 교육, 오락, 증권 등의 정보를 포함한다.
- ( )는 웹사이트 목적에 부합하는 종류를 결정하는 것이 중요하다.

① Contents   ② Commerce

③ Communication   ④ Community

19

다음 중 바이럴 마케팅의 특징과 거리가 가장 먼 것은?

① 키워드 광고나 배너 광고에 비해 다른 블로그로의 스크랩 기능으로 효과가 확산되기 때문에 저비용으로 높은 광고효과를 누릴 수 있다.

② 기업이 직접 홍보를 하지 않고 소비자의 블로그, E-메일, 메신저 등의 활동을 통해 구전방식으로 전해지는 광고이다.

③ 블로그나 카페에서 작성한 정보는 삭제 하지 않는 경우에는 영구적으로 유지되기 때문에 지속적인 고객 유입이 가능하다.

④ 기존고객 목록과 정보를 방문판매, 신문지 삽입광고 등과 같은 다양한 촉진매체로 수행된다.

20 [기출]

다음 중 인터넷 쇼핑몰 사이트 운영의 기본 원칙으로 가장 올바르지 않은 것은?

① 경험을 축적하라.

② 폭넓은 지식을 가져라.

③ 차별화가 생명이다.

④ 레드오션을 노려라.

전자상거래 운영 및 관리

21 [기출]

다음 중 웹사이트 구축 절차를 가장 올바르게 나열한 것은?

(가) 콘셉트의 정의
(나) 콘텐츠의 구성
(다) 내비게이션 보드 작성
(라) 스토리보드 작성
(마) 웹 디자인 작업
(바) 웹 페이지 통합 및 테스트

① (가) – (나) – (다) – (라) – (마) – (바)

② (가) – (나) – (라) – (다) – (마) – (바)

③ (나) – (가) – (다) – (라) – (마) – (바)

④ (나) – (가) – (다) – (마) – (라) – (바)

22 [기출]

다음 중 백오피스의 관리 운영자들의 임무로 가장 올바르지 않은 것은?

① 콘텐츠의 내용 및 구성을 바꾼다.

② 웹사이트 내비게이션의 기능을 향상시킨다.

③ 사이트의 로딩 시간이나 다운로드 시간을 가능한 길게 유지한다.

④ 스팸과 같은 온라인 공격에도 서비스가 중단되지 않도록 한다.

23

기출

다음 글상자에서 설명하고 있는 내비게이션 종류는?

> 그림의 일부에 하이퍼링크를 적용하여 원하는 페이지로 이동할 수 있도록 하는 기법

① 라이트 맵
② 사이트 맵
③ 이미지 맵
④ 내비게이션 바

24

다음 중 백오피스를 구축하는 과정에 대한 설명으로 가장 올바르지 않은 것은?

① 분석: 고객과 운영자의 니즈를 수집하고 분석한다.
② 기획: 백오피스는 내부고객이 이용하는 것으로 내부환경을 제대로 분석하여 시스템 효율성과 효과성을 도출하는 방안을 찾는 것이 중요하다.
③ 구축: 기획대로 백오피스 시스템을 구축한다.
④ 실행: 구축된 백오피스를 운영하기 전에 테스트를 통해서 기능을 검증하여 향후 운영시 발생할 수 있는 피해를 사전에 방지하도록 해야 한다.

25

쿠폰, 여행상품, 홈뱅킹, 홈트레이딩 서비스와 같은 콘텐츠는 다음 중 어디에 속하는가?

① 정보 중심의 콘텐츠
② 커뮤니케이션 중심 콘텐츠
③ 전자상거래 중심의 콘텐츠
④ 커뮤니케이션 중심 콘텐츠

26

기출

다음 중 상품 자신이 단독으로 가진 가치 이외의 주변가치를 포함하는 광의의 상품을 무엇이라고 하는가?

① 단독 상품
② 유인 상품
③ 메타 상품
④ PB 상품

27

기출

다음 중 그래픽을 사용하여 사용자와 웹 시스템 간에 대화를 할 수 있게 하는 인터페이스 방식은?

① PBI(Picture Based Interface)
② GBI(Graphic Based Interface)
③ PAG(Picture and Graphic)
④ GUI(Graphic User Interface)

28

기출

다음 중 품절방지를 위하여 최저수준으로 재고를 유지하는 것은?

① 안전재고
② 주문량
③ 리드타임
④ 재주문점

29

정보를 구조화하는 단계는?

> (가) 주어진 정보를 정확히 파악한다.
> (나) 정보에 있어서 꼭 필요한 내용을 추출한다.
> (다) 분류된 요소들 간의 관계를 체계적으로 정리하여 정보의 의미를 표현한다.
> (라) 추출한 필요한 내용의 주요 요소를 비교하여 비슷한 성질의 것끼리 분류한다.

① (가) (나) (다) (라)
② (가) (나) (라) (다)
③ (나) (가) (다) (라)
④ (나) (가) (라) (다)

30

기출

다음 중 경제적 주문량 모형(EOQ)의 전제조건으로 가장 올바르지 않은 것은?

① 연간 수요량은 일정하다.
② 조달기간은 일정하다.
③ 여러 제품을 대상으로 한다.
④ 주문비용과 단가는 주문량에 관계없이 일정하다.

31

기출

다음 글상자에서 설명하고 있는 용어로 가장 올바른 것은?

> 제3자가 인가된 송수신자 간의 전달 내용을 알지 못하도록 안전한 의사소통을 하는 것을 의미한다.

① 인증   ② 무결성

③ 기밀성   ④ 부인방지

32

기출

다음 중 가치전송서비스를 제공하는 차원에서 전자지불시스템에 대한 설명으로 가장 거리가 먼 것은?

① 지급인으로부터 수취인에게 가치를 전송한다.

② 어떤 종류의 전자적 가치를 다른 종류의 전자적 가치로 전환한다.

③ 지불이 취소되는 경우, 수취인으로부터 지급인에게 가치를 반환한다.

④ 법정화폐를 전자화폐로는 전환하지만, 역으로 전자적 가치를 법정화폐로는 전환이 불가능하다.

33

다음 글상자가 설명하는 용어는?

> 은행 거래에서 신용카드나 지로 등을 이용하여 한 은행계좌에서 다른 은행계좌로 자금을 직접 전송하는 시스템

① EFT   ② EDI

③ CALS   ④ SET

34

기출

전자결제시스템의 유형 중 디지털 현금, 선불카드, 직불카드는 다음 중 어느 유형에 속하는가?

① 전자화폐형   ② 전자수표형

③ 신용카드형   ④ 전자자금 이체형

35

기출

다음 중 동일지역이나 동일업종에 속하는 여러 업체들이 물류 시설을 공동으로 설치, 이용, 관리하는 물류공동화의 장점이 아닌 것은?

① 물류 기밀성 확보   ② 물류비용 절감

③ 수 · 배송 효율의 향상   ④ 중복투자 감소

36

기출

다음 중 디자인이 잘 된 내비게이션을 구축하기 위해 고려할 사항으로 가장 거리가 먼 것은?

① 사용자 관점에서 사고하고 개발자의 생산성을 항상 염두에 두고 작업을 진행하여야 한다.

② 원하는 정보에 빠르게 도달할 수 있도록 내비게이션 환경을 제공하여야 한다.

③ 사이트의 목적에 적합해야 하며, 일관성 있는 구성을 하여야 한다.

④ 웹페이지들을 체계적으로 연결함으로써, 웹사이트와 방문객을 연계시키는 매개체 역할을 할 수 있어야 한다.

37

자동차 수리 견적을 자동차 수리업체가 제시하고 가장 견적이 싼 업체를 이용하는 경쟁 매매 방법은 다음 중 무엇인가?

① 역경매   ② 경매

③ 입찰   ④ 공매

38

다음 글상자에서 설명하고 있는 온라인 소비자 유형은?

> 이 온라인 소비자의 유형은 전체 이용자의 8%에 불과하나, 온라인 총 사용 시간량의 32%를 차지하며, 평균적인 이용자보다 4배 이상의 페이지뷰를 기록하고 있다. 이들은 쇼핑, 정보, 오락, 검색 등 다양한 목적으로 장시간 인터넷을 이용하고, 새로운 온라인 경험을 추구하며, 사이트간의 이동이 빠르다. 우수한 브랜드와 디자인, 볼거리 등을 제공하고, 지속적인 업데이트, 다양한 제품과 서비스들을 선호한다.

① 간편 추구형   ② 틀에 박힌형

③ 서퍼형   ④ 흥정형

39 〔기출〕

다음 중 시장세분화를 위한 소비자 정보가 아닌 것은?

① 인구통계적 특성

② 소비자의 구매빈도

③ 소비자의 구매량

④ 제품 사용 후 평가

40

플랫폼 경제에 대한 설명 중 가장 옳은 것은?

① 현재 존재하는 모든 산업영역으로 이미 시장에서 잘 알려진 공간이며, 치열한 경쟁을 통하여 생존하고, 경쟁자를 이기기 위한 경쟁의 논리가 지배하는 경제활동이다.

② 고객가치 창출을 목표로 하여 미개척된 새로운 경제활동 공간을 의미한다.

③ 소유의 개념이 아닌 서로 대여해 주고 차용해 쓰는 개념으로 인식하여 수행하는 경제활동을 의미한다.

④ 디지털 네트워크와 기술을 기반으로 상품 및 서비스의 공급자와 수요자가 거래하는 경제활동을 말한다.

전자상거래 시스템 운영 및 관리

41 〔기출〕

다음 글상자에서 설명하고 있는 프로그래밍 언어는?

- 유닉스 계열 운영체제 뿐만이 아니라 윈도우에서도 사용이 가능하다.
- 설치도 쉽고 배우기 쉬운 언어이다.
- 소규모 웹사이트 제작에 많이 사용된다.
- 유지보수 비용이 저렴하다.

① Java   ② PHP

③ ASP   ④ CMS

42 〔기출〕

다음 중 보안 기술에 대한 설명으로 가장 올바르지 않은 것은?

① 모의침투: 시나리오를 통해 침투범위를 설정하고 주어진 시간에 과연 어디까지 망을 뚫을 수 있는지를 확인함으로써 네트워크가 얼마나 안전한지 파악

② 침입탐지시스템: 외부망으로부터의 해커 등과 같은 비인가자가 내부망으로 침입하는 것을 차단하는 시스템

③ 접근제어: 권한이 없는 사람이나 시스템이 서버에 접근하지 못하도록 통제하는 기술

④ 가상사설망: 인터넷에서 지점 간에 안전한 터널링을 설정하여 전용회선을 사용하는 것처럼 보안성을 제공

43

다음 글상자는 전자보안의 원칙 중 무엇인가?

소비자는 서비스를 구매할 때 판매자 정보를, 판매자는 대금 결제를 위한 소비자의 정보를 확인하는 과정

① 비밀성   ② 무결성

③ 보완성   ④ 인증

44

다음 중 데이터베이스의 데이터 품질 기준으로 가장 거리가 먼 것은?

① DB에 저장된 값과 실제 값이 일치하는 지 여부

② DB에 저장된 객체들이 실세계의 속성을 제대로 반영했는지 여부

③ 가장 최근의 데이터로 업데이트 되었는지 여부

④ 빠르고 정확한 검색 성능

45 [기출]

다음 중 전자상거래 서버가 갖추어야 할 조건에 대한 설명으로 가장 올바르지 않은 것은?

① 하나의 서버는 하나의 클라이언트를 서비스 할 수 있어야 한다.

② 사용자 수가 증가함에 따른 충분한 저장 공간과 빠른 접근 시간을 제공해야 한다.

③ 새로운 응용과 기술을 이용할 수 있게 멀티미디어 데이터에 대한 지원을 해야 한다.

④ 사용자 요구에 대하여 실시간으로 만족할 만한 수준의 성능을 제공해야 한다.

46 [기출]

다음 중 서버와 그 설명이 가장 올바른 것은?

① 웹서버 : 파일 전송 및 관리 서버

② FTP서버 : 원격으로 컴퓨터를 제어하는 서버로 텍스트 중심의 명령 실행 지원

③ DS서버 : 도메인 네임을 관리하는 서버

④ DB서버 : 데이터가 저장되어 있는 서버

47 [기출]

다음 글상자에서 설명하고 있는 용어는?

> 웹서버가 클라이언트의 요청에 따라 서버 상에서 프로그램을 실행시키기 위해 웹서버와 외부 프로그램 사이에서 정보를 주고받는 방법이나 규약

① CGI　　　　　② HTTP

③ URL　　　　　④ AJAX

48 [기출]

다음 중 블로그를 활용하여 전자상거래 커뮤니티를 구축하고 운영하고자 할 때의 활동으로 올바르지 않은 것은?

① 카테고리는 너무 많지 않게 조절하여 관리한다.

② 블로그 게시물은 자주 업로드한다.

③ 다른 SNS의 블로그로의 유입을 막기 위해 연동시키지 않는다.

④ 파워블로그를 참조하여 운영한다.

49

일반적으로 컴퓨터 시스템에 대한 불법적인 침입에 대해 가장 큰 위협은?

① 내부직원　　　　② 해커

③ 아웃소싱 업체 직원　④ 크래커

50

온라인 상에서 모은 정보를 이용해서 신용카드에 금액을 청구한다거나, 은행계좌로부터 돈을 빼돌리는 등의 사기 행각을 하는 행위자를 의미하는 용어는?

① 피셔　　　　　② 해커

③ 프로그래머　　　④ 크래커

51 [기출]

다음 중 이미 작성된 웹페이지들에 대해 변경없이 클릭 데이터를 수집할 수 있는 기법들로 짝지어진 것은?

① 패킷스니퍼, 웹 로그

② 자바스크립트 태그, 웹 비콘

③ 자바스크립트 태그, 웹 로그

④ 웹 비콘, 패킷스니퍼

52

다음 중 글상자에서 설명하고 있는 용어는?

> 트위터에서 누군가 작성한 트윗을 자신의 지인들에게 재전송 하는 방식

① Tweet　　　　② Retweet

③ Follow　　　　④ Follow Back

53

다음 중 백오피스의 장애 요인으로 거리가 먼 것은?

① 디스크 붕괴나 전원고장 등으로 인한 하드웨어적 결함

② 오류가 있거나 불필요한 데이터의 입력

③ 정상적으로 수행되는 배치파일

④ 프로그램 오류 및 컴퓨터 바이러스

54

다음 중 전자상거래 서버의 하나인 머천트 서버의 역할로 가장 올바르지 않은 것은?

① 고객이 직접 쇼핑할 수 있도록 상품의 카탈로그 정보와 검색기능을 제공한다.

② 검색 엔진을 내장하여, 고객들이 단일 상점이나 몰에서 키워드 검색을 통해 원하는 상품을 쉽게 찾을 수 있는 기능을 제공한다.

③ 고객의 구매 욕구를 높일 수 있도록 세일행사나 구매 실적에 따른 마일리지 적립 기능을 제공한다.

④ 쇼핑몰에서 고객들끼리 메시지나 파일을 공유 및 교환할 수 있는 서비스 기능을 제공한다.

55   기출

다음 중 전자상거래를 지원하는 지능형 에이전트가 수행할 기능과 가장 거리가 먼 것은?

① 소비자 요구 파악

② 제품 탐색 및 추천

③ 서비스와 평가 지원

④ 전사적 자원 관리

56   기출

다음 중 웹서버를 안전하게 운영하기 위한 조치로 가장 올바르지 않은 것은?

① 웹서버 설정을 통해 URL이 디렉토리를 나타낼 때 디렉토리 안의 파일 목록을 보여주지 않도록 조치한다.

② 웹 방화벽을 설치하여 웹서버에 대한 공격 행위를 탐지하고 차단한다.

③ 웹서버를 운영하는 시스템의 운영체제 보안 업데이트를 정기적으로 수행한다.

④ 웹서버를 구동하는 사용자 ID로 관리자 계정인 'root'를 사용한다.

57

다음 글상자에서 설명하고 있는 전자지불 수단은?

> 전자상거래를 통하여 물품 구입후 대금 청구서를 수령한 물품구매자가 자신의 컴퓨터를 이용하여 자신의 은행에 지급 제시하고 전자적 추심과정을 거쳐 판매대금을 회수하는 시스템
> • B2B나 규모가 큰 거래에 주로 이용됨
> • Netcheck이 대표적 사례

① 전자수표   ② 신용카드

③ 체크카드   ④ 전자자금이체

58

웹페이지가 구축 완료 후에 웹페이지를 사용할 기업의 담당자들이 테스트를 하지 않아도 되는 것은?

① 기능 구현 및 제대로 동작하는지 여부

② 내비게이션 보드가 제대로 동작하는지 여부

③ 오류페이지 코딩 수정

④ 페이지의 오탈자 검토

59   기출

다음 중 배송 정책 설정 시 결정할 사항으로 가장 올바르지 않은 것은?

① 배송 물량에 따라 배송 비용을 계산한다.

② 배송 지역에 따라 배송 비용을 차별하여 정한다.

③ 결제수단에 따라 배송 비용을 다르게 정한다.

④ 구매 금액에 따라 무료 배송 여부를 정한다.

60

다음 글상자에서 머천트 서버에서 제공하는 기능을 설명하는 용어는?

> 다양한 상품 정보를 제작하고, 유지 관리 및 다양한 검색기능과 상품의 정보를 제공한다.

① 카탈로그 프로그램

② 프로모션 관리 프로그램

③ 고객정보 프로그램

④ 관리 프로그램

61

다음 글상자의 괄호 안에 알맞은 용어는?

사이트 전략 및 ( ) 결정 → 웹 디자인 → 구현 및 테스트 → 검수 및 완료 보고

① 운영 　　　　　　② 콘셉트

③ 정책 　　　　　　④ 개발

62

비즈니스 모델에 대한 설명으로 틀린 것은?

① 사업 계획을 세울 때 핵심적으로 고려해야 하는 것으로 경쟁적 시장에서 수익을 창출해 낼 수 있도록 계획된 활동, 즉 비즈니스 프로세스 집합을 의미한다.

② 고객, 유통채널, 제품, 서비스 및 정보의 흐름에 대한 청사진과 다양한 비즈니스 주체들에 대한 잠재적 효익성, 비즈니스 모델의 주체별로 대가와 수익 창출 방법에 대한 내용이 담겨 있어야 한다.

③ 아이디어 및 기술과 경제적 성과를 연결하는 프레임 워크가 비즈니스 모델이다.

④ 사업을 수행하기 위해 어떤 비즈니스의 목적, 그것이 달성 가능하다고 믿는 근거, 그리고 이를 위한 구체적인 계획이 포함된 상세한 공식문서로 재무적 예측자료가 많이 담겨 있다.

63

플랫폼 경제의 특징으로 옳지 않은 것은?

① 디지털 네트워크와 기술을 기반으로 상품 및 서비스의 공급자와 수요자가 거래하는 경제활동을 말한다.

② 구매자 독점 방식이다.

③ 옴니채널 방식이다.

④ 온라인과 일상적인 삶의 차이가 점점 줄어들어 마침내 두 영역의 구분이 사라지는 삶을 말한다.

64

다음 중 전자상거래(E-commerce)와 모바일 상거래(M-commerce)의 특성을 비교한 설명으로 가장 올바르지 않은 것은?

① 모바일 상거래는 네트워크의 이동성을 제공한다는 점에서 차이가 있다.

② 모바일 상거래는 네트워크와 단말기의 기능 차이로 한계가 있으나 PC를 기반으로 하는 전자상거래에 비하면 편리성과 휴대성이 뛰어나다.

③ 모바일 상거래는 상대적으로 안정적인 통신품질을 제공한다.

④ 모바일 상거래는 휴대용으로 가변적 위치 파악이 가능하다.

65

다음 중 소비자 주도 시장의 특징으로 가장 거리가 먼 것은?

① 정보 자체가 소비 가치를 갖는다.

② 서비스의 맞춤화가 가능하다.

③ 구입 전 소비자와 공급자 간 상호 커뮤니케이션이 이루어진다.

④ 공급자가 소비자 구매정보를 활용하여 마케팅 전략을 구사한다.

66

다음 중 전자상거래로 인한 시장의 기회 또는 위협을 가장 올바르게 설명한 것은?

① 제품 및 서비스 가격의 투명성이 떨어질 것이다.

② 유통단계가 더욱 복잡하게 될 것이다.

③ 개인 맞춤형 서비스가 확대될 것이다.

④ 고객과의 의사소통이 줄어들 것이다.

67

경쟁우위의 구성 요소는 원천, 우월한 지위, 실적 및 성과가 있다. 다음 중 고객 관점에서 바라본 우월한 지위에 포함된 요소로 올바르지 않은 것은?

① 부대서비스 　　　　② 저가격, 고품질

③ 독특한 혜택 　　　　④ 정부의 정책

68

다음 중 소비자가 전자상거래를 통해 구매할 때 전자상거래 가격이 전통상거래 가격보다 저렴한 이유로 거리가 먼 것은?

① 전자상거래는 직접 고용해야 하는 직원이 적어, 유지비용이 저렴하다.

② 검색을 통한 가격 비교가 가능하다.

③ 중간거래상이 적어 유통비가 절감될 수 있다.

④ 다양한 배달 옵션을 통해 배달료를 줄일 수 있다.

69 기출

다음 중 전자상거래의 긍정적인 영향에 대한 설명으로 가장 올바르지 않은 것은?

① 고객 정보 획득이 가능하다.

② 프로세스의 다원화가 가능하다.

③ 정보의 신속한 검색 및 비교가 가능하다.

④ 유통 비용 절감을 통한 효율성 제고가 가능하다.

70

다음 글상자와 같은 전자상거래 유형은?

> 인터넷 사이트를 이용하여 자동차 세금을 납부함

① G2C ② C2C
③ B2C ④ G2G

전자상거래 관련 법규

71

다음 중 금융회사에 속하지 않는 것은?

① 여신전문금융회사

② 우체국 등 체신관서

③ 새마을금고

④ 전자금융업자

72

다음 중 「전자문서 및 전자거래 기본법」에서 정의된 '전자문서'의 정의는?

① 정보처리시스템에 의하여 전자적 형태로 작성, 송신·수신 또는 저장된 정보

② 컴퓨터를 활용하여 수작업으로 작성된 종이문서나 정보처리시스템에 의하여 전자적 형태로 저장된 모든 정보

③ 정보처리시스템에 의하여 전자적 형태로 작성되어 종이로 출력된 문서 또는 전자적으로 저장된 모든 정보

④ 컴퓨터를 활용하여 수작업으로 작성된 종이문서나 정보처리시스템에 의하여 전자적 형태로 작성, 송신·수신 또는 저장된 정보

73 기출

다음 글상자에서 설명하고 있는 용어로 가장 올바른 것은?

> 전자적 방법으로 재화의 구입 또는 용역의 이용에 있어서 지급결제정보를 송신하거나 수신하는 것 또는 그 대가의 정산을 대행하거나 매개하는 것

① 모바일결제 ② 전자금융기반시설
③ 핀테크 ④ 전자지급결제대행

74

「지식재산 기본법」에 따른 공공연구기관으로 옳지 않은 것은?

① 고등교육법에 따른 학원

② 정부출연연구기관

③ 지방자치단체연구기관

④ 전문생산기술연구소

75

다음 글상자에서 설명하고 있는 용어는?

> 경제 · 사회 또는 문화의 변화나 과학기술의 발전에 따라 새로운 분야에서 출현하는 지식재산

① 신지식재산 ② 지식재산권

③ 지식재산 ④ 지적재산권

76

기출

다음 중 「전자서명법」에서 사용하는 용어 중 '전자서명 생성정보가 가입자에게 유일하게 속한다는 사실을 확인하고 이를 증명하는 행위'를 지칭하는 용어는?

① 인증 ② 전자서명

③ 서명자 ④ 가입

77

다음 중에서 전자상거래 및 통신판매 등에 의한 재화 또는 용역의 공정한 거래에 관한 사항을 규정함으로써 소비자의 권익을 보호하고 시장의 신뢰도를 높여 국민경제의 건전한 발전에 이바지함을 목적으로 하는 법은?

① 전자거래기본법

② 소비자보호에관한법

③ 정보통신법

④ 개인정보보호법

78

기출

「전자상거래 등에서의 소비자보호에 관한 법률」에 따르면 전자상거래를 하는 사이버몰의 운영자는 소비자가 사업자의 신원 등을 쉽게 알 수 있도록 사이버몰의 초기 화면에 표시하여야 하는데 그 표시하여야 할 사항이 아닌 것은?

① 상호 및 대표자 성명

② 영업소가 있는 곳의 주소(소비자의 불만을 처리할 수 있는 곳)

③ 사이버몰의 이용약관

④ 사업자의 실제 거주지

79

「개인정보보호법」상 개인정보 보호위원회(이하 '보호 위원회')에 관한 설명으로 올바르지 않은 것은?

① 위원장은 공무원인 위원 중에서 대통령이 위촉 한다.

② 위원장과 위원의 임기는 3년으로 하되, 1차에 한하여 연임할 수 있다.

③ 보호위원회는 재적위원 과반수의 출석과 출석위원 과반수의 찬성으로 의결한다.

④ 보호위원회는 위원장 1명, 상임위원 1명을 포함한 15명 이내의 위원으로 구성하되, 상임위원은 정무직 공무원으로 임명한다.

80

「전자문서 및 전자거래 기본법」상 전자거래사업자가 전자거래와 관련되는 소비자를 보호하고 전자거래의 안전성과 신뢰성을 확보하기 위하여 준수하여야 하는 사항으로 거리가 먼 것은?

① 상호와 그 밖에 자신에 관한 정보와 재화, 용역, 계약 조건 등에 관한 정확한 정보를 제공해야 한다.

② 소비자가 어렵게 접근 · 인지할 수 있도록 약관을 제공 및 보존해야 한다.

③ 소비자가 자신의 주문을 취소 또는 변경할 수 있는 절차를 마련해야 한다.

④ 거래의 증명 등에 필요한 거래기록을 일정기간 보존해야 한다.

실전모의고사 7회

전자상거래 기획(인터넷 마케팅)

01 [기출]

다음 중 쇼핑몰 사이트에서 고객 분석을 위해 과거 고객 방문 자료를 이용하고자 할 때 사용하는 방법으로 가장 적합한 것은?

① 로그 파일 활용
② 전화 인터뷰
③ 온라인 설문 조사
④ 사용성 평가

02

수요가 공급을 초과하는 상황에서 시장 전체의 불특정 다수를 대상으로 판매에 주력하는 마케팅 활동 방법은 무엇인가?

① 세분화 마케팅
② 일대일 마케팅
③ 데이터베이스 마케팅
④ 대중 마케팅

03 [기출]

다음 인터넷 광고의 특징으로 가장 올바르지 않은 것은?

① 공간의 제약없이 광고할 수 있다.
② 광고에 노출되는 대상을 식별할 수 있다.
③ 오프라인 매체에 비해 광고 표현 내용을 자주 바꾸기 어렵다.
④ 고객 데이터가 확보된 경우에는 고객맞춤형 광고가 가능하다.

04 [기출]

다음 중 시장세분화에 사용되는 기준 변수 중에서 인구통계학적 변수가 아닌 것은?

① 연령
② 소득
③ 브랜드 성향
④ 지역

05 [기출]

다음 중 인터넷 시장 세분화의 목적이 아닌 것은?

① 자사 제품의 차별화를 통한 시장 기회 창출
② 이질적 시장을 제품 선호에 따라 하나의 시장으로 통합
③ 목표 시장에서 지위 구축
④ 사용자 요구에 맞춘 합리적 마케팅 전략

06 [기출]

다음 중 분석적 CRM의 분류에 속하는 것은?

① Sales Force
② Direct Mail
③ Ad Hoc Query and Reporting
④ Contact Management

07 [기출]

다음 중 전사적 CRM 전략의 네 가지 관점이 아닌 것은?

① 고객
② 인프라
③ 프로세스
④ 비즈니스

08

다음 글상자에서 설명하고 있는 포지셔닝의 유형으로 가장 올바른 것은?

> 경쟁 제품과 다른 편익이나 속성을 지녔다고 소비자에게 인식시키는 가장 흔히 사용되는 포지셔닝 방법이다.

① 속성 포지셔닝
② 가격 포지셔닝
③ 경쟁자 포지셔닝
④ 사용자 포지셔닝

09

다음 중 브랜드 자산이 소비자에게 제공하는 가치로 가장 거리가 먼 것은?

① 제품과 브랜드에 관한 많은 정보를 해석, 처리, 저장하는데 도움을 준다.
② 과거의 사용경험이나 브랜드에 대한 친숙함을 통해 구매의사결정에 확신을 심어준다.
③ 제품에 관한 지각된 품질이나 브랜드 연상은 제품 사용 만족도를 높여준다.
④ 소비자는 자신이 선호하는 브랜드의 가격에 덜 민감하기 때문에 높은 마진을 책정할 수 있게 된다.

10

다음 중 인터넷 신상품 개발 과정에서 고려해야 할 요소로 가장 올바르지 않은 것은?

① 고객과의 상호작용성
② 물리적 점포
③ 개인화 서비스
④ 정보 지향성

11

다음 중 후기다수 수용자에 대한 설명으로 옳은 것은?

① 실용적 구매 계층으로서 기본적으로 첨단 기술에 관심을 가지고 있지만 모험을 하고자 하지 않는다.
② 통상적으로 활발하고 적극적인 구전활동을 하는 사용자이다.
③ 전체 수용주기의 25%(1/4) 범위에 속하는 집단을 일컫는다.
④ 첨단 기술에 대한 부정적인 시각을 가지고 있다.

12

다음 글상자의 괄호 안에 알맞은 용어를 차례대로 나열한 것은?

> 전통산업사회의 대량생산시대를 지배했던 (   )원리는 어떤 사업이 일정 규모를 초과하면 수익성이 급격히 저하한다는 원리를 말하는 반면, 지식 주도형 산업에 적용되는 (   ) 원리는 사업규모가 배가 될수록 생산이 더욱 효율적으로 이루어져 산출량은 두 배 이상이 된다는 규모의 경제를 말한다.

① 수확체감, 수확체증
② 수확체증, 수확체감
③ 멧칼프, 길더
④ 길더, 멧칼프

13

다음 글상자에서 설명하고 있는 마케팅 용어는?

> 마케팅 전략의 6C 중 하나로, 전자상거래 비즈니스 모델, 제품 및 서비스, 참여 주체를 고려하여 상품판매, 정보 및 서비스 이용료, 광고수입, 각종 거래수수료 등의 수입을 고려하는 전략

① Commerce
② Customizing
③ Communication
④ Community

14

[기출]

다음 인터넷 마케팅의 유형 중 웹을 이용한 홍보(PR)로 가장 거리가 먼 것은?

① 브로셔웨어   ② 커뮤니티

③ 링크원 활용   ④ 콘테스트

15

[기출]

다음 글상자에서 설명하고 있는 광고는?

> 주로 자사의 홈페이지 첫 화면에 등장하는 광고로서, 일반적으로 홈페이지의 첫 화면이 열리는 동시에 별도의 창으로 열리면서 내비게이션 또는 클릭이 유도되는 광고

① 팝업 광고   ② 배너 광고

③ 키워드 광고   ④ 텍스트 광고

16

다음 중 키워드 검색을 통해서 노출되는 키워드 광고들의 신뢰성 확보를 위해서 검색엔진에서 고려하는 품질지수와 관련있는 요소가 아닌 것은?

① 노출순위   ② CPC

③ 필터링   ④ 네트워크 지수

17

다음 글상자에서 설명하고 있는 용어는?

> SWOT 분석의 4가지 전략 중에서 위협을 회피하기 위해 강점을 사용하는 전략으로 시장침투하거나 제품계열을 확충하는 전략을 취함

① ST전략   ② WT전략

③ WO전략   ④ SO전략

18

다음 글상자가 설명하고 있는 인터넷 마케팅 전략 용어는?

> • 개인 고객을 충성도 높은 단골고객으로 만들기 위해 고객의 특성을 파악하여 일대일 마케팅을 함
> • 고객정보 확보 방안, 고객 세분화 기준, 고객별 차별화 서비스를 고려해야 함

① Connection   ② Customizing

③ Communication   ④ Community

19

인터넷 뉴스를 이용한 홍보자료를 만들 때 적절하지 않은 것은?

① 객관성 있는 문장으로 작성해야 한다.

② 명확하고 간결하고 매력적인 제목이어야 한다.

③ 홍보성 뉴스이기 때문에 키워드는 포함되지 않아도 충분하다.

④ 첫 줄에서 핵심 내용들을 함축하고 있어야 한다.

20

웹사이트 구성 요소 중에서 디자인, 어휘선택, 메뉴 구성 등 웹사이트 전반에 걸쳐 정체성과 특성을 반영하는 기준이 되는 것은?

① 콘셉트   ② 콘텐츠

③ 웹사이트 구조   ④ 내비게이션

21
암호화폐에 대한 설명으로 틀린 것은?

① 블록체인기술로 암호화되어 분산발행되고, 일정한 네트워크에서 화폐로 사용할 수 있는 전자정보이다.

② 암호화폐는 중앙은행이 발행하여 인터넷상 P2P 방식으로 분산 저장되어 운영ㆍ관리된다.

③ 각 암호화폐의 분산형 통제에 사용되는 블록체인은 분산 거래장부로 기능하는 공적 데이터베이스이다.

④ 암호화폐는 액면가가 없고 투자의 목적이 되어 거래소를 통하여 시장의 수급에 따라 형성되는 가격으로 거래되어 소득 또는 손실이 발생할 수 있다.

22
다음 중 백오피스에 대한 설명으로 가장 옳은 것은?

① 웹사이트를 통해 비즈니스가 이루어지는 과정에서 고객에게 보이지 않는 뒤쪽에서 이루어지는 웹사이트 관리 시스템

② 기업 규모가 적은 중소기업에는 필요하지 않음

③ 웹사이트에서 고객이 사용하는 시스템

④ 고객이 이용하는 고객불만처리 시스템

23 [기출]
다음 중 웹사이트 구축 시 고려사항에 대한 설명으로 가장 올바르지 않은 것은?

① 원하는 표적시장의 특성을 고려하여 그들의 취향에 맞도록 웹사이트를 디자인한다.

② 일반적인 웹사이트의 콘셉트에 맞도록 일관성 있는 디자인을 한다.

③ 시간의 제약 없이 24시간 웹사이트를 이용할 수 있도록 전용 서버를 이용한다.

④ 방문자 질문에 기계적으로 메시지를 발송할 수 있도록 구현해야 한다.

24
다음 중 백오피스의 관리운영자가 해야 할 일로 가장 올바르지 않은 것은?

① 고객에게 친절하게 설명해야 함

② 스팸과 같은 온라인 공격에도 서비스가 중단되지 않아야 함

③ 사이트의 로딩 시간이나 다운로드 시간을 짧게 유지할 것

④ 웹사이트 내비게이션의 기능을 향상시켜야 함

25 [기출]
다음 글상자에서 설명하고 있는 수요 예측 모형의 분석 방법은?

> 수요가 시간이 지남에 따라 어떤 추세를 나타내거나 계절에 따라 변동하는 경우, 과거의 축적된 자료가 있는 경우 좀 더 과학적으로 수요를 예측할 수 있다.

① 시계열분해법

② 패널동의법

③ 시장조사법

④ 판매원 의견 종합법

26
특정 웹사이트에 한 번 이상 접속한 사용자 수를 파악하는 방법은?

① 체류시간　　　　　② 히트수

③ CPP　　　　　　　④ 방문자 수

27 [기출]
다음 중 웹사이트 평가 시 고려해야 할 최상위 평가 영역의 하나인 인터페이스(Interface) 영역의 하위 평가 영역으로 가장 거리가 먼 것은?

① 내비게이션　　　　② 사용성

③ 신선도　　　　　　④ 구조

28

다음 중 사용자가 웹사이트 내 여러 페이지를 쉽게 이동할 수 있게 하는 방법을 지칭하는 것은?

기출

① 애플리케이션　　② 내비게이션
③ 검색엔진　　　　④ 하이퍼링크

29

다음 글상자가 설명하고 있는 구조는?

> • 최상위 페이지와 각 하위페이지가 논리적 연결관계의 카테고리별로 사이트가 점진적으로 세분화되어 있는 구조이다.
> • 일반적으로 정보를 체계적으로 이해하고자 할 때 계층 구조적 사고를 하므로 웹사이트의 뼈대를 구축할 때 많이 쓰인다.

① 선형 구조　　　② 계층 구조
③ 복합 구조　　　④ 네트워크 구조

30

다음 중 온라인 쇼핑몰 운영전략으로 올바르지 않은 것은?

① 데이터 용량을 줄이기 위해 상품 공급을 위한 공급 및 배송업체 관리, 변화되는 상품정보는 이벤트가 완료되는 시점에만 입력한다.
② 상품 주문내역의 분석과 판매 및 재고 분석을 통해 미래를 예측하여 판매활동을 계획할 수 있도록 한다.
③ 결제업무 운영관리와 배송추적 등 배송서비스 관련하여 운영한다.
④ 회원정보 관리와 CRM과 연계한 고객관리를 시행한다.

31

다음 중 방화벽의 특징에 대한 설명으로 가장 올바르지 않은 것은?

기출

① 모든 트래픽은 방화벽을 통한다.
② 방화벽 자체는 보안성이 뛰어나야 한다.
③ 보안 정책에 의해 규정한 인증된 트래픽만이 통과할 수 있어야 한다.
④ 허가된 사용자가 내부 네트워크의 정보에 접근하는 것을 방지하여야 한다.

32

다음 글상자에서 설명하고 있는 용어는?

기출

> 단일 판매자와 다수 구매자간의 거래에 해당하는 거래 방식으로, 판매자가 일정한 수량에 대한 할인 규칙을 제시하고 이에 소비자들이 참여하여 할인을 받는 방식이다.

① 경매　　　　　　② 최저가구매
③ 대행구매　　　　④ 공동구매

33

다음 글상자에서 설명하고 있는 용어는?

기출

> 전자상거래 등에서 구매자와 판매자 사이에 중개 서비스 회사가 개입해 상품 인도와 대금 지불을 대행해 주는 서비스로 전자상거래의 안전성을 높이기 위해 인터넷 쇼핑몰에서 거래의 양당사자인 구매자와 판매자 모두를 보호하기 위해 거래대금을 제3자가 보관 후 정산해 주는 제도

① 코비신트(Covisint)
② 로제타넷(RosettaNet)
③ 에스크로우(Escrow)
④ 몬덱스(Mondex)

34
다음 중 IC카드형 전자화폐를 설명하는 것은?

① 초기 설비투자 비용이 많이 든다.

② 화폐 가치가 즉시 상대방에게 전달되어 결제 처리된다.

③ 일회 충전액수에 제한이 없다.

④ 온라인 거래만 가능하다.

35　기출
다음 중 물류관리의 4가지 원칙(3S1L)이 아닌 것은?

① 신속하게 　　　　② 저렴하게

③ 안전하게 　　　　④ 친절하게

36　기출
다음은 웹사이트 구축 단계이다. (가)에 들어갈 내용으로 올바른 것은?

> 콘셉트 정의 → 콘텐츠 구성 → (가) → 내비게이션 보드 작성 → 웹디자인 작업 → 웹페이지 통합 및 테스트

① 웹사이트에 담겨질 내용물을 말한다.

② 웹사이트를 통해 인터넷 비즈니스를 전개하기 위해 갖추어야 할 기본적인 방향을 말한다.

③ 각각의 독립된 문서나 콘텐츠를 서로 연결되도록 구성하여 쉽게 정보를 찾을 수 있도록 지원하는 것을 말한다.

④ 웹사이트 구축시 각 페이지마다 배경과 주변 설정을 어떻게 배치하고, 콘텐츠를 어떻게 묘사할 것인가를 미리 나타내는 개략적인 계획서를 말한다.

37
다음 중 사물인터넷기술을 전자상거래에 적용한 서비스로 가장 거리가 먼 것은?

① 가상현실을 통해 오프라인 매장에 들리지 않고도 가상공간에서 근처의 오프라인 매장에 대한 정보를 구할 수 있다.

② 사물인터넷과 인터넷 쇼핑이 결합하여 물건 재고 등을 알려주고, 자동주문으로 연결되는 서비스들이 생길 수 있다.

③ 스마트폰의 LBS 기술을 이용하여 근처 맛집을 추천 받는다.

④ 많은 사람들이 함께 생산하는 콘텐츠 서비스를 출시한다.

38
다음 글상자의 괄호 안에 들어갈 알맞은 용어는?

> • (　)은(는) 구매자가 어떤 제품군에 속한 특정 브랜드를 알아보게 하는 재인(Recognition) 또는 회상(Recall)할 수 있는 능력을 의미한다.
> • (　)은(는) 해당 브랜드와 관련된 이미지를 구축하여 그 브랜드에 대한 친밀감을 형성시키고, 이를 제품의 품질과 신뢰성으로 연계시켜서 소비자에게 구매고려 상품군으로 작용하게 한다.

① 브랜드 인지도 　　　② 브랜드 충성도

③ 브랜드 연상 　　　　④ 상표권

39　기출
다음 중 소비자가 수행한 구매 활동에 대한 고마움을 표시하고, 구매액이 누적되는 것에 따라 포인트를 제공함으로써 반복 구매를 장려하고 보상하는 판매 촉진 도구는?

① 리베이트 　　　　② 로열티 프로그램

③ POP 전시물 　　　④ PPL

40

기출

다음 글상자에서 설명하고 있는 용어는?

> 주문이 발생하였을 때 정상적으로 발주하지 못하여 발생하는 비용이다. 판매 기회를 놓치거나 고객을 상실하게 된다. 이러한 현상을 비용화한 일종의 기회비용이다.

① 주문비용 ② 재고유지비용
③ 자본비용 ④ 품절비용

전자상거래 시스템 운영 및 관리

41

기출

다음 글상자의 내용을 토대로 개체로 식별되어 테이블로 저장될 대상으로 가장 올바르지 않은 것은?

> 온라인 서점을 운영하고자 한다. 회원제로 운영할 것이고 순수하게 도서만 취급할 예정이다. 책을 납품받을 출판사를 관리하고 납품내역을 관리하고자 한다. 관련된 정보는 관계형데이터베이스로 구축할 것이다.

① 재고 정보 ② 출판사 정보
③ 회원 정보 ④ 도서 정보

42

기출

다음 중 네트워크 보안에 대한 설명으로 가장 올바르지 않은 것은?

① 네트워크 계층은 데이터의 송수신과 관련된 통신을 담당하는 역할을 한다.
② 네트워크 보안을 위해서는 안전하지 않은 IP나 Port에 대한 접근 제어가 필요하다.
③ 네트워크 보안은 OS가 중심이 되고, 항상 유해성 여부를 체크할 필요가 있다.
④ 네트워크 보안을 위해서 대부분의 기업들은 방화벽과 IDS/IPS를 구축한다.

43

다음 중 구매자 입장에서 전자지불의 장점으로 보기 어려운 것은?

① 지역에 구애받지 않고 구매거래가 가능하다.
② 첨단의 안전한 전자금융기술을 확보함으로써 브랜드 가치를 높일 수 있다.
③ 제품 구입시 편리하게 사용가능하다.
④ 결제를 위한 노력을 줄일 수 있다.

44

다음 중 데이터베이스의 데이터 서비스 기준으로 가장 거리가 먼 것은?

① 데이터베이스 접근과 산출 정보활용의 용이성
② 사용자에게 제공되는 교육훈련, 각종문서, 도움 서비스 등의 적합성 정도
③ DB에 저장된 객체들이 실세계의 속성을 제대로 반영했는지 여부
④ 빠르고 정확한 검색 성능

45

웹사이트의 꼬리말에 들어갈 내용으로 틀린 것은?

① 웹페이지의 제목
② 최종 업데이트 날짜
③ 웹마스터 E-mail
④ 저작권 정보

46

기출

다음 중 '업무 환경이 요구하는 공동작업 응용프로그램을 만드는데 필요한 친숙한 도구와 메시지 전달 등 관리 기능을 주로 지원'하는 백오피스 서버는?

① Proxy Server
② Systems Network Architecture Server
③ Domain Name Server
④ Exchange Server

47
기출

다음 중 관계형 데이터베이스 설계에서 테이블 구조를 조정하는 정규화와 가장 거리가 먼 것은?

① 데이터 속성 간 종속관계의 일관성 유지

② 데이터 무결성 보장

③ 데이터 중복성 제거

④ 데이터 기밀성 보장

48
기출

다음 중 전자서명이 유효하기 위한 요구사항으로 가장 올바르지 않은 것은?

① 합법적인 서명자만이 전자서명을 생성할 수 있어야 한다.

② 전자서명의 서명자를 불특정 다수가 검증할 수 있어야 한다.

③ 서명자는 서명 행위 이후에 서명한 사실을 부인할 수 있어야 한다.

④ 서명한 문서의 내용을 변경할 수 없어야 한다.

49
기출

데이터가 손상되거나 손실될 경우를 대비하여 저장하는 데이터 사본을 백업이라 한다. 다음 중 정해진 시간 이후 변경된 데이터를 백업하여 서버에 저장하도록 하는 방식으로 올바른 것은?

① 전체 백업

② 증분 백업

③ 차등 백업

④ 균등 백업

50

최근 본인과 반대 성향의 정부, 단체 등을 방해하기 위해서 악의적으로 서비스 거부 공격, 정보도용 등의 공격을 하는 용어는?

① 피싱

② 브라우저 기생

③ 스파이웨어

④ 핵티비즘

51

다음 글상자가 설명하는 웹로그 분석 기술용어는?

> • 웹페이지에 데이터를 수집하는 객체를 삽입하여 데이터를 수집하는 방식으로 JavaScript나 Flash 객체 등도 이용한다.
> • 대규모 웹페이지의 대량 트랜잭션으로 인해 로그파일 생성량이 많아서 일반 웹로그 분석으로 어려울 때, 특정 페이지들을 중심으로 분석하고자 할 때 이용된다.

① 패킷 스니핑

② 페이지 태깅

③ 패널에 의한 방식

④ 웹로그에 의한 방식

52
기출

다음 글상자의 괄호 안에 들어갈 용어로 가장 올바른 것은?

> • (   )은(는) 유닉스 운영체제를 모델로 만들었으며, 커뮤니티를 주체로 개발한 컴퓨터 운영체제이다.
> • (   )은(는) 다중 작업과 다중 스레드를 지원하는 네트워크 운영체제이다.

① OS/2

② DRDOS

③ 윈도우NT

④ 리눅스

53
기출

다음 중 서버에 대한 설명으로 가장 올바르지 않은 것은?

① 서버는 다수의 사용자를 수용할 수 있는 그에 맞는 운영체제를 설치하는 것이 좋다.

② 서버는 대용량의 데이터를 빠르게 처리하기 위한 컴퓨팅 능력을 필요로 한다.

③ 마이크로프로세서를 사용한 데스크톱 컴퓨터는 서버로 사용할 수 없다.

④ 서버는 클라이언트의 요청에 대한 서비스의 결과를 제공하는 역할을 한다.

54
다음 중 서비스 품질을 측정하는 요소로 거리가 먼 것은?

① 현행성   ② 검색성

③ 용이성   ④ 지원성

55 [기출]
다음 정보시스템 감사 프로세스 중에서 통제(준거성) 테스트 절차의 감사기법으로 올바른 것은?

① 검열   ② 재계산

③ 조사   ④ 조회

56
다음 중 사이트 모니터링에 대한 설명으로 가장 올바르지 않은 것은?

① 사이트 이용객의 데이터를 중심으로 사이트 감시에 필요한 정보를 사이트 이용객에게 친숙한 형태로 보여 준다.

② 사이트 구조가 고객의 목적에 맞도록 디자인 되었는지 확인한다.

③ 사이트 링크를 항상 점검한다.

④ 전자상거래 운영자는 사이트 모니터링을 통해서 사이트의 장점과 단점을 파악하여 개선한다.

57 [기출]
다음 중 전자지불시스템의 기능에 대한 설명으로 가장 올바르지 않은 것은?

① 지불인으로부터 수취인에게 가치를 전송하는 기능

② 지불인이 취소하는 경우 수취인으로부터 지불인에게 가치를 반환하는 기능

③ 법정화폐를 전자화폐로의 전환은 가능하나 역의 경우는 차단시키는 기능

④ 외환거래처럼 어떤 종류의 전자적 가치를 다른 종류의 전자적 가치로 전환하는 기능

58
프로그램의 오류를 찾아 수정하는 일이라는 의미로 쓰이는 용어는?

① 버그   ② 디버그

③ 통합테스트   ④ 해킹

59 [기출]
다음 중 에스크로, 쇼핑몰 보증보험 등의 제도가 보호하고자 하는 주요 대상은?

① 인터넷 쇼핑몰 사업자

② 배송 서비스 사업자

③ 전자결제 서비스 사업자

④ 전자상거래에서의 구매자

60 [기출]
다음 전자지불 수단 중 그 성격이 다른 하나는?

① Visa Cash   ② Check-free

③ E-check   ④ Net Check

전자상거래 기획

61 [기출]
다음 중 웹사이트 디자인시 문자를 선택할 경우 고려 해야 할 특성으로 가장 거리가 먼 것은?

① 판독성   ② 가독성

③ 조직성   ④ 변광성

62 [기출]

성공적인 웹사이트 설계를 위한 조건 중 디자인 관점에 대한 설명으로 가장 올바르지 않은 것은?

① 고객 충성도를 높이기 위해 제품 구매 시 마일리지를 지불하도록 설계한다.

② 재방문율을 높이기 위해 시각적인 볼거리, 가격 비교 정보와 같은 실용적인 가치를 제공할 수 있도록 디자인 해야한다.

③ 쉬운 내비게이션 구조를 가지도록 디자인 해야한다.

④ 명확한 콘셉트와 더불어 전문성이 두드러진 웹사이트로 설계한다.

63 [기출]

다음 중 웹사이트의 콘셉트를 결정할 때 고려해야 할 사항으로 가장 거리가 먼 것은?

① 고객의 정의

② 전체 구조도 작성

③ 정보의 종류와 내용

④ 방문자와 웹사이트간의 상호작용

64 [기출]

다음 중 사업환경을 면밀히 조사하고 관련 정보를 수집하여 해석하는 것을 의미하는 용어는?

① 자원할당

② 핵심역량

③ 경영전략

④ 환경분석

65 [기출]

다음 중 인터넷 역경매와 공동구매가 속하는 전자상거래 유형으로 올바른 것은?

① C2B

② C2C

③ B2C

④ B2B2C

66 [기출]

다음 중 빅데이터를 활용한 전자상거래 효과로 가장 올바른 것은?

① 실시간 상품 분석 서비스를 이용해 구매자들은 상품에 대한 주문건수와 구매한 상품, 고객 반응을 실시간으로 파악할 수 있다.

② 상품 인기도, 상품 간 유사도, 브랜드 간 유사도 등을 분석하여 개인별 맞춤 상품을 보여줌으로써 고객의 구매결정력이 낮아질 수 있다.

③ 온라인 쇼핑몰 및 SNS 데이터를 기반으로 한 빅데이터 분석 및 시각화를 통해 이전보다 광고 효과를 정밀하게 예측하기 어렵다.

④ 판매되는 제품을 실시간으로 분석해 상품 노출 위치나 가격 변경, 세트상품 구성 등 판매 전략을 세울 수 있다.

67

다음 웹 2.0 관련 설명 중 틀린 것은?

① 블로그는 웹과 로그의 줄임말로 작성자에 의해 연대순으로 콘텐츠를 배열하는 개인적인 웹페이지를 말한다.

② 스마트 개인 비서는 오디오 파일로 저장되어 웹에 게재되어 있는 라디오쇼, 영화의 음성, 개인의 음성 프리젠테이션이다.

③ 위키는 사용자가 웹에서 콘텐츠를 쉽게 추가하고 편집할 수 있도록 도와주는 웹애플리케이션으로 다양한 사람들이 협업으로 지식을 생성할 수 있다. 가장 대표적인 위키는 위키피디아이다.

④ RSS는 XML 형식으로 사용자가 문자, 기사, 블로그, 오디오 파일 등의 디지털 콘텐츠를 가져오도록 하는 프로그램으로 이러한 콘텐츠는 자동으로 보내진다.

68

기출

다음 중 디지털 경제의 특징으로 가장 거리가 먼 것은?

① 정보와 지식은 제품거래에 있어 거래비용과 탐색비용을 감소시킨다.

② 거리나 시간에 상관없이 자유롭게 정보에 접근, 처리, 전송, 저장하는 것이 가능해졌다.

③ 인터넷과 다양한 디바이스 등을 통해 필요한 정보를 확보할 수 있게 되었다.

④ 디지털 제품은 전세계의 소비자들에게 추가적으로 개발비용을 소요하면 제품 판매가 가능하다.

69

기출

다음 중 2010년대 이후에 나타난 전자상거래 발전 과정으로 가장 거리가 먼 것은?

① 모바일 상거래 가속화

② 빅데이터 기반의 전자상거래

③ IoT 기반의 전자상거래

④ 대화형 통신기술 등장

70

기출

다음 중 디지털 경제의 출현 배경으로 가장 올바르지 않은 것은?

① 네트워크 전송기술의 발전

② 물리적 자산의 중요성 증대

③ 지식정보에 대한 중요성 증대

④ 인터넷과 정보통신기술의 발전

전자상거래 관련 법규

71

다음 글상자에서 설명하고 있는 용어는?

> 이용자와 가맹점간 전자적 방법에 따라 금융회사의 계좌에서 자금을 이체하는 등의 방법으로 재화 또는 용역의 제공과 그 대가의 지급을 동시에 이행할 수 있도록 금융회사 또는 전자금융업자가 발행한 증표(자금을 융통받을 수 있는 증표를 제외한다) 또는 그 증표에 관한 정보

① 직불전자지급수단

② 선불전자지급수단

③ 전자자금이체

④ 전자지급수단

72

기출

다음 중 「전자문서 및 전자거래 기본법」에서 정의된 '침해사고'의 정의는?

① 해킹, 컴퓨터바이러스, 논리폭탄, 메일폭탄, 서비스 거부 또는 고출력 전자기파 등의 방법으로 정보통신망 또는 이와 관련된 정보 시스템을 공격하는 행위를 하여 발생한 사태를 말한다.

② 컴퓨터를 활용하여 수작업으로 작성된 종이문서나 정보처리시스템에 의하여 전자적 형태로 저장된 모든 정보를 말한다.

③ 정보처리시스템에 의하여 전자적 형태로 작성되어 종이로 출력된 문서 또는 전자적으로 저장된 모든 정보를 말한다.

④ 컴퓨터를 활용하여 수작업으로 작성된 종이문서나 정보처리시스템에 의하여 전자적 형태로 작성, 송신·수신 또는 저장된 정보를 말한다.

73

「정보통신망 이용촉진 및 정보보호 등에 관한 법률」에 따라 정보통신서비스 제공자 등이 개인정보를 취급할 때에는 개인정보의 분실·도난·누출·변조 또는 훼손을 방지하기 위한 기술적·관리적 조치 중에 올바르지 않은 것은?

① 개인정보를 안전하게 취급하기 위한 내부관리계획의 수립·시행

② 개인정보에 대한 불법적인 접근을 차단하기 위한 침입차단시스템 등 접근 통제장치의 설치·운영

③ 위조된 접속기록의 수정 조치

④ 개인정보를 안전하게 저장·전송할 수 있는 암호화 기술 등을 이용한 보안조치

74 기출

다음 중 전자거래사업자의 일반적 준수사항이 아닌 것은?

① 거래의 증명 등에 필요한 거래 기록의 일정기간 보존

② 거래의 증명 등에 필요한 거래 기록의 영구적인 보존

③ 소비자의 불만과 요구사항을 신속하고 공정하게 처리하기 위한 절차의 마련

④ 소비자가 자신의 주문을 취소 또는 변경할 수 있는 절차의 마련

75

다음 중 「위치정보의 보호 및 이용 등에 관한 법률」에서 위치정보를 수집하여 위치기반서비스사업을 하는 자에게 제공하는 것을 사업으로 영위하는 것을 의미하는 용어는?

① 위치정보사업

② 위치시스템사업

③ 위치정보시스템사업

④ 위치정보기술사업

76 기출

다음 중 「소비자기본법」에 따른 소비자의 기본적 권리에 대한 설명으로 가장 올바르지 않은 것은?

① 물품 등의 사용으로 인하여 입은 피해에 대하여 당사자가 직접 신고해야 할 권리

② 물품 등을 선택함에 있어서 필요한 지식 및 정보를 제공받을 권리

③ 물품 등을 사용함에 있어서 거래상대방·구입장소·가격 및 거래 조건 등을 자유로이 선택할 권리

④ 물품 또는 용역으로 인한 생명·신체 또는 재산에 대한 위해로부터 보호받을 권리

77 기출

다음 중 「전자상거래 등에서의 소비자보호에 관한 법률」 제17조인 '소비자가 청약철회를 요구하는 경우와 관련된 법률'에 대한 설명으로 가장 올바르지 않은 것은?

① 소비자는 재화 등의 내용이 표시·광고의 내용과 다른 경우, 그 재화를 공급받은 날로부터 3개월 이내 청약철회를 할 수 있다.

② 복제가 가능한 재화 등의 포장을 훼손한 경우 통신판매업자의 의사와 반하여 청약철회를 할 수 없다.

③ 계약내용에 관한 서면을 받은 날로부터 14일 이내에 청약철회를 할 수 있다.

④ 시간이 지나 다시 판매하기 곤란할 정도로 재화 등의 가치가 현저히 감소한 경우 청약철회를 할 수 없다.

78 〔기출〕

「개인정보보호법」상 개인정보처리자는 공공기관이 그 업무를 수행할 때 중대한 지장을 초래하는 경우 정보 주체에게 그 사유를 알리고 열람을 제한하거나 거절할 수 있는데, 이에 해당하지 않는 것은?

① 조세의 부과 · 징수 또는 환급에 관한 업무

② 학력 · 기능 및 채용에 관한 시험, 자격 심사에 관한 업무

③ 시설의 안전과 화재 예방을 위한 업무

④ 보상금 · 급부금 산정 등에 대하여 진행 중인 평가 또는 판단에 관한 업무

79

다음 중에서 개인정보의 처리 및 보호에 관한 사항을 정함으로써 개인의 자유와 권리를 보호하고, 나아가 개인의 존엄과 가치 구현함을 목적으로 하는 법은?

① 전자거래기본법

② 소비자보호에 관한법

③ 정보통신법

④ 개인정보보호법

80 〔기출〕

「전자문서 및 전자거래 기본법」의 용어 정의에 대하여 잘못 기술되어 있는 것은?

① 전자문서란 정보처리시스템에 의하여 전자적 형태로 작성, 송신 · 수신 또는 저장된 정보를 말한다.

② 전자거래란 재화나 용역을 거래할 때 그 전부 또는 일부가 전자문서에 의하여 처리되는 거래를 말한다.

③ 전자거래 이용자란 전자거래를 이용하는 자로서 전자거래사업자를 포함한다.

④ 작성자란 전자문서를 작성하여 송신하는 자를 말한다.

전자상거래
관리사 2급

필기

PART

3

정답 및 해설

실전모의고사 1회 정답 및 해설

01 ②	02 ②	03 ④	04 ③	05 ②	06 ③	07 ④	08 ④	09 ④	10 ①
11 ③	12 ①	13 ③	14 ④	15 ①	16 ③	17 ③	18 ④	19 ②	20 ①
21 ④	22 ②	23 ③	24 ①	25 ②	26 ②	27 ④	28 ①	29 ④	30 ③
31 ①	32 ①	33 ②	34 ④	35 ④	36 ②	37 ③	38 ①	39 ②	40 ④
41 ④	42 ①	43 ③	44 ①	45 ②	46 ③	47 ③	48 ①	49 ②	50 ①
51 ③	52 ③	53 ③	54 ③	55 ②	56 ①	57 ④	58 ①	59 ③	60 ①
61 ①	62 ③	63 ②	64 ④	65 ①	66 ③	67 ②	68 ②	69 ④	70 ④
71 ②	72 ②	73 ④	74 ①	75 ④	76 ③	77 ①	78 ④	79 ③	80 ②

01 회원 전환율은 방문객 수에 대비해 회원가입 수는 얼마나 되는지를 파악하는데 사용하며, 구매 전환율은 전체 장바구니 상품 중에서 결제되는 상품이 얼마나 되는지를 파악하는데 사용되어 상품에 대한 관심도 분석을 제공할 수 있다.

02 표적(Target)마케팅은 전체 시장을 몇 개의 세분화된 시장으로 구분한 후, 특정 세부 시장을 표적 시장으로 선정하여 그 시장에 차별적이고 적합한 마케팅 활동을 집중적으로 수행하는 것을 말한다. 타겟마케팅의 목표는 시장점유율, 매출액, 고객만족도 향상이며, 단방향 커뮤니케이션이다.

03 • 지도학습 알고리즘: 분류와 예측을 위해 사용되는 알고리즘으로 지도학습을 위해서는 이용가능한 데이터가 있어야 하고, 주요 출력변수의 값이 알려져 있어야 한다.
　• 자율학습 알고리즘: 예측 또는 분류를 위해 필요한 출력변수가 없는 경우에 사용되는 알고리즘으로, 출력변수가 알려져 있는 사례들과 같은 학습과정은 존재하지 않는다. 자율학습기법의 예로는 연관성규칙, 데이터 축소, 군집분석 등이 있다.
　• 연관규칙분석: 대규모의 데이터 항목 중에서 연관성과 상관관계를 찾는 기법이다.
　• 군집분석: 집단 또는 범주에 대한 사전 정보가 없는 데이터 관측값을 사용하여 몇 개의 유사한 집단으로 그룹화하여 집단의 성격을 정의하기 위한 기법이다.

04 포지셔닝은 해당기업 제품이 경쟁제품과는 다른 차별적인 특징과 이점을 가졌다는 것을 소비자의 마음속에 인식시키는 것을 말한다.

05 스폰서십 광고: 특정 회사의 로고나 기업로고, 브랜드의 광고를 웹사이트 콘텐츠 내용상에 삽입하여 콘텐츠 일부인 것처럼 보이며 광고를 하는 형태를 말한다.

06 CRM은 고객분석을 통해 고객에게 적합한 마케팅을 실시하는 것으로 매스마케팅과는 거리가 있다.

07 전자화폐의 익명성은 고객의 정보를 수집하는데 적합하지 않다.

08 CRM의 기본은 고객의 수익성에 따라 고객을 세분화시키고 각기 차별화된 경영 활동을 수립하여 전개한다.

09 제품에 관한 지각된 품질이나 브랜드 연상이 제품 사용 만족도를 높여주는 것은 브랜드 자산이 고객에게 주는 가치이다.

10 캠페인 관리 프로세스는 다음과 같다.
　• 타겟팅: 데이터 분석 및 방향 설정
　• 캠페인 기획: 커뮤니케이션을 원활하게 하기 위한 방안을 모색하고, 예산을 수립하고, 평가지표를 개발하는 과정
　• 캠페인 실행: 실행 스케줄링을 수립하고 실행 및 모니터링을 하는 과정
　• 평가 및 학습: 결과에 대해서 평가를 하고, 향후 마케팅을 위한 개선 방안을 도출하고, 추후 마케팅 전략 수립

11 의견 선도자는 조기 수용자처럼 빠른 기술 수용력을 가진 사람에 해당한다.

12 디지털 경제 시대의 특징은 다음과 같다.
　• 수확체감 보다는 수확체증 법칙이 지배한다.
　• 정보통신기술, 인터넷, 웹의 기술적 발전으로 인해 개인과 조직들이 밀접하게 연결되어 있으며, 국가의 경계나 지리적인 거리는 전통산업시대에 비해 중요하지 않게 되었다.
　• 유비쿼터스 컴퓨팅과 사물인터넷(IoT)으로 인해서 세상을 홈네트워킹, 원격제어 등을 통해 인간의 삶을 편안하

게 해주는 방향으로 진화하고 있다.

- 지식정보화 분야에 근무하는 지식노동자의 숫자가 육체적인 노동자들의 숫자보다 많아지고 있다.

13 쿠폰: 소비자가 특정 제품을 할인된 가격에 구매할 수 있도록 보상 수단을 제공하는 촉진 수단이다. 쿠폰은 현재 고객을 포함하여 잠재적인 고객을 이용자로 유입하는 데 목적이 있다.

14 소비자 이용구매를 장려하기 위해서 특정 제품을 작은 사이즈로 제공하는 것은 판매 촉진 활동 중 샘플링에 해당한다.

15 삽입광고(Interstitial Ad)는 프로그램 중간에 나오는 TV 상업용 광고와 비슷한 웹사이트의 광고로, 이용자가 다음 웹페이지를 다운로드하는 동안 나온다. 전면 광고로 사이트 이동시 화면 전체에 광고를 띄워 TV광고 같은 형태로 구현한다.

16
- CPC: 사용자가 키워드 광고를 보고 클릭한 횟수에 따라 광고비용을 지불하는 방식
- CPA: 광고주가 원하는 이벤트가 발생하는 경우 광고비를 지불하는 방식
- CPS: 판매실적이 발생할 때 광고비를 지불하는 방식
- CPI: 1회 노출시 책정한 광고비를 지불하는 방식

17
- (SO 전략) 강점을 가지고 기회를 살리는 전략으로 시장을 선점하거나 다각화 전략을 추구함
- (WO 전략) 약점을 극복함으로써 기회를 활용하는 전략을 도출하여 핵심역량강화나 전략적 제휴를 추구함
- (ST 전략) 위협을 회피하기 위해 강점을 사용하는 전략을 도출하여 시장침투하거나 제품계열을 확충하는 전략
- (WT 전략) 약점을 보완하면서 위협을 회피하거나 약점을 최소화 할 수 있는 전략으로 집중화 혹은 철수를 목표로 함

18 소셜미디어는 참여, 공개, 대화, 연결을 강조하면서, 소셜미디어별로 시간, 대상, 관계, 비용 등의 관점에서 차별성이 있다.

19
- 간편추구형: 온라인 거래의 50% 이상을 차지하며, 온라인 웹사이트의 접근 용이성 및 거래시 이동과정의 편리성, 제품 정보의 손쉬운 접근, 신뢰적인 소비자 서비스를 중시한다.
- 틀에박힌형: 전체 온라인 이용시간의 약 80%를 10개 정도의 선호하는 사이트에서 이루어지며, 주로 뉴스와 금융정보를 위해 인터넷을 사용한다. 무료 콘텐츠를 이용하는 소비자를 수익성 비즈니스 모델 그룹으로 전환하기 위한 전략이 필요하다.

- 관계추구형: 관계추구형 소비자의 약 10%는 이용한지 채 2년이 되지 않았고, 제품을 구매한 경험이 있는 사람은 22%에 불과하다. 초보자가 많이 속하는 형태이며, 채팅서비스나 무료 전자축하카드 전송 서비스를 제공하는 웹사이트를 주로 이용한다.
- 흥정형: 활동적인 전체 온라인 이용자의 8%에 불과하며, 평균이용자들 보다 적은 시간을 이용한다. 흥정형은 주로 물건을 싸게 구입하는데 관심이 높다.

20 프로세스 중점은 고객 중심 기업이 아니라 제품 중심 기업의 특징이다.

21 웹사이트 기획시 웹사이트 개발에 필요한 '기획 → 구현 → 테스트 단계' 등의 전체 과정상에서 프로젝트 구성원들 간에 활발한 커뮤니케이션이 중요하다.

22
- 고객관리: 고객 프로파일 정보의 등록, 업데이트, 삭제, 고객별 트래픽/마케팅 활동에 대한 정보를 관리
- 콘텐츠 관리: 콘텐츠의 등록, 수정, 삭제
- 트래픽 관리: 고객별 트래픽 발생량, 페이지별 트래픽 발생량, 사용자 위치, 평균적 머무른 시간
- 거래처리 관리: 주문 시스템, 결제 시스템, 배송 시스템, 재고관리 시스템 등

23 백업은 새로운 콘텐츠 구성이 아니라 기존의 데이터를 훼손한 부분에 대한 복구에 관련된 내용이다.

24 마우스를 이용하여 화면의 메뉴를 선택하는 방식은 화면의 그래픽을 이용한 인터페이스를 이용하는 것으로 GUI(Graphic User Interface)방식을 사용한다고 볼 수 있다.

25 거래중개자는 거래중개를 대행해 주고 그 대가로 수수료를 취득하는 중개인을 말한다.

26 웹 커뮤니티는 온라인상에서 공통의 화제에 대해서 의견을 교환하는 공간이다.

27 콘텐츠 기획시 인터페이스, 구성, 웹사이트의 목표 등을 고려해야 한다.

28 웹페이지 레이아웃을 설계할 때는 가급적 스크롤바를 사용하지 않아야 한다.

29 네트워크 구조는 순서나 특정구조 없이 다수의 페이지로 나열해 놓은 형태로, 웹의 하이퍼텍스트 기능을 이용하여 보완이 필요한 글들에 링크를 제공함으로써 점진적으로 지식을 확장시켜 나갈 수 있도록 만들어진 구조이다.

30 정보의 불균형이 있고, 잠재가치의 규모가 작은 것은 단속형 거래이다.

31 일회용 패스워드(OTP: One Time Password) 인증: 일회용 패스워드는 매 세션마다 서로 상이한 패스워드를 사용하므로 패스워드가 노출되어도 다음 세션에 사용될 패스워드를 예측할 수 없다.

32 비트코인: 실물경제의 화폐와 달리 물리적인 형태가 없는 온라인 가상화폐이다. 온라인에서 사용되는 통화로, 통화를 발행하고 관리하는 중앙장치가 존재하지 않는 구조이다.

33 • SSL(Secure Socket Layer): 인터넷을 통해 주고 받는 정보의 안전성을 보장하기 위해 Netscape사에서 개발한 인터넷 보안 프로토콜로, 웹 브라우저에서 지원해주며 RSA 암호화 기법을 이용하여 개인의 신용카드 정보를 보내는 방식이다. 현재 가장 많이 사용된다.

• S-HTTP(Secure HTTP): 공개키 암호화 방식을 사용하며, 기존의 HTTP에 보안 요소를 더하여 개발한 프로토콜이다. 응용수준에서 메시지의 암호화를 통해 기밀성을 보장하는 것으로 공개키 암호화 방식인 RSA 알고리즘을 이용한다.

• PGP(Pretty Good Privacy): 인터넷에서 전달하는 전자우편을 다른 사람이 받아 볼 수 없도록 암호화하고, 받은 전자우편의 암호를 해석해주는 프로그램이다.

34 전자화폐는 양도성(유통성)을 갖추고 있는 것이므로 금융행정당국에 의한 현금의 흐름제어가 곤란할 수 있다.

35 물류 표준화는 효율적인 물류관리를 위해서 물류의 프로세스에 사용되는 설비, 기기, 용기들을 규격화하는 것을 말한다.

36 보기 단계중 가장 먼저 일어나야 하는 것은 상품 및 서비스 검색이다.

37 • 바코드(Bar Code): 상품을 표시하는 자동인식 기술이다. 폭이 다른 검은 바(Bar)와 흰 바(Space)의 조합을 이용하여 데이터를 인식하게 한다.

• 판매시점관리(Point of Sale, POS): 판매시점 정보 시스템. 업체에서 판매를 할 때 판매제품의 품목, 가격, 수량 등의 정보를 자동으로 컴퓨터에 입력시키는 시스템으로 수집된 정보를 통해서 판매정보를 분석하고 활용할 수 있다.

• 자동 위치 측정 시스템(Global Positioning System, GPS): 위성에서 보내는 신호를 수신해 사용자의 현재 위치를 계산하는 위성항법 시스템이다.

• 위치 기반 서비스(Location Based Service, LBS): 위성항법 장치(GPS)나 이동통신망을 이용하여 확보한 위치정보를 바탕으로 사용자에게 위치기반의 서비스를 제공하는 서비스 시스템이다.

38 모바일 앱의 수익은 다운로드당 지불, 앱구매, 구독, 광고와 같이 4개의 잠재적 수익원이 있다.

39 인터넷상 소비자의 의사 결정 과정은 다음과 같다.

필요성 인지 → 정보 검색 → 대안평가 → 실제 구매 결정 → 이전 구매 행동 충성도

40 검색엔진은 인터넷에 방대하게 흩어져 있는 자료 중 특정 단어(Keyword)를 입력하면 그와 맞는 정보를 탐색하여 결과를 제공한다.

41 방화벽은 외부에서 발생하는 해킹은 차단할 수 있지만, 내부에 발생하는 해킹은 차단할 수 없다.

42 Proxy Server는 프록시 서버에 요청된 내용들을 캐시를 이용하여 저장해 두고, 캐시 안에 있는 정보를 요구하는 요청에 대해서는 원격 서버에 접속하여 데이터를 가져올 필요가 없게 됨으로써 전송 시간을 절약할 수 있고, 불필요한 외부 연결을 하지 않아도 된다. 이와 같은 시스템은 외부와의 트래픽을 줄이게 됨으로써 네트워크 병목 현상을 방지하는 효과를 얻을 수 있다. 방화벽 안쪽에 있는 서버들의 외부 연결은 프록시 서버를 통해 이루어질 수 있다.

43 메일 중계 기능을 허용하면 스팸 메일 발송에 이용될 수 있다.

44 상품코드는 상품 DB에 저장하는 것이 적합하다.

45 콘텐츠를 생성하는 비용은 서버 호스팅과는 관계가 없다.

46 동영상, 사진, 문서 등의 자료를 사용자의 PC나 스마트폰 등 내부 저장공간이 아닌 외부 클라우드 서버에 저장한 뒤 다운로드 받는 서비스를 클라우드 서비스라고 한다.

47 방화벽에 의한 불법행위 통제는 보안 기술을 이용한 보안이다. 제도에 의한 보안은 기술적 보안이 보다 효율적으로 수행될 수 있도록 갖추어 져야할 체계이다.

48 인증(Authentication): 인가된 사용자들이 정보를 송수신할 때, 신원에 대한 내용이 사실인지의 여부를 증명하고 확인한다.

49 신뢰성이 아니라, 부인방지가 4대요소에 포함된다.

50 랜섬웨어는 사용자 PC를 인질로 삼는 보안 공격으로 Ransom(몸값)과 Software의 합성어다. 시스템을 잠그거나 데이터를 암호화해 사용을 못하게 하여 이를 인질로 금전을 요구하는 악성 프로그램을 말한다.

51 자바를 많이 사용하면 속도가 떨어질 수 있다.

52 • 위키피디아: 편집가능한 웹페이지로 웹사이트 상에서 콘텐츠를 추가하고 정보를 편집하여 공동의 문서로 운영되고 있다. 대표적인 예로는 온라인 백과사전인 위키가 있다.

- 팟캐스트: 방송(Broadcast)과 아이팟(ipod)의 합성어로 사용자들이 오디오 파일을 구독할 수 있도록 인터넷 라디오 방송을 하는 것을 의미한다. 최근 방송국 라디오 방송들도 팟캐스트로 서비스를 제공한다.
- 인스턴트 메시지 보드: 인터넷상에서 E-메일과 채팅, 호출기, 다자간 동시통화 기능을 합친 서비스로 카카오톡, 위챗 등이 대표적인 예이다.
- 인스타그램: 온라인 사진 및 비디오 공유 애플리케이션이다.

53 백오피스의 관리 운영자들이 해야 하는 일은 다음과 같다.
- 콘텐츠 내용 및 구성을 바꾸기
- 스팸과 같은 온라인 공격에도 서비스가 중단되지 않아야 함
- 사이트의 로딩 시간이나 다운로드 시간을 짧게 유지할 것
- 웹사이트 내비게이션의 기능을 향상시켜야 함

54 백업은 전체 DB의 복사본을 보관하는 기능이다.

55 판매자 입장에서는 전세계 네티즌을 대상으로 시간, 장소 구애없이 물건을 판매할 수 있다. 구매자 입장에서는 제품 비교를 통해 정보를 충분히 확보할 수 있다.

56 핵티비즘(Hacktivism): '해커(Hacker)'와 '행동주의(Activism)'의 결합어로 정부, 단체, 그리고 정치적인 목적을 위한 개인, 서비스 거부공격, 정보도용 등의 공격하는 행위를 말한다.

57 에스크로 서비스
- 구매자와 판매자의 관계에 신뢰가 없는 경우 상거래가 원활할 수 있도록 보증을 해 주는 서비스다.
- 에스크로가 적용되는 비용을 결제할 때 에스크로 적용 여부 및 카드 결제로의 전환여부는 고객이 선택 가능하다.

58 직접 사이트를 구축할 때의 장점
- 시장 수요에 따라 사이트를 민첩하게 대응할 수 있음
- 회사의 니즈를 보다 구체적이고 정확하게 반영한 시스템 구축이 가능함
  외주 용역 개발 방식의 장점
- 역량있는 전문 업체가 웹사이트를 구축함으로써 효율적 비용, 짧은 시간으로 웹사이트 개발이 가능함

59 생체인증은 비용이 높은 것이 단점이다.

60 에스크로 서비스 단계는 '주문 → 결제 대금예치 → 결제 대금예치 통보 및 확인 → 물품배송 → 물건수령 확인 → 대금지급' 순서로 진행된다.

61 할인은 웹사이트 홍보와 관련된 전략이다.

62 콘셉트는 쉽게 작성되어 사용자의 이해력을 높일 수 있어야 한다.

63 비즈니스 모델의 특허 인정 조건: 사업성 모델(아이디어, 수익 원천 유형, 인프라 구조) + 프로세스 모델(데이터 처리 과정) + 데이터 모델(영업 업무를 다루는 데이터의 집합 및 속성 정보)

64 콘셉트 도출 프로세스: 목표 설정 → 대상 파악 → 현재 자신과의 비교를 통해 가능성 파악 → 최종 웹사이트 구축

65 옵션을 이용해 판매단가를 올리는 것은 매출 상승을 위한 객단가를 높이는 목적이며, 초기 방문 고객의 구매율에는 불리할 수도 있다.

66 많은 제품에 대한 정보들의 노출은 충동구매를 유도할 수 있다.

67 B2C는 기업이 인터넷을 이용하여 소비자에게 재화나 용역을 거래하는 형태이다.

68 정보와 지식에 기반한 지식기반경제는 디지털 경제의 대표적인 특징이다.

69 퍼체이스 쉐어링(Purchase-Sharing)은 소비자가 자신의 상품구매 정보를 공유하게 함으로써 사업자에게는 마케팅의 수단을 제공하고, 구매 소비자에게는 금전적 보상을 해주는 방식이다.

70 빅데이터 4가지 구성 요소는 규모, 다양성, 속도, 복잡성이다.

71 전자지급수단을 이용하여 자금지급에 있어서 현금은 관계가 없다.

72 '작성자'란 전자문서를 작성하여 송신하는 자를 말한다.
'수신자'란 작성자가 전자문서를 송신하는 상대방을 말한다.

73 개인정보의 분실·도난·누출 사실을 알았을 때에 지체 없이 이용자에게 알려야 할 사항은 다음과 같다.
1. 누출 등이 된 개인정보 항목
2. 누출 등이 발생한 시점
3. 이용자가 취할 수 있는 조치
4. 정보통신서비스 제공자 등의 대응 조치
5. 이용자가 상담 등을 접수할 수 있는 부서 및 연락처

74 '신지식재산'이란 경제·사회 또는 문화의 변화나 과학기술의 발전에 따라 새로운 분야에서 출현하는 지식재산을 말한다.

75 방송통신위원회는 관계중앙행정기관의 장과 협의를 거쳐

위치정보의 안전한 보호와 건전한 이용 등을 위하여 문제에 제시된 방향을 포함한 시책을 제시해야 한다.

76 • '가입자'라 함은 공인인증기관으로부터 전자서명생성정보를 인증받은 자를 말한다.
   • '서명자'라 함은 전자서명생성정보를 보유하고 자신이 직접 또는 타인을 대리하여 서명을 하는 자를 말한다.

77 다음 아래 경우에는 전자상거래를 하는 사업자 또는 통신판매업자가 소비자에 관한 정보를 이용하는 행위이다.

   ① 재화 등의 배송 등 소비자와의 계약을 이행하기 위하여 불가피한 경우로서 대통령령으로 정하는 경우

   ② 재화 등의 거래에 따른 대금정산을 위하여 필요한 경우

   ③ 도용방지를 위하여 본인 확인에 필요한 경우로서 대통령령으로 정하는 경우

   ④ 법률의 규정 또는 법률에 따라 필요한 불가피한 사유가 있는 경우

78 제19조 사업자의 책무는 다음과 같은 내용이다.

   ① 사업자는 물품 등으로 인하여 소비자에게 생명·신체 또는 재산에 대한 위해가 발생하지 아니하도록 필요한 조치를 강구하여야 한다.

   ② 사업자는 물품 등을 공급함에 있어서 소비자의 합리적인 선택이나 이익을 침해할 우려가 있는 거래조건이나 거래방법을 사용하여서는 아니 된다.

   ③ 사업자는 소비자에게 물품 등에 대한 정보를 성실하고 정확하게 제공하여야 한다.

   ④ 사업자는 소비자의 개인정보가 분실·도난·누출·변조 또는 훼손되지 아니하도록 그 개인정보를 성실하게 취급하여야 한다.

   ⑤ 사업자는 물품 등의 하자로 인한 소비자의 불만이나 피해를 해결하거나 보상하여야 하며, 채무불이행 등으로 인한 소비자의 손해를 배상하여야 한다.

79 '처리'란 개인정보의 수집, 생성, 연계, 연동, 기록, 저장, 보유, 가공, 편집, 검색, 출력, 정정(訂正), 복구, 이용, 제공, 공개, 파기(破棄) 그 밖에 이와 유사한 행위를 말한다.

80 정부는 전자문서 이용 및 전자거래를 촉진하는 정책을 수립하기 위하여 따르기 위한 원칙은 다음과 같다.
   • 민간 주도에 의한 추진
   • 규제의 최소화
   • 전자문서 및 전자거래의 안전성과 신뢰성 확보
   • 국제협력의 강화

01 ②	02 ①	03 ④	04 ④	05 ②	06 ③	07 ③	08 ③	09 ①	10 ④
11 ②	12 ②	13 ①	14 ①	15 ①	16 ③	17 ①	18 ④	19 ②	20 ③
21 ③	22 ②	23 ②	24 ①	25 ②	26 ④	27 ④	28 ④	29 ②	30 ②
31 ④	32 ③	33 ③	34 ①	35 ④	36 ①	37 ①	38 ③	39 ③	40 ④
41 ②	42 ③	43 ④	44 ④	45 ④	46 ②	47 ①	48 ②	49 ③	50 ④
51 ④	52 ④	53 ①	54 ①	55 ②	56 ③	57 ②	58 ③	59 ④	60 ②
61 ④	62 ②	63 ④	64 ①	65 ③	66 ②	67 ①	68 ③	69 ④	70 ③
71 ③	72 ②	73 ④	74 ②	75 ③	76 ④	77 ③	78 ③	79 ④	80 ③

01 방문자의 물리적인 위치는 인터넷 로그로 알 수 없다.

02 소셜리포터 마케팅은 특정 미디어에 국한되지 않고 트위터, 페이스북, 블로그를 통합적으로 활용해 파급 효과를 높이는 한층 업그레이드 된 소셜 마케팅 기법으로 소비자가 블로그와 페이스북을 통해 브랜드 소식과 신제품 관련 콘텐츠를 생산하고, 트위터를 통해 생생하게 전파하는 활동을 벌이게 된다. 특히 자신의 소셜 미디어를 활용해 일반 소비자 대상 마케팅 활동을 직접 전개하는 등 능동적인 리포터 활동을 수행하는 것을 목표로 한다.

03 전자결제시스템에서의 인증 기능을 수행하는 것은 보안기술과 관련된 내용이다.

04 사용량은 구매행동변수이다.

05 온라인 이벤트: 사용자의 관심을 유발하여 그들의 웹사이트 방문을 유도하도록 하는 방식으로, 온라인 채팅, 무료 이벤트, 콘서트 실황 중계 등의 다양한 이벤트 방식이 있다.

06 • 분리식(비접속 규칙): 중요한 한 두가지 속성에서 최소한의 수용기준을 정하고, 그 기준을 만족시키는 대안을 선택하는 방식
   • 결합식(접속 규칙): 최소한의 수용기준을 모든 속성에 대해서 정하고, 상표별로 모든 속성 수준이 최소한 수용기준을 충족하는지를 확인하여 선택하는 방식
   • 순차적 제거식: 특정 평가기준에 대해서 최소한의 수용기준을 설정하고, 이 기준을 만족시키지 못하는 상표를 순차적으로 제거하면서 마지막 남는 상표를 선택하는 방식
   • 사전 편집식: 가장 중요하게 생각하는 속성을 최상으로 평가하여 제품을 선택하는 방식

07 CRM의 고객라이프사이클은 고객을 획득하고, 고객을 유지하면서 충성고객을 만드는 단계이다.

08 사용자에 의한 포지셔닝은 특정 사용자 그룹만을 위하여 만들어진 제품임을 강조하는 것이다.

09 신제품의 성공 요인은 '고객의 욕구 충족 및 높은 가치 실현, 혁신적인 제품, 기술적 경쟁우위, 시장성장, 가능성에 대한 분석, 강력한 경쟁우위, 기업 역량에 부합, 시장의 약한 경쟁, 최고경영층의 적극적 지원' 등이 있다.

10 평가 및 학습과정은 실제 캠페인을 실행하고 모니터링을 한 이후에 결과에 대해서 평가를 하고, 향후 마케팅을 위한 개선 방안을 도출하고, 추후 마케팅 전략 수립하는데 인사이트를 제공하는 과정이다.

11 조기 다수자(Early Majority): 조기 수용자 다음 소비자 집단, 전체 잠재 소비자의 34%를 차지한다. 이 그룹은 신중한 소비자로서 기술 자체에는 관심이 없고 실제적인 문제에 집중한다.

12 종합몰 형태가 전문몰 형태에 비해 규모가 크다.

13 포지셔닝이란 해당기업 제품이 경쟁제품과는 다른 차별적인 특징과 이점을 가졌다는 것을 소비자의 마음속에 인식시켜 두는 것을 말한다. 즉, 제품의 중요한 속성을 타 경쟁제품과 비교하였을 때, 소비자들의 인식상의 위치를 의미한다.

14 거래 단가를 높이기 위해 특정 카테고리 내에서 상품 구매액을 늘리도록 유도하는 활동을 상향판매라고 한다.

15 Co-branded Contents: 기존의 협찬광고와 비슷한 개념으로 특정 사이트에 스폰서를 제공하여 회사의 로고 등을 명시함으로써 브랜드 인지도 및 신뢰도 제고를 목적으

로 하는 광고이다. 스폰서쉽(Sonsorhip), 콘텐츠내 광고(Product Placement), 기사식 광고(Advertorial) 등이 있다.

16 • CPC(Cost Per Click): 일종의 키워드 광고로 유저가 검색한 결과에 따라 유사한 내용의 광고 배너 또는 링크를 함께 노출시킨다. 광고 비용은 배너나 링크의 노출 횟수에 상관없이 링크를 클릭했을 때만 지불한다.
   • CTP(Click to Play): 화면의 동영상을 플레이 할 때 광고비를 지불한다.

17 SO 전략은 강점을 가지고 기회를 살리는 전략으로 시장을 선점하거나 다각화 전략을 추구한다.

18 채팅 전용 프로그램은 실시간 시스템, 즉 동기 시스템에 해당된다.

19 블로그는 일반 사람들이 자신의 관심사에 따라 자유롭게 글을 올릴 수 있는 웹사이트로 1인 미디어이다.

20 인터페이스는 과도한 정보 전달을 목표로 하기보다는 효과적인 인터페이스를 구축하기 위해 고객과 친숙해 질 수 있는 환경 구축을 목표로 하는 것이 바람직하다.

21 웹사이트 로고는 단순하고 명료하고, 쉽게 의미를 전달할 수 있어야 한다. 지나친 축약은 의사전달의 오해를 유발시킬 수 있다.

22 백오피스(Back Office)는 프론트오피스(Front Office)에 대비되는 말로 기업의 부가가치와 직접 연결되는 생산, 마케팅, 판매 등의 활동을 후방에서 도와주는 일을 하는 기능을 의미한다.

23 사이트맵은 사용자들의 웹사이트에서 이동경로나 방법, 혹은 그것을 돕는 구조와 인터페이스 디자인을 포함하는 용어로 ②번과 가장 거리가 멀다.

24 게시판의 종류가 많아지면 주의가 산만할 수 있다.

25 유료화된 콘텐츠를 일정 기간 경과한 후에는 무료로 전환하여 광고수입을 확보하고, 더 기간이 지난 후에는 타사에 제공함으로써 홍보효과를 기대할 수 있는 것은 머천다이징 전략이다.

26 기능 테스트는 설계 문서와 사양서에 기술된 대로 프로그램이 동작하는지 검증하는 것이고, 링크 테스트는 링크로 접속된 화면으로 제대로 이동하는지 여부를 테스트하는 것이다.

27 데이터 복구는 시스템 운영 담당 인력이 한다.

28 계층 구조가 깊어지면 사용자는 혼란에 빠지기 쉽다.

29 정보 구조를 디자인할 때는 사용자 중심적인 구조로 개발

해야 한다.

30 스토리보드 작성 단계는 웹사이트의 구축 목적과 구축 대상, 범위에 맞도록 웹서비스를 어떻게 표현할 것인지를 정리하는 단계이다.

31 패스워드 인증 프로토콜(PAP: Password Authentication Protocol)의 문제점은 다음과 같다.
   • 통신망 접속을 시도할 때 패스워드에 대한 불법적인 도청이 가능하다.
   • 사용자가 암기하기 쉬운 문자로 구성시 공격자가 추측하기 쉽다.
   • 모든 사용자의 패스워드를 보관하는 패스워드 파일 관리의 어려움이 있다.

32 결제시스템의 프로세스는 주문 → 결제 대금 예치 → 결제 대금 예치 통보 및 확인 → 물품 배송 → 물건 수령 확인 → 대금 지급 순으로 이루어 진다.

33 SET(Secure Electronic Transaction): 인터넷 쇼핑시 신용카드를 사용하여 대금을 결제하고자 할 때, 공개된 네트워크 상에서 보다 안전하게 지불처리를 할 수 있도록 암호화 및 정보보안에 관해 제정된 표준안이며, 보안의 모든 요소를 포괄적으로 정의하고 있다.

34 • 전자수표형: 전자상거래를 통하여 물품 구입후 대금 청구서를 수령한 물품 구매자가 자신의 컴퓨터를 이용하여 자신의 은행에 지급 제시하고 전자적 추심 과정을 거쳐 판매대금을 회수하는 시스템
   • 전자자금이체형: 금융기관에 대한 계좌이체나 자동이체 지시를 컴퓨터 네트워크를 통해 전자수단으로 이동함. 요금이나 상품대금을 현금으로 지불하지 않고 신용카드, 지로, 에스크로서비스, 홈뱅킹, 자동 입출금기(ATM) 등을 이용하는 방식임

35 자사의 물류시스템을 타사의 물류시스템과 공동으로 활용할 수 있도록 연계하여 하나의 시스템으로 운영하는 형태를 물류 공동화라고 한다.

36 물류경로를 단축하고 적정재고정책을 도입하여 물류비용을 절감한다.

37 챗봇(ChatBot): 메신저 기반 환경에서 사용자들의 질문이나 요구사항에 대하여 자동으로 응답을 제공해 주는 에이전트 서비스로 사람과 문자대화를 통해 질문에 알맞은 답이나 관련 정보를 제공하는 시스템이다.

38 인터넷을 이용한 전자상거래를 이용하는 경우 온라인 공간에서의 고객서비스를 시행한다.

39 RFM이란 최근성(Recency), 구매의 빈도(Frequency),

그리고 구매액(Monetary) 등의 세 가지 지표들을 통해 얼마나 최근에, 얼마나 자주, 그리고 얼마나 많은 구매를 했는가에 대한 정보들을 기반으로 고객의 수익 기여도를 나타내고자 하는 지표이다.

40 공장의 생산라인에서는 생산과 제조에 관련된 직원 위주로 작업이 이루어 진다.

41 PKI는 암호화할 때 사용하는 암호키와 해독할 때 사용하는 해독키가 서로 다른 암호화 기법으로 공개키 기반구조(Public Key Infrastructure)이다.

42 디지털 포렌식 원칙
- **정당성**: 증거가 적법 절차에 의해 수집되었는지 여부
- **무결성**: 증거가 수집, 이송, 분석, 제출 과정에서 위변조되었는지 여부
- **연계보관성**: 각 단계에서 증거가 명확히 관리 되었는지 여부
- **신속성**: 디지털 포렌식의 전 과정이 신속히 진행되었는지 여부
- **재현**: 같은 조건과 상황에서 항상 동일한 결과를 보장하는지 여부

43 방화벽은 접근 제어, 인증, 감사 추적, 암호화 등의 기능을 제공하고, 접근제어를 통해 내부 네트워크에 있는 송신지 주소가 있는 외부 네트워크의 패킷을 모두 거부하게 한다.

44 IIS는 MS 운영체제에서 사용한다.

45 머천트 서버는 전자상거래를 위한 프로그램으로 온라인 쇼핑몰 등의 상점을 쉽게 만들고 운영할 수 있도록 지원해주는 프로그램이다. 인터넷상에서 DB와 웹을 연동해 온라인 카탈로그를 구축하고, 이용자 회원정보, 고객정보를 관리하고, 결제 정보를 지불처리 시스템에 보내어 결제를 수행하게 하고, 다양한 프로모션 관리 기능을 제공한다.

46 P2P는 인터넷에서 개인과 개인이 직접 연결되어 파일을 공유하는 것을 말한다.

47 가로막기(Interruption): 데이터의 정상적인 송수신을 가로막는 행위이다.

48 타원곡산상에서 구현하는 알고리즘은 타원곡선 암호 알고리즘이며, RSA는 정수 공간에서 구현한다.

49 Gopher는 WWW가 탄생하기 전에 가장 많이 이용되는 정보 검색 도구로 문자정보를 검색할 수 있다.

50 스푸핑(Spoofing)은 파밍이라고도 일컫는 용어로 웹링크가 목적지 주소를 사칭하는 다른 주소의 웹으로 연결해 주는 것이다.

51 NFC, QR, 비콘 등은 모바일을 이용하여 데이터 정보를 주고받는 기술이며, 셋톱박스는 디지털 위성방송용 수신장비이다.

52 트위터는 140자 이내의 단문으로 개인의 의견이나 생각을 공유하고 소통하는 소셜미디어 매체이다.

53 분석은 고객과 운영자의 니즈를 수집하고 파악하는 것이 중요한 단계이다.

54 비즈니스 솔루션과 데이터웨어하우징 가능 영역은 SQL 서버 영역이다.

55 • 일방향 개인 식별 프로토콜: 시스템 서버 또는 클라이언트 중에 어느 한 대상이 다른 대상을 식별하는 프로토콜
- 상호 개인 식별 프로토콜: 서버가 클라이언트를 인증하듯이 클라이언트의 입장에서도 서버의 신원을 확인하는 프로토콜

56 • 옵트인(Opt-in): 수신자의 사전 동의를 얻어야 메일을 발송할 수 있도록 하는 방식
- 옵트아웃(Opt-out): 수신자가 발송자에게 수신거부 의사를 밝혀야만 메일 발송이 안 되는 방식

57 비대칭성(Asymmetry): 콘텐츠를 구매할 시점에서 포렌식 마킹된 콘텐츠를 구매자만이 알고 판매자는 알지 못하도록 하는 조건을 비대칭성이라고 한다.

58 준거성 테스트 주요 절차는 다음과 같다.
- 재수행: 업무규정에 따라 업무를 처음부터 재수행해 봄. 추적 조사라고도 함
- 조사: 관찰은 통제절차의 수행에 대한 조사를 수행하고, 검사는 물리적 자산의 존재와 활용 여부에 대한 조사를 말함
- 속성샘플링: 모집단에서 표본을 추출한 후 모집단 위반율을 추정하는 방식

59 전자화폐의 요구 조건: 독립성, 익명성, 분할성, 양도성, 범용성

60 검색이 잘 되도록 콘텐츠에 검색어를 적절하게 배치하는 것이 좋다.

61 웹사이트 개발에 필요한 '기획 → 구현 → 테스트 단계' 등의 전체 과정상에서 프로젝트 구성원들 간에 활발한 커뮤니케이션이 중요하다.

62 웹사이트 콘셉트 중에서 비즈니스 측면으로 고려해야 하는 부분은 웹사이트의 목표 및 목적, 고객이다.

63 고객에 영향을 미치는 기업 프로세스를 고객중심적으로 혁신해야 한다.

64 최근 모바일 비중은 점점 증가하고 있다.

65 프로모션은 콘셉트 개발이 아니라 사이트의 홍보와 관련된 내용이다.

66 고객의 니즈가 다양해 짐에 따라 이를 맞추는 것은 더 어려워졌다.

67 Z 세대는 다음과 같은 특징이 있다.
- 쌍방형 소통을 매우 선호
- 소셜네트워크, 네트워크 게임 산업과 함께 성장
- 글로벌 감성과 사회적 연대
- 새로운 기술의 조기수용자

68 정보가 많아지고, 빠른 변화는 미래사회 예측을 어렵게 하고 있다.

69 내비게이션의 요소는 명확한 기능, 링크, 시청각적인 피드백, 사용자의 사이트 이용 흐름 등이다.

70 사물인터넷(IoT)은 사물과의 연결을 통해 고객에게 더 큰 가치를 제공하는 목표를 가지고 있다.

71 '전자적 침해행위'라 함은 정보통신기반시설을 대상으로 해킹, 컴퓨터바이러스, 논리·메일폭탄, 서비스거부 또는 고출력 전자기파 등에 의하여 정보통신기반시설을 공격하는 행위를 말한다.

72 '전자금융거래'라 함은 금융회사 또는 전자금융업자가 전자적 장치를 통하여 금융상품 및 서비스를 제공하고, 이용자가 금융회사 또는 전자금융업자의 종사자와 직접 대면하거나 의사소통을 하지 아니하고 자동화된 방식으로 이를 이용하는 거래를 말한다.

73 정보통신서비스 제공자가 이용자의 개인정보를 이용하려고 수집하는 경우 이용자에게 알리고 동의를 받아야 하는 사항은 다음과 같다.
1. 개인정보의 수집·이용 목적
2. 수집하는 개인정보의 항목
3. 개인정보의 보유·이용 기간

74 지식재산의 수요자와 공급자 간의 연계 활성화가 중요하다.

75 '위치정보'라 함은 이동성이 있는 물건 또는 개인이 특정한 시간에 존재하거나 존재하였던 장소에 관한 정보로서 「전기통신사업법」 제2조제2호 및 제3호에 따른 전기통신설비 및 전기통신회선설비를 이용하여 수집된 것을 말한다.

76 인터넷진흥원은 전자서명을 안전하고 신뢰성있게 이용할 수 있는 환경을 조성하고 공인인증기관을 효율적으로 관리하기 위해 전자서명인증 관련 제도 연구 및 상호인정 등 국제협력을 지원한다.

77 '전자거래이용자'란 전자거래를 이용하는 자로서 전자거래사업자 외의 자를 말한다.

78 소비자는 다음의 기본적 권리를 가진다(「소비자기본법」 제4조).
- 물품 또는 용역(이하 '물품 등'이라 함)으로 인한 생명·신체 또는 재산에 대한 위해로부터 보호받을 권리
- 물품 등을 선택함에 있어서 필요한 지식 및 정보를 제공받을 권리
- 물품 등을 사용함에 있어서 거래상대방·구입장소·가격 및 거래조건 등을 자유로이 선택할 권리
- 소비생활에 영향을 주는 국가 및 지방자치단체의 정책과 사업자의 사업활동 등에 대해 의견을 반영시킬 권리
- 물품 등의 사용으로 인해 입은 피해에 대해 신속·공정한 절차에 따라 적절한 보상을 받을 권리
- 합리적인 소비생활을 위해 필요한 교육을 받을 권리
- 소비자 스스로의 권익을 증진하기 위해 단체를 조직하고 이를 통해 활동할 수 있는 권리
- 안전하고 쾌적한 소비생활 환경에서 소비할 권리

79 '개인정보파일'이란 개인정보를 쉽게 검색할 수 있도록 일정한 규칙에 따라 체계적으로 배열하거나 구성한 개인정보의 집합물(集合物)을 말한다.

80 정보보호 최고책임자는 다음 업무를 총괄한다.
- 정보보호관리체계의 수립 및 관리·운영
- 정보보호 취약점 분석·평가 및 개선
- 침해사고의 예방 및 대응
- 사전 정보보호대책 마련 및 보안조치 설계·구현 등
- 정보보호 사전 보안성 검토
- 중요 정보의 암호화 및 보안서버 적합성 검토

실전모의고사 3회 정답 및 해설

01 ②	02 ②	03 ③	04 ③	05 ④	06 ②	07 ④	08 ④	09 ④	10 ④
11 ④	12 ③	13 ①	14 ②	15 ③	16 ①	17 ①	18 ②	19 ④	20 ②
21 ③	22 ①	23 ③	24 ④	25 ③	26 ④	27 ②	28 ③	29 ②	30 ①
31 ①	32 ③	33 ③	34 ②	35 ②	36 ②	37 ①	38 ③	39 ④	40 ②
41 ③	42 ①	43 ④	44 ①	45 ③	46 ①	47 ①	48 ③	49 ②	50 ②
51 ①	52 ③	53 ④	54 ③	55 ④	56 ②	57 ①	58 ③	59 ④	60 ②
61 ③	62 ②	63 ③	64 ②	65 ①	66 ②	67 ②	68 ②	69 ①	70 ①
71 ①	72 ②	73 ④	74 ②	75 ③	76 ②	77 ②	78 ④	79 ②	80 ④

01 페이지 태깅은 웹페이지에 데이터를 수집하는 객체를 삽입(Tagging)하여 데이터를 수집하는 방식으로 Java Script나 Flash 객체 등도 이용한다.

02 개인화(Personalization)정의: 사용자 개인의 특성과 기호에 맞도록 개인별로 페이지 화면을 편집하여 볼 수 있는 기능을 말한다. 사용자가 자신의 기호, 관심, 구매 경험과 같은 정보를 웹사이트에 제공하면 웹사이트는 사용자가 제공한 자료를 기초로 사용자에게 가장 알맞은 정보를 선별하여 볼 수 있게 해 준다.

03 사례기반추론(CBR: Case-Based Reasoning): 과거 경험했던 저장된 사례들 중에서 유사도 검색을 통해 문제 상황과 가장 근접된 사례를 제시하는 방법으로, 상대적으로 쉽게 사용가능하다. 사례기반추론의 단점으로는 방대한 Case Library를 유지해야 함에 따라 검색지연이 문제가 될 수 있으며, 도출된 해가 광범위하여 주어진 증상에 대해 정확하고 신뢰성 있는 해결방안 제시에 어려움이 있다.

04 • 인구통계적 변수: 연령, 성별, 지역, 직업, 학력, 가족수, 소득수준
  • 구매 행동(행태분석학적) 변수: 사용기회, 사용경험, 사용량, 브랜드 충성도

05 시장세분화는 목표시장을 선정하여 마케팅 활동을 전개한다.

06 CRM의 목적은 신규고객 발굴과 기존고객 유지를 통해 매출증대가 가능하고, 신규고객 확보 비용과 기존고객에 대한 관리 비용을 줄일 수 있다.

07 생산일정 계획 수립 등은 OR(Operations Research) 등을 이용하여 수립하는 것이 일반적이다.

08 니치 시장에 대한 포지셔닝은 기존 제품이 충족시키지 못하는 시장의 기회를 이용하여 인식시키는 포지셔닝 방법이다.

09 제휴 수익 모델은 비즈니스 소개에 대한 수수료이고, 판매 수익 모델은 제품을 판매한 경우이다.

10 신제품 아이디어의 원천으로는 기업내부, 고객, 경쟁사와 타기업, 유통업자, 납품업자, 환경변화 등이 있다.

11 실제적인 문제에 집중하는 기술 수용 그룹은 조기다수자이다.

12 • 레드오션(Red Ocean): 현재 존재하는 모든 산업영역으로 이미 시장에서 잘 알려진 공간이다. 치열한 경쟁을 통하여 생존하고, 경쟁자를 이기기 위한 경쟁의 논리가 지배하는 시장이다.
  • 블루오션(Blue Ocean): 고객가치 창출을 목표로 하여 미개척된 새로운 시장공간을 의미한다. 새로운 수요창출을 통하여 기업의 고수익을 보장하는 매력적인 시장공간이다. 가치 혁신을 통하여 차별화와 저비용을 동시에 추구한다.

13 다이렉트 마케팅은 소비자와의 직접적인 긴밀한 광고 매체 접촉을 이용하여 소비자와 직거래를 실현하는 마케팅 경로를 의미하고, 인다이렉트 마케팅은 상품 유통에 있어서 메이커가 소비자와의 사이에 판매업자를 개입시키는 방식을 말한다.

14 단기판매 증진을 목적으로 할인 쿠폰을 제공하는 것은 판촉활동이다.

15 삽입광고(Interstitial Ad)는 프로그램 중간에 나오는 TV 상업용 광고와 비슷한 웹사이트 광고로 이용자가 다음 웹

페이지를 다운로드하는 동안 나온다. 전면 광고로 사이트 이동시 화면 전체에 광고를 띄워 TV광고 같은 형태로 구연한다.

16 • CPM: 키워드 1,000회 노출당 광고비를 지불하는 방식
　• CTR: 광고 노출 대비 클릭된 비율

17 판매촉진은 기업이 중간상과의 거래를 성사시키고 최종소비자의 구매를 이끌어내기 위해, 판매원의 적극적인 제품 판매를 독려하기 위해 사용되는 인센티브를 의미한다.

18 커뮤니티 가입자가 관심갖는 콘텐츠가 제공되는 것이 중요하다.

19 브랜드 전략 실행 5단계는 다음과 같다.
　① 브랜드 네이밍: 브랜드의 이름 짓기
　② 브랜드 아이덴티티: 브랜드의 콘셉트와 개념을 정립
　③ 브랜드 포지셔닝: 콘셉트와 개념을 고객의 마음속에 차별화된 것으로 자리잡게 만들기
　④ 브랜드 로열티: 고객의 지속적인 애정과 충성도를 이끌어 내기
　⑤ 브랜드 확장: 궁극적으로는 그 브랜드 이름에 파워가 생겨, 소비자의 마음 속에 굳혀진 브랜드 이미지가 다른 제품으로까지 확장 되는 것

20 포지셔닝이란 제품의 중요한 속성이 타 경쟁 제품과 비교했을 때 소비자들의 인식 속의 위치를 의미하며, 해당기업 제품이 경쟁 제품과는 다른 차별적인 특징과 이점을 가졌다는 것을 소비자의 마음속에 인식시켜 두는 것을 말한다.

21 고객이 사용하는 모든 브라우저에서 동작해야 한다.

22 사용자 컴퓨터 사양은 웹 운영에 있어서 트래픽으로 관리할 수 있는 사안이 아니다.

23 스토리보드는 웹사이트에 대한 가상 메뉴 목록 체계(내비게이션 체계), 페이지 레이아웃, 사이트 구성 요소, 사이트 맵 등을 포함한 계획서를 작성하는 것이다.

24 시스템 구축은 '분석→기획→구축→실행'의 일반적인 순서를 가지고 있다.

25 성능 및 장애 관리는 시스템 운영 관리 부문의 관리 항목이다.

26 웹페이지 방문자의 질문은 해당 방문자에게 공개여부를 선택하도록 하고 이를 따르면 된다.

27 콘텐츠를 제작하는데 전문적인 기술이 필요 없으며, 콘텐츠의 업데이트도 쉬워 누구나 참여할 수 있다.

28 정보를 한 번에 모두 제공하기 위해서는 글자가 너무 작아지거나 복잡해질 위험이 있다. 웹페이지는 디자인과 문구가 간단해야 한다.

29 • 그리드구조: 두개의 계열구조를 합쳐 놓은 형태
　• 순차구조: 일련의 정보를 순차적으로 보여주는 구조

30 웹사이트에 담겨져 있는 내용을 콘텐츠라고 한다.

31 • 피싱: 금융기관 등의 웹사이트로 위장하여 개인정보를 빼는 사기수법이다.
　• 스니핑: 가장 많이 사용되는 해킹 수법으로 네트워크상에서 돌아다니는 정보들을 감시하는 일종의 도청 프로그램으로 전달되는 모든 패킷을 분석한다.
　• 스푸핑: '파밍'이라고도 일컫는다. 웹링크가 목적지 주소를 사칭하는 다른 주소의 웹으로 연결해 주는 것이다.

32 전자지불시스템은 개인 정보에 대한 비밀성이 제공되므로 불특정다수의 사용과 재사용과는 거리가 있다.

33 핀테크는 금융과 기술의 합성어로 금융과 ICT의 융합을 통한 금융서비스와 산업을 통칭하는 용어이다.

34 전자지갑(E-Wallet or Digital Wallet): 디지털화된 가치를 안전하게 활용할 수 있도록 모바일 기기상에 구현한 전자 지불 시스템의 한 종류임. 신용 결제뿐 아니라 멤버십·포인트·쿠폰 등 다양한 결제 방식을 자유롭게 선택할 수 있는 방식임

35 물품을 생산자가 원하는 시기라기 보다는 구매자가 원하는 시기에 보내는 활동이 바람직하다.

36 • 전자 입찰: 입찰에 대한 정보를 웹사이트에 투명하게 오픈하여 공정한 경쟁입찰을 가능하게 한다.
　• 전자구매: 주문, 선적, 주문 조회, 구매기록 관리 등의 업무를 기업의 웹사이트를 이용하여 진행하는 전자상거래 시스템이다.
　• ECR(Efficient Customer Response): 공급사슬의 효율을 극대화하기 위한 고객의 취향이나 니즈에 빠르게 대응할 수 있도록 새로운 모델 제품의 제조 단계에서부터 도매, 소매까지의 전과정을 효율적으로 관리할 수 있는 기법이다.

37 지능형 에이전트는 지능을 가진 대리인이라는 뜻으로 사용자의 니즈에 맞도록 대량의 데이터 중에서 가공한 자료를 제공하며, 필요한 정보를 빠르게 제공하는 역할을 한다.

38 온라인 구매는 비용이 저렴하고 편리하며, 짧은 주문시간 등의 장점이 있다.

39 RFM이란 최근성(Recency), 구매의 빈도(Frequency), 그리고 구매액(Monetary) 등의 세 가지 지표들을 통해

얼마나 최근에, 얼마나 자주, 그리고 얼마나 많은 구매를 했는가에 대한 정보들을 기반으로 고객의 수익 기여도를 나타내고자 하는 지표이다.

40 Community(커뮤니티): 물리적 공간에서 커뮤니티, 소셜미디어 등의 공동사회를 의미한다. 기업은 커뮤니티 형성 및 활성화에 적극 지원함으로써 저렴한 비용으로 시장을 확대하거나 새로운 시장을 창출할 수 있다. 이때 커뮤니티 개발 필요 분야, 커뮤니티 형성 유인 방안, 커뮤니티 유지관리 방안을 고려할 필요가 있다.

41 PKI는 암호화할 때 사용하는 암호키와 해독할 때 사용하는 해독키가 서로 다른 암호화 기법으로, 공개키 기반구조(Public Key Infrastructure)이다.

42 • 피싱: 금융기관 등의 웹사이트로 위장하여 개인정보를 빼는 사기수법이다.
   • 스니핑: 가장 많이 사용되는 해킹 수법이다. 네트워크상에서 돌아다니는 정보들을 감시하는 일종의 도청프로그램으로 취소 전달되는 모든 패킷을 분석한다.

43 HTTPS(HyperText Transfer Protocol over Secure Socket Layer)는 월드 와이드 웹 통신 프로토콜인 HTTP의 보안이 강화된 버전으로 통신의 인증과 암호화를 위해 사용되며, 전자상거래에 주로 사용된다.

44 SQL: 데이터베이스에서 자료를 추출하기 위한 프로그램(언어)

45 스테이징 서버(Staging Server): 임시서버로 불림. 운영 환경에 적용하기 전에 확인하는 서버

46 • 웹서버: 웹서버는 웹클라이언트와 웹서버 사이에 통신프로토콜인 HTTP 프로토콜을 이용하여 하이퍼텍스트 문서의 송수신 역할을 하는 도구
   • 웹사이트: 웹서버에 저장된 정보의 집합체

47 • PGP: 인터넷에서 전달하는 전자우편을 다른 사람이 받아 볼 수 없도록 암호화하고, 받은 전자우편의 암호를 해석해주는 프로그램이다.
   • EMV: Europay, Master, Visa가 94년에 개발한 범용 선불 전자화폐로서 IC 카드, 단말기에 대한 표준이다.
   • OTP: 전자상거래시 안전하고 효율적으로 사용하기 위해서 개발된 표준으로 고객 지불 장치나 HW, SW 종류에 관계없이 구매할 수 있도록 하는 개발 장치이다.

48 암호, 복호용 키 2개와 한 개의 알고리즘을 가지는 시스템은 공개키 시스템이다.

49 트로이 목마(Trojan Horse): 정상적인 프로그램으로 위장하여 사용자 컴퓨터에 설치되어 실행된 후 지속적으로 사용자 컴퓨터에서 정보를 유출하거나 컴퓨터를 원격 제어한다.

50 스파이웨어: 사용자의 키 누름, 전자메일과 인스턴트 메시지 복사본, 그리고 심지어는 스크린 샷(스크린 샷을 이용하여 비밀번호나 다른 비밀정보를 획득)을 취득하는 데 사용될 수 있다.

51 사용자의 위치를 파악하는 기술은 비콘이나 GPS이다.

52 유튜브, 트위터, 블로그 등은 대표적인 소셜미디어 플랫폼이나 검색 포털은 뉴스나 정보를 검색할 때 쓰는 플랫폼이다.

53 검색성은 서비스 품질을 측정하는 요소이다.

54 방화벽에 의한 보안은 제도라기보다는 기술적 보안에 해당하는 영역이다.

55 텔레마케터: 전화를 통해 구매자에게 상품홍보와 판매활동을 하는 사람

56 LP: Landing Page
   CTR: Click Through Rate
   PV: Page View
   IMP: Interface Message Processor

57 IMAP4(Internet Mail Access Protocol Version 4)는 인터넷 메일을 위한 통신 규약으로, 이 규약은 SMP와 POP3에 비해 다음과 같은 장점이 있다.
   • 서버측에 메일 박스를 둘 수 있다는 것과 메일의 헤드만을 읽을 수 있다.
   • 원격 접근 등의 이동 환경에서 사용하기에 편리하다.
   • 1명이 여러 대의 PC를 편리하게 사용할 수 있다.
   • 사서함을 일원적으로 관리할 수 있다.
   • 그룹웨어적인 사용을 할 수 있다.
   • POP3 보다 유연하며, 이동기기 액세스에 적합한 프로토콜이다.

58 비트코인: 실물경제의 화폐와 달리 물리적인 형태가 없는 온라인 가상화폐이다. 온라인에서 사용되는 통화로, 통화를 발행하고 관리하는 중앙장치가 존재하는 구조이다.

59 SSO(싱글사인온)는 가장 기본적인 인증 시스템으로, 모든 인증을 하나의 시스템에서 하기 위해 개발된 시스템이다.

60 웹하드는 저장하는 공간이다.

61 링크는 사용자가 기능을 명확하게 이해할 수 있도록 명확하게 해야 한다.

62 웹사이트 콘셉트는 가장 먼저 고려되어야 하는 프로세스다.

63 '고객 개인 정보 판매로 인한 수익'은 불법이다.

64 http: // kostat.go.kr 통계청 자료 참고

65 전략 구축은 전략 기획에 해당하는 활동이다.

66 • FTP(File Transfer Protocol, 파일 전송 프로토콜)는 인터넷을 통하여 컴퓨터 간에 파일을 송수신할 수 있도록 지원하는 서비스를 의미한다.
   • WAISE(Wide Area Information Service)는 데이터베이스와 파일목록 가운데 원하는 정보를 키워드로 알려주면 찾아주는 정보검색도구이다.
   • Usenet(User Network)은 주제별로 동호인들이 모여 토론그룹을 형성하여 대화를 나누는 인터넷상의 전자 게시판을 의미한다.

67 C2B(Customer to Business, 소비자와 기업): C2B는 소비자 파워를 가진 소비자가 거래의 주체가 되어서 기업에게 판매조건을 제시하는 전자상거래를 말한다.

68 디지털 경제는 소비자가 공급자로서 생산과정에 직간접적으로 참여하고, 소비자의 영향력이 극대화 되는 특성이 있다.

69 중개상인이 유통구조에서 제거됨에 따라 유통채널이 단순화 되는 것은 E-마케팅의 장점이다.

70 사물인터넷 생태계는 다양한 시장 참여자의 협력과 경쟁으로 형성된다.

71 '결제중계시스템'이라 함은 금융회사와 전자금융업자 사이에 전자금융거래정보를 전달하여 자금정산 및 결제에 관한 업무를 수행하는 금융정보처리 운영 체계를 말한다.

72 규제는 최소화 되어야 한다.

73 '통신판매'란 우편·전기통신, 그 밖에 총리령으로 정하는 방법으로 재화 또는 용역(일정한 시설을 이용하거나 용역을 제공받을 수 있는 권리를 포함한다)의 판매에 관한 정보를 제공하고 소비자의 청약을 받아 재화 또는 용역을 판매하는 것을 말한다.

74 분석·제공, 지식재산의 평가·거래·관리, 지식재산 경영전략의 수립·자문 등이 지식재산 산업에 속한다.

75 '정보통신망'은 「전기통신사업법」에 따라 전기통신설비를 이용하거나 전기통신설비와 컴퓨터 및 컴퓨터의 이용기술을 활용하여 정보를 수집·가공·저장·검색·송신 또는 수신하는 정보통신 체제를 말한다.

76 '정보주체'란 처리되는 정보에 의하여 알아볼 수 있는 사람으로서 그 정보의 주체가 되는 사람을 말한다.

77 전자거래사업자는 이용자의 동의 없이 정보를 타인에게 제공·공개 등을 하여서는 아니 된다.

78 「전자상거래 등에서의 소비자보호에 관한 법률」상 통신판매업자가 대통령령이 정하는 바에 따라 공정거래 위원회 또는 특별시장, 광역시장 또는 도지사에게 신고 해야 할 내용
   1. 상호(법인인 경우에는 대표자의 성명 및 주민등록번호를 포함한다), 주소, 전화번호
   2. 전자우편주소, 인터넷 도메인 이름, 호스트 서버의 소재지
   3. 그 밖에 사업자의 신원 확인을 위하여 필요한 사항으로서 대통령령으로 정하는 사항

79 영상정보처리기기를 설치할 수 있는 장소는 다음과 같다.
   1. 법령에서 구체적으로 허용하고 있는 경우
   2. 범죄의 예방 및 수사를 위하여 필요한 경우
   3. 시설안전 및 화재예방을 위하여 필요한 경우
   4. 교통단속을 위하여 필요한 경우
   5. 교통정보의 수집·분석 및 제공을 위하여 필요한 경우

80 '전자거래'란 재화나 용역을 거래할 때 그 전부 또는 일부가 전자문서에 의하여 처리되는 거래를 말한다.

실전모의고사 4회 정답 및 해설

01 ④	02 ②	03 ③	04 ①	05 ②	06 ②	07 ④	08 ④	09 ②	10 ④
11 ④	12 ②	13 ③	14 ④	15 ②	16 ④	17 ④	18 ④	19 ①	20 ④
21 ②	22 ④	23 ③	24 ④	25 ④	26 ④	27 ④	28 ②	29 ③	30 ③
31 ①	32 ④	33 ②	34 ④	35 ③	36 ①	37 ④	38 ③	39 ①	40 ②
41 ④	42 ③	43 ③	44 ①	45 ④	46 ②	47 ②	48 ①	49 ④	50 ②
51 ①	52 ③	53 ②	54 ④	55 ④	56 ③	57 ①	58 ②	59 ④	60 ①
61 ①	62 ④	63 ③	64 ②	65 ①	66 ④	67 ③	68 ②	69 ③	70 ①
71 ④	72 ③	73 ④	74 ③	75 ③	76 ②	77 ④	78 ④	79 ①	80 ②

01 액세스 로그는 방문자가 웹사이트를 이용하면서 남기는 정보들로 IP, 방문자 접속한 페이지 파일 이름, 방문자가 서버에 접속한 시간 정보 등이다.

02 웹을 이용한 홍보(PR: Public Relationship)인 인터넷 홍보는 기업이 고객, 기업의 이해관계자들에게 좋은 이미지를 구축하고, 긍정적인 감정을 갖도록 만드는 활동을 의미한다.

03 군집분석은 집단 또는 범주에 대한 사전 정보가 없는 데이터 관측값을 사용하여 몇 개의 유사한 집단으로 그룹화하여 집단의 성격을 정의하는 기법이다.

04 SO 전략은 강점을 가지고 기회를 살리는 전략으로 시장을 선점하거나 다각화 전략을 추구하는 전략이다.

05 데이터 저장 공간은 웹사이트 활용과는 거리가 멀다.

06 시장매력도가 낮은 경우는 고객의 협상력이 높아 높은 제품 서비스를 기대한다.

07 재포지셔닝 제품 유형은 기존 상품에 대해 다른 시장을 표적화, 작은 변화를 통해 소비자들에게 새롭게 접근하는 신제품 개발 방식이다.

08 포지셔닝 전략유형은 다음과 같다.
- 제품 속성: 제품의 차별적인 속성이나 특징을 부각하는 전략
- 제품 편익 : 어떤 편익에서 가장 우수함을 부각시키는 전략
- 경쟁 제품: 경쟁 제품과의 비교를 통해 자사 제품이 소비자들에게 줄 수 있는 혜택을 강조하는 전략
- 사용자: 자사의 제품이 특정 고객층에 적절함을 강조하는 전략

- 사용상황: 제품이 사용되는 상황을 강조하면서 자사의 제품이 떠오르도록 하는 전략

09 - 혁신수용자(Innovators): 새로운 기술이 나왔을 때 무조건 받아들이는 계층이며, 신기술에 문제가 있거나 불편하더라도 사용하는데 아무런 불평도 제기하지 않는 특성을 가짐
- 선각수용자(Early Adopters): 이들은 신기술의 진가를 알아차리고 그것이 가져다 줄 경제적 이익과 전략적 가치를 높이 사는 계층
- 전기다수수용자(Early Majority): 실용적 구매 계층으로서 기본적으로 첨단 기술에 관심을 가지고 있지만 모험을 하고자 하지 않으며, 신기술이 성숙될 때까지 기다리는 계층
- 후기다수수용자(Late Majority): 첨단 기술에 대한 부정적인 시각을 가지고 있으며, 신기술이 업계의 표준으로 인정받지 못한다면 이를 도입하려 하지 않는 계층
- 지각수용자(Laggards): 신기술을 활용하지만 기술의 존재나 이용 방법 등을 알지 못하는 계층

10 개발이 완료된 제품에 대해 본격적인 시장 출하를 위해 대량 생산하는 단계가 양산이다.

11 조기 수용자(Early Adapter)는 혁신 소비자 다음 소비자 집단, 전체 잠재 소비자의 13.5% 차지하며, 다음과 같은 특징을 가지고 있다.
- 소속 집단의 존경을 받는 의견 선도자(Opinion Leader)의 역할 수행
- 정보탐색이 많은 혁신 제품구매 의향자에게 유용한 정보 제공
- 유행에 민감, 가치표현적 성격이 강한 제품 관여도 높음

- 유행에 대한 가치부여가 높음
- 제품사용 이후 만족 또는 불만족 여부는 신제품 성공 결정 요인

12 PR(Public Relation)은 기업이 고객, 기업의 이해관계자들에게 좋은 이미지를 구축하고, 긍정적인 감정을 갖도록 만드는 활동을 의미한다. 고객 분석은 CRM의 목표이다.

13 강점은 해당 기업이 보유하고 있는 유리한 점에 해당하는데 높은 기술 경쟁력, 뛰어난 자금 능력, 높은 시장인지도, 원가상의 유리한 점, 제품 혁신 능력, 탁월한 경영능력이 여기에 해당한다.

14 모바일의 대표적인 특성은 이동성(Mobility), 위치확인(Location), 개인화(Personalization), 적시성(Timeliness)이다.

15 키워드 배너 광고는 키워드 검색에 따라 다른 배너가 나타나는 방식이다.

16 RPM(Revenue Per Mile)은 페이지 노출당 수익을 의미하며, 사이트의 질을 평가할 때 주로 이용된다. 이를 통해 글이 얼마나 광고와 연관되어 작성되었는지 알 수 있다.

17 SWOT 분석을 통해 내부/외부 환경요인을 분석하고 전략을 수립한다.

18 사이버 커뮤니티 운영이 기존 전통시장을 활성화 하는 것을 목표로 하고 있지는 않다.

19 온라인 쇼핑은 간편하게 구매할 수 있고, 선택의 폭이 넓으며, 제품 관련 정보 및 후기 등이 제공되는 장점이 있다.

20 콘텐츠 측면의 기술은 효율적인 정보처리가 기반이 되어야 한다.

21 웹사이트 개발 의뢰 회사는 웹사이트의 요구사항을 상세히 작성한 RFP(제안요청서)를 제출한다.

22 백오피스 시스템에서 고객별 트래픽 발생량, 페이지별 트래픽 발생량, 사용자 위치, 평균적 머무른 시간 등을 관리하는 기능은 트래픽 처리이다.

23 스토리보드 작성 단계는 웹사이트의 구축목적과 구축대상, 범위에 맞도록 웹서비스를 어떻게 표현할 것인지를 정리하는 단계이다.

24 백오피스의 거래처리 관리 기능은 주문시스템, 결제시스템, 배송시스템, 재고관리 시스템 등과 같이 시스템 관리를 다루고 있다.

25 • 정보중심 콘텐츠: 비즈니스 정보, 전공 관련 정보, 컴퓨터 관련 정보, 취업 관련 정보 등으로 정보의 질과 양이 중요한 콘텐츠

- 커뮤니케이션 중심 콘텐츠: 서로간 커뮤니케이션이 중요한 콘텐츠 (예 개인의 정보를 입력해야 관련 내용들을 확인할 수 있는 콘텐츠)
- 커뮤니티 중심 콘텐츠: 게시판이나 채팅 등을 이용하여 정보를 교류할 수 있는 분위기를 만드는 것과 같이 사이버 공간에 일어나는 만남을 유도하는 콘텐츠
- 전자상거래 중심 콘텐츠: 온라인을 통한 전자상거래 콘텐츠 (예 쿠폰, 여행상품, 홈뱅킹, 홈트레이딩 서비스 등)

26 고객 데이터는 '직접 고객에게서 수집'하는 1차 정보와 '기업내부에서 다른 목적으로 활용하기 위해서 혹은 타기관에서 다른 목적으로 수집'한 2차 정보로 구분할 수 있다.

27 개발일정표, 세부예산표는 웹사이트 개발을 시작하기 전에 작성한다.

28 이더리움은 암호화폐의 일종으로 화폐단위는 'ETH'이다. 블록체인 기술을 기반으로 스마트 계약 기능을 구현하기 위한 분산 컴퓨팅 플랫폼이며 화폐기능 뿐만 아니라 계약서, 이메일, 전자투표 등의 다양한 어플리케이션을 안정적이고 투명하게 운영이 가능하다. 솔리디티(Solidity)는 계약 지향 프로그래밍 언어로 다양한 블록체인 플랫폼의 스마트계약 작성 및 구현에 사용된다. 이더리움과 같은 블록체인 플랫폼상에 스마트 계약을 작성 할 수 있도록 개발하였다.

29 정보지향적 커뮤니티, 즉 관심 커뮤니티는 사실과 의견 같은 정보를 교환 획득하기 위해 참여하는 커뮤니티로, 온라인상의 정보교류 뿐만 아니라 오프라인 상의 워크숍 등도 실시된다.

30 내비게이션은 클라이언트(사용자)들이 웹사이트 내 정보를 쉽게 찾을 수 있도록 제공되어야 한다.

31 • 사용자 인증: 메시지의 생성, 전송, 수신, 이용, 저장 등 일련의 과정에 연관되어 있는 정보의 송신자, 수신자, 이용자, 관리자들이 제 3자에게 자신의 신분을 증명하는 과정이다.

- 메시지 인증: 전송된 메시지의 내용이 위조되지 않고 원래의 정보를 그대로 가지고 있다는 사실을 확인하는 과정이다.

32 삼성페이는 별도의 전용 단말기가 필요한 애플의 '애플페이'나 구글의 '구글페이'와는 달리, 전용 단말기가 없더라도 기존의 신용카드 결제 단말기만 있으면 결제가 가능하다. 이때 마그네틱 보안전송을 사용하여, 근거리 무선 통신을 사용하지 않아도 된다.

33 전자결제지불 대행사(PG: Payment Gateway) 정의: 인터넷 쇼핑몰의 결제처리와 정산업무를 위해 믿을 수 있

는 제3자가 인터넷 쇼핑몰을 대신하여 은행, 신용카드사 등과 대행계약을 맺고 이들로부터 일정 수수료를 지급받아 일정 수수료를 공제한 후 인터넷 쇼핑몰들에게 지급하는 서비스이다.

34 전자화폐는 현금 취급 비용은 없으나, 부정사용 등의 위험이 있다.

35 물류 관리의 3S1L은 다음과 같다.
- Speedy(신속하게)
- Safely(안전하게)
- Surely(확실하게)
- Low(저렴하게)

36
- 쇼루밍(Showrooming): 매장에서 제품을 살펴본 뒤 실제 구매는 온라인 등 다른 유통 경로로 하는 것
- 역쇼루밍: 온라인 매장에서 제품을 살펴본 후 실제 구매는 오프라인으로 하는 것
- 모루밍(Morooming): 오프라인 매장에서 제품을 살펴본 후 모바일로 구매하는 것

37
- 지능형 에이전트(Intelligence Agent): 학습·추론·계획능력과 같은 지능적 특성을 보유함
- 사용자 인터페이스 에이전트(User Interface Agent): 컴퓨터 시스템을 사용하기 편리하도록 지원함
- 보조 에이전트(Assistant Agent): 단순히 사용자 작업을 돕는 기능을 수행함
- 다중 에이전트(Multi Agent): 분산환경에서 상호 협력을 통해 작업을 수행함
- 이동 에이전트(Mobile Agent): 프로그램 자체가 네트워크를 돌아다니며 수행됨

38 전자상거래를 도입한 공급자는 유통단계를 생략함으로써 가격경쟁력을 확보할 수 있다.

39 인터넷상의 소비자 의사 결정 과정 중 가장 먼저 일어나는 단계는 필요성 인지, 주의를 하게 되는 과정이다.

40 롱테일 마케팅은 인기있고, 매출이 많은 제품이 아니라 낮은 수요의 제품들도 검색엔진이나 추천엔진 등을 통해 수익을 얻을 수 있다는 점에서 착안한 마케팅 기법이다. '80%를 차지하는 사소한 다수가 20%를 차지하는 핵심적 소수보다 뛰어난 가치를 창출한다'는 아이디어로 파레토 법칙과는 다소 상반되는 법칙이다.

41 전자화폐는 타인에게 이전 가능한 양도성의 특징이 있다.

42 IDS, 침입탐지시스템은 침입 차단을 목적으로 하는 방화벽과는 달리 각종 해킹 기법을 이미 자체에 내장하고 있어 침입행동을 실시간으로 추적할 수있다.

43 동일한 메시지를 많은 사람에게 동시에 보낼 수 있다.

44 POP3는 이메일 서버를 이용해 자기 주위의 개인용 컴퓨터(PC)로 이메일을 뽑아내는 통신 규약으로 사용자는 주기적으로 서버에 있는 자신의 메일 수신함을 점검하고, 만약 수신된 메일이 있으면 클라이언트 쪽으로 다운로드한다.

45 시스템 구축은 '분석→기획→구축→실행'의 일반적인 순서를 가지고 있다.

46 프록시 서버는 다음과 같은 역할을 한다.
- 프록시 서버에 요청된 내용들을 캐시를 이용하여 저장해 두고, 캐시 안에 있는 정보를 요구하는 요청에 대해서는 원격 서버에 접속하여 데이터를 가져올 필요가 없게 됨으로써 전송 시간을 절약할 수 있고, 불필요한 외부 연결을 하지 않아도 된다.
- 외부와의 트래픽을 줄이게 됨으로써 네트워크 병목 현상을 방지하는 효과를 얻을 수 있다.
- 방화벽 안 쪽에 있는 서버들의 외부 연결은 프록시 서버를 통해 이루어질 수 있다.

47
- 자체운영: 기업의 내부인력을 이용하여 웹 관리자, 디자이너, 프로그래머, 시스템 관리자 등 웹 운영에 필요한 기술을 보유하고 운영하는 방식이다.
- 아웃소싱: 웹 운영 전체를 외부업체에게 아웃소싱을 하는 방식이다.

48 공개키는 암호, 복호용 알고리즘이 서로 다르고, 하나를 알더라도 그에 대칭되는 키를 알기 어려운 시스템이다.

49 바이러스는 자기자신을 복제하거나 다른 파일에 확산시킬 수 있는 컴퓨터 프로그램을 말한다.

50 해커는 컴퓨터 시스템에 승인되지 않은 접근 권한을 얻으려고 하는 사용자를 의미한다.

51 QR(Quick Response) 코드는 2차원 매트릭스 형태로 이루어진 바코드이다.

52 통제(준거성)테스트는 재수행, 조사, 속성샘플링을 포함하는 과정이다.

53 RAID: 디스크의 장애를 해결하기 위해서 저용량 저장장치 여러대를 배열로 묶어서 대용량 저장장치를 만드는 기술로, 가격이 저렴하고 장애 발생시 복구기능이 있어 서버 컴퓨터에서 널리 사용된다. 최근의 스케일아웃방식 하나하나의 단위 노드들이 병렬로 연결되어 성능과 확장성을 늘여가는 방식을 채택한 스토리지들은 이에 대해 스토리지 박스간에 RAID를 구성하는 방식을 제공하는데, 다수의 디스크에 대한 동시장애나 장비장애에도 영향 없는 영상저장과 조회가 가능하기 때문에 효율적으로 재해를 대비할 수 있다.

54 통신장비에 의한 보안은 기술적 보안 영역이다.

55 업체를 고용하거나, 자동화하는 프로그램을 이용하여 클릭수를 높여 검색엔진 결과를 상위랭크에 두게 하는 것은 클릭사기에 해당한다.

56 체리피커는 기업의 상품이나 서비스를 구매하지 않으면서 자신의 실속을 차리는 소비자로 신포도 대신 체리를 골라 먹는 사람이라는 뜻이다. 잠시 동안 상품이나 서비스를 사용하기 위해 주문했다가 반품을 하여 해당 회사에 적지 않은 피해를 일으키기도 하여 부정적인 의미로 쓰였지만, 최근에는 혜택과 부가서비스를 잘 챙기는 실속형 소비자로 의미가 바뀌었다.

57 • 전자화폐: 화폐가치를 전자기호로 저장하고 그 지급을 보장하는 시스템으로 소액 상품을 구매하는데 적합하다.
• 직불카드: 예금한도 잔액에서 사용 즉시 돈이 빠져나가는 카드이다.
• 체크카드: 모든 신용카드 가맹점을 이용할 수 있고, 일부 상품에 따라서는 수십만원 정도 외상 거래도 가능하다.
• 신용카드: 신용한도 내에서 사용하며, 후불대금하는 방식이다. 거래는 실시간 발급사 승인과 서명으로 승인된다.

58 • 단위 테스트: 테스트 수행시 하나씩 사이트 프로그램 모듈을 검사한다.
• 통합 테스트: 웹사이트를 모두 검사하는 것으로 사용자가 사이트를 사용하는 환경에서 전체적으로 테스트한다.
• 인수 테스트: 의뢰한 기업의 담당자와 경영진이 시스템의 사업목표가 설계된 대로 실제로 작동하는지 확인한다.

59 디지털 트윈: 물리적인 사물과 컴퓨터에 동일하게 표현되는 가상 모델로 실제 물리적인 자산 대신 소프트웨어로 가상화한 자산의 디지털 트윈을 만들어 시뮬레이션을 함으로써 실제 자산의 특성(현재 상태, 생산성, 동작 시나리오 등)에 대한 정확한 정보를 얻을 수 있다. 이를 통해 자산 최적화, 돌발 사고 최소화, 생산성 증가 등 설계부터 제조, 서비스에 이르는 모든 과정의 효율성을 향상시킬 수 있다.

60 SNA 서버(Systems Network Architecture): 포괄적인 게이트웨이며 메인 프레임 시스템을 보호하면서 인터넷, 인트라넷, 클라이언트-서버 기술을 전체적으로 조직에 제공하는 응용 프로그램 통합 플랫폼이다.

61 웹사이트 구축 시 사용자 중심의 접근 방법이 중요하다.

62 웹사이트는 일관성을 가지고 작성되어야 한다.

63 인터넷 시대의 소비자의 대표적인 유형으로는 프로슈머(Prosumer)가 있다. 프로슈머는 대표적인 참여형 소비자로 '생산자(Producer)+소비(Consumer)'를 의미한다.

64 • 콘텐츠 서비스 모델은 이용자들이 관심있는 콘텐츠를 사이트에 구축하고 이를 이용하여 사이트에 방문을 유도하는 모델로 네이버, 다음 등이 여기에 해당한다.
• 중계 모델은 비즈니스 거래에서 기업과 기업, 기업과 소비자, 소비자와 소비자 같이 구매자와 판매자를 서로 연결해 주는 역할을 수행하는 것을 일컫는다.
• 커뮤니티 모델은 사용자의 충성도에 기초하는 것으로 사용자가 많은 시간과 노력을 투자하여 관련 제품이나 서비스를 판매하거나 문맥광고, 고급 서비스 판매를 통해 수익을 창출할 수 있다.

65 온라인과 오프라인을 직접 연결하는 전자상거래의 형태는 O2O이다.

66 최근은 무한경쟁시대로 무한경쟁내 우위를 확보할 수 있는 환경을 구축해야 한다.

67 • Click and Mortar Business: 온오프를 동시에 병행하는 비즈니스로 기존 'Brick and Mortar'를 합성한 용어이다.
• 온라인 소매(E-tailer): 전적으로 온라인상으로 존재하는 소매상점으로 온라인 쇼핑몰만 보유하고 있는 기업이 여기에 해당한다.

68 전자상거래가 기업의 조직과 산업구조에 미치는 영향은 비용의 감소이며, 이에 코어스는 거래비용 감소에 따라 기업내의 조직의 복잡성 및 기업의 수는 감소한다는 법칙을 발견하였다.

69 B2B 시장이 B2C 시장규모보다 훨씬 크다.

70 플랫폼은 사용자와 운송수단이 만나는 지점이라고 볼 수 있다. 개인만을 위한 웹사이트가 아니라 다양한 구매자와 소비자가 만나는 지점이 플랫폼이다.

71 전자금융업자는 '사고 발생에 있어서 이용자의 고의나 중대한 과실이 있는 경우로 그 책임의 전부 또는 일부를 이용자의 부담으로 할 수 있다는 취지의 약정을 미리 이용자와 체결한 경우'에 해당하는 경우에는 그 책임의 전부 또는 일부를 이용자가 부담하게 할 수 있다.

72 전자거래분쟁조정위원회 또는 조정부는 제1항에 따른 분쟁조정 신청을 받은 날부터 45일 이내에 조정안을 작성하여 분쟁당사자에게 권고하여야 한다.

73 정보통신서비스 제공자 등은 개인정보의 분실·도난·누출(이하 '누출 등'이라 한다) 사실을 안 때에는 지체 없이 다음 각 호의 모든 사항을 해당 이용자에게 알리고 방송통신위원회 또는 한국인터넷진흥원에 신고하여야 하며, 정당

한 사유 없이 그 사실을 안 때부터 24시간을 경과하여 통지·신고해서는 아니 된다.

    1. 누출 등이 된 개인정보 항목

    2. 누출 등이 발생한 시점

    3. 이용자가 취할 수 있는 조치

    4. 정보통신서비스 제공자 등의 대응 조치

    5. 이용자가 상담 등을 접수할 수 있는 부서 및 연락처

74 '지식재산'이란 인간의 창조적 활동 또는 경험 등에 의하여 창출되거나 발견된 지식·정보·기술, 사상이나 감정의 표현, 영업이나 물건의 표시, 생물의 품종이나 유전자원(遺傳資源), 그 밖에 무형적인 것으로서 재산적 가치가 실현될 수 있는 것을 말한다.

75 긴급구조기관의 긴급구조요청 또는 같은 조 제7항에 따른 경보발송요청이 있는 경우는 개인위치정보주체의 동의를 받지 아니하고 사용할 수 있다.

76 개인정보 보호에 관한 사항을 심의·의결하기 위하여 대통령 소속으로 개인정보보호위원회를 둔다.

77 전자거래기본법의 목적은 '전자문서 및 전자거래의 법률관계를 명확히 하고 전자문서 및 전자거래의 안전성과 신뢰성을 확보하며 그 이용을 촉진할 수 있는 기반을 조성함으로써 국민경제의 발전에 이바지함을 목적으로 한다'이다.

78 '통신판매'란 우편·전기통신, 그 밖에 총리령으로 정하는 방법으로 재화 또는 용역의 판매에 관한 정보를 제공하고 소비자의 청약을 받아 재화 또는 용역을 판매하는 것을 말한다. 다만, 「방문판매 등에 관한 법률」 제2조제3호에 따른 전화권유판매는 통신판매의 범위에서 제외한다.

79 개인정보란 살아 있는 개인에 관한 정보로서 성명, 주민등록번호 및 영상 등을 통하여 개인을 알아볼 수 있는 정보(해당 정보만으로는 특정 개인을 알아볼 수 없더라도 다른 정보와 쉽게 결합하여 알아볼 수 있는 것을 포함한다)를 말한다.

80 '통신판매중개'란 사이버몰(컴퓨터 등과 정보통신설비를 이용하여 재화 등을 거래할 수 있도록 설정된 가상의 영업장을 말한다)의 이용을 허락하거나 그 밖에 총리령으로 정하는 방법으로 거래 당사자 간의 통신판매를 알선하는 행위를 말한다.

01 ④	02 ②	03 ④	04 ④	05 ②	06 ④	07 ③	08 ④	09 ④	10 ①
11 ③	12 ③	13 ④	14 ②	15 ④	16 ①	17 ①	18 ③	19 ②	20 ④
21 ③	22 ①	23 ④	24 ②	25 ①	26 ①	27 ③	28 ④	29 ②	30 ①
31 ③	32 ③	33 ③	34 ②	35 ④	36 ②	37 ①	38 ②	39 ④	40 ①
41 ④	42 ③	43 ③	44 ②	45 ②	46 ①	47 ①	48 ②	49 ①	50 ②
51 ④	52 ①	53 ②	54 ①	55 ③	56 ③	57 ③	58 ①	59 ①	60 ①
61 ④	62 ②	63 ①	64 ③	65 ④	66 ①	67 ①	68 ②	69 ②	70 ③
71 ②	72 ③	73 ④	74 ①	75 ②	76 ④	77 ④	78 ①	79 ②	80 ②

01 고객의 의견을 조사하는 설문조사는 웹 쇼핑몰을 사용하는 기록을 저장하는 로그 분석과는 성격이 다르다.

02 O2O 마케팅은 온라인과 오프라인을 연결한 마케팅이다. 특정 지역에 들어가면 관련 지역에서 사용할 수 있는 쿠폰 등을 실시간으로 보내주는 서비스 등이 여기에 해당한다.

03 대량의 데이터로부터 패턴이나 연관성을 도출하여 의사결정에 활용하는 방법이다. 연관성분석, 의사결정나무분석, 로지스틱 회귀분석, 군집분석 등의 다양한 방법이 있다.

04 라이프스타일은 심리적 변수이다.

05 표적시장의 공략 방법
- **비차별적 마케팅**: 세분화 과정을 거치지 않고, 전체 시장을 대상으로 무차별적으로 마케팅을 전개하는 방식
- **차별적 마케팅**: 고객을 세분화하여 세분화된 그룹마다 차별화된 마케팅을 전개하는 방식
- **집중적 마케팅**: 세분화된 그룹들 중 집중적으로 마케팅해야 하는 그룹을 선택하여 마케팅을 전개하는 방식

06 고객인맥 소개 관리는 신규고객 유치를 위한 활동이다.

07 CRM을 구현하기 위해서 고객 통합 데이터베이스가 반드시 구축되어야 한다.

08 • 브랜드 전략 실행 5단계
  ① **브랜드 네이밍**: 브랜드의 이름을 짓기
  ② **브랜드 아이덴티티**: 브랜드의 콘셉트와 개념을 정립
  ③ **브랜드 포지셔닝**: 콘셉트와 개념을 고객의 마음 속에 차별화된 것으로 자리잡게 만들기
  ④ **브랜드 로열티**: 고객의 지속적인 애정과 충성도를 이끌어 내어 계속 구매하게 만들기

⑤ **브랜드 확장**: 궁극적으로는 그 브랜드 이름에 파워가 생겨 소비자의 마음 속에 굳혀진 브랜드 이미지가 다른 제품으로까지 확장시킴

09 신제품의 성공 요인은 '고객의 욕구 충족 및 높은 가치 실현, 혁신적인 제품, 기술적 경쟁우위, 시장성장, 가능성에 대한 분석, 강력한 경쟁우위, 기업 역량에 부합, 시장의 약한 경쟁, 최고경영층의 적극적 지원' 등이 있다.

10 마케팅조사는 고객으로부터 얻게 되는 응답들 중에서 아이디어를 확보하는데 중요한 역할을 한다. 고객 인터뷰를 통해 고객의 필요와 욕구를 파악하고, 제품화 가능성을 평가받을 수 있다.

11 조기 수용자(Early Adapter)는 혁신 소비자 다음 소비자 집단, 전체 잠재 소비자의 13.5%를 차지한다.

12 지각도는 시장 내의 경쟁하고 있는 모든 제품들에 대한 소비자들의 생각을 하나의 도표로 나타낸 지도로, 포지셔닝 맵이라고도 불린다. 구성된 공간 내에 경쟁 상표들의 상대적 위치와 소비자들이 원하는 이상적 제품을 시각적으로 표시해 주는 기법이다.

13 마이클포터의 5 Forces Model은 외부환경분석 프레임이다.

14 쿠폰은 판촉 활동의 주요 유형이다.

15 같은 웹사이트에 속한 다른 페이지들 간에 배너 광고를 돌아가면서 노출하는 방식은 순환(로테이션)형이다.

16 • CPC: 사용자가 키워드 광고를 보고 클릭한 횟수에 따라 광고비용을 지불하는 방식
- CPA: 광고주가 원하는 이벤트가 발생하는 경우 광고비를 지불하는 방식

- CPS: 판매실적이 발생할 때 광고비를 지불하는 방식
- CPI: 1회 노출시 책정한 광고비를 지불하는 방식

17 해당 제품이나 서비스를 반복적으로 구매하는 고객은 핵심고객에 해당한다.

18 소셜미디어는 참여(Participation), 개방(Openness), 커뮤니티의 대화(Conversation)와 연결(Connectedness)을 강조한다.

19 제조는 제품을 생산하는 과정으로 고객과의 주요 접점 영역이 아니다.

20 웹페이지 주소가 너무 길어지면, 처음 웹페이지 접속할 때 어려움이 있다.

21 최신 기술로 툴을 만드는 것이 중요한 것이 아니라 툴의 기능이 사용자 지향적으로 만들어 진 것이 중요하다.

22 백오피스의 주요기능은 '정보의 수집, 가공, 배포'이며, 상품의 전시는 고객을 직접 만나는 프론트오피스 시스템의 주요기능으로 볼 수 있다.

23 내비게이션은 다음을 주의해야 한다.
- 고객의 웹사이트 목적을 적절하게 지원해 줄 수 있는지 살펴야 한다.
- 일관성 있는 내비게이션 방식을 취해야 한다.
- 현재 고객이 있는 웹페이지의 위치에 대한 정보를 제공해야 한다.
- 내비게이션의 동작에 대한 체크가 필요하다.
- 내비게이션의 한계를 보완하기 위해서 사이트맵은 웹사이트의 구조와 내용을 총체적으로 살펴볼 수 있는 약도와 같은 역할을 한다. 사용자는 사이트맵을 통해 사이트를 보다 쉽게 파악하게 된다.

24 백오피스의 거래처리 관리기능은 주문 시스템, 결제 시스템, 배송 시스템, 재고관리 시스템 등과 같이 시스템 관리를 다루고 있다.

25
- Mash-up: 웹서비스 업체들이 제공하는 각종 콘텐츠와 서비스를 융합하여 신규 웹서비스를 개발하는 것을 의미한다.
- Open API: 인터넷 이용자가 직접 응용 프로그램과 서비스를 개발할 수 있도록 공개된 API를 의미한다.
- LBS: 이동통신망이나 위성항법 장치(GPS)를 통해 얻은 위치정보를 기반으로 이용자에게 다양한 서비스를 제공하는 서비스 시스템을 의미한다.

26 포털 사이트는 필요한 정보, 관련 데이터를 종합적으로 제공한다.

27 웹사이트의 설계 단계에서 원시자료의 수집/분석, 스토리보드 작성, 웹사이트 구성과 같은 작업을 한다.

28 콘텐츠 화면 구성은 먼저 비즈니스 모델에 따라 구조를 선택하고, 콘텐츠를 범주화 하며, 그 다음 정보의 중요도와 구조의 조화를 통해 우선순위를 결정하여 웹사이트의 구조 형태에 따라 콘텐츠를 작성한다.

29 협업 CRM은 분석과 운영시스템을 통합하여 개인화 서비스를 제공하는 것이 대표적인 특징이다.

30 재고주문비용은 제품 공급자에게 주문할 때 발생하는 비용이다.

31
- 기밀성(Confidentiality): 제3자가 인가된 송수신자 간의 전달 내용을 알지 못하도록 안전한 의사소통을 하는 것을 의미한다.
- 인증(Authentication): 인가된 사용자들이 정보를 송수신할 때, 신원에 대한 내용이 사실인지의 여부를 증명하고 확인한다.
- 무결성(Integrity): 정보의 송수신 도중에 악의의 목적으로 데이터가 위조되거나 변조되지 않고 전달되어야 한다.
- 부인 방지(Non-repudiation): 사용자가 자신의 행위 사실을 부인할 때 이를 방지한다.

32 거래에 따른 지불형태는 옵션으로 선택할 수 있으면 된다.

33 전자화폐(Electronic Cash): 화폐 가치를 전자 기호로 저장하고 그 지급을 보장하는 시스템으로 소액 상품을 구매하는데 적합하다(비트코인, 디지털 현금, 선불카드, 직불카드 등). 전자화폐의 효과로는 편리성 향상, 거래의 안정성 제고, 화폐의 효율성 제고가 있다.

34
- 커뮤니케이션 중심 콘텐츠: 서로간 커뮤니케이션이 중요한 콘텐츠 (때 개인의 정보를 입력해야 관련 내용들을 확인할 수 있는 콘텐츠)

35
- 1PL: 기업이 사내에 직접 물류조직을 두고 직접 물류관리를 하는 것이다.
- 2PL: 기업이 사내의 물류조직을 분사시켜 자회사를 두고, 이를 이용하여 물류관리를 하는 것이다.
- 3PL: 기업이 외부의 전문 물류업체에 물류기능을 아웃소싱하는 형태를 의미한다.
- 4PL: 물류기업이 화주기업에게 컨설팅 및 IT 서비스를 포함한 정보 시스템 제휴를 통해서 통합솔루션을 제공한다.

36 규모가 작고, 거래기간이 짧은 물품들의 거래는 단속형 거래를 통해 이루어 지며, 반대로 규모가 크고 거래기간이 긴

물품들의 거래는 관계형 거래를 통해 이루어 진다.

37 사용자가 동일한 광고에 자주 노출되면서 광고의 반응률이 현저하게 떨어지는 현상을 번 아웃(Burn Out)이라고 한다.

38 쿠키는 사용자에 대한 정보를 저장하기 위해 웹사이트가 사용하는 도구로, 방문객이 웹사이트를 방문하면 사이트는 작은 텍스트 파일인 쿠키를 사용자의 컴퓨터에 전송하여 저장한다.

39 웹사이트는 처음 사용하는 사람들에게도 편리하게 제공되어야 한다.

40 직불카드: 예금한도 잔액에서 사용 즉시 돈이 빠져나가는 카드

41 부인 방지: 사용자가 자신의 행위 사실을 부인할 때 이를 방지한다.

42 • 이름 기반 가상 호스팅: 클라이언트에 의해 대표되는 호스트명을 사용한다. 이를 통해 IP 주소, 그리고 이와 연결된 관리 부하를 절약해주지만 서비스되는 프로토콜은 적절한 지점에서 호스트명을 제공해야 한다.
  • IP 기반 가상 호스팅: 각 호스트명별로 별도의 IP 주소를 사용하며 어떠한 프로토콜 와도 수행이 가능하지만 서비스되는 도메인명마다 전용 IP 주소가 필요하다.
  • 포트 기반 가상 호스팅: 각 호스트명별로 별도의 포트를 사용하지만, 거의 쓰이지 않는 편이다.
  • 가상 사설 서버 혹은 가상 전용 서버: 하나의 물리적 서버를 나누어 여러 개의 가상 서버로 사용하는 가상화 방법의 한 형태

43 전자서명을 한 전자문서는 변경이 곤란하다.

44 스푸핑(Spoofing)은 파밍이라고도 일컫는 용어로 웹링크가 목적지 주소를 사칭하는 다른 주소의 웹으로 연결해 주는 것이다.

45 • 사업감리: 구축진행 중인 정보 시스템이 정해진 규정대로 구축되고 있으며, 기술적으로 개인의 기밀보호와 오류에 대한 안전성을 잘 반영하고 있는지를 감사
  • 운용 업무에 대한 감리: 이미 구축되어서 운영 중인 시스템이 준거성과 정보안전성의 기준에 따라 잘 운영되는지를 파악함

46 그룹웨어 서버는 기업 구성원들이 컴퓨터로 연결된 작업장에서, 서로 협력하여 업무를 수행할 수 있도록 그룹 작업을 지원하기 위한 서버이다.

47 공용 게이트웨이 인터페이스(Common Gateway Interface: CGI)는 웹서버 프로그램의 기능 주체가 미리 준비된 정보를 클라이언트의 요구에 응답해 보내는 것으로, 웹서버 상

에서 사용자 프로그램을 동작시키기 위한 조합이다.

48 RSA는 공개키 암호시스템으로 암호화 키와 복호화 키가 서로 다르다.

49 사용자의 브라우저 등을 통해서 프로그램을 설치하거나 정보를 획득하는 잠재적 유해 프로그램은 애드웨어, 브라우저 기생, 스파이웨어가 있다. DoS는 여러 대의 장비를 이용하여 대량의 데이터를 특정한 서버에 집중적으로 전송함으로써 서버의 정상적인 기능을 방해하는 형태로, 해커가 웹사이트를 필요없는 핑이나 페이지 요청으로 사이트 웹서버가 제대로 동작을 할 수 없게 만든다.

50 크래커는 해킹 커뮤니티 사이에서 정당하지 않은 범행동기를 가진 해커를 의미한다.

51 위치정보를 찾기 위한 기술은 비콘, GPS 등이 해당된다.

52 • 위키피디아(Wikis): 편집가능한 웹페이지로 웹사이트 상에서 콘텐츠를 추가하고 정보를 편집하여 공동의 문서로 운영되고 있다. 대표적인 예로는 온라인 백과사전인 위키가 있다.
  • 팟캐스트(Podcasts): 방송(Broadcast)과 아이팟(Ipod)의 합성어로 사용자들이 오디오 파일을 구독할 수 있도록 인터넷 라디오방송을 하는 것을 의미한다. 최근 방송국 라디오 방송들도 팟캐스트로 서비스를 제공한다.
  • 인스턴트 메시지 보드: 인터넷상에서 E-메일과 채팅, 호출기, 다자간 동시통화 기능을 합친 서비스로 카카오톡, 위챗 등이 대표적인 예이다.
  • 인스타그램: 온라인 사진 및 비디오 공유 애플리케이션이다.

53 • 광고수익모델: 광고 게재에 따른 광고주로부터의 수수료로 트래픽이 많은 사이트에서 배너 등의 광고를 게재하거나 사이트 후원업체 지정을 통해 수입을 발생시킬 수 있다.
  • 구독수익모델: 신문, 뉴스, 차별적 정보서비스와 같은 온라인 콘텐츠를 구매한 고객으로부터 구독료를 받는 모델을 의미한다.
  • 거래수수료수익모델: 이베이 등과 같은 경매사이트는 온라인 경매 플랫폼에서 물건을 판매하는 Seller와 물건을 구매하고자 하는 Buyer를 제공해 주고 온라인 판매가 성사된 경우 Seller에게 수수료를 받는 형태의 모델이다.
  • 판매수익모델: 알리바바, 아마존, 인터파크, 11번가와 같이 웹사이트에 온라인 카탈로그를 구축하여 소비자로부터 제품이나 서비스를 온라인 사이트에서 판매함으로써 수익을 올리는 방법이다.
  • 제휴수익모델: 방문자가 많은 사이트의 경우 방문자들에게 타 사이트로 방문을 유인하고 구매하게 함으로써 그 대가로 소개 수수료를 받는 모델이다.

54 머천트 서버는 전자상거래를 위한 프로그램으로 온라인 쇼핑몰 등의 상점을 쉽게 만들고 운영할 수 있도록 지원해 주는 프로그램으로 인터넷 상에서 DB와 웹을 연동해 온라인 카탈로그를 구축하고, 이용자 회원정보, 고객정보를 관리하고, 결제 정보를 지불처리 시스템에 보내어 결제를 수행하게 하고, 다양한 프로모션 관리 기능을 제공한다.

55 iOS는 애플에서 만든 모바일 플랫폼으로 독자적으로 개발한 플랫폼이기 때문에 애플 제품에만 적용되어 폐쇄적이다. 직관적인 인터페이스의 강점을 가지고 있다.

56 • CTI(Computer-Telephony Integration): 컴퓨터 전화 통합
 • ACD(Intelligent Automatic Call Distribution): 자동 콜 분배 기능
 • ARS(Automatic Response Service): 자동 안내 서비스
 • IVR(Interactive Voice Response): 녹취 서비스

57 매입사는 가맹점에서 발생된 매출을 매입하는 역할을 하는 카드회사다.

58 • 단위 테스트: 테스트 수행시 하나씩 사이트 프로그램 모듈을 검사한다.
 • 통합 테스트: 웹사이트를 모두 검사하는 것으로 사용자가 사이트를 사용하는 환경에서 전체적으로 테스트한다.
 • 인수 테스트: 의뢰한 기업의 담당자와 경영진이 시스템의 사업목표가 설계된 대로 실제로 작동하는지 확인한다.

59 대표적인 PG사는 LG U+, KCP, 이니시스가 있다.

60 • EBPP: 세금이나 요금 청구서를 인터넷을 통해 보내고 인터넷을 통해서 대금 결제를 함
 • T-money: 교통 카드 및 전자 화폐로 사용할 수 있는 스마트 카드
 • EFT: 금융기관에 대한 계좌이체나 자동이체 지시를 컴퓨터 네트워크를 통해 전자수단으로 이동함. 요금이나 상품대금을 현금으로 지불하지 않고 신용카드, 지로, 에스크로서비스, 홈뱅킹, 자동 입출금기(ATM) 등을 이용하는 방식임

61 웹사이트 콘셉트는 비즈니스, 콘텐츠, 디자인, 시스템 등을 고려해야 한다.

62 웹사이트의 전체적인 콘셉트를 잡는 단계는 기업이 추구하는 웹사이트의 목표 고객, 정보 전달 구조, 사이트 이미지 등에 대해서 고려하고, 사이트의 구조와 전략, 콘텐츠의 종류, 내비게이션 방식, 디자인 이미지에 대해서 고민하는 단계이다.

63 디지털 네트워크와 기술을 기반으로 상품 및 서비스의 공급자와 수요자가 거래하는 경제활동을 공유경제라 한다.

64 우리나라의 해외 직접 구매 비중이 가장 높은 나라는 미국이다.

65 자바스크립트를 많이 사용하는 것은 웹사이트의 높은 품질과 관계가 없다. 오히려 자바스크립트를 많이 사용하면 웹사이트 구동 시간을 지연시킬 수가 있다.

66 개인 프라이버시 침해 관련 내용은 정보보안에 대한 내용이다.

67 전통적 상거래 방식은 기업→도매상→소매상→소비자와 같은 긴 유통채널로 연결되는 과정으로 장시간이 소요되고 고비용이 발생할 수 있다.

68 E-마켓플레이스는 전자상거래, 웹 마켓플레이스, 넷 마켓플레이스라고 불리기도 하는데, 인터넷상에서 다수의 공급자와 수요자들이 대면하고 거래에 관련된 활동을 수행하는 인터넷 기반의 가상 시장을 의미한다. 수직적 마켓플레이스는 특정기업이 자신들의 산업에 관련이 있는 제품과 서비스를 공급하고, 수평적 마켓플레이스는 다른 산업에 속한 기업들에게 특정한 유형의 제품과 서비스를 공급한다.

69 맞춤화 서비스는 고객을 위한 서비스이다.

70 구매자의 대량 구매로 할인을 받는 형태의 전자상거래는 공동구매다.

71 가맹점의 점주로부터 보호하는 것은 소비자보호원 등의 역할이다.

72 전자거래사업자는 전자거래의 안전성과 신뢰성을 확보하기 위하여 암호제품을 사용할 수 있다. 정부는 국가안전보장을 위하여 필요하다고 인정하면 암호제품의 사용을 제한하고, 암호화된 정보의 원문 또는 암호기술에의 접근에 필요한 조치를 할 수 있다.

73 '전자적 침해 행위'란 해킹, 컴퓨터 바이러스, 논리폭탄, 메일폭탄, 서비스 거부 또는 고출력 전자기파 등의 방법으로 전자금융기반시설을 공격하는 행위를 말한다.

74 저작자, 발명가, 과학기술자 및 예술가 등을 지식재산 창출자로 보는 것이 적절하다.

75 위치정보 보호 및 이용 등에 관한 법률의 목적은 위치정보의 유출·오용 및 남용으로부터 사생활의 비밀 등을 보호하고 위치정보의 안전한 이용환경을 조성하여 위치정보의 이용을 활성화함으로써 국민생활의 향상과 공공복리의 증진에 이바지함을 목적으로 한다.

76 '개인정보처리자'란 업무를 목적으로 개인정보파일을 운용하기 위하여 스스로 또는 다른 사람을 통하여 개인정보를 처리하는 공공기관, 법인, 단체 및 개인 등을 말한다.

77 '정보통신서비스 제공자'란 「전기통신사업법」 제2조제8호에 따른 전기통신사업자와 영리를 목적으로 전기통신사업자의 전기통신역무를 이용하여 정보를 제공하거나 정보의 제공을 매개하는 자를 말한다.

78 전자상거래를 하는 사업자 또는 통신판매업자는 다음의 경우 소비자의 정보를 이용할 수 있다.
　①재화 등의 배송 등 소비자와의 계약을 이행하기 위하여 불가피한 경우로서 대통령령으로 정하는 경우
　②재화 등의 거래에 따른 대금정산을 위하여 필요한 경우
　③도용방지를 위하여 본인 확인에 필요한 경우로 대통령령으로 정하는 경우
　④법률의 규정 또는 법률에 따라 필요한 불가피한 사유가 있는 경우

79 공공기관이 법령 등에서 정하는 소관 업무의 수행을 위하여 불가피한 경우는 개인정보처리자가 개인정보를 수집할 수 있다.

80 조정은 3명 이내의 위원으로 구성된 조정부에서 행한다. 다만, 위원회에서 조정하기로 의결한 사건의 경우에는 위원회에서 행한다.

실전모의고사 6회 정답 및 해설

01 ④	02 ①	03 ①	04 ①	05 ③	06 ④	07 ①	08 ①	09 ②	10 ③
11 ①	12 ④	13 ④	14 ④	15 ①	16 ③	17 ②	18 ①	19 ④	20 ④
21 ②	22 ③	23 ③	24 ②	25 ③	26 ④	27 ④	28 ①	29 ②	30 ③
31 ③	32 ④	33 ①	34 ④	35 ①	36 ①	37 ①	38 ③	39 ④	40 ④
41 ②	42 ②	43 ④	44 ④	45 ①	46 ④	47 ①	48 ③	49 ①	50 ①
51 ①	52 ②	53 ②	54 ④	55 ④	56 ④	57 ①	58 ③	59 ②	60 ①
61 ②	62 ④	63 ④	64 ③	65 ④	66 ③	67 ④	68 ④	69 ②	70 ①
71 ④	72 ①	73 ④	74 ①	75 ①	76 ①	77 ②	78 ④	79 ①	80 ②

01 유입키워드 수는 트래픽과 관계 없다.

02 소셜 사인온은 일정 사이트에 로그인 정보를 이용하여 네트워크 페이지를 통해 다양한 웹사이트에 등록하는 것을 말한다.

03 포럼은 지식 교환을 위해 메시지 보드, 게시판, 토론 보드, 토론 그룹, 보드 등을 이용하여 토론의 장을 제공하고 서로 간 질의 답변 등을 할 수 있는 공간이다.

04 내부환경에서 사업에 도움이 되는 환경은 강점에 해당한다.

05 RFM의 요인은 최근성(Recency), 구매의 빈도(Frequency), 구매액(Monetary)이다.

06 운영적 CRM은 다양한 고객접점에서 생성된 정보를 통합 분류하고, 고객과 직접적인 접촉이 이루어지는 상황에서 고려된다.

07 SFA(Sales Force Automation)시스템: 정보 시스템을 이용하여 영업활동 데이터를 분석하고, 업무를 수행하기 위한 시스템을 재구축하여 기업의 매출을 높이고, 고객만족도를 높일 수 있는 시스템이다.

08 브랜드 확장: 궁극적으로는 그 브랜드 이름에 파워가 생겨 소비자의 마음 속에 굳혀진 브랜드 이미지가 다른 제품으로까지 확장되는 것을 말한다.

09 브랜드 자산의 구성 요소는 브랜드 충성도, 브랜드 인지도, 지각된 품질, 브랜드 연상, 상표권/특허권이다.

10 인터넷 신제품 개발 과정은 ① 콘셉트 개발 → ② 콘셉트 구체화 → ③ 개발 → ④ 양산 → ⑤ 출시 순서이다.

11 혁신수용자(Innovators)는 신기술이 나왔을 때 가장 빨리 사용해보는 집단으로 불편하더라도 불평을 하지 않는 특징을 가지고 있다.

12 구매자들이 공급선을 바꾸는데 전환비용이 클수록 구매자의 교섭력은 떨어진다.

13 기회와 포지셔닝 구성에 있어서는 외부환경분석, 내부환경분석을 통해 기회를 포착하는 것이 중요한 과정이다.

14 광고, 홍보, PR(Public Relation), 판매촉진, 인적판매, 직접마케팅(DM) 등을 이용하여 대중들의 원활한 의사소통을 기반으로 구매를 이끌어내는 유인 전략은 촉진전략이다.

15 • **일반분석**: 로그 데이터를 기반으로 웹사이트 현황(트래픽 분석, 페이지 분석, 방문경로 분석, 방문자 분석 등) 분석에 활용
　　• **통제분석**: 메뉴 및 디렉토리 데이터 연동에 따른 마케팅, 캠페인, 콘텐츠, 상품 관련한 전환율 분석에 활용

16 노출기반 지불형 광고는 노출수에 비례한 광고비 지불형태의 광고로 CPI, CPM이 있다.

17 CRM은 신규고객 발굴과 기존고객 유지를 통해 매출증대가 가능하고, 신규고객 확보 비용과 기존고객에 대한 관리 비용을 줄일 수 있다.

18 콘텐츠는 웹사이트를 통해 소비자에게 전달하고자 하는 내용이며, 뉴스, 교육, 오락, 증권 등의 정보를 포함한다.

19 직접 마케팅은 기존고객 목록과 정보를 방문판매, 신문지 삽입광고 등과 같은 다양한 촉진매체로 수행된다.

20 레드오션(Red Ocean)은 현재 존재하는 모든 산업 영역으로 이미 시장에서 잘 알려진 공간이다. 그리고 치열한 경쟁

을 통하여 생존하고, 경쟁자를 이기기 위한 경쟁의 논리가 지배하는 시장이다.

21 웹사이트 구축은 '(가) 콘셉트의 정의 → (나) 콘텐츠의 구성 → (라) 스토리보드 작성 → (다) 내비게이션보드 작성→ (마) 웹 디자인 작업 → (바) 웹페이지 통합 및 테스트'의 절차로 이루어 진다.

22 사이트의 로딩 시간이나 다운로드 시간은 짧을수록 좋다.

23 '그림의 일부에 하이퍼링크를 적용하여 원하는 페이지로 이동할 수 있도록 하는 기법'은 이미지 맵의 기능이다.

24 기획: 백오피스 환경 구성을 위해서 외부환경을 분석하고, 업체의 내부환경을 분석하여 최대의 효율성과 효과성을 도출할 수 있는 방안을 기획한다.

25 • 정보 중심 콘텐츠: 비즈니스 정보, 전공 관련 정보, 컴퓨터 관련 정보, 취업 관련 정보 등으로 정보의 질과 양이 중요한 콘텐츠
  • 커뮤니케이션 중심 콘텐츠: 서로간 커뮤니케이션이 중요한 콘텐츠
  • 커뮤니티 중심 콘텐츠: 게시판이나 채팅 등을 이용하여 정보를 교류할 수 있는 분위기를 만드는 것과 같이 사이버 공간에 일어나는 만남을 유도하는 콘텐츠

26 메타 정보는 본인 정보 이외의 주변의 정보를 포함하는 정보이다.

27 그래픽을 이용한 인터페이스이므로 GUI(Graphic User Interface)이다.

28 • 안전재고: 서비스의 표준 레벨로 수요 예측에 대한 오차의 확률과 리드 타임 등의 여러 가지 요인을 포함해서 안전 재고량을 정하는 것이다. 수요가 예상을 넘었다고 해도 표준적인 레벨에서 보증할 수 있는 예비 재고를 말한다.
  • 리드타임: 상품의 주문일시와 인도일시 사이에 경과된 시간을 의미한다.

29 정보 구조화 단계는 정보를 파악한 후, 주요 내용 추출, 비슷한 것끼리 분류하고, 이를 표현하는 것이다.

30 경제적 주문량 모형의 전제조건은 다음과 같다.
  • 수요의 발생은 일정하고, 사전에 명확히 파악 가능함
  • 재고자산의 구입단가, 재고유지비용 및 1회 주문비용은 일정함
  • 주문시점에서 입고시점까지의 리드타임은 일정함
  • 재고 부족현상은 발생하지 않음

31 • 기밀성(Confidentiality): 제3자가 인가된 송수신자 간의 전달 내용을 알지 못하도록 안전한 의사소통을 하는 것을 의미한다.
  • 인증(Authentication): 인가된 사용자들이 정보를 송수신할 때, 신원에 대한 내용이 사실인지의 여부를 증명하고 확인한다.
  • 무결성(Integrity): 정보의 송수신 도중에 악의의 목적으로 데이터가 위조되거나 변조되지 않고 전달되어야 한다.
  • 부인 방지(Non-Repudiation): 사용자가 자신의 행위 사실을 부인할 때 이를 방지한다.

32 전자지불시스템은 화폐 가치에 대한 정보를 전자장치에 저장한 뒤 지급결제가 필요할 때마다 거래하는 것으로 상대방에게 화폐가치를 이전하거나 화폐가치에 대한 정보를 변경할 수 있도록 개발된 전자적 시스템을 말한다.

33 • EDI(Electronic Data Interchange, 전자문서교환): 조직 간에 표준양식을 사용하여 거래를 컴퓨터 간에 문서로 교환하는 것이다.
  • CALS(Commerce At Light Speed, 광속상거래): 제품의 설계, 개발, 생산에서 유통, 폐기에 이르기까지의 모든 과정과 관련된 자료를 교환 및 공유함으로써 생산성을 향상시키는 것이다.
  • SET(Secure Electronic Transaction): 인터넷 쇼핑 시 신용카드를 사용하여 대금을 결제하고자 할 때, 공개된 네트워크상에서 보다 안전하게 지불처리를 할 수 있도록 암호화 및 정보보안에 관해 제정된 표준안이며, 보안의 모든 요소를 포괄적으로 정의하고 있다.

34 전자화폐(Electronic Cash)는 비트코인, 디지털 현금, 선불카드, 직불카드와 같이 화폐가치를 전자기호로 저장하고 그 지급을 보장하는 시스템으로 소액 상품을 구매하는데 적합하다.

35 물류공동화는 중복투자를 제거하고, 수송/배송 효율을 개선하여, 물류비용을 절감하는 것이 목표이다.

36 내비게이션 구축에 있어서는 개발자의 생산성 보다는 사용자의 편의성이 중요하다.

37 역경매는 가장 낮은 가격을 제시하는 업체에게 물건을 사는 방식이고, 경매는 가장 높은 가격을 제시하는 소비자에게 물건을 파는 방식이다.

38 • 간편추구형: 온라인 거래의 50% 이상을 차지하며, 온라인 웹사이트의 접근 용이성 및 거래시 이동과정의 편리성 및 제품 정보의 손쉬운 접근, 신뢰적인 소비자 서비스를 중시한다.
  • 틀에박힌형: 전체 온라인 이용시간의 약 80%가 10개 정도의 선호하는 사이트에서 이루어지며, 주로 뉴스와 금

용정보를 위해 인터넷을 사용한다. 무료 콘텐츠를 이용하는 소비자를 수익성 비즈니스 모델 그룹으로 전환하기 위한 전략이 필요하다.

- 흥정형: 활동적인 전체 온라인 이용자의 8%에 불과하며, 평균 이용자들 보다 적은 시간을 이용한다. 흥정형은 주로 물건을 싸게 구입하는데 관심이 높다.

39 고객세분화는 유사한 성향을 가진 사람들을 하나의 집단으로 묶는 과정으로 세분화의 결과는 세분시장 상호간에는 이질성이 극대화되어야 하고, 세분시장 내에서는 동질성이 극대화되어야 한다. 이때 세분화 기준으로 인구통계적 변수는 연령, 성별, 지역, 직업, 학력, 가족수, 소득수준이 있다.

40 ①번은 레드오션, ②번은 블루오션, ③번은 공유경제의 특징이다.

41 PHP(Hypertext Preprocessor): 오픈 소스로 제공되는 명령형, 객체지향형 언어로 오픈 소스 소프트웨어(워드프레스, 미디어 위키 등)에 많이 구성되어 있다.

- 장점: 유닉스 계열 운영체제 뿐만 아니라 윈도우에서도 사용가능하며, Mysql, oracle, PostgreSQL, sysbase 등 다양한 데이터베이스가 지원되기 때문에 사용자 편의성이 높다. 또한 설치도 쉽고 배우기도 쉬운 언어이다. 일반적으로 개발기간이 JSP에 비해 짧게 걸린다. 상대적으로 가볍기 때문에 구동 속도가 빠르다.

- 단점: JSP에 비해 안정적이지 못한 언어이기 때문에 트래픽이 다량 발생시 서버 속도가 느려질 수 있다.

42 IDS(Intrusion Detection System, 침입 탐지 시스템)

- 보안을 위협하는 침입 행위가 발생할 경우 이를 탐지하는 기능을 가지고 있는 시스템이다.

- 침입 차단을 목적으로 하는 방화벽과는 달리 각종 해킹 기법을 이미 자체에 내장하고 있어 침입행동을 실시간으로 감지/제어/추적할 수 있다.

43 인증은 메시지 인증과 사용자 인증이 있다.

44 빠르고 정확한 검색 성능은 데이터베이스의 서비스 기준에 해당한다.

45 하나의 서버가 성능과 용량이 충분한 경우 서비스에 무리를 주지 않는다면 다양한 클라이언트를 서비스 하는 것은 문제가 없다.

46 - 웹서버: 웹클라이언트와 웹서버 사이에 HTTP를 이용하여 하이퍼텍스트 문서의 송수신을 위해서 수행되는 하나의 실행 프로그램이다.

- FTP(File Transfer Protocol, 파일 전송 프로토콜): 인터넷을 통하여 컴퓨터간에 파일을 송수신 할 수 있도록 지원하는 서비스를 의미한다.

- DNS(Domain Name System): 도메인 네임을 IP 주소로 해석해 주는 서비스를 의미한다.

47 공용 게이트웨이 인터페이스(Common Gateway Interface: CGI): 웹서버 프로그램의 기능 주체는 미리 준비된 정보를 클라이언트의 요구에 응답해 보내는 것으로, 웹서버상에서 사용자 프로그램을 동작시키기 위한 조합이다.

48 다른 SNS의 블로그 유입을 위해 여러가지 제휴활동을 하는 것이 바람직하다.

49 내부를 잘 알고 있는 임직원, 특히 접근권한이 높은 내부자가 보안솔루션을 우회하거나 차단 등의 방법으로 보안을 위협하는 경우 큰 피해를 발생시킬 수 있다.

50 피셔는 전통적인 사기꾼과 같은 방법을 이용하는 패턴으로 제3자가 경제적 이득을 위한 비밀정보를 취득하려고 하는 모든 사기성, 온라인 시도를 하는 행위자를 의미한다.

51 - 웹로그: 널리 사용되는 기본적 데이터 수집방법으로 웹서버가 생성하는 로그파일을 파싱(Parsing)하여 데이터를 수집하는 방식이다.

- 패킷 스니퍼: 네트워크의 패킷을 잡아내는 패킷 스니퍼(Packet Sniffer)를 이용하여 데이터를 수집하는 방식이다. 대용량의 트래픽을 갖는 웹사이트의 경우 네트워크 패킷을 캡처하여 측정하기 위해서는 상당히 높은 사양의 시스템 장비가 필요하다.

52 - Tweet(트윗): 글 쓰기
- Follow(팔로우): 특정인이 작성한 글을 지속적으로 보겠다는 의미
- Follow Back(팔로우 백): 맞팔. 내가 팔로우 하는 사람이 나를 팔로우 하는 것을 말함
- Mention(멘션): '@ID'를 입력하고 글을 입력하는 경우에 해당 아이디의 사람에게 이야기 하고 있음

53 백오피스 장애의 원인은 다음과 같다.

- 디스크 붕괴나 전원고장 등으로 인한 하드웨어적 결함
- 오류가 있거나 불필요한 데이터의 입력
- 프로그램 오류 및 컴퓨터 바이러스
- 자연재해나 예기치 못한 사고로 인한 문제
- 사용자의 실수로 인한 문제

54 쇼핑몰에서 고객들끼리 메시지나 파일을 공유 및 교환할 수 있는 서비스 기능을 제공하는 것은 익스체인지 서버이다.

55 지능형 에이전트(Intelligent Agent): 지능형 에이전트는 지능을 가진 대리인이라는 뜻이며, 사용자의 니즈에 맞

도록 대량의 데이터 중에서 가공한 자료를 제공하며, 필요한 정보를 빠르게 제공하는 역할을 한다.

56 웹서버 구동하는 사용자 ID로 'root'를 사용하는 것은 보안상 취약하다.

57 • 전자자금이체: 금융기관에 대한 계좌이체나 자동이체 지시를 컴퓨터 네트워크를 통해 전자수단으로 이동함. 요금이나 상품대금을 현금으로 지불하지 않고 신용카드, 지로, 에스크로서비스, 홈뱅킹, 자동 입출금기(ATM) 등을 이용하는 방식이다.
   • 체크카드: 모든 신용카드 가맹점을 이용할 수 있고, 일부 상품에 따라서는 수십만원 정도 외상 거래도 가능하다.
   • 신용카드: 신용한도 내에서 사용하며, 후불대금하는 방식이다. 거래는 실시간 발급사 승인과 서명으로 승인된다.

58 웹화면 구축 후에 웹페이지를 사용할 기업 담당자들이 사용자 테스트 후 오류 페이지를 구축업체에 전달하면 개발자들이 오류페이지를 수정하는 것이 일반적이다.

59 배송 정책은 물량, 지역, 구매금액에 따라서 방식을 다르게 할 수 있다.

60 카탈로그 프로그램은 머천트 서버에서 제공하는 주요 기능으로 다양한 상품 정보를 제작하고, 유지관리 및 다양한 검색기능과 상품의 카탈로그 정보를 제공한다.

61 콘셉트 도출 프로세스: 목표 설정 → 대상 파악 → 현재 자신과의 비교를 통해 가능성 파악 → 최종 웹사이트 구축

62 사업을 수행하기 위해 어떤 비즈니스의 목적, 그것이 달성 가능하다고 믿는 근거, 그리고 이를 위한 구체적인 계획이 포함된 상세한 공식문서로 재무적 예측자료가 많이 담겨 있는 것은 사업계획서이다.

63 온라인과 일상적인 삶의 차이가 점점 줄어들어 마침내 두 영역의 구분이 사라지는 삶은 온라이프이다.

64 모바일 상거래는 편리성과 휴대성이 장점이며, PC에 비해 상대적으로 안정적인 통신품질은 떨어진다.

65 소비자 주도 시장에서는 소비자가 공급자보다 시장의 주도권을 갖는다.

66 전자상거래는 가격의 투명성이 높아지고, 유통단계가 간소화되고, 개인맞춤형 서비스가 확대되고, 쌍방향 의사소통이 활성화 되는 특징이 있다.

67 고객 관점에서 유리한 것은 저가격, 고품질, 혜택, 부대 서비스 등이 해당한다.

68 배달은 배달료를 상승시킨다.

69 전자상거래가 발전함에 따라 프로세스는 간결화 될 수 있다.

70 국세청의 세금 납부 시스템은 G2C 서비스다.

71 금융회사는 여신전문금융회사, 우체국, 새마을금고가 해당한다.

72 '전자문서'란 컴퓨터 등 정보처리능력을 가진 장치에 의하여 전자적인 형태로 작성되어 송수신되거나 저장된 문서 형식의 자료로서 표준화된 것을 말한다.

73 '전자지급결제대행'이라 함은 전자적 방법으로 재화의 구입 또는 용역의 이용에 있어서 지급결제 정보를 송신하거나 수신하는 것 또는 그 대가의 정산을 대행하거나 매개하는 것을 말한다.

74 고등교육법에 따른 학교가 공공연구기관이다.

75 '신지식재산'이란 경제·사회 또는 문화의 변화나 과학기술의 발전에 따라 새로운 분야에서 출현하는 지식재산을 말한다.

76 인증(Authentication): 시스템이 본인임을 주장하는 사용자가 그 본인이 맞다고 인정해 주는 것이다.

77 「전자상거래 등에서의 소비자보호에 관한 법률」은 전자상거래 및 통신판매 등에 의한 재화 또는 용역의 공정한 거래에 관한 사항을 규정함으로써 소비자의 권익을 보호하고 시장의 신뢰도를 높여 국민경제의 건전한 발전에 이바지함을 목적으로 한다.

78 사이버몰이 표기해야 할 운영자 정보
   1. 상호 및 대표자 성명
   2. 영업소가 있는 곳의 주소(소비자의 불만을 처리할 수 있는 곳의 주소를 포함한다)
   3. 전화번호·전자우편주소
   4. 사업자등록번호
   5. 사이버몰의 이용약관
   6. 그 밖에 소비자보호를 위하여 필요한 사항으로서 대통령령으로 정하는 사항

79 개인정보보호위원회의 위원장은 위원 중에서 공무원이 아닌 사람, 국회가 선출한 5명 위원, 대법원장이 지명한 5명 위원, 상임위원은 정무직 공무원으로 임명한다.

80 소비자가 쉽게 접근·인지할 수 있도록 약관을 제공 및 보존해야 한다.

실전모의고사 7회 정답 및 해설

01 ①	02 ④	03 ③	04 ③	05 ②	06 ③	07 ④	08 ①	09 ④	10 ②
11 ④	12 ①	13 ①	14 ④	15 ①	16 ④	17 ①	18 ②	19 ③	20 ①
21 ②	22 ①	23 ④	24 ①	25 ①	26 ④	27 ①	28 ②	29 ②	30 ①
31 ④	32 ④	33 ③	34 ①	35 ④	36 ④	37 ④	38 ③	39 ②	40 ④
41 ①	42 ③	43 ②	44 ④	45 ①	46 ④	47 ④	48 ③	49 ②	50 ④
51 ②	52 ④	53 ③	54 ①	55 ③	56 ①	57 ④	58 ②	59 ④	60 ①
61 ④	62 ①	63 ②	64 ④	65 ①	66 ④	67 ④	68 ②	69 ④	70 ②
71 ①	72 ①	73 ③	74 ②	75 ①	76 ①	77 ③	78 ③	79 ④	80 ③

01 회원 정보(이름, 성별, 연령, 주소, 전화번호, E-메일, 생일, 기념일, 취미, 특기, 구매 패턴)를 데이터베이스에 저장하고, 이와 같은 과거 데이터를 이용하여 데이터마이닝, 통계 기법 등을 이용하여 고객의 패턴을 분석하여 마케팅 전략을 수립하는 것이 로그 분석의 목적이다.

02 대중 마케팅 방식은 수요가 공급을 초과하는 상황에서 대량생산을 바탕으로 TV, 라디오와 같은 대중 매스미디어를 활용하여 전체 시장의 불특정 다수를 대상으로 대량판매에 주력하는 마케팅 활동방법이다.

03 인터넷 광고의 특징
- 실시간으로 공간의 제약없이 광고할 수 있다.
- 인터넷이 가능한 모든 공간에서 광고가 가능하다.
- 상대적으로 광고비용이 오프라인 매체에 비해 저렴한 편이다.
- 광고에 노출되는 대상을 식별할 수 있다.
- 고객 데이터가 확보된 경우에는 고객맞춤형 광고가 가능하다.
- 클릭스트림을 실시간으로 분석하여 고객요구를 실시간으로 대응할 수 있다.
- 고객맞춤화 등을 통해 광고 표현 내용을 수시로 바꿀 수 있는 유연성이 있다.

04 인구통계적 변수는 성별, 연령, 결혼여부, 교육수준, 지역, 소득수준, 학력, 가족수, 자녀여부 등이 해당한다.

05 세분화는 유사한 성향을 가진 사람들을 하나의 집단으로 묶는 과정으로, 세분화의 결과는 세분시장 상호간에는 이질성이 극대화되어야 하고, 세분시장 내에서는 동질성이 극대화되어야 한다.

06
- 운영 CRM은 기존의 ERP의 주요 기능 중에서 고객접촉과 관련된 기능을 강화하여 CRM과 ERP기능을 통합한 시스템으로 주로 영업과 서비스의 실행을 지원하는 시스템이다.
- 분석적 CRM은 운영적 CRM에 의해 생성된 데이터웨어하우스나 데이터마트와 같은 통합된 데이터를 기반으로 다양한 데이터마이닝(Data Mining) 도구를 사용하여 자료를 추출하여 분석하는 시스템이다.

07 전사적 CRM 전략 관점의 구성 요소는 조직성과 고객, 프로세스, 인프라이다.

08 포지셔닝 방법은 아래와 같다.
- **제품 속성**: 제품의 차별적인 속성이나 특징을 부각하는 전략
- **제품 편익**: 어떤 편익에서 가장 우수함을 부각시키는 전략
- **경쟁 제품**: 경쟁 제품과의 비교를 통해 자사 제품이 소비자들에게 줄 수 있는 혜택을 강조하는 전략
- **사용자**: 자사의 제품이 특정 고객층에 적절함을 강조하는 전략
- **사용상황**: 제품이 사용되는 상황을 강조하면서 자사의 제품이 떠오르도록 하는 전략

09 소비자는 자신이 선호하는 브랜드의 가격에 덜 민감하기 때문에 높은 마진을 책정할 수 있는 것은 브랜드 자산이 기업에게 제공하는 가치이다.

10 물리적 점포는 오프라인 상품과 관련된 용어이다.

11 후기 다수자(Late Majority)는 조기 다수자 다음 소비자 집단, 전체 잠재 소비자의 34%를 차지하고 있으며, 특징

은 다음과 같다.
- 신제품 수용에 의심이 많은 소비자 집단으로 많은 사람들이 신제품을 수용한 후 구입하는 경향
- 가격에 민감하고 위험회피형 소비자 집단
- 잠재고객의 절반 이상이 수용한 후 구매하는 보수적 집단

12 전통산업사회의 대량생산시대를 지배했던 수확체감원리는 어떤 사업이 일정 규모를 초과하면 수익성이 급격히 저하한다는 원리를 말하는 반면, 지식 주도형 산업에 적용되는 수확체증 원리는 사업규모가 배가 될수록 생산이 더욱 효율적으로 이루어져 산출량은 두 배 이상이 된다는 규모의 경제를 말한다.

13 • Customizing(고객맞춤): 개인고객을 충성도 높은 단골고객으로 만들기 위해 고객의 특성을 파악하여 일대일 마케팅을 함
- Communication(커뮤니케이션): 정보통신기술이 발달하게 됨에 따라 고객과의 커뮤니케이션 채널 및 효율성이 증대되었음(E-메일, 게시판, 메신저 등)
- Community(커뮤니티): 물리적 공간에서 커뮤니티, 소셜미디어 등의 공동사회를 의미

14 콘테스트와 추첨: 콘테스트는 소비자의 지식을 요구하는 문제를 출제한 후, 문제를 맞힌 사람에게 일정 보상을 해주는 것이며, 이와 달리 복권은 지식과는 관계없이 운에 의해 당첨자를 결정하는 방식이다. 콘테스트는 판매촉진 활동이다.

15 홈페이지에 클릭을 할 때 새로운 팝업 메뉴에 광고가 열리는 것을 팝업 광고라고 한다.

16 키워드 검색을 통한 키워드 광고의 품질지수는 노출순위, CPC, 필터링과 관계가 있다.

17 • (SO 전략) 강점을 가지고 기회를 살리는 전략으로 시장을 선점하거나 다각화 전략을 추구함
- (WO 전략) 약점을 극복함으로써 기회를 활용하는 전략을 도출하여 핵심역량강화나 전략적 제휴를 추구함
- (ST 전략) 위협을 회피하기 위해 강점을 사용하는 전략을 도출하여 시장침투거나 제품계열을 확충하는 전략
- (WT 전략) 약점을 보완하면서 위협을 회피하거나 약점을 최소화 할 수 있는 전략으로 집중화 혹은 철수를 목표로 함

18 • Customizing(고객맞춤): 개인고객을 충성도 높은 단골고객으로 만들기 위해 고객의 특성을 파악하여 일대일 마케팅을 함

19 뉴스 기사에 핵심키워드들을 자주 노출시켜야 검색엔진 노출 가능성이 높아진다.

20 웹사이트를 통하여 사용자들에게 전달하고자 하는 내용을 말하는 것이 콘셉트이다. 콘셉트는 복잡한 내용을 명쾌한 결론으로 간단하게 말하는 것으로도 정의할 수 있다.

21 암호화폐는 중앙은행이 발행하지 않고 블록체인 기술에 기초하여 금전적 가치가 디지털 방식으로 표시된 전자정보로서 인터넷상 P2P 방식으로 분산 저장되어 운영·관리된다.

22 백오피스(Back Office)는 프론트 오피스(Front Office)에 대비되는 말로 기업의 부가가치와 직접 연결되는 생산, 마케팅, 판매 등의 활동을 후방에서 도와주는 일을 하는 기능을 의미한다.

23 웹사이트는 방문자 질문에 적절한 메시지를 발송해야 한다.

24 백오피스의 관리 운영자들이 해야 하는 일은 다음과 같다.
- 콘텐츠 내용 및 구성을 바꾸기
- 스팸과 같은 온라인 공격에도 서비스가 중단되지 않아야 함
- 사이트의 로딩 시간이나 다운로드 시간을 짧게 유지할 것
- 웹사이트 내비게이션의 기능을 향상시켜야 함

25 시계열분해법: 과거 판매 자료가 갖고 있는 변화를 추세변동, 주기변동, 계절변동, 불규칙변동으로 구분하여 각각을 예측한 후 이를 결합하여 미래수요를 예측하는 방법으로, 계절성이 있는 소비재의 경우에 많은 기간의 과거자료가 필요하다.

26 • 체류 시간(Duration Time): 특정 웹페이지에 머물러 있는 평균시간을 의미한다.
- 히트 수(Raw Hit Count): 사용자가 웹사이트에 접속할 때 접속자가 클릭하는 파일들의 숫자를 가리킨다.
- CPP(Cost Per Purchase): 광고로 인하여 발생한 판매액에 비례하여 광고비를 지불하는 방식이다.
- 방문자 수(Visitors Count): 웹사이트를 방문한 개인 사용자의 수를 나타낸다.

27 웹디자인 측면에서 고려해야 하는 것은 내비게이션, 사용성, 구조이다.

28 내비게이션은 웹사이트 내 이동을 쉽게 할 수 있도록 하는 방법이다.

29 최상위와 각 하위 페이지가 논리적으로 연결되어 있는 구조는 계층 구조이다.

30 품질 좋은 상품 공급을 위해 공급 및 배송업체 관리, 변화되는 상품정보를 쉽게 업데이트 할 수 있는 시스템기능과 지속적인 상품정보의 입력 및 수정이 필요하다.

31 방화벽은 외부로부터의 불법적인 침입을 막기 위하여 내부 네트워크와 외부 네트워크가 연결되는 곳에 설치된 보안 장비(서버) 또는 프로그램으로 허가된 사용자는 내부 네트워크 정보에 접근할 수 있어야 한다.

32 • 공동구매: 파워 있는 소비자가 기업에게 가격이나 수량, 부대 서비스 등에 관한 조건을 제시하고 조건을 충족하는 경우에 이루어지는 구매를 뜻한다.
   • 경매: 옥션(경매)은 제품이나 서비스를 구매하거나 팔고자 하는 참여자들 간의 경쟁을 통해 가격이 변화하는 다이내믹 가격책정 시장을 뜻한다.

33 에스크로서비스는 구매자와 판매자의 신용관계가 불확실할 때 거래가 원활하게 이루어질 수 있도록 중개하는 상거래 보호 서비스이다.

34 ②,③,④ 는 네트워크형 화폐에 대한 설명이다.

35 3S1L은 Speedy(신속하게), Safety(안전하게), Surely(확실하게), Low(저렴하게)를 의미한다.

36 콘셉트를 구성한 후에는 사이트 구성 요소별 콘셉트 적용하는 과정이 필요하다.

37 집단지성은 커머스 2.0에 해당하는 기술이다.

38 브랜드 연상은 특정 브랜드와 연계되어 떠올리게 되는 것이며, 브랜드 인지도는 구매자가 어떤 제품군에 속한 특정 브랜드를 알아보게 하는 재인 또는 회상(Recall)할 수 있는 능력을 의미한다.

39 고객로열티는 기업의 사람, 제품, 서비스에 대한 애착이나 애정의 감정 상태로, 특정 상품(서비스)을 지속적으로 구매하거나 이용하려는 의지를 말한다. 고객로열티를 증진시키기 위해서 다양한 판매촉진제도를 제공한다.

40 품절비용: 수요자의 구매 요구가 있음에도 불구하고 재고가 부족하여 판매하지 못함으로써 발생되는 모든 손실을 비용화한 기회비용으로 향후 고객유치에 악영향을 미치는 부분도 포함된다.

41 회원 정보: 회원제 운영
   출판사 정보: 책을 납품받을 출판사 관리
   도서 정보: 도서 취급 예정

42 OS는 운영체제를 가르키는 말이며, 네트워크 보안은 네트워크 시스템에 제공되어야 하는 서비스를 말한다.

43 ②번은 기업입장에서의 장점이다.

44 DB에 저장된 객체들이 실세계의 속성을 제대로 반영했는지 여부는 데이터베이스의 데이터 품질기준에 해당한다.

45 웹사이트 정보는 웹페이지의 머리말에 포함된다.

46 'Exchange Server'는 업무환경이 요구하는 공동작업 응용프로그램을 만드는데 필요한 친숙한 도구와 메시지 전달, 공동작업에 적합한 도구, 운영 및 관리기능을 주로 지원하는 백오피스 서버이다.

47 데이터베이스 정규화의 주요 특징은 일관성 유지, 무결성 보장, 중복성 제거이다.

48 전자보안의 요소인 부인 방지(Non-repudiation)는 사용자가 자신의 행위 사실을 부인할 때 이를 방지하는 것을 의미한다.

49 증분 백업은 정해진 시간 이후 변경된 내용을 백업하여 서버에 저장하는 방식을 일컫는다.

50 핵티비즘은 정치적 목적을 위한 온라인 상의 악의적인 사이트 방해 및 파괴, 혹은 정보도용을 하는 행위를 말한다.

51 페이지 태깅은 웹페이지에 데이터를 수집하는 객체를 삽입(Tagging)하여 데이터를 수집하는 방식으로 JavaScript나 Flash 객체 등도 이용한다.

52 리눅스: 유닉스를 기반으로 개발한 공개용 OS로 리눅스는 워크스테이션이나 개인용 컴퓨터에서 주로 사용된다. 리눅스는 소스 코드를 완전 무료로 공개하여 단일 운영체제의 독점이 아닌 다수를 위한 공개라는 원칙하에 지속적인 업그레이드가 이루어지고 있다.

53 마이크로프로세서를 사용한 PC도 서버를 사용할 수 있다.

54 현행성(Currentness)은 가장 최근의 데이터로 업데이트 되었는지 여부로 데이터 품질과 관련성이 높다.

55 준거성 테스트 주요 절차는 다음과 같다.
   • 재수행: 업무규정에 따라 업무를 처음부터 재수행 함. 추적 조사라고도 함
   • 조사: 관찰은 통제절차의 수행에 대한 조사를 수행하고, 검사는 물리적 자산의 존재와 활용 여부에 대한 조사를 말함
   • 속성샘플링: 모집단에서 표본을 추출한 후 모집단 위반율을 추정하는 방식

56 사이트 이용객의 데이터를 중심으로 사이트 감시에 필요한 정보를 사이트 운영자에게 친숙한 형태로 보여 주어야 한다.

57 전자화폐는 화폐 가치를 전자장치에 저장한 뒤 지급결제가 필요할 때마다 거래하는 상대방에게 화폐가치를 이전하거나 화폐가치에 대한 정보를 변경할 수 있도록 개발된 전자적 시스템을 말한다.

58 디버그(Debug)는 원래 '벌레(Bug)를 잡다'라는 뜻이다. 프로그램의 오류를 벌레로 비유해 오류를 찾아 수정하는 일이라는 의미로 쓰인다. 주로 디버그가 오류수정 프로그램과 그 작업을 통칭하는 반면 작업에 중점을 둔 어휘는 디버깅을 쓰며, 오류수정 소프트웨어를 가리킬 때는 디버거(Debugger)라는 말을 쓴다.

59 에스크로 서비스
- 구매자와 판매자의 관계에 신뢰가 없는 경우 상거래가 원활할 수 있도록 보증을 해 주는 서비스이다.
- 에스크로가 적용되는 비용을 결제할 때 에스크로 적용 여부 및 카드 결제로의 전환여부는 고객이 선택 가능하다.

60
- **현금형 지불수단**: E-cash
- **신용카드형**: 삼성, 국민, 신한, 롯데 등
- **수표형**: Check-free, E-check, NetCheque

61 디자인시 문자를 선택할 때 가독성, 판독성, 조직성들이 있어야 한다. 시간에 따라서 밝기가 변하는 특성이 변광성이다.

62 제품을 구매할 때 마일리지를 제공하도록 설계해야 한다.

63 전체 구조도는 웹사이트 콘셉트와 콘텐츠가 정의된 후 고려해야 한다.

64 사업과 관련된 경쟁자 및 기업 내부 자료 수집 및 해석하는 과정은 환경분석에 해당한다.

65 역경매, 공동구매는 고객이 기업에 가격을 제안하는 방식으로 C2B에 해당한다.

66 빅데이터를 이용하면 판매되는 제품의 선택 정도를 통해 실시간으로 분석하고, 상품노출 위치나, 가격 변경 등의 판매 전략을 세울 수 있다.

67
- 팟캐스팅은 오디오 파일로 저장되어 웹에 게재되어 있는 라디오쇼, 영화의 음성, 개인의 음성 프리젠테이션이다. 사용자는 웹에서 파일을 다운로드하고 사용자의 플레이어나 컴퓨터를 이용하여 파일을 재생한다.
- 스마트 개인 비서는 지식검색의 역할을 한다. 애플 스마트폰의 대표적인 스마트 비서인 Siri는 자연언어를 사용하고, 회화, 상황 인지 기술을 구현한다.

68 디지털 제품은 전세계의 소비자들에게 추가 비용 없이 제품 판매가 가능하다.

69 최근의 전자상거래 시대는 모바일 플랫폼, 방대한 규모의 데이터, IoT 기술 등이 폭발적으로 성장하고 있다.

70 물리적 자산은 전통적 경제에서 중요하다.

71 '직불전자지급수단'이라 함은 이용자와 가맹점간에 전자적 방법에 따라 금융회사의 계좌에서 자금을 이체하는 등의 방법으로 재화 또는 용역의 제공과 그 대가의 지급을 동시에 이행할 수 있도록 금융회사 또는 전자금융업자가 발행한 증표(자금을 융통받을 수 있는 증표를 제외한다) 또는 그 증표에 관한 정보를 말한다.

72 '침해사고'란 해킹, 컴퓨터바이러스, 논리폭탄, 메일폭탄, 서비스 거부 또는 고출력 전자기파 등의 방법으로 정보통신망 또는 이와 관련된 정보 시스템을 공격하는 행위를 하여 발생한 사태를 말한다.

73 접속기록의 위조·변조 방지를 위한 조치가 필요하다.

74 거래의 증명 등에 필요한 거래 기록은 일정기간 보존한다.

75 '위치정보사업'이라 함은 위치정보를 수집하여 위치기반 서비스사업을 하는 자에게 제공하는 것을 사업으로 영위하는 것을 말한다.

76 (소비자의 기본적 권리) 소비자는 다음 각 호의 기본적 권리를 가진다.
1. 물품 또는 용역으로 인한 생명·신체 또는 재산에 대한 위해로부터 보호받을 권리
2. 물품 등을 선택함에 있어서 필요한 지식 및 정보를 제공받을 권리
3. 물품 등을 사용함에 있어서 거래상대방·구입장소·가격 및 거래조건 등을 자유로이 선택할 권리
4. 소비생활에 영향을 주는 국가 및 지방자치단체의 정책과 사업자의 사업활동 등에 대하여 의견을 반영시킬 권리
5. 물품 등의 사용으로 인하여 입은 피해에 대하여 신속·공정한 절차에 따라 적절한 보상을 받을 권리
6. 합리적인 소비생활을 위하여 필요한 교육을 받을 권리
7. 소비자 스스로의 권익을 증진하기 위하여 단체를 조직하고 이를 통하여 활동할 수 있는 권리
8. 안전하고 쾌적한 소비생활 환경에서 소비할 권리

77 계약 내용에 관한 서면을 받은 날부터 7일 이내에 청약철회를 할 수 있다.

78 「개인정보보호법」상 개인정보처리자는 공공기관이 그 업무를 수행할 때 중대한 지장을 초래하는 경우 정보 주체에게 그 사유를 알리고 열람을 제한하거나 거절 할 수 있는데 사유는 다음과 같다.
   가. 조세의 부과·징수 또는 환급에 관한 업무
   나. 「초·중등교육법」 및 「고등교육법」에 따른 각급 학교, 「평생교육법」에 따른 평생교육시설, 그 밖의 다른 법률에 따라 설치된 고등교육기관에서의 성적 평가 또는 입학자 선발에 관한 업무

다. 학력·기능 및 채용에 관한 시험, 자격 심사에 관한 업무

라. 보상금·급부금 산정 등에 대하여 진행 중인 평가 또는 판단에 관한 업무

마. 다른 법률에 따라 진행 중인 감사 및 조사에 관한 업무

79 개인정보보호법의 목적은 '이 법은 개인정보의 처리 및 보호에 관한 사항을 정함으로써 개인의 자유와 권리를 보호하고, 나아가 개인의 존엄과 가치를 구현함을 목적으로 한다'이다.

80 전자거래이용자란 전자거래를 이용하는 자로서 전자거래사업자를 포함하지 않는다.

**전자상거래
관리사 2급**

필기

Supplement

전자상거래 관련
신기술 및 용어 설명

가상화폐 (Virtual Currency)

어떤 환경에서는 법화인 화폐처럼 작동하지만 진정한 화폐의 속성을 가지고 있지 않은 교환수단으로, 어떠한 관할권에서도 법화의 지위를 가지지 않는다.

가상현실 (Virtual Reality, VR)

자신의 배경이나 환경이 모두 현실이 아닌 가상의 이미지를 사용하는 기술이다.

군집화 (Clustering)

집단 또는 범주에 대한 사전 정보가 없는 데이터의 관측값을 사용하여 몇 개의 유사한 집단으로 그룹화 하여 집단의 성격을 정의하기 위한 기법이다. 군집화를 하기 위해서 사용되는 변수는 인구통계학적변수(성별, 거주지, 나이, 소득수준, 교육수준, 직업), 생활 패턴 변수(성격, 방문 빈도, 가치관, 이동수단), 구매패턴변수(구매 주기, 거래비용, 구매상품) 등이 있다.

기계학습 (Machine Learning)

사람이 학습을 하듯이 컴퓨터가 데이터들을 이용하여 학습을 하여 새로운 지식을 도출하게 하는 분야이다.

데이터마이닝 (Data Mining)

대량의 데이터로부터 패턴이나 연관성을 도출하여 의사결정에 활용하는 방법이다.

디지털 포렌식 (Digital Forensic)

컴퓨터나 최근 모바일 기기에 남겨진 여러 자료들을 수집하여 사법기관에 제출하기 위한 법적 효용성이 있는 데이터를 뽑아내는 작업을 디지털 포렌식이라고 한다.

매시업 (Mashup)

음악분야에서 원래 서로 다른 곡들을 조합하여 새로운 곡들을 만들어 내는 용어인 '매시업(Mashup)'을 IT분야에서 도입한 용어로 웹에서 제공하는 다양한 콘텐츠와 서비스를 혼합하여 새로운 서비스를 개발하는 것을 의미한다. 다른 웹사이트의 콘텐츠를 조합하여 새로운 콘텐츠와 서비스를 창출하는 것을 말한다.

브릭 앤 모타르 (Brick & Motar)

벽돌과 Motar(회반죽)를 결합한 용어로 전통적인 제조업을 의미한다.

브릭 앤드 클릭 (Brick & Click)

벽돌은 굴뚝산업, 클릭은 온라인산업을 대표하는 단어로 전통산업과 온라인산업을 결합하는 산업을 의미한다.

블록체인 (Block Chain)

블록체인은 관리 대상 데이터를 소규모 데이터들이 P2P 방식을 기반으로 생성된 체인 형태의 연결고리 기반 분산 데이터 저장환경(블록)에 저장되어, 누구라도 임의로 수정할 수 없고 누구나 변경의 결과를 열람할 수 있는 분산 컴퓨팅 기술 기반의 데이터 대변방지기술이다. 블록체인 기술은 비트코인을 비롯한 대부분의 암호화폐 거래에 사용된다. 암호화폐의 거래과정은 탈중앙화된 전자장부에 쓰이기 때문에 블록체인 소프트웨어를 실행하는 많은 사용자들의 각 컴퓨터에서 서버가 운영되어 중앙은행 없이 개인 간의 자유로운 거래가 가능하다.

비지도 학습 (Unsupervised Learning)

자율학습 알고리즘(Unsupervised Learning Algorithms)은 예측 또는 분류를 위해 필요한 출력변수가 없는 경우에 사용되는 알고리즘이다. 자율학습기법의 예로는 연관성규칙, 데이터 축소, 군집분석 등이 있다.

빅데이터 (Big Data)

최근 인터넷과 소셜네트워크 서비스의 확대 등으로 인해 한계를 넘어선 막대한 데이터가 큰 이슈로 부각하며 등장하게 된 용어이다. 스마트 기기, 사물네트워크(M2M)의 확산으로 데이터 양은 더욱 빠르게 증가할 것이고 이를 처리하기 위한 기술들은 더 중요해질 것이다. 규모(Volume), 다양성(Variety), 속도(Velocity), 복잡성(Complexity) 4가지 구성 요소를 갖추고 있다.

사례기반추론 (Case-Based Reasoning, CBR)

과거 경험했던 저장된 사례들 중에서 유사도 검색을 통

해 문제 상황과 가장 근접된 사례를 제시하는 방법이다.

사물네트워크 (Machine To Machine, M2M)

자동적으로 장비나 사물 또는 지능화된 기기들간에 정보를 서로 전달하고 통신하는 기술을 의미한다. M2M은 이동통신 주체인 사물에 초점을 두고 있고, 사물인터넷은 인간의 주변환경에 초점을 두고 있다.

사물인터넷 (Internet of Thing)

최근까지 인터넷은 컴퓨터를 연결하여 사람간의 커뮤니케이션에 주로 활용되었으나 사물인터넷 시대에는 인터넷이 다양한 종류의 디바이스들을 서로 연결하고, 커뮤니케이션을 하여 인간이 사물과 데이터들을 서로 공유하도록 하는 환경이다.

소셜 네트워크 분석

복잡한 사람들간의 관계, 즉 소셜 네트워크의 연결 구조, 강도 등을 측정하여 사용자의 그룹내의 명성, 전파력과 같은 영향력을 측정하는 분석이다.

시맨틱 웹 (Semantic Web)

시맨틱 웹은 자원, 지식, 에이전트 기술을 이용하여 잘 정의된 정보를 기반으로 하여 컴퓨터가 인간과 같이 정보를 읽고, 이해하고, 가공하여 새로운 정보를 만들어 낼 수 있도록 이해하기 쉬운 의미를 가진 차세대 지능형 웹을 의미한다.

심층학습, 딥러닝 (Deep Learning)

인공신경망에 기반을 둔 기계학습 기술로 사물이나 데이터를 군집화하거나 분류하는 데 사용하는 기술이다. 대량의 인터넷 데이터를 분석하기 위해서 다층 구조로 설계된 깊어진 인공신경망이 필요하게 되었고, 이는 기계학습을 어렵게 하였다. 인공신경망의 한계를 극복하기 위해 개발된 딥러닝 기술은, 학습을 위한 데이터들을 비지도 학습을 통해 전처리하면 신경망이 깊어져도 학습이 잘 된다는 것을 발견하였다.

알고리즘 (Algorithm)

문제를 풀기위한 일련의 절차를 의미한다.

암호화폐 (Cryptocurrency)

블록체인(Blockchain) 기술[1]로 암호화 되어 분산발행되고 일정한 네트워크에서 화폐로 사용할 수 있는 전자정보이다.

연관 규칙 (Association Rule)

대규모의 데이터 항목 중에서 연관성과 상관관계를 찾는 기법으로 상품 또는 서비스 간의 관계를 살펴보고, 유용한 규칙을 찾아내고자 할 때 사용하는 방법론이다. 장바구니 분석은 연관규칙분석의 대표적인 예이다. 장바구니 분석은 구매 데이터들 사이에서 서로 다른 품목들 사이의 연관관계를 발견함으로써 구매 패턴을 분석하여 마케팅전략 수립에 필요한 정보를 제공하는 데 목적이 있다.

오픈API (Open API)

인터넷 이용자가 일방적으로 웹 검색 결과 및 사용자인터페이스(UI) 등을 제공받는 것뿐만 아니라 직접 응용 프로그램과 서비스를 개발할 수 있도록 공개된 API를 말한다. 지도 서비스 및 다양한 서비스에서 시도되고 있으며 누구나 접근하여 사용할 수 있다는 장점이 있다.

오피니언 마이닝 (Opinion Mining)

소셜미디어 등 대량의 텍스트를 긍정, 부정, 중립 등과 같은 선호도를 판별하는 데이터마이닝 방식이다.

웹 (Web)

웹페이지를 이용할 수 있는 인터넷상에서 가장 대중적인 서비스들 중 하나이다.

웹 1.0 (Web 1.0)

사업자가 일방적으로 제공하는 인터넷 환경을 의미한다.

웹 2.0 (Web 2.0)

인터넷을 이용하여 사용자가 데이터를 독점하거나 소유하지 않고, 어느 곳에서든 데이터를 생성, 공유, 저장, 출판 및 비즈니스가 가능하다. 사용자 참여 중심의 인터넷 환경이다.

웹 3.0 (Web 3.0)

웹 3.0은 지식과 네트워크 중심의 데이터와 정보를 사용자별로 다르게 제공하는 개인화 과정, 지능화, 상황인식 등을 이용하여 이용자 맞춤형 서비스를 제공하는 것으로 웹 3.0 시대에는 지능형 웹이 이용자가 원하는 정보, 직관적인 경험을 제공하게 된다.

유전 알고리즘 (Genetic Algorithm)

어떤 미지의 함수를 풀기 위한 가장 최적해를 얻기 위해 접근하는 방법으로 최적해를 찾기 위한 진화를 모방한 탐색 알고리즘이다. 해당 문제를 푸는 데 최적화되어 있는 알고리즘보다 좋은 성능을 보여주지는 못하지만, 대부분 받아들일 수 있는 수준의 해를 보여줄 수 있다.

의사결정나무 (Decision Tree)

변수를 분류하는 기준이 나뭇가지와 같은 형태로 표현되어 의사결정나무라고 하며 의사결정규칙을 나무구조와 같이 분류하여 수행하는 분석방법이다.

인공신경망 (Artificial Neural Network)

인간이 의사결정을 할 때 사용하는 신경계가 작동하는 방식을 컴퓨터에서 구현하기 위하여 개발된 방법으로 인간 두뇌 구조와 유사한 지도학습방법을 수행한다. 컴퓨터는 알고리즘에 의해 빠른 계산과 탐색 프로세스를 거쳐 최적의 해를 찾아주는데 컴퓨터와 인간과의 차이를 줄이기 위해 컴퓨터가 인간이 사고하는 것과 같은 효과를 내기 위해서 개발된 방법론이다.

인터넷 (Internet)

컴퓨터 네트워크가 전 세계적으로 확장된 네트워크이다.

인터페이스 (Interface)

텍스트와 이미지의 전달 형식이나 정보 입력 과정 등을 사이트에서 제공하는 환경으로, 컴퓨터의 입력 및 출력 장치 중에서 직접 인간과 컴퓨터가 접하여 정보를 주고받는 부분이다.

자연어 처리 (Natural Language Processing)

사람이 말하는 언어를 컴퓨터가 이해할 수 있도록 언어를 처리하는 기술을 자연어 처리기술이라고 한다. 자연어 이해과정은 언어를 형태 분석, 의미 분석, 대화 분석 등을 통하여 컴퓨터가 처리할 수 있도록 변환시킴으로써 인간과 기계가 소통이 가능하도록 한다.

전문가 시스템 (Expert System)

전문가의 지식, 경험 등을 컴퓨터에 저장하고, 데이터 분석을 통해 추론, 분석, 예측 등과 같은 문제 해결 능력을 보유한 시스템이다.

전자상거래

거래를 위해 인터넷, 웹, 앱 등을 이용하는 것으로 기업과 개인들간의 디지털적인 상업거래를 의미한다.

정보불균형

전통적 산업사회에서는 기업이 수익을 위해서 소비자에게 비밀로 한 정보들이 있었다. 이와 같이 정보불균형은 시장거래 관련 당사자들간의 불균형을 의미하는데 인터넷 기술이 발전함에 따라 이 격차가 줄고 있다.

증강현실 (Augmented Reality, AR)

실세계에 3차원의 가상물체를 겹쳐서 보여주는 기술을 이용하여 현실과 가상환경을 겹쳐보이게 하는 기술이다.

지도 학습, 교사 학습 (Supervised Learning)

지도학습 알고리즘은 분류와 예측을 위해 사용되는 알고리즘으로 지도학습을 위해서는 이용가능한 데이터가 있어야 하고, 주요 출력변수의 값이 알려져 있어야 한다. 분류 또는 예측 알고리즘은 학습용 데이터(Training Data)를 이용하여 예측변수와 출력변수 간의 관계를 학습 또는 훈련을 한다.

집단지성

많은 사람 혹은 다수의 개체들이 함께 생산한 결과로 얻어진 집단의 능력을 의미한다. 집단지성의 대표적 사례는 위키피디아, 웹 2.0이 여기에 해당한다.

추천 시스템 (Recommender System)

정보 필터링을 사용하여 사용자가 원하는 정보를 제공하는 목적으로 개발된 시스템이다. 기존의 구축된 사용자의 신상, 선호도 등의 정보들을 통해 사용자 정보 프로파일을 구축하고, 추천 시스템은 이러한 정보를 기반으로 고객이 선호하는 정보를 사전에 예측하여 알맞은 제품이나 정보를 제공하는 방법이다.

크롤링 (Crawling)

검색로봇을 이용하여 웹사이트의 콘텐츠를 수집하고 분류하여 검색대상의 색인으로 포함시키는 기술이다.

클릭 앤 모타르 (Click-and-Mortar)

모타르는 전통산업으로 오프라인에 기반을 두고 있는 기업을 의미하고, 클릭은 온라인 기반의 기업을 의미한다. 클릭 앤 모타르는 오프라인과 온라인 방식을 모두 이용하는 방식을 의미한다.

텍스트 마이닝 (Text Mining)

다양한 형태의 비정형 텍스트 데이터에서 자연 언어 처리 기술을 이용한 유용한 정보를 추출하고 가공하는 기술이다.

패턴 인식 (Pattern Recognition)

문자인식, 이미지인식 등과 관련된 것으로 데이터베이스로부터 유용한 패턴을 찾아내는 분야이다.

퍼지 논리 (Fuzzy Logic)

컴퓨터의 논리인 1, 0으로 양분되는 것이 아니라 모호한 상태를 설명할 수 있는 시스템이다.

학습 (Learning)

경험의 결과로 나타나는 지속적인 행동의 변화 혹은 지식을 습득하는 과정을 의미하는 것이 학습이다. 인공지능에서 말하는 학습은 학습의 매커니즘을 컴퓨터에 적용시킨 것이다.

혼합현실 (Mixed Reality)

현실을 기반으로 가상 정보를 부가하는 증강 현실과 가상환경에 현실 정보를 부가하는 증강현실의 의미를 포함한다. 즉, 현실과 가상이 자연스럽게 연결된 스마트 환경을 제공하여 사용자는 풍부한 체험을 할 수 있다.

홀로그램 (Hologram)

홀로그래피(Holography)란, 두 개의 레이저광이 서로 만나 일으키는 빛의 간섭 현상을 이용하여 입체 정보를 기록하고 재생하는 기술을 의미한다. 홀로그램(Hologram)은 그 기술로 촬영된 것을 가리킨다. 홀로그램이란 '완전함' 혹은 '전체'라는 뜻의 'Holo'와 '메시지', '정보'라는 뜻의 'Gram'이 합쳐진 말이다.

회귀 (Regression)

회귀분석은 관찰된 변수들에 대해 두 변수 사이의 모형을 구한 뒤 적합도를 측정해 내는 분석 방법이다.

인터넷 마케팅 분야

CPA (Cost Per Action)

광고주가 원하는 행위가 일어난 경우 광고비를 지불하는 방식이다.

CPM (Cost Per Mille)

키워드 1,000회 노출당 광고비를 지불하는 방식이다.

CRM (Customer Relation Management)

신규고객을 획득하고, 기존고객 유지 및 고객 수익성 증대 등과 같이 고객의 전주기적 관리를 하는 마케팅 과정이다. CRM은 고객에 대한 정보를 저장하고, 이를 활용하여 고객과의 관계를 구축하고 강화시켜 나가 평생고객이 되게 함으로써 고객의 생애가치(Customer Lifetime Value)를 극대화하고자 하는 경영방식이다.

Frequency Capacity

한 사용자에게 같은 광고가 반복 노출시 소재 피로도로 인해서 효과가 떨어진다. 따라서 더 많은 유저에게 노출시키기 위해서 사용자 로그 분석으로 사용자에게 일정 횟수 이상 광고가 노출되지 않도록 하는 방법이다.

N 스크린

N 스크린은 스마트폰, 태블릿, TV 등 디바이스 스크린에 구애받지 않고 원하는 콘텐츠를 즐길 수 있도록 하는 서비스를 가리킨다.

O2O (Online to Offline)

온라인과 오프라인을 연결한 마케팅이다. 특정 지역에 들어서면 관련 지역에서 사용할 수 있는 쿠폰 등을 실시간으로 보내주는 서비스 등이 여기에 해당한다.

RFM

고객과의 관계에 있어서 재무적인 가치뿐만 아니라, 관계 활동에 대한 질적 측면도 함께 측정하기 위한 고객 가치 평가 모델이 RFM(Recency, Frequency, and Monetary)이다. RFM이란 최근성(Recency), 구매의 빈도(Frequency), 구매액(Monetary) 등의 세 가지 지표들을 통해 얼마나 최근에, 얼마나 자주, 그리고 얼마나 많은 구매를 했는가에 대한 정보들을 기반으로 고객의 수익 기여도를 나타내고자 하는 지표이다.

ROAS (Return on Ad Spend)

광고비 대비 매출액을 의미한다.

SPA (Specialty Store Retailer of Private Label Apparel)

자사의 기획브랜드 상품을 대량으로 제조하고, 유통의 전 과정을 수행하는 전문 소매점을 의미한다. 이는 대량 생산 방식을 통해 효율적으로 제품을 제조하고 유통하여 제조원가를 낮출 수 있다.

Splash Screens

프로그램이 시작될 때 로딩 중에 표시되는 큰 사이즈의 이미지를 말한다. 애플리케이션의 로고, 앱에 대한 소개나 화면의 로딩정도를 애니메이션으로 표시해 주기도 한다.

ZEC (Zero Effort Commerce)

이베이(eBay)가 제시한 개념으로 최소한의 노력으로 제품을 구매하는 방식이다. 모바일기기를 이용하여 마음에 드는 물건 사진을 찍으면 자동으로 소프트웨어가 제품을 검색하여 인터넷에서 판매하는 제품 사이트를 찾아주는 서비스다.

간접광고 (Product Placement, PPL)

영화, 드라마, 만화 등에 기업의 상품을 등장시키는 간접광고 기법으로 영화나 드라마 영상을 제작할 때 사용할 소품들을 배치하는 업무를 나타내는 용어였으나, 최근 PPL 효과가 크게 나타남에 따라 광고효과를 노리고 제품을 등장시킨다는 의미로 사용된다.

감성 마케팅

소비자들의 감성에 어울리는 자극이나 정보를 통해 제품에 대한 소비자의 호의적인 감정 반응을 일으키고 소비 경험을 즐겁게 해줌으로써 고객만족을 넘어선 고객감동을 목표로 하는 활동이다.

감정비율

전체 의견에 긍정적인 의견의 비율을 나타낸다.

검색엔진 마케팅

검색엔진 마케팅은 최근 인터넷상에서 빠른 성장률을 보여주고 있는 광고로 검색 도구를 이용하여 단순한 검색만 하는 것이 아니라, 적극적으로 특정 웹사이트로의 방문을 유도하여 상품이나 서비스를 구매하게 하는 인터넷 마케팅 전략이다. 각종 유명 검색 엔진에 등록하거나 검색 결과의 상위 랭킹, 그리고 사용자가 인식하지 못하더라도 광고 효과는 올릴 수 있는 모든 노력들을 통틀어 검색엔진 마케팅(SEM: Search Engine Marketing)이라고 한다.

게릴라 마케팅

게릴라는 기습적으로 적군을 공격한 후에 빠져나오는 전법이다. 게릴라 마케팅은 이 단어를 마케팅에 응용한 것으로 잠재적 고객이 많이 모여 있는 장소에 게릴라 방식으로 상품을 선전하거나 판매를 촉진하기 위한 행위를 펼치는 것이다. 대개 후발 기업이 시장 경쟁력을 확보하기 위하여 선발 기업들이 진입하지 않은 틈새시장을 공략하거나 적은 비용으로 고객에게 밀착한 마케팅을 펼치기 위한 방법으로 이용된다.

고객생애가치 (Customer Lifetime Value, CLV)

고객생애가치는 고객들로부터 미래의 일정 기간 동안 얻게 될 이익을 할인율을 기반으로 한 현재 가치로 환산한 재무적 가치라고 할 수 있다. 기업은 고객의 가치를 과거, 현재, 미래의 가치를 포함한 지속적인 관계에서 비롯되는 모든 가치를 고려해야 한다.

고객점유율

시장규모가 더 이상 커지지 않거나, 경쟁이 치열한 산업에 있어서 자사 고객을 유지하고, 이들과의 관계를 강화해 나가려는 방어적 경영 전략상에서 효과적인 성과 지표라고 볼 수 있다.

고객추천가치 (Customer Referral Value, CRV)

고객추천가치는 고객들이 기업에 간접적으로 제공하는 추천행위의 가치를 측정할 수 있는 평가 모형이다. 한 제품을 만족스럽게 사용한 고객들은 주변인들에게 긍정적인 입소문을 전파하거나, 제품을 추천하게 된다. 서비스를 이용하지 않은 고객들은 충성도가 높은 고객들의 긍정적인 추천을 보고 서비스를 구매하게 되는 결과로 이어지는 경우가 많다.

고객퍼널 (Customer Funnel)

퍼널은 깔때기를 의미하는 용어이다. 고객퍼널은 고객이 목표 사이트(URL)까지 도달하는 일련의 과정을 의미하는 것이다.

공유경제 (Sharing Economy)

공유경제는 소유의 개념이 아닌 서로 대여해 주고 차용해 쓰는 개념으로 인식하여 경제활동을 하는 것을 가리키는 표현이다. 현재는 '물건이나 공간, 서비스를 빌리고 나눠 쓰는 인터넷과 스마트폰 기반의 사회적 경제 모델'이라는 뜻으로 많이 쓰인다.

관계 (Relationship) 마케팅

기업은 고객과 지속적으로 유대관계를 형성 및 유지하고 활발한 커뮤니케이션을 통해 고객과의 관계를 강화하고 상호 이익을 극대화할 수 있는 다양한 마케팅이다.

광고 입찰가

광고상품이나 키워드에 대해서 광고주가 지불할 수 있는 비용을 말한다.

광고침투율 (Advertising Penetration)

광고에 노출된 대상자들 중에서 광고 메시지를 인지하는 사람들의 비율을 의미한다.

교차판매 (Cross Sell)

고객의 거래건수를 늘리기 위해서 메인 상품에 부가적인 상품을 교차하여 모두 판매하여 판매 빈도를 높인다.

구매 전환율

장바구니 담기 클릭 한 것 중 실제 주문된 비율을 의미한다.

구전 (Word of Mouth) 마케팅

소비자 혹은 그 지인들의 입에서 입으로 전달되는 제품, 서비스, 기업 이미지 등에 대한 입소문에 의한 마케팅을 의미한다.

귀족 (Noblesse) 마케팅

기업의 제품을 지속적으로 구매하는 VIP 고객을 대상으로 차별화된 서비스를 제공하는 것을 말한다.

그린 (Green) 마케팅

기업의 '제품 개발, 유통, 소비' 과정에서 기업의 환경에 대한 사회적 책임과 환경 보전 노력을 통해 환경 친화적인 소비자들과 공감대를 형성하려는 새로운 마케팅 전략이다.

그린슈머

자연을 의미하는 'Green'과 소비자를 의미하는 'Consumer'의 합성어로 친환경 제품을 구매하는 소비자를 말한다.

네트워크 (Network) 마케팅

기존의 중간 유통단계를 제거하여 유통마진뿐만 아니라 유통단계별 소요비용(관리비, 광고비, 샘플비)을 제거하여 기업은 경쟁력 있는 가격의 제품을 소비자에게 공급할 수 있다.

노이즈 (Noise) 마케팅

상품에 대한 고객들의 소음(Noise)을 이용하여 마케팅으로 이용하는 방식이다. 상품과 관련된 각종 이슈를 화제로 만들어 전파하여 소비자들의 이목을 끌어들여 판매를 늘리려는 마케팅이다.

노출

광고가 제공된 횟수를 말한다.

뉴로 (Neuro) 마케팅

뇌 속에서 정보를 전달하는 신경인 뉴런과 마케팅을 결합한 용어로 무의식적 반응과 같은 두뇌활동을 분석하여 이를 마케팅에 적용하는 것이다.

니치 (Niche) 마케팅

고객의 틈새시장을 공략할 수 있는 새로운 상품을 시장에 출시하는 전략이다.

다이렉트 마케팅 (Direct Marketing, DM)

다이렉트 마케팅은 소비자와의 직접적인 긴밀한 광고 매체 접촉을 이용하여 소비자와 직거래를 실현하는 마케팅 경로를 의미한다.

대화비율

게시물당 의견 수의 비율을 말한다.

데이터베이스 (Data Base) 마케팅

고객에 관한 데이터베이스를 구축하여 고객에게 필요한 제품을 직접 판매하는 것으로 고객정보 데이터를 가지고 고객의 성향을 분석하여 향후 필요한 마케팅 전략을 수립한다.

디(De) 마케팅

기업들이 상품 판매를 의도적으로 줄이려는 마케팅 활동이다.

라이프캐스팅족

소셜미디어를 이용하여 자신의 삶을 나타내고, 소통하는 사람을 말한다. 트위터나 페이스북 등을 활용해 실시간 텍스트 메시지나 사진으로 자신의 일상과 취미 등을 드러내고 이를 다른 사람들과 공유하는 것이 라이프캐스팅족의 특징이다.

랜딩페이지 최적화 (Landing Page Optimization, LPO)

키워드 검색이나 배너 광고를 클릭하면서 유입된 인터넷 이용자별로 다르게 보이는 마케팅 페이지를 랜딩 페이지라고 한다. 개인별로 다르게 처음 페이지를 제시함으로써 광고효과를 높이는 것을 목표로 한다.

로열티 프로그램

반복적으로 구매하는 고객의 충성도(로열티)를 증진시키기 위해서 여러 가지 혜택을 제공하여 기업의 이윤에 도움을 주는 우수고객들에게 다양한 방법으로 혜택을 제공하여 우수고객을 유지하고, 그들의 충성도를 높이기 위한 프로그램이다.

롤링

동일한 광고 영역에 다양한 광고주의 광고가 돌아가면서 집행되는 것이다.

리드생성 마케팅

리드생성 마케팅은 고객과의 접촉 이후, 다양한 채널(판매전화, E-메일, 인스턴트 메시지 등)을 이용하여 향후 고객으로 전환될 수 있는 기업에 리드를 생성하고자 한다.

링크드인 (Linked In)

구인구직 서비스에 SNS 기능을 합친 서비스로 세계 최대의 글로벌 비즈니스 인맥사이트다.

매스마케팅 (Mass Marketing)

불특정 다수를 대상으로 상품을 선전하거나 판매를 촉진하는 행위이다.

모디슈머 (Modisumer)

'Modify'와 'Consumer'의 합성어로 상품을 제공하는 제조법을 따르지 않고 자신이 새롭게 수정한 방법으로 제품을 즐기는 소비자이다.

모루밍 (Morooming)

오프라인 매장에서 제품을 살펴본 후 모바일로 구매하는 행태이다.

모바일 마케팅

모바일 마케팅은 스마트폰이나 태블릿 컴퓨터와 같은 모바일 기기를 통해서 제품이나 서비스에 대한 정보가 소비자들에게 전달된다. 최근 모바일 기반의 마케팅은 동영상 광고, 리치미디어, 검색엔진, 게임, 앱스토어 등을 이용하여 빠르게 성장하고 있다.

몰링 (Malling)

대규모 쇼핑센터 내에서 쇼핑뿐만 아니라 긴 시간동안 문화, 엔터테인먼트, 영화 등 다양한 여가활동을 즐기는 소비 형태를 의미한다.

문맥 광고

웹페이지의 내용과 연관성이 높은 광고를 추천하여 노출시키는 방식의 광고이다.

미끼 광고 (Bait Advertising)

소비자가 유인될 수 있도록 저렴한 가격의 상품을 이용한 광고이다.

미러사이트

한 특정 사이트를 자기 사이트로 옮겨놓은 것이다.

바겐헌터 (Bargain Hunter)

할인기간에 지갑을 여는 소비자들을 지칭하는 것으로 시즌 오프 등의 세일만을 기다렸다가 저렴한 가격에 구매하는 세일공략형 소비를 하는 소비자를 말한다.

바운스백 비율

E-메일이 전해지지 않은 비율을 말한다.

배달 비율

E-메일을 받은 수신자의 비율을 말한다.

배치 마케팅 (Batch Marketing)

일괄적으로 처리되는 마케팅 방식을 말한다.

분석 CRM (Analytical CRM)

분석 CRM은 고객 데이터를 수집, 저장, 관리, 분석하기 위한 과정을 지원하는 정보기술요소로 구성되어 있다. 이를 수행하기 위해서는 데이터웨어하우스, 데이터마트, OLAP, 데이터마이닝 같은 기술이 필요하다.

뷰 요금

일정기간 동안 웹사이트에 방문했지만 광고를 즉시 클릭하지 않은 비율을 의미한다.

블로그 마케팅

블로그를 활용한 마케팅 방식으로 많은 사람들이 방문하는 블로그를 운영하는 블로거는 긍정적인 입소문을 낼 수 있고, 일반적인 광고를 통한 파급효과보다 크다.

삭제비율

주소 삭제 버튼을 누른 수령자의 비율을 말한다.

서브스크립션 서비스 (Subscription Service)

정기적으로 신문이나 잡지를 구독하는 것과 같이 소비자들이 일정액을 서비스 업체에 지불하면 다양한 제품을 모아서 정보를 전달해 주는 서비스이다.

소닉 브랜딩

음악, 소리 등을 이용하여 특정 브랜드를 소비자에게 인식시키는 마케팅으로 소리를 이용한 마케팅 방식이다. CM송 등이 여기에 해당한다.

소셜미디어 마케팅

소셜미디어 마케팅은 기업의 브랜드를 구축하고 판매수익을 구동하기 위해서 온라인 소셜네트워크와 커뮤니티의 사용을 포함한 광고이다. 소셜애플리케이션, 소셜게임, 블로그, 포럼, 기술 관련 커뮤니티를 공유하는 사람들의 웹사이트 등을 주로 이용한다.

소셜리포터 마케팅

소셜리포터 마케팅이란 특정 미디어에 국한되지 않고 트위터, 페이스북, 블로그 등을 통합적으로 활용하여 파급효과를 높이는 한층 업그레이드 된 소셜 마케팅 기법이다. 예를 들어 소비자가 블로그와 페이스북을 통해 브랜드 소식과 신제품 관련 콘텐츠를 생산하고, 트위터를 통해 생생하게 전파하는 활동을 하게 되는데 이때 소비자는 자신의 소셜미디어를 활용해 일반 소비자 대상 마케팅 활동을 직접 전개하는 등 능동적인 리포터 활동을 수행할 수 있다.

소셜슈머 (Socialsumer)

'사회 (Social) + 소비자 (Consumer)'를 결합한 용어로 물건 자체를 보고 구매하는 것이 아니라 물건을 생산한 기업의 사회적 가치까지 판단하는 소비자를 의미한다.

쇼루밍 (Showrooming)

매장에서 제품을 살펴본 뒤 실제 구매는 온라인 등 다른 유통 경로로 하는 구매행태를 말한다.

순방문자수

일정 기간 동안 방문자의 숫자를 말한다.

스마트 쇼핑 (Smart Shopping)

스마트폰과 같은 첨단 기술이나 제품을 사용함으로써 소비자들의 쇼핑정보 수집, 쇼핑품목의 결정, 쇼핑장소와 시간의 선택 등 제반 쇼핑활동에 있어 과거보다 더욱 현명한 의사결정을 하게 되는 쇼핑 형태를 말한다.

스크롤 배너

마우스로 페이지를 스크롤 할 때 함께 움직이는 배너를 스크롤 배너라고 한다.

스폰서십

특정 회사의 로고 및 기업로고, 브랜드의 광고를 웹사이트 콘텐츠 내용상에 삽입하여 콘텐츠 일부인 것처럼 보이는 광고를 하는 형태를 말한다.

시장점유율

해당 시장 전체에서 해당기업의 비중을 의미한다. 시장점유율은 전체적인 시장 규모가 커질 경우 이를 선점하기 위한 공격적 성과지표라고 볼 수 있다.

시즈널 키워드

특정 계절이나 시기에 급증하는 키워드를 의미한다.

신디케이션

광고를 다른 매체에 노출하여 발생한 이익을 공유하는 것을 의미한다.

썸네일 배너

손톱 모양의 작은 그림(Somenail)과 짧은 텍스트로 이루어지는 광고이다.

아이커버 광고

사용자가 웹사이트를 조회한 후에 웹페이지를 종료시키면 노출되는 광고로 웹사이트 조회를 방해하지 않는 형태이다.

앰부시 (Ambush) 마케팅

앰부시는 매복을 의미하는 단어로 스폰서의 권리가 없는 자가 마치 자신이 스폰서인 것처럼 가장해서 마케팅 활동을 펼치는 것이다.

어뷰징

타인 계정으로 블로그, 트위터, 페이스북 등을 조작하는 행위로 불법행위이다.

역발상 마케팅

남들이 생각하지도 못한 것을 생각해 내고 실행에 옮김으로써 소비자와 고객에게 관심을 끌고, 성공하는 마케팅 방식이다.

역쇼루밍 (Reverse-Showrooming)

온라인 매장에서 제품을 살펴본 후 실제 구매는 오프라인으로 하는 구매행태이다.

온라이프 (Onlife)

온라인과 일상적인 삶의 차이가 점점 줄어들어 마침내 두 영역의 구분이 사라지는 삶을 온라이프라 정의하고 있다.

옴니채널 (Omni-Channel)

소비자가 온라인, 오프라인, 모바일 등 다양한 경로를 넘나들면서 동일한 상품을 검색하고 동일한 가격으로 구매할 수 있는 서비스를 의미한다.

운영 CRM (Operational CRM)

후방위(Back Office)에서 고객 데이터베이스를 이용하여 마케팅, 영업, 고객서비스와 같은 전방위(Front Office) 서비스를 지원하는 시스템으로 CRM 프로세스를 통합하고 자동화하기 위한 시스템이다.

유지율

계속적으로 구매를 하는 고객의 비율을 의미한다.

이탈률

구매 이후 돌아오지 않는 고객의 비율을 의미한다.

인다이렉트 마케팅

상품 유통에 있어서 메이커가 소비자의 사이에 판매업자를 개입시켜 '메이커 → 판매업자 → 소비자'라는 전형적인 마케팅 경로를 채택할 때 이것을 인다이렉트 마케팅이라 한다.

인더스트리얼 마케팅

생산재에 관한 마케팅을 말한다. 그 대상은 기업체로서 소비재인 경우와 같이 고객의 감정을 자극하여 구매 의욕을 일으키기보다 경제성, 합리성을 갖춘 신제품을 개발하여 고객의 이성에 호소하여 판매를 유도한다.

일대일 마케팅 (One to One Marketing)

고객에 관한 데이터베이스를 구축하여 필요한 고객에게 필요한 제품을 직접 판매하는 것으로 데이터베이스 분석을 통해 개인별 고객들에게 필요에 맞는 서비스를 제공하는 마케팅 방식이다.

장바구니 비율

전체 제품에서 장바구니 담기 버튼을 누른 비율을 의미한다.

전환률 (ConVersion Rate, CVR)

고객이 될 방문자들의 비율을 의미한다.

이메일 전환률

E-메일을 받은 사람들 중에 실제 구매한 수령자의 비율을 의미한다.

지오커머스 서비스 (Geocommerce Service)

스마트폰의 GPS를 이용하여 사용자의 위치정보와 사용자의 선호도에 따라 근처 서비스 업체를 검색하고 할인 쿠폰을 다운받은 뒤, 모바일 지도로 찾아가서 오프라인에서의 구매 행태로 연결되는 서비스이다.

챗봇 (ChatBot)

메신저 기반 환경에서 사용자들의 질문이나 요구사항에 대하여 자동으로 응답을 제공해 주는 에이전트 서비스로 사람과 문자대화를 통해 질문에 알맞은 답이나 관련 정보를 제공하는 시스템이다.

체류시간

웹사이트에 방문한 평균 시간을 의미한다.

체리피커 (Cherry Picker)

기업의 상품이나 서비스를 구매하지 않으면서 자신이 원하는 서비스에만 관심을 두고 있는 소비자를 의미한다. 최근에는 혜택과 부가서비스를 잘 챙기는 실속형 소비자로 의미가 바뀌었다.

총도달률

시간당 광고를 청취한 고객의 조회 빈도수를 의미한다.

최근 방문일

최근 웹사이트를 방문한 날짜 혹은 구매자가 취한 마지막 활동 이후의 경과 시간을 의미한다.

추가판매 (Up Sell)

거래 단가를 높이기 위해 특정 카테고리 내에서 상품 구매액을 늘리도록 유도하는 활동이다.

충성도

사용자당 방문빈도, 일정 기간 동안 재방문한 고객 비율을 의미한다.

취득률

제품 페이지를 등록한 방문자들의 비율을 의미한다.

칩시크 (Cheap-Chic)

서비스나 제품의 품질, 디자인 등에서 고객이 원하는 핵심가치는 유지하고, 비핵심 부분을 축소하는 저렴한 상품 또는 서비스를 의미한다.

칭찬 (추천) 비율

게시물당 선호하는 수를 의미한다.

카피슈머 (Copysumer)

카피(Copy)와 소비자(Consumer)의 합성어로 백화점 제품을 구매하여 베낀 후에 다시 환불을 요구하는 제조업자를 말한다. 백화점에서 환불을 해 주지 않을 때는 블랙컨슈머가 되기도 한다.

컨덕트 마케팅 (Conduct Marketing)

소비자(Consumer) + 제품 마케팅(Product Marketing)의 결합어로 제품이 출시된 후에 소비자 스스로가 마케터가 되어 직접 체험한 제품의 장점을 직접 홍보하는 마케팅 기법이다.

컨버전스 (Convergence) 마케팅

서로 다른 산업 간의 제휴를 통해 마케팅을 하는 방법을 의미한다.

켄타로스 소비자

온라인이나 오프라인의 채널과 무관하게 넘나들면서 다양한 소비패턴을 보이는 소비자를 말한다.

코즈 마케팅 (Cause Marketing)

기업이 소비자를 통해 경제적 가치와 공익적 가치를 동시에 추구하기 위해 시행하는 마케팅으로 사회적인 이슈를 이익 추구에 활용하는 마케팅 기법이다.

콘텐츠 광고 (Contents Advertising)

웹사이트나 배너 광고 내에 목적하는 광고 콘텐츠를 삽입하여 운영하는 광고형식으로 배너 광고를 집행하는 웹사이트 내에 하이퍼링크로 광고 메시지를 함께 삽입하는 형태가 주로 사용된다.

콘텐츠 통합 (Content Integration)

웹기사 형태의 광고로 스토리 라인이나 문구가 삽입된 광고를 말한다.

큐레이션 커머스

특정 분야 전문가가 고객 입장에서 한정된 상품을 선별해서 정기적으로 배달해주고 상품을 구매할 수 있다.

크로스 오버 쇼핑 (Cross-over Shopping)

오프라인 매장에서 제품에 대한 정보탐색을 하고 온라인을 통해 보다 저렴한 가격에 제품을 구입하는 행태이다.

크리슈머 (Cresumer)

'Creative Consumer'로 기업이 제공하는 제품을 소비하는 것이 아니라 자신의 취향에 맞도록 수정 차원이 아닌 새롭게 만들어서 사용하는 소비자이다.

클릭률 (Click Through Ratio, CTR)

광고가 클릭된 비율을 의미한다.

텀블러 (Tumblr)

텀블러는 2007년 데이비드 카프가 설립한 쉽고 간단하게 블로그를 만든 뒤 글이나 사진을 친구와 공유할 수 있게 하는 단문 블로그 서비스이다. 텀블러는 SNS와 일반 블로그의 중간 형태로 간주할 수 있다.

테카르트 (Techart) 마케팅

기술(Tech)과 예술(Art)의 합성어로 최근 가전제품이나

IT제품 등 전자제품에서 새로 생겨난 기법으로 기술과 디자인 모두에 주목하여 마케팅을 수행하는 방식이다.

트레져 헌터 (Treasure Hunter)

온라인 쇼핑 시장에서 최적의 상품을 보물 찾는 것처럼 적극적으로 상품을 발굴하는 소비자를 의미한다.

틈새 광고 (Crack Advertising)

웹사이트의 콘텐츠 페이지 사이에 끼워져서 노출되는 형태이다.

페이지 뷰 (Page View)

페이지가 보여진 횟수를 의미한다.

포기율

장바구니에 담기는 했으나, 완벽하게 구매하지 않고 웹사이트를 떠난 쇼핑객의 비율을 의미한다.

푸쉬 애드 (Push Ad)

Push Technology를 이용하여 PC나 모바일기기가 운영되지 않는 시간에 영상, 소리, 메시지를 전송하는 광고이다. 기업 입장에서는 푸시 앱 광고는 앱을 사용하기 때문에 비용이 들지 않으며, 푸시 앱 광고는 고객의 구매 패턴이나 구매와 관련된 정보를 수집·분석할 수 있고, 실시간으로 고객의 반응을 고려한 맞춤 광고를 할 수 있다.

푸시 마케팅 (Push Marketing)

기업은 제조업체에, 제조업체는 도매상에게, 도매상은 소매상에게, 소매상은 최종소비자에게 적극적으로 판매를 밀어붙이는 방식이다.

풀 마케팅 (Pull Marketing)

소비자가 자사 제품을 찾도록 하여, 중간상들이 기업을 자발적으로 찾아 취급하게 하는 마케팅 방식이다.

프로슈머 마케팅 (Prosumer Marketing)

프로슈머는 대표적인 참여형 소비자로 '생산자(Producer) + 소비(Consumer)'나 '전문가(Professional)+소비자(Consumer)'의 결합어라고 볼 수 있다.

프리 (Free) 마케팅

서비스와 제품을 무료로 제공하는 마케팅 방법으로 무료로 열람하게 하는 광고를 함께 노출하는 방식이 대표적이다.

플래그십 (Flagship) 마케팅

시장에서 성공을 거둔 특정 상품 브랜드의 긍정적인 이미지를 이용하여 다른 상품에도 전파하고 매출을 극대화하는 방식이다. 주로 개별 제품에 대한 성공을 기반으로 브랜드에 대한 긍정적인 효과와 이미지 상승을 모색하는 전략이다.

플래시

인터넷 홈페이지의 그림이나 글자 등에 입체 효과 및 사운드 효과를 더한 멀티미디어 도구이다.

플랫폼 경제 (Platform Economy)

디지털 네트워크와 기술을 기반으로 상품 및 서비스의 공급자와 수요자가 거래하는 경제활동을 말한다.

플로팅 배너

웹사이트의 콘텐츠를 가리고 상위 레이어에 배너 광고가 나타나는 것으로 집중도는 높지만 심하게 광고를 노출하는 경우에는 고객의 짜증을 유발시킬 수 있다.

협동 광고 (Cooperative Advertising)

복수의 광고주가 실시하는 광고로 관련 산업자나 동업자와 함께 하는 수평적 협동 광고와 유통경로상의 업체와 함께 진행하는 수직적 협동 광고가 있다.

협업 CRM (Collaborative CRM)

분석적 CRM에서 얻은 결과를 고객마케팅 활동에 직접 활용하여 고객과 기업간의 상호작용을 촉진시키는 기능을 수행한다.

화면 대비 구매율

전체 제품에서 구매된 상품의 비율을 의미한다.

확산율

게시물당 공유한 수를 의미한다.

히트 (Hit)

사용자가 웹사이트에 접속할 때 접속자가 클릭하는 파일들의 숫자를 가리킨다.

물류 분야

ABC 분석

재고관리를 효율적으로 하기 위해서 재고를 A, B, C 그룹으로 나누고, 그룹별로 재고관리 노력을 달리하여 관리효과를 높이려는 분석방법이다.

CBT (Cross Border Trader)

CBT는 국가 간의 교역을 뜻하는 말로, 최근에는 온라인을 통해 전 세계에 동시 다발적으로 상품을 판매하는 방식을 주로 일컫는다.

DRP (Distribution Requirement Planning)

자재요구계획기법 기반으로 창고의 재고를 보충할 때 주문량과 주문시기를 결정하는 방법이다.

JIT (Just in Time)

발주회사의 재고유지비용을 최소화하는 방식으로 재고없이 사용하는 제품관리방식이다.

MRP (Material Requirement Planning)

자재요구계획기법으로 최종제품의 수요에 맞추어 종속되는 수요 품목의 소요량과 소요시기를 결정하는 방법이다.

RFID (Radio Frequency Identification)

RFID 기술이란 전파를 이용해 먼 거리에서 정보를 인식하는 기술로 주파수를 이용해 ID를 식별한다.

ROP (Reorder Point)

재고가 일정수준으로 내려간 지점을 재주문점으로 하여 정량으로 발주를 하는 방법이다.

경제적 주문량 (Economic Order Quantity, EOQ)

대표적인 재고모형으로 주문비용과 재고유지비용을 고려하여 가장 경제적인 1회 주문량을 결정한다.

공급사슬관리 (Supply Chain Management, SCM)

공급자로부터 소비자에게 제품이 이동될 때 수송, 창고업무, 재고 관리에 있어서 효율적 시스템을 실행하고 통제함으로써 재고감축, 납기단축, 재고회전율 향상, 고객만족향상, 비용절감 등을 도모하여 공급사슬의 가치를 제고한다.

공동집배송센터

여러 유통사업자 또는 제조업자가 공동으로 사용할 수 있도록 집배송시설과 부대업무시설이 설치되어 있는 지역 및 시설물을 말한다.

드론 택배

무인비행체를 말하는 드론은 스마트폰의 위치 추적 시스템을 활용하여 받을 사람이 있는 곳으로 배송해주는 것으로 아마존은 드론 배송 관련 특허를 취득하고 있으며, 국내 물류배달업체들도 이 서비스를 준비하고 있다.

물류 공동화 (공동 배송)

복수의 운송사와 화주가 물류기능의 대상을 공동으로 이용·운영하는 물류관리 기법으로 개별적으로 관리하는 물류 정보 시스템을 공유한다.

물류표준화

효율적인 물류관리 및 화물의 원활한 유통을 위하여 포장, 운송, 하역, 보관 및 거래정보 등 물류기능 및 물류단계의 물동량 취급단위를 표준규격화하고, 사용되는 기기, 용기, 설비 등을 대상으로 규격, 재질, 강도 등을 통일시켜 호환성과 연계성을 확보하는 조직적인 활동을 의미한다.

바코드 (Bar Code)

상품을 표시하는 자동인식 기술이다. 폭이 다른 검은 바 (Bar)와 흰 바(Space)의 조합을 이용하여 데이터를 인식 하게 한다.

위치기반서비스 (Location Based Service, LBS)

위성항법 장치(GPS)나 이동통신망을 이용하여 확보한 위치정보를 바탕으로 사용자에게 위치기반의 서비스를 제공하는 서비스 시스템이다.

자동 위치 측정 시스템 (Global Positioning System, GPS)

GPS 위성에서 보내는 신호를 수신해 사용자의 현재 위 치를 계산하는 위성항법 시스템이다.

자동재고보충프로그램 (Continuous Replenishment Planning, CRP)

상품의 재고가 부족하지 않도록 지속적으로 충원을 가능 하게 하는 시스템이다.

제1자 물류 (First Party Logistics, 1PL)

기업이 사내에 직접 물류조직을 두고 직접 물류관리를 하는 것이다.

제2자 물류 (Second Party Logistics, 2PL)

기업이 사내의 물류조직을 분산시켜 자회사를 두고, 이 를 이용하여 물류관리를 하는 것이다.

제3자 물류 (Third Party Logistics, 3PL)

기업이 외부의 전문 물류업체에 물류기능을 아웃소싱 하 는 형태를 의미한다.

차량운행관리시스템 (Automatic Vehicle Monitoring, AVM)

상품이 이동되고 있을 때 이동위치 추적 시스템을 이용 하여 차량의 위치를 찾아내어 운행관리 센터에서 상품의 위치를 파악할 수 있는 시스템이다.

채찍효과 (Bullwhip Effect)

소비자들이 주문을 소량 증가시켰음에도 불구하고, 소매 상들은 그 주문을 다소 많은 양으로 주문하고, 도매상들 은 소매상보다 주문을 더 많이 하게 됨에 따라 제조업체 는 소비자 주문량을 실제 필요량보다 훨씬 더 큰 양으로 생산한다는 것이다.

크로스 도킹 (Cross Docking)

창고나 물류 센터로 입고되는 상품을 보관하는 것이 아 니라, 보관없이 바로 소매 점포에 배송하는 물류 시스템 이다.

판매시점관리 (Point of Sale, POS)

판매시점 정보 시스템. 업체에서 판매를 할 때 판매제품 의 품목, 가격, 수량 등의 정보를 자동으로 컴퓨터에 입력 시키는 시스템으로 수집된 정보를 통해서 판매정보를 분 석하고 활용할 수 있다.

팔레트

팔레트는 화물의 하역을 위해 깔판 역할을 하는 동시에 낱개의 여러 화물을 하나로 묶어 운송할 수 있게 하는 장 비이다.

Endnotes

1 블록체인은 관리 대상 데이터를 소규모 데이터들이 P2P 방식을 기반으로 생성된 체인 형태의 연결고리 기반 분산 데이터 저장환경(블록)에 저장되어 누구라도 임의로 수정 할 수 없고 누구나 변경의 결과를 열람할 수 있는 분산 컴 퓨팅 기술 기반의 데이터 대변 방지 기술이다.

MEMO